中华上下五千年

全悦读书系

中华上下五千年

ZHONGHUASHANGXIAWUQIANNIAN

黄 梅 主编

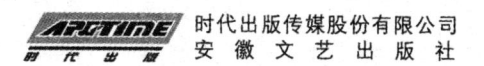

时代出版传媒股份有限公司
安徽文艺出版社

图书在版编目（CIP）数据

中华上下五千年/黄梅主编.—合肥：安徽文艺出版社，2018.2
（全悦读书系）
ISBN 978-7-5396-6194-0

Ⅰ．①中… Ⅱ．①黄… Ⅲ．①中国历史－通俗读物
Ⅳ．①K209

中国版本图书馆 CIP 数据核字（2017）第 224004 号

出 版 人：朱寒冬
责任编辑：汪爱武　　　　封面设计：点金空间　闻　艺

出版发行：时代出版传媒股份有限公司　www.press-mart.com
　　　　　安徽文艺出版社　　www.awpub.com
地　　址：合肥市翡翠路 1118 号　邮政编码：230071
营 销 部：(0551)63533889
印　　制：湖北卓冠印务有限公司　(027)86698656

开本：710×1010　1/16　印张：20　字数：400 千字
版次：2018 年 2 月第 1 版　2018 年 2 月第 1 次印刷
定价：34.80 元

（如发现印装质量问题，影响阅读，请与出版社联系调换）
版权所有，侵权必究

前 言

人类最早出现在约200万年前的非洲大陆。

人类有文字的历史则发端于5 000多年前的苏美尔。

因为,"公元前3200年左右,在美索不达米亚一个叫苏美尔的地区,人类发明了文字。有了文字,就可以把言语记录下来,当代学者也可借此了解古代男男女女的所作所为;从这个意义上讲,'历史开始了'"。

这是美国著名历史学家爱德华·伯恩斯作出的结论,至少目前的考古和研究只能如此界定。

学习历史,就要学习它所蕴含的丰富经验和真知。历史是人类一部伟大的教科书,同时也展现了人类文明的轨迹和人类创造的灿烂文化。鉴于此,我们编撰了这套丛书,帮助读者学习历史,增长见识。在尊重史实的前提下,本书以生动有趣的语言讲述了一个个历史故事,通过小故事反映大历史,展现大千世界的风貌;以明快形象的语言描绘一个个历史人物,通过栩栩如生的人物见证人类文明的足迹。

而《中华上下五千年》是以时间为主线记载了中华民族五千年灿烂的文明。

在浩浩荡荡的历史进程中,有文治武功、声名显赫的帝王将相,也有腐朽孱弱、臭名昭著的逆贼奸雄;有文学的优美、艺术的不朽,也有哲学的睿智、科学的深刻、宗教的神秘;有剑拔弩张、血雨腥风,也有握手交流、和平恬静……总之,读后可以从中受到深刻的教育,引起无限的遐思。

上下五千年有如一条千步百回、光怪陆离的长廊,本书只能当个导游,以短小的篇幅,勾勒出历史的轮廓。

编　者

目 录

三皇五帝时期

三皇的传说 …………… 1

五帝的传说 …………… 4

夏　朝

第一个奴隶制王朝 …………… 7

商　朝

商汤灭夏 …………… 9

商纣伐东夷 …………… 11

姜太公钓鱼 …………… 12

西　周

周武王伐纣 …………… 14

周公辅成王 …………… 16

烽火戏诸侯 …………… 17

春　秋

祝聃箭射周王 …………… 19

管鲍之交 …………… 21

齐桓公称霸 …………… 25

百里奚白发识明主 …………… 28

晏婴出使楚国 …………… 30

越王勾践 …………… 32

战　国

三家瓜分晋国 …………… 34

商鞅变法 …………… 36

孙庞斗智 …………… 39

毛遂自荐 …………… 43

屈原沉江 …………… 45

荆轲刺秦王 …………… 49

秦　朝

秦始皇统一中国 …………… 52

焚书坑儒 …………………… 54

大泽乡起义 ………………… 55

刘邦斩蛇举义 ……………… 58

暗度陈仓 …………………… 60

汉　朝

霸王乌江自刎 ……………… 64

布衣将相 …………………… 66

汉武帝"尊儒" ……………… 69

司马相如和汉赋 …………… 70

飞将军李广 ………………… 72

卫青、霍去病威震匈奴 …… 74

张骞通西域 ………………… 76

司马迁写《史记》 ………… 79

昭君出塞 …………………… 81

班超投笔从戎 ……………… 84

王充写《论衡》 …………… 86

蔡伦的造纸术 ……………… 88

张衡发明地动仪 …………… 90

黄巾起义 …………………… 92

官渡之战 …………………… 94

三　国

袁绍杀宦官 ………………… 97

曹操起兵 …………………… 99

王允设计除董卓 …………… 102

桃园结义 …………………… 104

三顾茅庐 …………………… 107

赤壁水战 …………………… 109

关羽水淹七军 ……………… 113

马谡失街亭 ………………… 115

空城计 ……………………… 118

司马氏篡权 ………………… 118

晋　朝

刘禅"乐不思蜀" …………… 121

痴呆皇帝 …………………… 124

八王混战 …………………… 125

王马共天下 ………………… 128

司马绍平叛 ………………… 130

淝水之战 …………………… 132

南北朝

刘裕诛桓玄灭诸国 ………… 134

北魏孝文帝迁都	137	白居易进长安	180
大发明家祖冲之	139	悲壮的黄巢起义	182
梁武帝做和尚	141		
陈霸先灭梁建陈	143		

五代十国

朱全忠灭唐称帝	186
蜀帝无德	188
耶律阿保机建立辽王朝	190

隋 朝

陈后主亡国	145
隋文帝励精图治	147
杨广弑父夺皇位	150
李春与赵州桥	152
李渊太原起兵	154

宋 朝

赵匡胤陈桥兵变	192
李后主亡国	194
宋太祖任贤用能	197
元昊建立西夏	198
范仲淹实行新政	200
欧阳修改革文风	202
王安石变法	203
靖康之耻	206
岳飞抗金报国	208
卖国贼秦桧	210
成吉思汗统一蒙古	213

唐 朝

李渊称帝	156
玄 武 门	158
文成公主进藏	159
女皇武则天	162
"国老"狄仁杰	165
玄宗"开元之治"	167
唐玄宗与杨贵妃	169
安史之乱	171
诗仙李白	174
诗圣杜甫	176
"诗豪"刘禹锡	179

元 朝

蒙古军三次西征	216

一代天骄的陨落 …………… 219
文天祥起兵抗元 …………… 221
元世祖忽必烈 ……………… 223
刘基论人 …………………… 226

明　朝

朱元璋登基封王 …………… 228
施耐庵著述《水浒传》 …… 230
解缙组编《永乐大典》 …… 233
三保太监下西洋 …………… 234
戚继光驱逐倭寇 …………… 236
李时珍与《本草纲目》 …… 238
努尔哈赤建立后金 ………… 240
闯王李自成 ………………… 241
郑成功收复台湾 …………… 246

清　朝

雄才大略康熙帝 …………… 248

实施仁政的治国之君 ……… 255
振国威虎门销烟 …………… 257
关天培血战虎门 …………… 260
火烧圆明园 ………………… 264
慈禧垂帘听政 ……………… 266
天京事变 …………………… 269
洋务自强运动 ……………… 271
中日甲午战争 ……………… 273
戊戌变法 …………………… 276
义和团勇战八国联军 ……… 278
孙中山伦敦蒙难 …………… 282
武昌起义 …………………… 285

中华民国

中华民国诞生 ……………… 289
袁世凯称帝 ………………… 291
五四爱国运动 ……………… 294
真题阅读与训练 …………… 297
参考答案 …………………… 310

三皇五帝时期

三皇的传说

三皇指的是伏羲氏、神农氏和轩辕氏。

伏羲的传说

传说在中国西北无垠的大地上，有一个富饶美丽的国家，叫作华胥氏之国。这里的人民没有任何欲望和嗜好，一切都顺其自然，所以每个人的寿命都很长，生活得美满而快乐。他们能够畅游于水中，能在熊熊的大火中自如地往来行走，能够腾云驾雾于天地之间，耳聪目明，就如同天上的神仙一般。

在这个极乐的国土上，有个叫华胥氏的姑娘。有一次，她到东方一个林木葱郁的地方去玩耍，偶然看到了一个很大很大的脚印，她觉得又奇怪又好玩，就把自己的脚放进了那个巨大的脚印里，刚踩下去，她就感觉到身体发生了一阵剧烈的震颤，后来就怀孕了，生下了一个儿子，叫作伏羲。

史传上说伏羲曾经画过八卦，用各种符号来代表天、地、水、火、山、雷、风和泽，人民就拿这些符号来记载生活里发生的各种事情。伏羲还发明了渔网，教人民打鱼。他有一个臣子芒氏，也依照他的办法，做成鸟网，教人民捕鸟。这些，对于改善人民的生活，都起了很大的作用。

伏羲对人类最大的贡献是发明了取火的方法，有了火，人民吃到烤熟的野味，学会了吃熟食。伏羲氏又叫"庖羲"，意思就是不要吃生肉，猎取野兽到厨房烧制。

神农氏的传说

神农氏，就是传说中的炎帝。他发明了许多耕田的农具，教百姓学会了种庄稼。传说中，神农长得很怪——牛的头面，人的身子。这或许是因为他在农业上对人类的贡献就像几千年来帮助人类辛勤耕种的老牛一样,才被人们想象成这样子。炎帝是农业之神,人们感念他的恩德,所以称他为神农。

神农还是一位神通广大的医药之神。传说,他的肚子光亮透明,心、肝、脏、肠、肺全都能看得一清二楚。由于当时人们对各种植物的习性不了解,还弄不明白哪些东西可以吃,哪些东西不能吃,因此经常误食毒草而致死。神农看到误食了有毒的植物死去的人们,心里非常难过,他下决心要把他能看到的所有东西都尝一遍,看看它们在肚子里面发生什么样的变化。

于是,神农就开始尝百草了。一次,他尝了一片嫩嫩的尖尖的小绿叶儿。这片叶子一落进他的肚子里,就在肚皮里从上面洗擦到下面,又从下面洗擦到上面,把肚皮里各部分洗擦得清清爽爽的,那样子就像上上下下往来巡查一样,神农就给它取名为"查",后来,人们把它称为"茶"。第二次,他尝了一朵像蝴蝶一样的淡红色小花,那叶儿像羽毛,甜丝丝的,香味扑鼻,这就是"甘草"。

神农就这样一种草一种草地去尝,几乎每天都会吃下去一些毒草,最多一次他在一天当中就中过七十次毒。有一天,神农见到一朵黄黄的小花,像小茶花,那叶子一缩一动的。他刚把叶子放进嘴里,肚肠就一节一节地断开,他来不及吃茶叶解毒就死了。后来人们就称这种草为"断肠草"。所以后来才有了这样的传言:"神农尝药千千万,可治不了断肠伤。"神农为拯救人类而牺牲了自己,人们为了纪念他,都称他为"药王菩萨",好多地方都盖"药王庙"来祭祀他。

黄帝的传说

在炎帝之后出现了黄帝。也有的书上说,黄帝和炎帝本来是兄弟,黄帝是哥哥,炎帝是弟弟。黄帝,古书也写作"皇帝",它的意思是"黄天上帝","皇"是"帝"的形容词,形容"帝"的光辉伟大。古时候的国君都不称帝,从周代开始称"王",一直到秦始皇,觉得称"王"不过瘾,才开始称"皇帝"。

黄帝本姓姬,是少典之子。一天,少典的妻子附宝看见一道大电光闪耀着缠绕北斗星,把整个宇宙照得通明透亮,腹中有感而怀孕。在孕育了二十五个月之后,她在青丘生下了黄帝,取名轩辕。

黄帝幼年的时候,非常聪明。当时部落之间经常发生战争,他用自己的聪明才智,组织和训练部落里的人们习武备战,来保卫自己。周围的部落都对他又敬又怕,纷纷前来归降,于是结成一个很大的部落联盟,他成为这个部落联盟的领袖。他很快就统一了黄河流域的大片土地,在涿鹿山下建立了都城,用"云"来命名百官,军队称"云师",并设立左右太监,以监察卫国。他还制定了礼仪和典章制度,作为治理国家的准绳,派百官到各地去处理各种事务。

黄帝以战争的手段,制止了各部落联盟之间长期的混战,建立了国家制度的雏形,使中国原始社会的发展产生了历史性的飞跃变化——从野蛮时代步入了初步文明的时代,揭开了华夏民族文明历史的第一页,而黄帝成为中华民族的文明始祖。

上面所讲的仅是三皇的一种说法,也有人把伏羲氏、燧人氏和神农氏称为三皇,还有人把伏羲氏、神农氏和女娲称为三皇。下面我们再讲述一些有关燧人氏和女娲的传说。

燧人氏的传说

传说上古的时候,商丘还是一片广袤的山林,燧人氏就住这里。

那个时候,人们靠猎取野兽,吃生肉、喝生血充饥,燧人氏经常带领人们四处打猎。

有一次,山林里突然起了一场大火,火灭了之后,山林里到处都是被大火烧死的野兽的尸体。燧人氏捡起一块烧熟了的兽肉尝了尝,觉得很香、很好吃,于是他带领大家去捡食烧死的禽兽。等到熟肉吃完了,他们只得重新去打猎,仍然吃生肉、喝生血。这时,大家都觉得生肉没有熟肉好吃,都盼望再来一场大火。

一天,燧人氏偶然遇到了太阳公主,太阳公主送给他一块会生火的宝石。燧人氏非常高兴地把宝石放在一个地方,等着它自己生出火来。他等啊,等啊,日子一天天地过去了,怎么也不见宝石生出火来。燧人氏很失望,他说:"原来太阳公主也会骗人,这宝石既然不会生火,我还留着干什么呢?"说罢,他抓起宝石使劲朝一块石头摔去。这一摔不要紧,只听"嘭"的一声,石头冒起了火花,燧人氏恍然大悟,就用击石的办法生起了火。从此,人们就开始把猎取的食物放在火上烤着吃。

燧人氏击石取火为人类造了福,百姓都很敬仰他。传说他活了一百岁,死后,人们给他修了大墓,至今还保存在世上。

女娲的传说

传说在远古的时候,因为共工怒触不周山,支撑着天穹的四根大柱子突然折断了，半边天空坍塌了下来，蔚蓝色的天幕上露出个黑洞洞的大窟窿；大地也忽然裂开，支离破碎了。天不能完全覆盖住大地，地也不能完全负载万物了。洪水四处泛滥，大火在各处燃烧。女娲看到人们面临如此的灭顶之灾，心里非常难过，决心把坍塌下来的半边天补上，把天下儿女们从水深火热中拯救出来。于是她来到昆仑山上，亲手熔炼了五色石子，把苍天修补好，天空又变得和先前一样美好；她又砍下大乌龟的四只脚，用来代替天柱，树立在大地的四方，将天空支撑起来；她还把那兴风作浪的黑龙杀死，使得中原的百姓得以安生；然后，又把芦苇烧成灰烬，堆积起来，用它阻挡住了滔滔的洪水。

经过女娲一番辛苦的劳作，破损的苍天终于补好了，四极稳住了，洪水也退下去了，恶禽猛兽被诛杀了，中原一带的灾难平息了，善良的人民得到拯救，又过上了幸福美好的生活。

五帝的传说

历史传说中的五帝是指少昊、颛顼、帝喾、唐尧和虞舜。

少昊的传说

传说上古时期，在东海之外，有一个巨大的沟壑，少昊就在这沟壑里建立了自己的国家。他所建立的这个国家和别的国家不太一样，少昊的文武百官，都是由各种鸟儿来担任，是个鸟儿的王国。少昊命知晓天时的凤鸟(凤凰)担任"历正"的官；用春来秋去的玄鸟(燕子)担任"司分"的官；赵伯，就是伯劳鸟，夏至鸣，冬至止，就叫它做了"司至"的官；青鸟，立春鸣，立夏止，就叫它做了"司启"的官；丹鸟，就是锦鸡，立秋至，立冬去，就叫它做了"司闭"的官。这五种鸟，掌管着一年四季的天时，由凤凰做它们的总管。另外，少昊还叫懂得孝敬的鹁鸪，掌管教化；叫兀鹫统帅军队，掌管兵权；叫苍鹰掌管法律和刑罚；叫布谷鸟掌管工程建筑；叫老雕掌管营造修缮等事。少昊还命五种野鸡做了五种工官，分别掌管木工、金工、陶工、皮工和染工，以满足人民生活日用品的需要。又让九种扈鸟做了九种农官，督促百姓适时播种，及时收获。如此，天时、地利、人和，鸟类得到了最为充分的利用，人类从野蛮的原始生活，步入了初步的文明生活。

颛顼的传说

传说颛顼是黄帝的孙子,他很喜爱音乐。他出生在若水之滨,是在他的叔父少昊的鸟国里长大的。那里一年四季花木烂漫,溪水潺潺,百鸟鸣啭,大自然中到处都有美妙的音乐,他的性情受到了良好的陶冶。他还跟叔父学会了弹琴鼓瑟。在离开叔父的鸟国之后,他更加孜孜不倦地学习音乐,成为一个很有才华的音乐家。

颛顼登上帝位后,热爱人民,广施仁政,他高尚的道德正与天意相符。国家呈现出一派清明、祥和的景象。微风缓缓吹来,或大或小,或多或少,或紧或慢,发出悦耳的声音,时而如丝管嘤嘤,时而如钟鼓锵锵。他被这美妙的声音陶醉了,高兴得手舞足蹈,于是命令臣子飞龙效仿风的声音,创作了一首题目叫《承云》的乐曲,献给祖父黄帝,受到了黄帝的称赞。他还叫飞龙铸了一口声音洪亮的大钟,那悠扬的钟声可以传到千里之外。

帝喾的传说

传说帝喾是黄帝的曾孙,他刚生下来的时候就非常聪明、机敏,他说自己的名字叫"俊"。十五岁时,因为辅佐颛顼有功,被封为诸侯,因为他的封地在高辛,所以又叫帝喾高辛氏。

帝喾也有许多发明创造:他命臣子咸黑创作了乐歌,命柞卜制作了鼙鼓、钟磬、笙管等各种乐器,帝喾派人敲起鼙鼓,击起钟磬,吹起笙管,鸾鸟和凤凰都纷纷飞来,伴随着美妙的音乐翩翩起舞。

唐尧的传说

传说尧是陶唐氏部落的首领,后来又做了部落联盟的领袖。他老了以后,就把帝位禅让给舜,在历史上传为佳话。由于尧严于律己,关心人民,所以后世传说多歌颂他的仁德和功绩,把他神化了。

尧的生活非常俭朴:他住在用茅草盖的房子里;吃的是粗粮,喝的是野菜汤;冬天穿着鹿皮做的袄,夏天穿着麻布衣裳;用的器皿都是些泥碗、土钵。

但尧对老百姓却非常仁爱。如果他听说有一个人挨饿受冻,就会说:"这是我的过错呀!这是我无能呀!"如果有一个人犯了罪,受到处罚,尧就说:

注释
孜孜不倦:工作或学习勤奋,不知疲倦。孜孜:勤勉,不懈怠。

"这是我使他陷入罪恶的呀!"尧做国君七十年,先是遇到好几年大旱,天上同时出现了十个太阳,草木都干枯了,尧便命羿射下了九个太阳,消除了旱灾。后来又遇到了特大的洪水,大地一片汪洋,尧就命鲧和禹去治水,用了十三年的时间,终于把洪水制伏了。那时的人民虽然也过了些苦日子,受了一些煎熬,可是百姓对尧始终是衷心爱戴的,没有一点怨言。后来的孔子对尧大加赞赏:尧这位国君,真伟大呀,只有尧能像上天一样爱抚人民。他对人民的宽厚坦荡的爱,老百姓是铭记在心的。

虞舜的传说

相传舜的父亲名叫瞽叟,是个瞎子。舜的母亲很早就去世了,后来瞽叟又娶了个妻子,生了一个儿子名叫象,还生了一个女儿叫敤手。

舜的父亲是个老糊涂虫,只宠爱后妻和后妻为他生的子女。后母把舜看成眼中钉,容不下舜。弟弟象是个粗野、傲慢、自私自利的家伙,只有小妹妹多少还有点善良之心。舜在这样的家庭中生活,不但得不到温暖,反而常常遭到父亲的打骂。心肠狠毒的后母,总想找机会杀死舜。舜在家中实在待不下去了,只好一个人搬到了历山脚下,盖一间草屋,开垦一片荒地,一个人过起了日子。

尽管父亲打骂他,后母也狠毒地想害死他,弟弟也总是欺负他,可是他却有一片真诚的孝心,非常孝敬自己的父母,爱护弟妹。他独身在历山耕种田地,每遇荒年,他总是暗中拿些粮食去接济他的父母。舜是个品德高尚、为人谦让的人,他在历山耕作没多久,在他德行的感化下,那些过去争夺地界的农民,就都能够和睦相处了。后来舜又到雷泽去打鱼,那些为争夺渔场而打得头破血流的人也都能和睦相处了。舜走到哪里,他的崇高德行都能感化他周围的人,大家都愿意跟他住在一块儿。大家都喜欢他,围绕着他住了七年。过了一年,他住的地方便成了村庄;到了第三年,那里就成了一个小镇。

当时,尧的年纪已大,正在天下寻找贤人,听说了舜的事迹,准备把帝位禅让给舜;各地的族长们也都推荐舜,说他既孝顺又有才干,可以做继承人。于是尧就把自己的两个女儿娥皇和女英嫁给舜做妻子,把自己的帝位禅让给了他。舜做了国君以后,心里时刻关心百姓的疾苦,国家治理得非常好。

舜晚年出巡,病死在苍梧之野(今湖南宁远),葬在九嶷山南面。噩耗传来,人民都像死了爹娘一样失声痛哭,悲痛万分。他的两个妻子娥皇和女英,更是悲痛欲绝,天天望着苍梧哭泣,滴滴泪水挥洒在竹林里,竹子上从此留下了斑斑的泪痕,后人便称这竹为"斑竹"(又叫湘妃竹)。后来,两人一起投湘水自尽了。

尧和舜久已长眠于华夏大地,但他们"以人为本""任人唯贤"的思想和厚德载物的高尚德行,被人们世世代代地继承和发扬。

夏　朝

第一个奴隶制王朝

在舜领导期间,出了一个治水英雄大禹。舜见大禹劳苦功高,便将帝位禅让给了他。禹担任部落联盟首领后,进一步发展农业生产,相传禹曾带着生产工具参加水利工程建设。同时农业生产技术也有了很大进步,出现了许多发明创造:伯益发明了凿井技术,奚仲发明了车,仪狄首创用粮食酿酒。这些发明创造又促进了农业的发展。

在禹统治时期,随着生产力的发展,产品有了剩余,人们学会了酿酒和冶铜,也开始了商品交换,渐渐地产生了贫富分化,同时也出现了犯罪。这令大禹感到很痛心,他认为是自己治理不善所致,于是指示地方官吏对百姓加强教化,避免犯罪的发生。可是伴随私有制的出现,人们的观念有了质的变化,常常在你抢我夺中发生冲突。大禹万般无奈只好制定禹刑,设置监狱以惩治犯罪。监狱这种机构的产生,需要一部分人从生产中脱离出来,从事看管监狱的工作,而他们的生活又要依靠从事生产的人,于是又出现了税收。

为掠夺财富和奴隶,禹即位后不久,不与任何首领商议,便发号施令,调动人马对南方三苗人民发动战争。大禹的地位越来越高,他的权力也显得至高无上。一次禹召集各部落首领举行涂山大会,其间用各部落献出的铜铸成了象征九州的九个大鼎,并运回宫中,称之为镇国之宝,各部落首领在进贡时还要对九鼎膜拜。九鼎显然成了权力的象征。

涂山大会之后,大禹又召集各部落首领举行茅山大会。大会开始后,防风氏的首领才慢腾腾地步入会场，大禹十分恼火，当即派人将防风氏首领斩首。其他部落首领均吓出一身冷汗，从此对大禹俯首帖耳、唯命是听。此时的大禹已不仅仅是部落首领，实际上已是拥有生杀大权的国王了。

大禹越来越老，按惯例该选继承人了。大家一致推荐掌管刑法的皋陶。可是不久皋陶病死了，大家又推举当年同大禹一起治水的伯益。伯益在治水期间吃苦耐劳、献计献策，在百姓中的威望很高。但此时的大禹已存有私心，很想让自己的儿子启做继承人。可祖上传下的规矩不好破坏，怎么办呢？想来想去，他决定给伯益一个虚名，真正的实权交给儿子。久而久之，启在百姓心中渐渐有了威望。

大禹死后，伯益为他举行了葬礼。当年大禹为舜举行葬礼后曾将继承人的位置让给舜的儿子，但没被接受。这次，伯益效仿大禹的样子，避居起来，假意将王位让给大禹的儿子启。谁知启并没客气，竟堂而皇之地接受，登上了王位。各部落首领也纷纷前来朝贺。

伯益正在等启来请他继位，未料美梦化成泡影，不禁恼羞成怒，率部攻打启。启早有防备，从容应战将伯益杀死。

启这种有违祖规的做法引起了有扈氏的不满，他联合其他部落组成六军攻打启，同样惨遭失败。伯益和有扈氏的失利，使各部落首领都变得驯服了，不敢再有反叛的念头。启的地位得到进一步巩固。他成了一个名副其实的国王，将禅让制彻底改变为世袭制，中国历史上第一个奴隶制王朝——夏建立了。中国历史自此从原始社会进入了奴隶社会，史称"夏禹传子"。

当了国王的夏启将权力使用得淋漓尽致。他大兴土木，修建了王宫和钧台。在王宫中，他听音乐、赏歌舞，过着令人羡慕、神仙般的生活。他在享受的同时，没有忘记学父亲大禹的样子召开首领大会。他把地点定在钧台，让众首领聚集在他的脚下。其威风之显赫是以往历代首领无法比拟的。

在宫中待腻了，夏启带着王公大臣驾着车浩浩荡荡去各地巡游。当年尧、舜、禹巡游四方是为了了解民间疾苦，真正为百姓做事。而夏启的巡游却给百姓带来了无尽的苦难，所到之处恣意玩乐，尽情搜刮，人民苦不堪言。启常年不理朝政，渐渐引起众人不满，时有叛乱发生。于是，在夏王朝统治集团内部爆发了夏启五子争夺王位的斗争，其中尤以小儿子武观的行为最为激烈。夏启派大将彭伯寿统兵平叛。叛乱虽被镇压下去，夏王朝却因此元气大伤，其统治已遭到严重削弱。

九年后，夏启死于重病，将一个摇摇欲坠的王朝交给了长子太康。太康的劣性较其父亲有过之而无不及。他全然不把国事放在心上,整日领着几个大臣到森林中打猎。一天太康又去打猎,不知不觉越走越远,猎兴也越来越浓,在外面待了很久才想起回宫。但此时回宫为时已晚,都城早已被有穷国的国君后羿占领了。

后羿是个神箭手。相传尧帝时,天上同时出现十个太阳,河流干涸,大地裂开,草木干枯,百姓的性命危在旦夕。后来有位叫羿的神箭手射落九日,拯救了百姓与万物。由于有穷国国君箭法高超,人们认为他是神羿再世,便称他为后羿。

太康见大权被夺,才想起是自己多年荒废国事所致,但后悔已晚。他想与后羿抗衡却有心无力,只好差人求后羿给他一个容身之处,但遭到后羿拒绝。太康无奈只得返回昔日打猎的森林之中。此时的他已毫无打猎的兴趣,在懊悔与沮丧中过起了食不果腹、衣不蔽体的流亡生活,最后死在了荒郊野岭。

太康在位十九年,最终的结局史称"太康失国"。

商　朝

商汤灭夏

少康以后,夏朝的江山的确稳固了一段时间,但是好景不长,到了孔甲当王的时候,整天荒淫无度。孔甲还特别迷信,致使诸侯大都不听从朝廷的号令。孔甲之后,政治日益腐败,内乱不止,国势日衰。

就这样,夏朝的江山颠颠簸簸,延续了一段时间,到了夏朝第十七代王履癸的时候,江山已经摇摇欲坠了,这履癸就是夏朝的最后一个国君桀。

桀是历史上一个著名的暴君,他长得粗野无比,而且力大超群、胸无点墨。当上夏朝的君王后,桀整天不思国家大事,而是想着自己怎样享乐,他派了许多大臣在全国选美女来为他享用。诸侯们也摸透了这位大王的习性。

有一次,桀攻打有施国。眼看着有施国的城池就要丢了,这时,有施国将国中最漂亮的妹喜献给桀,桀一看妹喜,当即就带着将士们回宫了。有施国以一女而保了平安。

桀自从得了妹喜,整天和她在一起,对她百般宠爱,招来国内最优秀的工匠,为她建立一座宫殿,这座宫殿是当时京城的最高建筑,高耸入云,似乎都快要倒下了,人们就给它起了个名字,叫倾宫。倾宫的内部装潢也华丽无比。他就在这样的地方和妹喜嬉戏游乐,欣赏歌舞,大臣们要进宫报告事情,一律被挡在宫外。

妹喜喜欢听裂帛的声音,桀便命令人民每天进贡一百匹帛,撕裂帛给妹喜取乐。

桀的荒淫无度,让忠臣贤士寒心。大臣关龙逄规劝桀应以国事为重,桀竟将他赶走,不久便将他杀了。而奸臣于莘、赵梁投其所好,为桀尽情享乐出谋划策。

桀丝毫不管百姓的死活,老百姓都挣扎在水深火热中。无数的财富都填进了这个暴君的欲望之口,而这个暴君杀人如儿戏,老百姓是敢怒而不敢言。人民实在无路可走,有的人对着太阳指桑骂槐道:"你这个可恶的太阳什么时候完蛋啊?"

正当夏朝日益腐败、气势日渐削弱之时,在黄河下游,有一个诸侯国渐渐地发展起来了,这就是商。商的国王叫汤。汤贤良无比,他以仁义治国,以礼貌待人,百姓都说遇到了一个明君,周围的诸侯国也都和他相处和睦。

汤的势力日益强大,同时,他加紧以仁德宽厚的政策收揽人心。一天,汤到国都郊外游历,忽然看见一个人四面张着罗网,跪在地下祈祷说:"天上和地上的猎物,都快快进我的罗网。"汤听后走到那人的面前,说:"你的意思不就是一网打尽吗?"那人点头称是,于是汤就命令他重新祈祷,让他说:"想往左的,就往左;想往右的,就往右;不听从命令的,才进入我的罗网。"汤与捕鸟人的故事很快传开了,人们听说汤对飞禽都这么怜惜,都称赞他是仁慈的国君。

桀有一天知道有一个诸侯王汤比自己贤良,而且大多数诸侯都听他的,有些害怕了,就命令赶快把汤抓来,囚禁在夏台,就是今天河南禹州这个地方。汤的大臣伊尹这时正在辅佐汤,见到商国无君,心急如焚,就生了一计,派人到国内去广搜财宝,挑选美女,派了一个巧舌如簧的使者到夏都去。

那使者到了夏都,用许多金银财宝买通了桀的佞臣赵梁,赵梁一见到这些财宝,马上动了心,就答应引见。第二天赵梁带着这个使者来到桀的面前,向他呈献上一队美女,外加许多金银财宝,于是桀就把汤给放了。

汤一回到自己的国家，就着手准备灭夏。他训练军队，准备粮草，打通各个诸侯国的关节，尽力形成一种共同讨伐桀的态势。但是当时有一个叫葛国的诸侯国不听汤的建议，而且明显要跟汤作对，所以汤就选择了先对这个小国下手。两军刚一交锋，小小的葛国就被打败了。

汤利用各种不同的借口，先后灭了韦、顾等小国，又灭了较强大的昆吾国。这时汤的国力就更加强大了，具备了和夏分庭抗礼的能力。

在讨伐桀之前，伊尹给汤献上一计，要汤不要向夏进贡，看看桀到底会有怎样的反应。这一年汤没有像往年一样，向夏进贡大量的物品，桀知道此事后，以为汤要造反，马上派大兵攻打汤。这正给早就准备灭夏的汤提供了机会。

汤见桀已完全陷于孤立，立即动员自己的所有力量讨伐桀。出兵前，举行了誓师大会，汤作了一篇《汤誓》，在大会上宣读，汤说："众兵士，我率你们去攻打夏桀，我不是发动兵乱，而是因为夏桀的罪太多了，现在上天命令我去惩罚他啊！"在众人的一片欢呼声中，汤统帅大军浩浩荡荡地向夏都开去。汤的大军攻势凶猛，势如破竹，直逼夏朝国都。

汤和桀的军队在鸣条相遇，其地在今天河南封丘以东，夏桀大败。于是桀带着妹喜和金银财宝一起向南方逃去。汤乘胜攻打了偏向夏的一个小国，最后也大获全胜。

桀带领人马一直逃到南巢，就是今天安徽巢湖以西这个地方。汤的大军也追到那里，最后将桀生擒。汤并没有杀桀，而是把他囚禁在南巢，桀不到三年便死在这个地方。

夏朝自大禹传子、夏启废禅让登上王位，至夏桀败亡，其间历经十七代，四百余年，最终在深刻的内外矛盾中灭亡。

汤在消灭了夏桀，推翻了夏朝统治之后，定都于亳，建立了商王朝。中国历史从此进入了奴隶制商王朝统治时期。

商纣伐东夷

商朝最后一个王是帝辛，即纣。纣继位以后，东夷叛商，纣很恼怒，决定征伐东夷，于是加紧准备出兵，这当然又要增加一大笔军费开支。除了压榨人民外，对一些诸侯国，纣就用武力威逼其进贡，从粮食、牛、羊、猪、鸡到珠宝、玉器无所不要。在商王朝的沁阳(即衣)田猎区附近有一个小小的属国有苏(在今河南武陟东)，因地小人稀，出产不富，无力给纣进交年年增加的贡赋，纣认为有苏氏是有意对抗，便派兵前去征讨。有苏氏无力抗御，得知纣喜欢美女，便从族人中挑出一个叫妲己的美女献给纣以求和。纣见妲己生得很美，便撤兵免贡，班师回朝。

纣伐有苏氏以后，各属国不敢再抗命不交贡赋。于是纣率领上万的商军向东南进发去伐东夷。纣又下令东方各诸侯国也出兵协助征伐，所以伐东夷的战争规模是很大的。尤其引起东夷恐惧的是在商军中出现了一支用象组成的"象队"，这些象生长在中原地区，被捉住以后饲养驯服，用作驮运工具，后来又被商军调驯来做进攻敌人的"武器"。古书中说："商人服象为虐于东夷。"《吕氏春秋·古乐》东夷各部落当然经不起商的大军压境，经过几次战斗以后，东夷只好投降。纣征伐东夷耗费了大量的资财和人力，征服东夷以后本应安定民心，发展社会生产。可是纣只顾淫乐，宠妲己。他的暴虐统治，使他大失民心。商王朝已滑向了灭亡的深渊。

姜太公钓鱼

商朝末年，渭水流域兴起了一个国名叫周的强国，周的祖先姓姬，历史很悠久，据说他们的远祖后稷在尧的时候担任农师，以后世世代代承袭这个职务，管理农业方面的事情。夏朝末年，官府腐败，农业衰落，周的祖先就西迁到现在的甘肃东部和陕西西部一带，自己组成了部落。商朝后期，周族遭受西北方的戎族和狄族的侵扰，周族的首领古公亶父率领族人从岐山北边迁到岐山南边的周原上居住，并且在那里建筑城郭宫室，开垦荒地，设置官吏。大概从那时起，周族逐渐形成了奴隶制国家。古公亶父的儿子季历在位时，周的势力强大起来。商朝的王文丁感到周的威胁，就杀害了季历。

季历死后，他的儿子姬昌继位，就是有名的周文王。因为祖先做过农师，周文王也十分重视农业。他待人宽厚，对老年人很尊敬，对小孩子很爱护，所以老百姓都很拥护他。周文王特别敬重有本领的人，请他们帮助他治理国家。许多有本领的人纷纷来投奔他，因此他手下拥有许多文臣武将。

纣王看到周的势力越来越强,十分害怕,就找个理由把周文王找来,囚禁在前羑里(今河南汤阴西北)。周文王的臣子为了搭救文王,搜罗了美女、好马和珍宝献给纣王,并买通商朝的大臣,请他在纣王面前求情。纣王很贪财,又喜欢美女。他得了礼物,听了大臣的话,把文王释放了。周文王获得自由以后,决心治理好自己的国家,以便寻找机会,推翻商朝,报仇雪耻。他看到自己手下虽然有了不少文臣武将,可是还缺少一个文武全才能够统筹全局的人,帮他筹划灭商大计。因此,他经常留心寻访这样的大贤人。

有一次,周文王外出打猎,在渭水的支流磻溪边上遇见了一位钓鱼的老人。老人须发斑白,看上去有七八十岁了。奇怪的是他一边钓鱼,一边嘴里不断地叨念:"快上钩呀快上钩!愿意上钩的快来上钩!"再一看,老人钓鱼的鱼钩离水面有三尺高,并且是直的,不是弯的,上面也没有钓饵。文王看了很纳闷,就过去和老人攀谈起来。这老人姓姜名尚,又名子牙,是远古时代炎帝的后代。他曾在商朝的首都朝歌(今河南汤阴)宰过牛,在黄河边上的孟津卖过酒。他不会做买卖,亏了本,所以到渭水边上来钓鱼了,其实是在等待贤明的君主来寻访他。

周文王在和姜尚的谈话中,发现姜尚是一个目光远大、学问渊博的人。他上通天文,下知地理,对政治、军事各方面都很有研究,特别是对于当时的政治形势,分析得头头是道。他认为商朝的天下不会很长久了,应当由贤明的领袖出来推翻它,建立一个新的朝廷,让老百姓能过上舒服的日子。

姜尚的话句句都说到了文王心里。他本来就是为了想要推翻商朝,到处去寻找大贤人,这眼前的姜尚,不就是自己要寻访的大贤人吗?文王恳切地对姜尚说:"我们盼望您很久了,请您到我们那里去,帮助我们治理国家吧!"说完,就叫手下人赶过车子来,邀请姜尚和自己一同上车,回到都城里去。姜尚到了文王那里,先被立为国师,也就是最大的武官;后来升为国相,总管全国政治和军事。周文王的父亲太公季历在世的时候,就向往着姜尚这样的大贤人了,所以人们尊称姜尚为"太公望"。后来人们干脆把"太公望"的"望"省略掉,把姜尚叫作姜太公。

姜太公果然是栋梁之材,他做了周文王的国相,帮助周文王整顿政治和军事,对内发展生产,使人民安居乐业;对外征服各部族,开拓疆土,削弱商朝的力量。周文王在姜尚的辅佐下,先后打败了大戎、密须等部族,征服了耆、阇等小国家,并吞并了从属于商朝的崇国,在崇国的地盘上营建了一个丰城,把都城从岐山南边的周原迁到了丰城。到周文王晚年的时候,周的疆土大大扩充,西边收复了周族的老家,现在陕西、甘肃一带,东北进展到现在山西的黎城附近,东边到达现在河南沁阳一带,逼近了殷纣王的都城朝歌,南边把势力扩充到了长江、汉水、汝水流域。但是,周文王并没有完成灭商的事业。在他打算征伐纣王的时候,不幸患重病去世了。

这样,灭亡商汤的大业就落在周文王的儿子姬发和智叟姜尚的肩上。

西周

周武王伐纣

商朝建立后,在太甲、武丁等国君的努力下,曾经一度兴盛,农业、手工业有了较大的发展;文化方面发明了甲骨文,开启了中国有文字记载的历史。但是到了后期帝乙及至纣统治时,君王骄奢淫逸、穷兵黩武,国内矛盾激化,百姓的生活又一次陷入水深火热之中。

此时渭河流域的周部落渐渐强盛起来。周文王励精图治,努力发展生产,去世以后,他儿子姬发即位,就是周武王。周武王拜太公望为师,并且要自己的兄弟周公旦、召公奭做他的助手,继续整顿内政,扩充兵力,准备讨伐商纣。

第二年,周武王把军队开到盟津(今河南孟津东北),举行一次检阅,有八百多个小国诸侯不约而同地来到盟津会师。大家都向武王提出,要他带领大家伐商。但是武王认为时机未到,检阅结束后又回到都城。

这时候,纣的暴政越来越残酷了。商朝的贵族比干和箕子、微子非常担心,苦苦地劝说他别这样胡闹下去。纣不但不听,反而毫无人性地把叔父比干杀了,还叫人剖开比干的胸膛,把他的心掏出来,说要看看比干的心是什么颜色的。从此,纣王周围的大臣再也没有敢进谏的了。贤臣箕子装作发疯,总算免了一死,被罚做奴隶,囚禁起来。微子看见商朝已经没有希望,就离开商都朝歌出走了。朝中的大臣太师疵和少师强带了商朝的祭器乐器,纷纷投靠周武王。

公元前1027年(一说公元前1057年)正月,武王听到探子的报告,知道纣已经到了众叛亲离的地步,认为时机已经成熟,就发兵五万,请精通兵法的太公望做元帅,周公旦、毕公高辅佐,渡过黄河东进。到了盟津,八百诸侯又重新会师在一起。周武王在盟津举行一次誓师大会,宣布了纣残害人民的罪状,鼓励大家同心伐纣。

在武王进军的路上,一天,有两个老人挡住了大军去路,要见武王。有人认出来,这两人本来是孤竹国(在今河北卢龙)国王的两个儿子,哥哥叫伯夷,弟弟叫叔齐。孤竹国王钟爱叔齐,想把王位传给他,伯夷知道父王的心意,主动离开孤竹;叔齐不愿接受哥哥让给他的王位,也躲了起来。周文王在世的时候,他们两人一起投奔周国,定居下来。这回听到武王伐纣,就赶来阻止。

周武王接见他们时,两人拉住武王的马缰绳说:"纣王是天子,你是个臣子。臣子怎能讨伐天子,这可是大逆不道的事啊!"

武王左右将士听了这些话,非常生气,有的把剑拔出来,想杀他们。太公望知道这两人不过是两个书呆子,吩咐左右将士不要为难他们,把他们拉开。哪知道这两个人太固执,不再吃周国的粮食,竟躲到首阳山(在今山西永济西南)上,绝食自杀。

周武王的讨纣大军士气旺盛,一路上势如破竹,仅仅经过六天行军,于二月初四拂晓就打到距离朝歌七十华里的牧野(今河南新乡北部)。

纣听到这个消息,只好仓促部署防御。但此时商军主力还在东南地区,无法立即调回,便临时拼凑了十七万人马。他想,武王的兵力不过五万人,十七万人还打不过五万人吗?于是商纣王亲自率领部队,开赴牧野迎战周师。

可是,那十七万商军有一大半是临时武装起来的奴隶和战俘。他们平日受尽纣的压迫和虐待,早就对纣恨透了,谁也不想为纣卖命。在牧野战场上,当周军勇猛进攻的时候,他们就掉转矛头,纷纷倒戈,大批奴隶配合周军一起攻打商军。十七万商军,一下子就土崩瓦解了。太公望指挥周军趁势追击,一直追到商都朝歌。

商纣逃回朝歌,眼看大势已去,就下令手下人把所有的金银财宝堆到鹿台上。当夜,纣躲进鹿台,放了一把火,跳到火堆里自焚而死。

周武王率大军威严雄壮地进入朝歌城。商朝老百姓扶老携幼,站在道路两旁欢迎周军。武王命令南宫适把鹿台里还未烧毁的金银珠宝拿出来,分发给老百姓,还叫他打开钜桥大粮仓,让群众前来领取粮食。朝歌城里欢呼声四起，人们到处都谈论武王的好处和纣王的残暴。武王还叫毕公高释放了被商纣王关起来的奴隶、罪人以及从各地掠夺的女子，让他们获得自由。

周武王灭了商朝，结束了殷商王朝约六百年的统治，把国都从丰邑搬到镐京(今陕西西安西)，建立了周王朝。

为了巩固周朝的统治，从周武王起，把自己的亲属和功臣分封各地，建立诸侯国，太公望被封在齐国，周公旦被封在鲁国，召公奭被封在燕国。据说从武王到他的儿子成王，一共封了七十多个诸侯。

商朝虽然灭亡了，但是它留下的贵族和奴隶主在社会上还有一部分势力。为了安抚这些人，武王把纣王的儿子武庚封为殷侯，留在殷都，又派自己的三个兄弟管叔、蔡叔和霍叔去帮助武庚。名义上是帮助，实际上是监视，所以叫作"三监"。

周公辅成王

周武王建立了周王朝以后，过了两年就害病死了。他的儿子姬诵继承王位，这就是周成王。那时候，周成王才十三岁，再说，刚建立的周王朝还不大稳固。于是由武王的弟弟周公旦辅助成王掌管国家大事，实际上是代理天子的职权。历史上通常不称周公旦的名字，只叫他周公。

周公的封地在鲁国，因为他要留在京城处理政事，不能到封地去，等他的儿子伯禽长大了，就派伯禽代他到鲁国去做国君。

伯禽临走的时候，问他父亲有什么嘱咐。周公说："我是文王的儿子，武王的弟弟，当今天子的叔叔，你说我的地位怎么样？"

伯禽说："那自然是很高的了。"

周公说："对呀！我的地位确实很高，但是我每次洗头发的时候，一碰到急事，就马上停止洗发，把头发握在手里去办事；每天吃饭的时候，听说有人求见，我就把来不及咽下的饭菜吐出来，去接见那些求见的人。我这样做，还怕天下的人才不肯到我这儿来呢。你到了鲁国，不过是个国君，可不能骄傲啊！"

伯禽连连点头，表示一定记住父亲的教导。周公尽心尽意辅助成王，管理国事，可是他的弟弟管叔、蔡叔却在外面造谣，说周公有野心，想要篡夺王位！

纣王的儿子武庚虽然被封为殷侯，但是受到周朝的监视，觉得很不自由，巴不得周朝发生内乱，重新恢复他的殷商的王位，就和管叔、蔡叔串通一气，联络了一批殷商的旧贵族，还煽动东夷中几个部落，闹起叛乱来。

武庚和管叔等人制造的谣言，闹得镐京也沸沸扬扬，连召公奭听了也怀疑起来。成王年纪小不大懂事，更闹不清是真是假，对这位辅助他的叔父也有点信不过。

周公心里很难过，他首先向召公奭披肝沥胆地谈了一次话，告诉召公奭，他绝没有野心，要他顾全大局，不要轻信谣言。召公奭被他这番诚恳的话感动，消除了误会，重新和周公合作。周公在安定了内部之后，毅然调动大军，亲自率领大军东征。

这时候，东方有几个部落像淮夷、徐戎等，都配合武庚，蠢蠢欲动。周公下命令给太公望，授权给他，各国诸侯，有不服周朝的，都由太公望征讨。这样，由太公望控制了东方，他自己全力对付武庚。

费了三年的工夫，周公终于平定了武庚的叛乱，把带头叛乱的武庚杀了。管叔一看武庚失败，自己觉得没有面目见他的哥哥和侄儿，上吊自杀了。周公平定了叛乱，把霍叔革了职，对蔡叔办了一个充军的罪。

在周公东征的过程中，一大批商朝的贵族成了俘虏。因为他们反抗周朝，所以叫他们"顽民"。周公觉得让这批人留在原来的地方不大放心；同时，又觉得镐京在西边，要控制东部的广大中原地区很不方便，就在东面新建一座都城，叫作洛邑，把殷商的"顽民"都迁到那里，派兵监视他们。

打那以后，周朝就有了两座都城。西部是镐京，又叫宗周；东部是洛邑，又叫成周。

周公辅助成王执政了七年，总算把周王朝的统治巩固下来，他还制定了周朝一套典章制度。到周成王满二十岁的时候，周公把政权交给成王管理。

从周成王到他的儿子康王两代，前后约五十多年，是周朝强盛和统一的时期，历史上叫作"成康之治"。

烽火戏诸侯

周幽王是历史上有名的昏君。他继位后，不但没有采取必要的措施减轻民众的负担，缓和内部矛盾，反而重用虢石父一类"善谀奸利"的小人充当各级大臣，专门从事对人民的搜刮剥削，结果造成"民率流亡"，进一步激化了各种矛盾。与此同时，周室畿内又遇上地震、旱灾等天祸，广大民众陷于水深火热之中。一度遭到抑制的西北方戎狄族此时也乘机抬头，侵扰周室。周王朝完全滑向了内外交困、四面楚歌的深渊。所以，幽王废嫡立庶犹如向干柴上投了一把火，漫天的大火随即熊熊燃起，镐京之乱无可避免地发生了。周幽王自己玩火自焚，充当了西周王朝的殉葬品。原来周幽王有一个名叫褒姒的妃子，他非常宠爱。为了表示自己这种"三千宠爱在一身"的立场，周幽王色迷心窍，又罔顾老祖宗的规矩，废掉太子宜臼，而改立褒氏所生的儿子伯服为太子，还想将宜臼杀掉，迫使其逃亡外祖父申侯处。幽王一不做二不休，又将宜臼的母亲申后废黜，立褒姒为后。幽王废嫡立庶的举动，严重违背了礼制，极大地激化了王室内部的矛盾，成为镐京之乱爆发的导火线。

　　申后是周王朝一个诸侯国申侯的女儿，申侯见幽王废了申后和太子宜臼，自己也由侯爵降为伯爵，私人利益受到损害，决心设法夺回外孙的王位继承权。可他知道凭自己的实力做不到这一点，就把希望寄托在争取外力之上。为此，他串通缯侯，共同联合犬戎，企图通过犬戎军队入侵镐京，扶植宜臼上台。犬戎正等待有这样的机会，于是双方一拍即合，发动了对镐京的进攻。

　　幽王十一年(公元前771年)，申侯、缯侯联合犬戎军队大举入侵，矛头直指周统治中心镐京。镐京西北方向没有坚固的防御设施，王室直接统率的主力"西六师"也未进行力战，致使犬戎军队长驱直入，迅速抵达京郊地区，镐京被围。幽王坐拥愁城，只好把解围的希望寄托于诸侯的勤王部队。如果各路勤王之师前来援救，镐京解围还是充满希望的，可是周幽王当年"烽火戏诸侯"的恶作剧，造成了严重的后果，终于导致了周幽王身首异处，宗周社稷覆灭。

　　镐京被围日久，勤王之师到达无期。幽王孤注一掷，派遣虢石父率兵出城，做试探性攻击，希望侥幸取胜，振奋军心士气。谁知与犬戎军队交锋后，周师即告溃败，虢石父也被乱兵杀死。犬戎和申侯的部队乘胜追击，蜂拥而上，攻入城中。戎兵入城后，大肆野蛮屠杀无辜居民，抢掠财宝，并放火烧毁宫殿和民宅。一座历时二百五十多年的雄伟都城，至此被彻底破坏，化为一片焦土。

　　犬戎军队入城后，幽王惊慌失措，计无所出。司徒郑伯友于危急中，指挥所属将士奋勇力战，趁夜保护幽王、王后突围而出。到达骊山后令举骊山烽

注释

乘胜追击：趁着胜利的形势继续追击敌人，扩大战果。

火,烽火台虽烟冲云霄,但仍然没有一路诸侯之师前来救援。不得已只好继续仓皇东撤,但是终因行动迟缓,为犬戎兵追及,陷于重重包围。郑伯友率部左冲右突,未能突围成功,死于乱箭之下。幽王本人被犬戎军队捕杀于骊山脚下的戏水之畔,王后褒姒被俘。西周王朝遂告灭亡。

等到镐京失陷、幽王被杀的消息传来,诸侯才明白这一回举烽火已不再是游戏,于是就纷纷组织勤王之师。其中卫、晋、郑、秦诸国部队成为勤王联军中的主力,它们开抵镐京城下,对犬戎军队发起反击。经过激烈残酷的战斗,勤王联军终于击败犬戎军队,将其驱逐出城,收复了饱受兵燹之祸的镐京。至此,镐京之战终于画上了句号。

镐京收复之后,一直在申国避难的原太子宜臼被立为国君,史称平王。由于镐京已被摧毁,一片荒凉,无法立足,平王只好在晋文侯、郑武公、卫共伯、秦襄公等武装保护下,辗转将都城东迁到洛邑(在今河南洛阳),这一年是公元前770年。从此,历史进入了东周时期,周王朝渐渐丧失了驾驭、控制四方诸侯的力量。"礼乐征伐自天子出"一变而为"自诸侯出""自大夫出",大动荡的岁月来临了。

春　秋

祝聃箭射周王

在春秋战国的时候,还没有皇帝这个称呼。那时候把全国的最高统治者叫作天王。天王的权力,就像书上记载的:普天之下,每一寸土地都是天王的领地;四海之内,每一个人都是天王的臣民。没有人敢对天王不恭敬。就是在这种情况下,当时郑国的一位名叫祝聃的将军竟敢用箭去射天王周桓王。

周宣王在世的时候封了一系列的诸侯国,其中有一个叫作郑国(开始封在今河南新县)。郑国一直由为国家王室立下汗马战功的郑氏家族统治。由于郑国兵马强壮,历来与王室关系密切,所以深得天王的信赖。到郑庄公的时候,由于郑国内部不太稳定,郑庄公有很长一段时间没去朝廷协助天王管理朝政。周天王有点不高兴了,他想另外找一个人为他统治管理天下,出谋划策。谁知这件事被郑庄公安插在京城里的耳目知道了,他们又告诉了郑庄公,郑庄公有些不快,但很快有了主意。

郑庄公匆匆驱车赶到京城,一见周平王就主动提出辞职让贤。平王只好耐心解释,悉心劝慰。谁知郑庄公是个犟脾气。周平王越说好话,他越气盛,弄得周平王也下不了台,最后在满朝文武的劝说下,才达成一个协议,就是郑庄公仍然担任卿士,为彼此信任,周平王把太子孤送到郑国去居住,郑庄公也把公子忽送到周朝做抵押。从表面上看问题似乎解决了。但周朝与郑国之间却结下了矛盾。

周平王在他当天王的第五十一年(公元前720年)驾崩了,太子孤回到京城继承王位,太子孤太悲伤了,一回到洛阳就死了。孤的儿子当了天王,这就是后来的周桓王。

周桓王认为父亲的死和郑庄公的蛮横有很大关系,又觉得郑庄公在朝廷上很霸道,就产生了罢免郑庄公的念头。周桓王年轻气盛,有一天在上朝时,当着文武百官的面对郑庄公说:"你是先王的老臣,我怎敢随便使唤你,还是请你自便吧。"郑庄公一听,虽然挺生气,但没反驳什么就婉言告辞了。

郑庄公回到郑国,一直对周桓王不满,总想找点事教训教训桓王,让桓王知道他的厉害。正巧宋国联合卫国作乱,郑庄公就找到了攻打宋国的借口。郑庄公假借周桓王的名义,打起了"奉天讨罪"的旗号,联合齐国和鲁国,把宋国打得一败涂地。宋国的国君宋殇公在战乱中身亡,郑庄公就立公子冯为宋国的新国君,就是宋庄公。从此郑庄公在诸侯中威望大增,许多小国都把他看作诸侯的首领,郑庄公就更不把周桓王放在眼里了。

周桓王一知道郑庄公打着他的旗号讨伐宋国,就下令正式免去了郑庄公的卿士职位,而郑庄公也一连五年不去洛阳朝见天王,以示蔑视。这可把周桓王惹火了,他亲率蔡、卫、陈三国军队讨伐郑庄公。郑国朝野上下早有抗周之心,誓与天王决一死战。

周桓王原以为大兵压境,郑庄公一定会知错求和。现在看到郑庄公还真敢和他兵戎相见,就准备了一篇长长的演说辞,想当面训斥郑庄公一通。没料到郑庄公根本不到阵前见他,只是摆好架势,默默待战。周桓王求战心切,就派士兵去郑军阵前叫骂,郑庄公还是按兵不动。直到午后,太阳开始西斜,郑庄公眼见周王士兵已经面露倦意,军纪松弛,才下令击鼓冲锋。陈、蔡、卫三国士兵本来就不想为周天王打仗,现在一看郑军来势凶猛,掉头就逃。郑军养精蓄锐,以逸待劳,早就憋足了劲,一阵奋勇追击,直杀得周王军队丢盔弃甲,狼狈而逃。周桓王出于无奈,只好亲自断后,且战且退。

郑国的战将祝聃率兵追杀在前,远远地弯弓搭箭,朝着周桓王奋力射击,正中桓王左肩。正在这时,却听到郑庄公鸣金收兵,只得返回。到了营地,祝聃疑惑不解地问郑庄公:"周王已中一箭,我正要生擒他,你怎么下令收兵了呢?"郑庄公答道:"我们今天应战也是迫不得已啊。周天王兵败中箭,已经知道了我们的厉害,以后再也不敢轻视我们了。况且,真要把周天王抓来,我们又拿他怎么办呢?就是射他一箭也不合适,如果射得伤重而死,我们就有了杀害天王的罪名,怎么向天下人交代呢?"大夫祭足这时也说:"还是庄公高明,现在周天王已经怕我们了,我们最好赶快派人去慰问天王,这也给他一个台阶,让他赶快回去算了。"郑庄公一听连声说好,并把这个差事交给了祭足。

祭足准备了许多牛、羊作为礼物,外加一些粮草,星夜赶到周天王的兵营慰问。他一见到周王,就跪在地上连连磕头,口称:"罪该万死、罪该万死,庄公本想自卫,岂料没有约束士兵,以致冒犯了天王。庄公特命我来请罪,请天王息怒。"周桓王没料到郑庄公来这么一手,祭足长跪不起更使他难堪,一时竟说不出话来。旁边的大臣们一见此景,都打圆场,请周王饶恕郑庄公,祭足忙向周天王谢恩,告辞了天王,又到别的军营一一慰抚。就这样,周天王与郑庄公之间的一场争斗最后以祭足的"慰问"宣告结束。而诸侯之间更加激烈的争斗就要开始了。

在西周的时候,天子是"天下宗主",权倾五湖四海,自周天王东迁以后,周王朝的权势逐渐衰落,诸侯的力量却日趋强大。在这种时候,周桓王还想以天子的地位管辖诸侯,逞昔日之威风,郑庄公自然不怕什么。郑国勇将祝聃给周天王的一箭实际上说明了当时王室衰落、诸侯强大的现实。

管鲍之交

从前面箭射天王的故事可以看到,这时候的周天子已经是一个空架子了。但是,天王的名义还是至高无上的,那些比较强大的诸侯国总是打着维护周天子的幌子,来扩大自己的势力,达到称霸的目的。什么叫称霸呢?在混战兼并的过程中,最强的国家成为霸国,霸国的国君就是霸主。霸主在他的势力范围内发号施令,说一不二。被征服的诸侯国要向霸主送礼进贡,对霸主要按时朝见,霸主要举行会议或调兵去打仗,也必须服从。这样一来,实际上霸主同天子已经没有多少区别了。

据说,周朝初分封了几百个诸侯国,到春秋时期只剩下一百多个了,其中比较大的只有齐、晋、楚、秦、鲁、卫、燕、宋、陈、蔡、郑、曹、吴、越等十几个国家。这些诸侯国,都想自己当上霸主。因此,大国争霸成为春秋时期的主要特点。十几个大国,你争我夺,结果先后出现了五个霸主,这就是历史书上所说的春秋五霸。春秋五霸是指哪几个呢?一种说法是齐桓公、晋文公、宋襄公、秦穆公、楚庄王。另一种说法是齐桓公、晋文公、楚庄王、吴王阖闾、越王勾践。因为齐桓公最先当上了霸主,所以我们就从齐国称霸的故事讲起。

齐国在今天的山东省北部。要讲齐国称霸,首先要讲齐国的大政治家管仲,因为齐桓公称霸主要靠了他的帮助。要讲管仲,又得从"管鲍之交"讲起,因为把管仲推荐给齐桓公的,是鲍叔牙。管仲和鲍叔牙是好朋友。起初,管仲和鲍叔牙合伙做买卖。管仲家里穷,出的本钱没有鲍叔牙多,可是到分红的时候,他却要多拿。鲍叔牙手下的人都很不高兴,骂管仲贪婪。鲍叔牙却解释说:"他哪里是贪这几个钱呢?他家生活困难,钱是我自愿让给他的。"管仲曾经带兵打仗,进攻的时候他躲在后面,退却的时候他却跑在最前面。手下的士兵全都瞧不起他,不愿再跟他去打仗。鲍叔牙却说:"管仲家里有老母亲,他保护自己是为了侍奉母亲,并不真是怕死。"鲍叔牙替管仲辩护,极力掩盖管仲的缺点,完全是为了爱惜管仲这个人才。管仲听到这些话,非常感动,叹口气说:"生我的是父母,了解我的是鲍叔牙啊!"管仲和鲍叔牙就这样结成了生死之交。

当时,齐国的国君襄公没有儿子,只有两个异母兄弟。一个是公子纠,母亲是鲁国(今山东西南部)人;另一个是公子小白,母亲是卫国(今河南北部)人。有一天,管仲对鲍叔牙说:"依我看,将来继位当国君的,不是公子纠就是公子小白,我和你每人辅佐一个吧。"鲍叔牙同意管仲的主意。从此,管仲当了公子纠的老师,鲍叔牙做了公子小白的老师。

齐襄公十分残暴昏庸,常常找碴儿责骂大臣。管仲、鲍叔牙知道他们不会有好结果,找了个机会,一个带着公子纠躲到鲁国去了,一个带着公子小白躲到莒国去了。

周庄王十二年(公元前685年),公孙无知杀死了齐襄公,夺了君位。不到一个月，公孙无知又被大臣们杀死了。齐国有些大臣暗地派使者去莒国迎接公子小白回齐国即位。

鲁庄公听到这个消息，决定亲自率领三百辆兵车，派曹沫为大将，护送公子纠回齐国。他先让管仲带一部分兵马在路上拦截公子小白。

管仲带着三十辆兵车，日夜兼程，追赶公子小白。他们追到即墨（今山东平度东南），听说莒国军队已经过去半天了，就接着赶路，一口气又追了三十多里。他们远远看见莒国军队正在小树林边生火做饭，公子小白端坐车中。管仲跑上前去，说："公子，您这是上哪儿去啊？"小白说："去办理丧事啊。"管仲又说："公子纠比您年龄大，有他办理丧事就行了，您何必急急忙忙赶路呢！"鲍叔牙知道管仲的用心，很不高兴地对管仲说："管仲，你快回去吧。各人有各人的事，你不必多管。"管仲左右一看，那些随从一个个横眉立目，摩拳擦掌，好像要和他拼命似的，再看看自己的人，比他们少多了，心想，硬碰硬非吃亏不可，便假装答应，退了下去。没走几步，突然回过身来，弯弓搭箭，瞄准小白，一箭射去。只听小白大叫一声，口吐鲜血，倒在车上。周围的人一窝蜂跑去救护，其中有人大叫"不好了！"，接着，很多人就大哭了起来。

管仲看到这个情景，认为小白一定死了，便驾车飞跑回去，向鲁庄公报告。鲁庄公听说小白已经死了，马上设宴庆贺，然后带着公子纠，慢慢悠悠地向齐国进发。

哪里知道，管仲这一箭并没射死公子小白，只射中了小白的衣带钩。小白怕管仲再射箭，急中生智，把舌头咬破，假装吐血而死。忙乱中大家也都被他瞒住了。直到管仲走远了，小白才睁开眼，坐起来。鲍叔牙说："我们得快跑，说不定管仲还会回来。"于是，公子小白换了衣服，坐在有篷的车里，抄小路赶到了齐国都城临淄。这时候，鲁庄公和公子纠还在半路上呢！

齐国原来主张立公子纠为国君的大臣们，见公子小白先回来了，就对鲍叔牙说："你要立公子小白为国君，公子纠回来了可怎么办呢？"鲍叔牙说："齐国连遭内乱，非得有个像公子小白这样贤明的人来当国君，才能安定。现在公子小白比公子纠先回来了，这不正是天意吗？你们再想一想，鲁庄公护送公子纠回来，要是公子纠当了国君，鲁庄公肯定要勒索财物，齐国本来就够惨的了，那样一来，怎么受得了呢？"大臣们听鲍叔牙说得有理，便都同意让公子小白即位，他就是历史上有名的齐桓公。

过了好几天，鲁庄公才率领大军到达齐国的边境。他听说公子小白并没有死，而且已经当上了国君，顿时大怒，马上向齐发动进攻。齐桓公只好发兵应战。两军在乾时(今山东淄博西面)大战一场,鲁军被打得大败,鲁庄公弃车逃跑,才保住了一条性命。鲁国的汶阳之田也被齐国占领了。真是偷鸡不成蚀把米。

鲁庄公大败回国,还没喘过气,齐国大军又打上门来了,强令鲁庄公杀死公子纠,交出管仲。鲁庄公一看,大兵压境,不愿意为一个公子纠冒亡国的风险,就急忙下令将公子纠杀死,又叫人把管仲抓起来,准备送给齐国。谋士施伯对鲁庄公说:"管仲是天下奇才,如果齐国用了他,富国强兵,对咱们是莫大的威胁,我看还不如把他留在鲁国。"

这时候,鲁庄公的心里只有国门外的齐军,哪里还敢把管仲留下重用?施伯话还没说完,鲁庄公说:"那怎么行!齐桓公的仇人,我们反而重用,齐桓公是不会饶过我们的。"施伯说:"您如果不用,那就干脆把他杀了,也免得齐国用他。"鲁庄公动了心,打算杀死管仲。

鲍叔牙派到鲁国去接管仲的隰朋,听说鲁庄公要杀管仲,慌了,急忙跑去对鲁庄公说:"我们国君对管仲恨之入骨,非要亲手杀他才解恨。你们把他交给我吧。"鲁庄公只好将公子纠的头连同管仲都交给隰朋带回齐国。

管仲进了齐国的地界,鲍叔牙早就等在那里了。他一见管仲,如获至宝,马上让人将囚车打开,把管仲放了出来,一同回到临淄。鲍叔牙把管仲安排在自己家里住下,随后去向齐桓公推荐管仲。齐桓公说:"管仲不就是射我衣带钩的那个家伙吗?他射的箭至今我还留着呢!我恨不得剥了他的皮,吃了他的肉,你还想让我重用他?"鲍叔牙说:"那时各为其主嘛!管仲射您的时候,他心中只有公子纠。再说,您如果真要富国强兵,建立霸业,没有一大批贤明的人是不行的。"齐桓公说:"我早已经想好了,在我的大臣中,你是最忠心、最能干的了,我要请你做相,帮助我富国强兵。"鲍叔牙说:"我比管仲差远了,我不过是个小心谨慎、奉公守法的臣子而已,管仲才是治国图霸的人才哪!您要是重用他,他将为您射得天下,哪里只射中一个衣带钩呢!"

齐桓公见鲍叔牙这么推崇管仲,就说:"那你明天带他来见我吧。"鲍叔牙笑了笑说:"您要得到有用的人才,必须恭恭敬敬以礼相待,怎么能随随便便召来呢?"于是,齐桓公选了一个好日子,亲自出城迎接管仲,并且请管仲坐在他的车上,一起进城。

管仲到了宫廷,急忙跪下向齐桓公谢罪。齐桓公亲自把管仲扶起来,虚心地向他请教富国强兵、建立霸业的方法。管仲讲得一清二楚。两人越谈越投机,一直谈了三天三夜,真是相见恨晚。齐桓公接着就任命管仲为相。

齐桓公称霸

齐桓公依靠管仲,把齐国治理得国富兵强,下一步他想称霸诸侯了。在他当上国君的第五年(周釐王元年,公元前681年),有一天他对管仲说:"现在咱们兵强马壮,可以会合诸侯了吧?"管仲说:"如今南方的楚国、西方的秦国和晋国都比我们强,可他们都没有能够当上诸侯的首领,这是什么道理呢?因为他们对周王室不够尊崇,不知道用天王的名义号召诸侯停止混战。您要是用'尊王攘夷'号召,您的声望就会越来越高。"管仲说的尊王攘夷,就是尊重周朝王室,承认周天子的共同领袖的地位;联合各诸侯国,共同抵御戎、蛮等部族对中原的侵袭。齐桓公听管仲说得有理,便问:"那该怎样做呢?"管仲回答说:"宋国刚经过内乱,至今新国君还没有得到各国承认。我们不妨利用新国君刚即位的机会,一来去贺喜,二来请天王下令,让诸侯承认宋国的君位。只要天王同意,我们就可以出面召集诸侯了。"齐桓公马上派使臣朝见周釐王。

前面讲过,到春秋时代,诸侯都不把周王室放在眼里了。这次,周釐王刚上台,见强大的齐国前来贺喜,心里说不出多高兴,就把召集诸侯承认宋国君位这件美差,派给了齐桓公。齐桓公得到天王的命令,便发出通知:三月初一,在齐国的北杏大会诸侯,共同确定宋国君位。

宋国的君位为什么要重新确定呢?因为原来的国君宋闵公,被手下的大将南宫长万打死,南宫长万立宋闵公的堂弟公子游为国君。宋闵公的弟弟公子御说逃亡国外。后来他联合宋国各大族,杀了公子游,赶走南宫长万,当了国君,这就是宋桓公。

管仲就借着宋桓公刚即位,需要诸侯确认这个机会,让齐桓公打着天王的旗号,会合诸侯,当上霸主。

开会的日期临近,宋桓公先到,对齐桓公组织这次会合表示感谢。第二天,陈国、邾国、蔡国的国君也陆续到了,但是其他国君还没有来。齐桓公对管仲说:"诸侯没有来齐,改个日期吧!"管仲说:"第一次会合诸侯,不能失了信用。'三人成众',已经来了四国,可以开会了。"

三月初一,大会按时举行。五国国君会见完毕,齐桓公说:"我奉了天王的命令，会合各位，一起商量怎样扶助王室。今天这个大会，得先推选一个人为盟主，请大家公议。"当时，几位国君交头接耳议论开了，宋国的君位还要靠各国来确定，怎么能当盟主呢？正在为难，陈宣公起来说："天王把会合诸侯的使命交给了齐侯，当然应该推齐侯为盟主。"各位国君都表示赞同。齐桓公谦让一番，就大大方方地坐到盟主的位置上去了。他率领大家先向台上虚设的天王的座位行了礼，然后宣读了盟约。盟约约定，尊重王室，扶助弱小国家，共同抵御夷狄入侵。还写明，哪一个国家要是违背了盟约，其他各国要联合起来，共同讨伐它。对盟约的内容，各国诸侯都表示同意。接着，管仲走上台来，对大家说："鲁、卫、郑、曹四国，不听天王命令，不来参加大会，这是对天王的不忠，应该兴师问罪。"齐桓公接着说："敝国力量不足，请各位多多帮忙。"陈、蔡、邾三国齐声说："一定照办。"只有宋桓公一声不吭。

当晚，宋桓公回到住地，对大夫戴叔皮说："齐侯仗着自己强大，全不把我放在眼里，刚刚当上盟主，便指挥起我们来了，这怎么得了！"戴叔皮说："齐国要是称了霸，宋国就要倒霉。咱们这次来不过是为了确定您的君位，如今这个目的已经达到了，还等什么？咱们回去吧！"宋桓公听了，急忙收拾行李，连夜走了。

第二天，齐桓公听说宋桓公不辞而别，大怒，要派兵去追。管仲说："本来是请人家会盟，人家走了，我们派兵去追，没有这个道理。再说宋国远，鲁国近，不如先去讨伐鲁国。"齐桓公说："怎么打法呢？"管仲说："我们如果先去攻打鲁国的附属遂国，鲁国一定害怕，然后再派人去责问鲁国。大兵压境，鲁国敢不来赔礼道歉吗？"于是，齐桓公亲率大军攻打遂国。鲁庄公吓坏了，急忙召集群臣商议。大臣施伯和曹刿都主张和好。正在这时候，齐桓公派人送信来了。信中责备鲁庄公不去北杏会盟。鲁庄公马上回信说："开大会的时候我正好生病，没来得及参加，实在抱歉。如果您把军队撤回齐国境内，我马上就去会盟。"齐桓公接到回信，非常高兴，立即撤兵。

鲁庄公带着曹刿去齐国会盟，到了齐国的领地，只见会场的前后左右都布满了士兵，气氛十分紧张，鲁庄公见这阵势，先就吓坏了，上台阶的时候，两腿直发颤。曹刿手提利剑，紧跟在鲁庄公的后面。齐、鲁两国国君刚见过面，一位大臣捧着一盘牛血上来，请两位国君歃血立盟。按照当时的规矩，立盟约的人要把牛血涂在嘴唇上，表示诚意；两位国君刚要伸手沾血，只见曹刿抢上前一步，一把抓住齐桓公的袖子举起宝剑，这时候管仲急忙跑过来，用自己的身体挡住齐桓公，厉声问道："你要干什么？"曹刿说："鲁国连年战争，眼看要亡国了。你们不是说要'扶助弱小国家吗',为什么不替鲁国想想呢?"管仲问:"你有什么要求?"曹刿说:"齐国倚仗着自己强大,欺负弱小的鲁国,抢走了我们的汶阳之田,今天就请你们还给我们,否则,休想让我们订立盟约!"管仲回头对齐桓公说:"主公,你答应他吧!"齐桓公紧盯着曹刿的剑,忙说:"我答应!我答应!"曹刿这才收起宝剑,接过盘子,请两位国君歃血。仪式完了,曹刿又对管仲说:"您是齐国的相,我想和您歃血,请您担保实践你们国君的诺言。"齐桓公说:"何必呢?我向你起誓。"说完便指着天对曹刿说:"让上天做证,我一定退还汶阳之田。"曹刿这才向齐桓公拜了两拜,表示感谢。

会盟结束以后,齐国的大臣们很生气,都要求齐桓公杀掉鲁庄公,好出这口窝囊气。齐桓公不同意。他心里想:土地与信用比起来,哪个重要呢?有了信用,才可以称霸,称了霸什么没有啊?何必为一小块土地逞能呢?所以,他对大臣们说:"我已经答应人家了,说话要算数的!"大臣们只好作罢。第二天,齐桓公摆下酒席,欢送鲁庄公,随后就把汶阳之田如数还给鲁国。鲁庄公带着曹刿高高兴兴地回国了。

诸侯听说这件事,都佩服齐桓公讲信用,都想依附齐国。卫、曹两国也派人来赔礼道歉,并且请求会盟。齐桓公就请他们一起去讨伐宋国。

周釐王二年(公元前680年),齐桓公派使臣去周天王那里告状,说宋桓公目无天王,不听号令,请天王出兵,讨伐宋国。周釐王答应了齐桓公请求。齐军浩浩荡荡,开到了宋国边界。大夫宁戚对齐桓公说:"主公奉天王的命令,会合诸侯,最好是先礼后兵,您让我先去劝宋桓公讲和,怎么样?"齐桓公一心想让各国国君真心服他,便传令军队停止行动,让宁戚去见宋桓公。

宁戚见了宋桓公,深深地行了个礼。宋桓公动也不动,好像没见一样。宁戚见此情景,抬起头来长长地叹了口气,说:"宋国真危险啦!"宋桓公说:"你这话是什么意思?"宁戚反问宋桓公:"在您看来,您和周公,谁更贤明?"宋桓公回答说:"周公是圣人,我怎敢和圣人相比呢?"宁戚说:"周公在周朝最强盛的时候,听说有人来见他,即便正嚼着饭,也急忙把饭吐出来,去会见客人。就是这样,他还怕失了礼。可是您怎么做的呢?宋国这样衰弱,国内接连发生杀死国君的事情,您的君位并不牢靠,就算您像周公那样礼贤下士,有本事的人恐怕也不愿意到您这儿来,何况您还这样傲慢呢!宋国的处境还不危险吗?"宋桓公听了宁戚这一番话,忙说:"我没有治国经验,先生不要介意。"宁戚说:

注释

浩浩荡荡:原形容水势广大的样子,后形容事物的广阔壮大,或前进的人流声势浩大。

"如今王室衰落，诸侯谁也管不了谁，篡权杀君事常常发生。齐侯不忍心看着天下这样混乱下去，这才奉了王命，在北杏会合诸侯，好不容易确定了您的君位，订立了盟约。不想字迹没干，您就暗地里跑了，您的眼里还有天王吗？现在天王大怒，派齐侯兴师问罪，您先不服从天王的命令，现在又和天王的军队对抗，触犯了众怒，不用打，战争的胜负不是明摆着吗？"宋桓公忙问："先生有何高见？"宁戚说："依我看，您不如送点礼，和齐国会盟，这样，天王和盟主都高兴，仗打不起来，宋国也就安全了。"宋桓公又说："眼下齐国兵马已到，哪里还会同意讲和啊？"宁戚安慰他说："齐侯一向宽宏大量，不会记仇的，您看，鲁国不去开会，后来认错了，齐国不但和鲁国订了盟约，而且连从前占的地都退还了，何况您呢！"宋桓公忙派使臣，带着礼物，和宁戚一起到齐桓公那里去认错。

齐桓公很高兴，将宋国送来的礼物，转送给天王的使者，并同意了宋国重新入盟的要求。

周釐王三年（公元前679年），齐桓公又约没有去北杏会盟的卫、郑、陈以及中途跑掉的宋国在鄄地（今山东范县西南）会盟。齐桓公便成为春秋时期第一个霸主。

百里奚白发识明主

晋献公灭了虞国以后，听说百里奚是个很有才能的人，善于为主谋划，就想重用他，派了好几个人去劝说，可百里奚就是不肯为晋国做事。他说："君子身处逆境时，本不应到敌国去。我即使想做官，也决不在晋国供职。"

晋献公心里暗自想道："百里奚不愿为我做事，留在身边也是个祸害。"周惠王二十三年（公元前655年），正逢秦晋联姻，秦穆公派公子絷来迎接晋国公主去秦国完婚，百里奚作为陪嫁的奴仆被遣送到秦国去了。百里奚当了俘虏就一肚子气，现在又被充当陪嫁的奴仆，更是无法忍受，于是，在半路上趁人不注意就溜了。谁想到他才跑到楚国，就被当作奸细抓了起来，后来又被流放到南海去牧马。

秦穆公完婚以后，才发现陪嫁奴仆名单上一个叫作百里奚的不见了，就问晋国来的公孙枝是否知道百里奚。公孙枝说："这人本是虞国的大夫，很有才能。虞国亡后，他陪虞君一道当了俘虏。晋公原想重用他，但他死活不肯在晋国当官。这人既忠君，又有计谋，真是个不可多得的人才啊，只可惜没遇到明主。"秦穆公这时已有称霸中原的念头，正在四处招贤纳才，听了公孙枝的介绍，恨不得马上找到百里奚。于是，他马上派人去打听百里奚的下落。后来得知百里奚在为楚国牧马，秦穆公就要派使者带着厚礼去见楚成王，把百里奚赎回来。

公孙枝在一边急忙劝阻道："主公要是用这么贵重的礼物去赎百里奚，他反而回不来了。"秦穆公一听很奇怪，就问为什么。公孙枝不慌不忙地说："楚国派百里奚去做牧马人，正说明他们不了解百里奚的才能，主公现在用这样贵重的礼物去换他，不正告诉楚王百里奚是个人才吗？到那时楚王还会放他回来吗？"秦穆公一听才明白过来，便依照当时买卖奴仆的一般价格，派人带着五张羊皮去赎百里奚。

秦国的使者到了楚国，对楚成王说："我们一个叫百里奚的奴隶，偷跑到贵国了。我们国君想把他赎回去，当众治罪，吓吓别的奴隶，让他们以后听话一点。"说着就献上五张羊皮，楚成王认为百里奚只不过是一个一般奴隶，也不在意，就让人把百里奚从南海带回，交给秦国的使者。

百里奚被带到秦国边境时，公孙枝早已奉命在那等候多时了。第二天，公孙枝就带百里奚去见秦穆公了。刚一见面，秦穆公见百里奚已经是一位满头白发的老者，心中不禁失望，随口问道："你多大年纪了？"百里奚道："已经七十多岁了。"秦穆公叹息道："可惜太老了。"百里奚说："那要看做什么事了。主公如果让我去追赶飞鸟，或者捕捉猛兽，那确实老矣。如果是让我为国出谋划策，运筹帷幄，那还正当年呢。岂不知当年姜太公八十岁，还为周武王夺天下立下汗马功劳呢，我比姜太公还年轻十岁，难道就没用了吗？"秦穆公听了这番话，觉得百里奚说得确实在理，是个人才，就向他请教富国强兵的方法。百里奚有问必答，说得头头是道。秦穆公越听越兴奋，不觉兴奋地说："天助我矣！天助我矣！我有了先生，如同齐君有了管仲啊！"说罢就拜百里奚为相。可百里奚说什么也不肯接受。他对秦穆公说："我的本事和才华远比不上我的朋友蹇叔，主公若真想实现称霸中原的愿望，就应该拜蹇叔为相。"秦穆公一听，立即派人去蹇叔隐居的地方，请蹇叔出山。

公子絷找到蹇叔的住处，见到蹇叔，恭恭敬敬地呈上书信。蹇叔看完信说："当时虞君不信任百里奚，不听忠言，招致败亡。现在秦公若真能慧目识贤人，一个百里奚也足够了。我已隐居多年，不想再出去做事了，请回去代我向秦公致谢吧。"公子絷一听就慌了，急忙说道："百里奚大夫说过，如果你不去秦国，他也不愿一个人在那儿。"蹇叔一听此话，无可奈何地说："为了成全百里奚，我也就只好走一趟了。"

蹇叔到了秦国，秦穆公向他请教治国图霸的良计。蹇叔侃侃而谈："秦与西戎相接，百姓久与戎民杂居，多数不懂礼教，不明法理。应当加强教育，并对犯罪者惩以刑罚，使百姓自己明白什么该干，什么不该干，什么是荣耀，什么为耻辱。只要国家风气正了，什么事都好办。"秦穆公又问："我想称霸诸侯，依先生见，我该从哪做起呢？"蹇叔略加思索便答道："首先要做到三戒：一戒贪图小利，二戒气愤蛮干，三戒急于求成。"他还进一步解释说："贪图小便宜往往要吃大亏，愤怒时不知忍耐就会失去理智，急于求成则难免有失误，只有一步一步地把每件事都做好，才能为富国图霸打下牢固的基础。基础好了，统一诸侯就有了牢固的根基。"

秦穆公听了蹇叔的一番话，觉得极有道理，真是相见恨晚，连声道："我得蹇叔和百里奚，如同又增左右臂。"第二天就拜蹇叔为右庶长，百里奚为左庶长，都属上卿职务，当时称为"二相"。从那以后，秦穆公在蹇叔和百里奚的辅助下，兴利除弊，实施变革，秦国很快地强大起来了，为后来秦始皇统一中国奠定了基础。

晏婴出使楚国

晏婴，名婴，字平仲，春秋时期在齐国任相国。晏婴原是齐国人，他为人正直清廉，敢于进谏，能言善辩，处处替百姓着想，很受齐景公赏识。

有一年齐国闹旱灾，齐景公决定向百姓征税求雨，晏婴反对说，求人不如求己，此时不但不应该征税，反而应打开粮仓救济灾民，并号召他们打井挖泉，种田浇苗。齐景公采纳了他的建议，齐国百姓齐心协力，共同渡过了难关。

齐景公的刑罚很重，常常对犯罪的人施用刖刑，也就是砍掉他们的脚。晏婴决定找机会劝谏他。一次齐景公问晏婴市场上什么东西最贵，什么东西最便宜。晏婴回答："假脚最贵，鞋子最便宜。"齐景公不解，晏婴解释道："百姓的脚被砍掉了，没必要穿鞋，争着买假脚。"齐景公明白晏婴的意思，便下令不准再滥用刖刑。

由于晏婴处处替百姓着想,深受百姓爱戴,齐景公也越来越信任他。

春秋时期,诸侯争当霸主。齐景公时代,楚国威震诸侯,各国都很怕它,纷纷派使者同楚修好。

当时楚国是一个大国,齐景公想跟楚国建立友好关系,就派晏婴出使楚国。同时想了解楚国的实力,齐景公也梦想着恢复齐桓公时代的霸主地位。

楚国当时正在鼎盛时期,根本不把齐国看在眼里。楚灵王听说齐国使臣晏婴求见,按说,晏子当时任相国,访楚表示友好,按诸侯公卿互访礼节,楚国也该派相应官员出城迎接。但楚灵王又得知他身材矮小,决定戏耍他一番,就下令紧闭城门,只在旁边开一个五尺高的小洞,让晏婴进来,晏婴说:"到狗国去才钻狗洞,请问你们大王,这是什么国?"楚灵王无话可说,讨了个没趣,只得打开城门迎接晏子入城。

晏子来到楚王宫廷门前,遇见楚国许多官员,一个个衣冠鲜明,等候朝见楚王。晏子下车,不卑不亢,与他们施礼相见。其中有个大夫对晏子访楚极力挖苦和讽刺。这个大夫满以为可以羞辱晏子,显示楚国威风,却未料到晏子口若悬河,对答如流,驳得他哑口无言。

有人见晏子穿着朴素,便耻笑他是一毛不拔的"鄙吝之徒",说:"大丈夫贵为相国,服饰应当豪华,车马应当盛装,才能显出君主的恩宠和重视。你出使外邦,穿着破旧的皮裘,拉车的马很瘦,难道你的俸禄很少?"

晏子讥笑他说:"你的见解太肤浅了。我自从当相国以来,父族皆穿皮裘,母族都能吃肉,妻族也无冻馁之虑。民间之士,靠我晏婴维持生活的有七十多家。我家生活俭朴,但三族人的生活比较富裕;我穿着简朴,看起来鄙吝,但我周围的亲友都丰衣足食。这正好显示了君主的恩宠,难道不好吗?"

晏子舌战楚国臣僚方酣之际,楚灵王升殿,宣召晏子进见。楚王存心要再奚落他,第一句话就问:"齐国难道缺人吗?"

晏子说:"齐国人多得很,哈气成云,挥汗如雨,行人摩肩,怎么能说缺人?"

楚灵王说:"既然有人,为什么派一个小矮子来访问我国呢?"晏子见楚王抓住他身材矮小的缺陷不断奚落,便反唇相讥:"敝国派出使者有个规定,贤士出使贤国,非贤士出使非贤国;大高个儿出使大国,小矮个儿出使小国。我个儿矮小,又不是贤士,故派来楚国。"

楚灵王见晏子唇枪舌剑,能言善辩,无法难倒他,心中暗自吃惊,但也无法奈何他。

临到设宴相待时，楚国还安排了一幕丑剧来侮辱齐国人。宴会进行不久，忽然有武士三四人，捆着一个囚徒从殿下走过。楚灵王故意发问："囚犯是哪里人？"武士答道："齐国人。"灵王问："犯什么罪？"武士答道："当强盗，抢劫。"灵王便转过身来问晏子："齐国人当强盗，是不是习以为常，成了习惯？"

晏子明知楚王故意侮辱他和齐国，把他作为嘲弄和开心的笑柄，便反守为攻，对楚王进行反讽。晏子说："大王听说过没有？淮南的橘柑种到淮北，就会变成枳，味道也由甜变苦。为什么会变呢？因为南北水土气候都不相同。同样的道理可以用来回答大王提出的问题。齐国人出生在齐国，安居乐业，奉公守法，是很好的臣民。但是，到了楚国就变了，不是当窃贼，就是当强盗，这也许是由于水土不同而造成的结果。"

楚灵王听了晏子的回答，沉默了很久，心中感到很不是味儿。但他最后由怒变喜，称赞晏子说："早听说你博学多才，善于对应，今日寡人目睹，果然名不虚传，令人敬佩。"

楚王给晏子送了一份厚礼，热烈欢送他回国。

晏子回到齐国后对齐景公说："楚国现在虽然强大，但是，楚灵王骄傲自大，目中无人，朝中文武多是平庸之辈，没有什么可怕。陛下只要勤政爱民，选贤任能，远离小人，齐国一定会强盛起来，赶上和超过楚国。"

齐景公在晏子的忠心辅佐下，使齐国很快又强盛起来，虽然没有完全恢复齐桓公时代的霸主地位，但中原诸侯不敢再小看齐国了。

越王勾践

周平王迁都洛邑后，东周开始，东周又分为春秋、战国两个时代。

春秋时期，吴王阖闾打败楚国，成了南方霸主。而吴国跟附近的越国（都城在今浙江绍兴）素来不和。公元前496年，越国国王勾践即位。吴王趁越国刚刚遭到丧事，就发兵打越国。吴越两国在槜李（今浙江嘉兴西南），发生一场大战。

吴王阖闾满以为可以打赢，没想到打了个败仗，自己又中箭受了重伤，再加上上了年纪，回到吴国，就咽了气。

吴王阖闾死后,儿子夫差即位。阖闾临死时对夫差说:"不要忘记报越国的仇!"

夫差记住这个嘱咐,叫人经常提醒他。他经过宫门,手下的人就扯开了嗓子喊:"夫差!你忘了越王杀你父亲的仇吗?"

夫差流着眼泪说:"不,不敢忘。"

他叫伍子胥和另一个大臣伯嚭操练兵马,准备攻打越国。

过了两年,吴王夫差亲自率领大军去打越国。越国有两个很能干的大夫,一个叫文种,一个叫范蠡。范蠡对勾践说:"吴国练兵快三年了。这回决心报仇,来势凶猛。咱们不如守住城,不要跟他们作战。"

勾践不同意,要发大军去跟吴国人拼个死活。两国的军队在太湖一带打上了,越军果然大败。

越王勾践带了五千残兵败将逃到会稽,被吴军围困起来。

勾践弄得一点办法都没有了。他跟范蠡说:"懊悔没有听你的话,弄到这步田地。现在该怎么办?"

范蠡说:"咱们赶快去求和吧。"

勾践派文种到吴王营里去求和。文种在夫差面前把勾践愿意投降的意思说了一遍。吴王夫差想同意,可是伍子胥坚决反对。

文种回去后,打听到吴国的伯嚭是个贪财好色的小人,就把一批美女和珍宝私下送给伯嚭,请伯嚭在夫差面前说好话。

经过伯嚭在夫差面前一番劝说,吴王夫差不顾伍子胥的反对,答应了越国的求和,但是要勾践亲自到吴国去。

文种回去向勾践报告了。勾践把国家大事托付给文种,自己带着夫人和范蠡到吴国去了。

勾践到了吴国,夫差让他们夫妇俩住在阖闾的大坟旁边一间石屋里,叫勾践给他喂马,范蠡跟着做奴仆的工作。夫差每次坐车出去,勾践就给他牵马,这样过了三年,夫差认为勾践真心归顺了他,就放勾践回国。

勾践回到越国后,立志报仇雪耻。他唯恐眼前的安逸消磨了志气,在吃饭的地方挂上一个苦胆,每逢吃饭的时候,就先尝一尝苦味,还问自己:"你忘了会稽的耻辱吗?"他还把席子撤去,用柴草当作褥子。这就是后人传诵的"卧薪尝胆"。

勾践决定要使越国富强起来,他亲自参加耕种,叫他的夫人织布,来鼓励生产。因为越国遭到亡国的灾难,人口大大减少,他定出奖励生育的制度。他叫文种管理国家大事，叫范蠡训练人马，自己虚心听从别人的意见，救济贫苦的百姓。全国的老百姓都巴不得多加一把劲，好叫这个受欺压的国家变成强国。君臣一心，全国上下齐心协力，越国渐渐恢复生气，富强起来。后来，越王勾践使用计谋在公元前473年灭了吴国，继而成为我国春秋时期的五个霸主之一。

战　国

三家瓜分晋国

　　经过春秋时期长期的争霸战争，许多小的诸侯国被大国并吞了。有的国家内部发生了变革，大权渐渐落在几个大夫手里。这些大夫原来也是奴隶主贵族，后来他们采用了封建的剥削方式，转变为地主阶级。有的为了扩大自己的势力，还用减轻赋税的办法，来笼络人心。这样，他们的势力就越来越大了。

　　一向被称为中原霸主的晋国，到了那个时候，国君的权力也衰落了，实权由六家大夫把持。他们各有各的地盘和武装，互相攻打。后来有两家被打散了，还剩下智家、赵家、韩家、魏家。这四家中，又以智家的势力最大。

　　智家的大夫智伯瑶想侵占其他三家的土地，对三家大夫赵襄子、魏桓子、韩康子说："晋国本来是中原霸主，后来被吴、越夺去了霸主地位。为了使晋国强大起来，我主张每家都拿出一百里土地和户口归公。"

　　三家大夫都知道智伯瑶存心不良，想以公家的名义来压他们交出土地。可是三家心不齐，韩康子首先把土地和一万家户口割让给智家；魏桓子不愿得罪智伯瑶，也把土地、户口让了。

　　智伯瑶又向赵襄子要土地，赵襄子可不答应，说："土地是上代留下来的产业，说什么也不送人。"

　　智伯瑶气得火冒三丈，马上命令韩、魏两家一起发兵攻打赵家。

公元前455年，智伯瑶自己率领中军，韩家的军队担任右路，魏家的军队担任左路，三队人马直奔赵家。

赵襄子自知寡不敌众，就带着赵家兵马退守晋阳(今山西太原)。

没有多少日子，智伯瑶率领的三家人马已经把晋阳城团团围住。赵襄子吩咐将士们坚决守城，不许交战。逢到三家兵士攻城的时候，城头上的箭好像飞蝗似的落下来，使三家人马没法前进一步。

晋阳城凭着弓箭死守了两年多。三家兵马始终没能把它攻下来。

有一天，智伯瑶到城外察看地形，看到晋阳城东北的那条晋水，忽然想出了一个主意：晋水绕过晋阳城往下流去，要是把晋水引到西南边来，晋阳城不就淹了吗？他就吩咐兵士在晋水旁边另外挖一条河，一直通到晋阳，又在上游筑起坝，拦住上游的水。

这时候正赶上雨季，水坝上的水满了。智伯瑶命令兵士在水坝上开了个豁口。这样，大水就直冲晋阳，灌到城里去了。

城里的房子被淹了，老百姓不得不跑到房顶上去避难，灶头也被淹没在水里，人们不得不把锅子挂起来做饭。可是，晋阳城的老百姓恨透了智伯瑶，宁可淹死，也不肯投降。

智伯瑶约韩康子、魏桓子一起去察看水势。他指着晋阳城得意地对他们两人说："你们看，晋阳不是就快完了吗？早先我以为晋水像城墙一样能拦住敌人，现在才知道大水也能灭掉一个国家呢。"

韩康子和魏桓子表面上顺从地答应，心里暗暗吃惊。原来魏家的封邑安邑(今山西夏县西北)、韩家的封邑平阳(今山西临汾西南)旁边各有一条河道。智伯瑶的话正好提醒了他们，晋水既能淹晋阳，说不定哪一天安邑和平阳也会遭到晋阳同样的命运呢。

晋阳被大水淹了之后，城里的情况越来越困难了。

赵襄子非常着急，对他的门客张孟谈说："民心固然没变，可是要是水势再涨起来，全城也就保不住了。"

张孟谈说："我看韩家和魏家把土地割让给智伯瑶，是不会心甘情愿的，我想办法找他们两家说说去。"

当天晚上，赵襄子就派张孟谈偷偷地出城，先找到了韩康子，再找到魏桓子，约他们反过来一起攻打智伯瑶。韩、魏两家正在犹豫，给张孟谈一说，自然都同意了。

第二天夜里，过了三更，智伯瑶正在自己的营里睡着，猛然间听到一片喊杀的声音。他连忙从卧榻上爬起来，发现衣裳和被子全湿了，再定睛一看，兵营里全是水。他开始还以为大概是堤坝决口，大水灌到自己营里来，赶紧叫兵士们去抢修。但是不一会，水势越来越大，把兵营全淹了。

智伯瑶正在惊慌不定，霎时，四面八方响起了战鼓。赵、韩、魏三家的士兵驾着小船、木筏，一齐冲杀过来。智家的兵士，被砍死的和淹死在水里的不计其数。智伯瑶全军覆没，他自己也被三家的人马逮住杀了。

赵、韩、魏三家灭了智家，不但把智伯瑶侵占两家的土地收了回来，连智家的土地也由三家平分。以后，他们又把晋国留下的其他土地也瓜分了。

公元前403年，韩、赵、魏三家打发使者上洛邑去见周威烈王，要求周天子把他们三家封为诸侯。周威烈王想，不承认也没有用，不如做个顺水人情，就把三家正式封为诸侯。

打那以后，韩（都城在今河南禹县，后迁至今河南新郑）、赵（都城在今山西太原东南，后迁至今河北邯郸）、魏（都城在今山西夏县西北，后迁至今河南开封）都成为中原大国，加上秦、齐、楚、燕四个大国，历史上称为"战国七雄"。

商鞅变法

齐威王当了霸主以后，燕、赵、韩、魏等国怕他攻打，纷纷前来朝贡。只有西方的秦国没有来。原来，当时秦国在政治、经济、文化各方面都比较落后，中原各国叫它"西戎"，把它看作野蛮民族，瞧不起它，很少跟它来往，还不时派兵侵夺它的土地。

周显王八年（公元前361年），秦孝公即位。他感到秦国外受强邻的欺压，内有贵族的专横，日子很不好过，决心奋发图强，改变国家落后的面貌。为了寻求改革的贤才，就下了一道命令："无论是本国人，还是外国人，谁有好办法使秦国富强起来，就封他做大官，赏给他土地。"不久，一个叫卫鞅的年轻人应征从魏国来到秦国。

卫鞅姓公孙，名鞅，原是卫国的一个没落贵族，所以大家管他叫卫鞅。他看卫国弱小，不足以施展他的才华，就跑到魏国，在魏国当了好些时候的门客，也没受重用。卫鞅正在郁郁不得志的时候，忽然听到秦孝公招聘人才，他决心离开魏国到秦国去。

卫鞅到了秦国，托人介绍，见到了孝公，卫鞅把他的一套富国强兵的道理和办法给孝公讲了一遍，他说："一个国家要富强起来，就必须重视农业生产，这样，老百姓有吃有穿，军队才有充足的粮草；要训练好军队，做到兵强马壮；还要赏罚分明，种地收成多的农民、英勇善战的将士，都要鼓励和奖赏，对那些不好好生产、打仗怕死的人，要加以惩罚。真能做到这些，国家没有不富强的。"

孝公听得津津有味，连饭都忘了吃。两个人议论国家大事，谈了好几天，十分投机。最后，孝公决定变法，改革旧的制度，推行卫鞅提出的新法令。

这个消息一传开，贵族大臣们都一起反对。不少大臣劝孝公要慎重，不要听信卫鞅那一套。

孝公心里非常赞成卫鞅的主张，觉得不变法就不能使秦国富强起来，但是看到反对的人那么多，又感到为难，就把许多大臣召集到一起，让他们辩论。一个叫甘龙的大臣首先发言，他说："现在的制度是祖宗传下来的，官吏做起来得心应手，老百姓也都习惯了。不能改！改了准会乱！"另外一些大臣也跟着说"新法是胡来"，是"谬论"，"古法、旧礼改不得"等。卫鞅理直气壮地驳斥他们说："你们口口声声讲什么古法、旧礼，请问这一套能使国家富强起来吗？从古以来就没有一成不变的法和礼。只要对国家有好处，改变古法、旧礼有什么不对？墨守成规只能使国家灭亡！"卫鞅谈古论今，举出大量事实，说明变法的必要，把那些大臣驳得哑口无言。孝公听他说得头头是道，把反对变法的大臣一个个都驳倒了，非常高兴，对卫鞅说："先生说得对，新法非实行不可！"说罢就拜卫鞅为左庶长（古时候一种官名），授予他推行新法令的大权，叫他抓紧把变法方案制定出来。并且宣布：谁再反对变法，就治谁的罪。这样，那些大臣都不敢吭声。

卫鞅很快就把变法方案制定出来了，孝公完全同意。卫鞅怕新法令没有威信，老百姓不相信，推行不开，就想了个办法。他叫人在都城的南门竖了一根三丈来长的木头，旁边贴了张告示说："谁能把这根木头扛到北门去，赏他十金。"不多会儿，木头周围就围满了人。大伙儿心里直犯嘀咕：这根木头顶多百把斤，扛几里地不是什么难事，怎么给这么多的金子呢？或许设了什么圈套吧？结果谁也不敢去扛。卫鞅看没人扛，又把奖赏提高到五十金。这么一来，人们更疑惑了，都猜不透这新上任的左庶长葫芦里到底卖的什么药。

这时候只见一个粗壮汉子分开人群，跨上前去，说："我来试试。"扛起木头就走。许多看热闹的人,好奇地跟着,一直跟到了北门。只见新上任的左庶长正在那里等着呢。他夸奖那个大汉说:"好,你能够相信和执行我的命令,真是一个良民。"随后就把准备好的五十金奖给了他。这事儿很快就传开了,大家都说:"左庶长说话算数,说到做到,他的命令可不是随便说说的啊!"

周显王十三年(公元前356年),卫鞅的新法令公布了。主要内容有:

第一,加强社会治安。实行连坐法,把老百姓组织起来,五家编为"一伍",十家编为"一什",互相担保,互相监视。一家犯了罪,九家都要检举,否则十家一起判罪。检举坏人和杀敌人一样有赏,窝藏坏人和投降敌人一样处罚。外出必须携带凭证,没有证件各地不准留宿。

第二,奖励发展生产。老百姓努力生产,粮食布帛贡献多的,可以免除一家劳役;懒惰和弃农经商的,连同妻子、儿女一起充为官奴。一家有两个儿子以上,成人以后就要分家,各自交税,否则一人要交两份税。

第三,奖励杀敌立功。官爵大小以在军事上立功多少为标准。功劳大的封官爵就高,车辆、衣服、田地、住宅、奴婢的赏赐,也都以功劳大小而定;军事上没有功劳的,即便有钱也不能过豪华的生活,就是贵族也只能享受平民的待遇。

新的法令刚刚开始推行,就遇到很大阻力。那些贵族宗室不去打仗立功,就不能做官受爵,只能享受平民待遇,失去了过去的许多特权;实行连坐法以后,他们也不能为所欲为了。因此,都疯狂地攻击新的法令,更不要说保守势力的代表甘龙他们了。在他们的唆使下,就连太子也出来反对。卫鞅罢了甘龙的官,可是,太子是国君的继承人,不便处分,卫鞅去找秦孝公,对他说:"新法令之所以推行不开,主要是因为上头有人反对。"孝公说:"谁反对就惩办谁。"卫鞅把太子反对、故意犯法的事一说,孝公既生气又为难,没有言语。卫鞅说:"太子当然不能治罪,但是新法令如果可以随便违犯,今后就更不能推行了。"孝公问:"那怎么办呢?"卫鞅说:"太子犯法,都是他的老师唆使的,应该惩治他们。"孝公表示同意。这样,太子的老师公子虔就被割了鼻子,公孙贾就被刺了面。大伙看到孝公和卫鞅这样坚决,都不敢反对新法令了。

几年以后,秦国变得强盛起来。由于新法令规定了增产多的可以免除一家的劳役,所以百姓积极种田织布,生产得到很大发展,人民的生活也有所改

注释

为所欲为:本指做自己想做的事,后指想干什么就干什么。

善；由于新法令规定了将士杀敌立功的可以升官晋级，所以士兵在战场上都英勇作战。老百姓很高兴。

孝公看到卫鞅制定的新法令成效显著，就提升他为大良造（当时一种大官名称），并且派他带兵去攻打魏国。

原来十分强盛的魏国，这时候已经衰弱下来，根本不是秦国的对手，连都城安邑也被秦军攻占了。

魏国只得向秦国求和。卫鞅凯旋，接着，在国内又进一步推行新法令。

秦孝公十分欢喜。后来把商、于一带十五座城镇封给了卫鞅，表示酬谢。从此以后，人们就把卫鞅称作商鞅了。

过了几年，秦孝公病死了，太子即位，是秦惠文王。惠文王以前反对商鞅的新法令，商鞅给他定了罪，给他老师判了刑，所以他一直怀恨在心。这会儿，他一当国君，那些过去反对商鞅的人就又得势了。他们串通一气，捏造罪名，硬说商鞅阴谋造反。惠文王就把他抓住处死了。商鞅虽然死了，可是，他推行的新法令已经在秦国扎下了根，再也无法改了。他的变法为后来秦国统一中原打下了坚实的基础。

孙庞斗智

春秋时著名军事家孙武死后一百多年，至战国中期又出现了一位卓越的军事家孙膑。他出生于齐国，是孙武的后世子孙。在年轻时，他与魏国人庞涓都求教于当时的著名学者鬼谷子，学习兵法战策，以兄弟相称。孙膑年长，为兄；庞涓稍幼，为弟。

其时，魏惠王正张榜礼聘天下豪杰，也要学秦孝公那样，要找一个商鞅式的人才。庞涓对孙膑说："老师传授我们本领，为的是使我们报效君王。我乃魏人，正当为国效力，兄长虽齐人，如不弃，待我得意之时，当接兄长下山共事魏王。"

不久，庞涓果得魏王赏识，拜为将军，连破卫、宋，又摒齐于国门之外，一时名声大振。孙膑则一边认真研习其祖孙武留下的兵法，一边耐心等待庞涓的消息。终于，庞涓书信传来，邀孙膑赶赴魏国。其实，庞涓深知孙膑才能远胜于己，本不想引荐他，无奈有好事的禽滑厘（墨子的徒弟）极力向魏惠王推荐。

惠王责备下来，庞涓不得已而为之。

庞涓不想让孙膑出头，故而在魏惠王面前假意曲说，只让孙膑当了有职无权的客卿。孙膑浑然不觉，还真心感激师弟庞涓的巧妙安排，不断托庞涓向魏惠王献计，却都被庞涓扣压住。庞涓知道长此下去不是办法，于是想出一条陷害孙膑的毒计。

一日，孙膑正在馆驿读书，忽有一位操齐国口音的汉子求见，带来孙膑失散多年的堂兄家信，信中尽诉离别之情，并劝孙膑一同回齐国效力。孙膑认为受庞涓照顾多日，没能报答恩情，实在过意不去，预备替庞涓为魏惠王出些好计谋后再回齐国不迟。他把这想法写信告诉了堂兄，并托送信人带回。送信人并未将信带给孙膑的堂兄，而是交给了庞涓。原来这正是庞涓想出的毒计。庞涓拿到孙膑的家信，立即命人以此笔体伪造了一封孙膑急欲弃魏归齐内容的信，由庞涓密呈给了魏惠王。

庞涓对魏惠王说："孙膑乃奇才，如被齐国重用，必对魏国不利。为了国家的利益，我忍痛请求大王您将孙膑处死吧。"

魏惠王思忖良久说："不可！孙膑本是我请来的，现在却要杀了他，天下人会耻笑我的。"庞涓一计不成又生一计，对魏惠王说："不如我先去劝劝他，他若肯留，则请大王重用他；如他坚持要走，请大王允许我来处理他的问题吧。"魏惠王允诺。

庞涓来到孙膑处，闲扯家常时谈起孙膑收到家书的事，庞涓建议他向魏王告假省亲。孙膑言道："我刚到魏国，寸功未立，就提出省亲，怕不妥吧？"庞涓答道："兄长请放心，魏王那里自有小弟担待，只需过几日呈上告假奏章即可。"

离开孙膑居所，庞涓又来见魏王，说："启奏大王，孙膑去意已定。"不几日，魏惠王果然接到孙膑的告假奏章，庞涓的话完全应验了。惠王不由得大怒，下旨意拿下孙膑，刀斧手手起刀落，剐去了孙膑的两个膝盖骨，孙膑惨叫一声，昏死过去。刀斧手乘机又在孙膑的脸上刺了字。

待孙膑再醒来的时候，已是躺在庞涓家里了。庞涓两眼含泪亲自给孙膑上药，把孙膑感动得热泪涟涟。他想：师弟对我恩重如山，本想重重报答，可惜身体已坏，看来唯有将先祖传下来的兵法十三篇默写出来赠给师弟作为报答了。

孙膑强撑起残躯，伏在书案上吃力地刻写起来。既要回忆，又要刻写，重伤在身的孙膑工作的速度自然很慢。庞涓渐渐有些不耐烦了。侍奉孙膑的小书童看出来了,悄悄一打听,才知庞涓只因为要得到孙膑所学的兵法才留他一条命。

小书童于心不忍,将所听到的一切都告诉了孙膑。闻听此言,孙膑如雷轰顶,想想前后的经历,猛然醒悟过来:这禽兽一样的庞涓,兵书绝不能传给他!可不刻写,庞涓是不会放过自己的,怎么办?孙膑陷入沉思中。

孙膑忽然疯了!庞涓不信,认为孙膑是装疯。他急忙来到孙膑的居室,看到孙膑衣服脏破,发髻散乱,跪在地上像牛马一样地转圈。"你要干什么!"庞涓呵斥道。孙膑抬头见是庞涓,"噌噌噌"地爬过来抱住庞涓的腿,喃喃地说:"鬼谷老师,你可来救我了,这下魏王不能把我怎么样了。"边说边用流着口水的嘴去亲吻庞涓的鞋子。庞涓厌恶地一脚将孙膑踢开:"你是个疯子。来人,把他拖到猪圈去。"

庞涓并不相信孙膑真疯了,他派人到猪圈去打探。派去的人回来说,孙膑整天在猪圈里爬来爬去,饿了抓起猪粪就往嘴里塞,困了倒头便睡,庞涓这才有些相信了。

渐渐地,庞涓对孙膑的戒备松懈了,不仅允许他常爬到大街上去晒太阳,甚至有时一连两三天都忘了查问孙膑的行为举止。

一直暗中关心孙膑动向的禽滑厘终于等到了机会。趁齐国派使臣访魏的机会,他说服齐使,悄悄地将孙膑藏起带出魏国。

因为接待齐国特使,庞涓忙得好几天都没工夫过问孙膑的事。送走齐使,一天早上梳妆时,庞涓问手下人孙膑的近况。手下人答道:"几日没见孙膑的面了,有人说他掉到河里淹死了。""真死了吗?"庞涓轻描淡写地问了一句,没往深里追究。

孙膑到了齐国,沐浴换装,面貌一新。齐王早知孙膑的大名,如今一见,真是相见恨晚,当时就要不顾"刑徒"终身不能为官的礼制,赐孙膑高官厚禄。孙膑言道:"大王不可,我寸功未立,不能受赏。再者,如庞涓知道我还活着,一定会来攻打齐国。不如请您允许我藏而不露,待到国家有事时,我再效全力不迟。"齐王允诺。

公元前353年,庞涓领魏惠王命率大军包围了赵国都城邯郸。赵王派人向齐国求救。齐王向孙膑问计,孙膑认为应该出兵。齐王想拜孙膑为大将领兵救赵,孙膑说:"我乃刑余之人,领兵带队恐辱大王脸面,不如请田忌大夫为大将,我辅佐他好了。"齐王就拜田忌为大将,孙膑为军师领兵救赵。

孙膑向田忌建议道:"我料赵军非庞涓对手,如按原计划救赵,恐怕我们还未到时,邯郸就已被魏军攻破了。不如我们声东击西,直接攻打魏国的都城安邑,这样,庞涓必定回兵救援,我们再在半路上埋伏好,打庞涓一个措手不及。既解了赵国之围,又可打击魏国的气焰,减少它对齐国的威胁。不知将军意下如何?"田忌说:"就依先生。"

庞涓包围了邯郸,正得意之时,忽有探马来报说齐国攻打安邑。庞涓一愣,心想齐国必藏有高人,才能想出如此妙策。他顾不得休整部队,急忙回师救援。听说国都危难,魏军人人心乱,加上连日征战,人马未歇,此时回援的魏军,丢盔弃甲,士气低落,犹如失败之师。

好容易回到魏国,看看离国都已不太远,庞涓刚想喘口气,却不料在桂陵地方中了齐军的埋伏。由于事出意外,魏军毫无防备,被齐军杀得大败。败走间,庞涓远远看见齐军阵中大旗上斗大的"孙"字,心中大惊,暗道:莫非是那瘸子不成?遂急令撤兵。庞涓败回,多方打探,知孙膑确在齐国效力,大呼上当,一时不敢轻犯齐境。

公元前341年,魏惠王令太子申与庞涓领兵伐韩国。庞涓接受从前攻赵的教训,劝说魏王留下足够的兵力守国,免得像上次那样被孙膑钻了空子。

魏国的大军去攻韩国,齐国的军队果然如庞涓所料故伎重演又出兵去围攻魏国的都城了。庞涓闻报,急令大军回师合围齐军。庞涓的打算,早在孙膑预料之中,他对齐军主帅田忌说:"庞涓此来,必有防备,我们只有使他骄傲轻敌,才能出其不意战胜他。"田忌素知孙膑才能,便依计而行。

刚入魏境,庞涓即探知围魏都的齐军已向东撤退,心中大喜,认为孙膑内心已怯,此时正是歼灭齐军的好机会,便指挥大队人马加快步伐向东追赶。走了一天,来到一个丘陵地带,发现地上密密麻麻全是烧火做饭的土灶。庞涓派人数了数,有十万眼之多。追到第二天,发现齐军埋锅造饭的土灶减少了近一半;再追下去,灶眼越来越少,到第三天下午,快追到边境的时候,齐军的灶眼竟只剩了三万。庞涓大喜,对太子申说:"齐军胆怯,望风而逃,十万大军逃得只剩三万人了。请太子允许我带精兵轻装先行,争取一举追上并消灭齐军。"

庞涓哪里想得到,这减灶正是孙膑为引他上钩所设的巧计。马陵道上,孙膑对田忌说:"我算准今夜庞涓必至,可令一万弓箭手埋伏在山道两侧,一见火光,即行放箭,定使庞涓死无葬身之地。"遂命令士兵将林木尽数砍去,只在道中留一高大粗壮之树,刮去一段树皮,上写大字:庞涓死此树下。

不出孙膑所料,庞涓率精兵天擦黑时追至马陵道,庞涓本欲止军扎营,但杀孙膑心切,又看到山道上树木横放堵塞道路,料想齐军已无心恋战,故放下心来挥兵追击。入谷已深,魏军发现孤树,忙报之于庞涓。庞涓命举火来照,发现树干上的大字,怒气还未及发作,便闻听四处一阵梆声,箭矢如雨点般射来。庞涓突然明白过来,大叫:"孙膑,又中尔诡计!"急令撤退,却为时已晚,自己已身中数箭。庞涓看看大势已去,长叹一声:"今番倒成就了孙膑这瘸子的名声!"说完,就拔出剑自杀了。

庞涓死后,孙膑也没了豪情壮志,他婉言谢绝了齐王的封赏,隐居民间,专心写作其兵法心得《孙膑兵法》。《孙膑兵法》一直流传到现在。

毛遂自荐

赵括的纸上谈兵致使赵军在长平之战中大败,被活埋四十万俘虏,从此赵国一蹶不振。

过了两年,秦军又向赵国发起攻击,很快秦国大军把赵都邯郸包围了,赵国虽然竭力抵抗,但因为在长平遭到惨败后,力量不足。赵孝成王要平原君赵胜想办法向楚国求救。平原君是赵国的相国,又是赵王的叔叔。他决心亲自上楚国去跟楚王谈判联合抗秦的事。

平原君打算带二十名文武全才跟他一起去楚国。他手下有三千个门客,可是真要找文武双全的人才,却并不容易。挑来挑去,只挑中十九个人,其余都看不中了。

他正在着急的时候,有个坐在末位的门客站了起来,自我推荐说:"我能不能来凑个数呢?"

平原君有点惊异,说:"您叫什么名字?到我门下来有多少日子了?"

那个门客说:"我叫毛遂,到这儿已经三年了。"

平原君摇摇头,说:"有才能的人活在世上,就像一把锥子放在口袋里,它的尖儿很快就冒出来了。可是您来到这儿三年,我没有听说您有什么才能啊。"

毛遂说:"这是因为我到今天才叫您看到这把锥子。要是您早点把它放在袋里,它早就戳出来了,难道光露出个尖儿就算了吗?"旁边十九个门客认为毛遂在说大话,都带着轻蔑的眼光笑他。可平原君倒赏识毛遂的胆量和口才,就决定让毛遂凑上二十人的数,当天辞别赵王,上楚国去了。

平原君跟楚考烈王在朝堂上谈判合纵抗秦的事。毛遂和其他十九个门客都在台阶下等着。从早晨谈起，一直谈到中午，平原君为了说服楚王，把嘴唇皮都说干了，可是楚王说什么也不同意出兵抗秦。

台阶下的门客等得实在不耐烦，可是谁也不知道该怎么办。有人想起毛遂在赵国说的一番豪言壮语，就悄悄地对他说："毛先生，看你的啦！"

毛遂不慌不忙，拿着宝剑，上了台阶，高声嚷着说："合纵不合纵，三言两语就可以解决了。怎么从早晨说到现在，太阳都直了，还没说停当呢？"楚王很不高兴，问平原君："这是什么人？"平原君说："他是我的门客毛遂。"

楚王一听是个门客，更加生气，骂毛遂说："我跟你主人商量国家大事，轮到你来多嘴？还不赶快下去！"

毛遂按着宝剑跨前一步，说："你用不着仗势欺人。我主人在这里，你破口骂人算什么？"

楚王看他身边带着剑，又听他说话那股狠劲儿，有点害怕起来，就换了和气的脸色对他说："那您有什么高见，请说吧。"毛遂说："楚国有五千多里土地，一百万兵士，原来是个称霸的大国。没有想到秦国一兴起，楚国连连打败仗，甚至堂堂的国君也当了秦国的俘虏，死在秦国。这是楚国最大的耻辱。秦国的白起，不过是个没有什么了不起的小子，带了几万人，一战就把楚国的国都——郢都夺了去，逼得大王只好迁都。这种耻辱，就连我们赵国人也替你们害羞。想不到大王倒不想雪耻呢。老实说，今天我们主人跟大王来商量合纵抗秦，主要是为了楚国，而不是单为我们赵国啊。"

毛遂这一番话，真像一把锥子一样，一句句戳痛楚王的心。他不由得脸红了，接连说："说的是，说的是。"

毛遂紧紧追了一句："那么合纵的事就定了吗？"

楚王说："决定了。"

毛遂回过头，叫楚王的侍从马上拿鸡、狗、马的血来。他捧着铜盘子，跪在楚王的跟前说："大王是合纵的纵约长，请您先歃血（歃血就是把牲畜的血涂在嘴上，表示诚意，是古代订立盟约的时候的一种仪式）。"

楚王歃血后，平原君和毛遂也当场歃了血。楚、赵结盟以后，楚考烈王就派春申君黄歇为大将，率领八万大军，奔赴赵国。

回国后，平原君歉疚地对毛遂说："先生此次去楚国，凭三寸之舌搬来救兵。过去是我有眼无珠，没有看出来。"从此平原君把毛遂奉为上等门客。

屈原沉江

战国时期各国在激烈的争斗中产生了"合纵""连横"两种不同的战略主张。在当时的"策士"中，就有人提出过"合纵"的学说。苏秦本来先向秦王献过统一六国的策略，但未被秦王采用，后转而研究"合纵"战略。他认为六国的联合，土地则比秦大五倍，兵力比秦多十倍，从燕到楚南北结盟，共同反对西方秦国，这不仅能够控制秦国的向外兼并，而且可使六国永远立于不败之地，于是他分别向燕、赵、韩、魏、齐、楚陈述其对秦联合作战的"合纵"策略。

著名策士张仪为了实现自己的政治抱负，西往秦国，向秦惠王提出了政治军事上的重要建议，成为秦国首相。张仪针对"合纵"对秦战略，提出"连横事秦"的策略，以扩张领土。所谓"连横"就是与山东任何一国，结成横向联盟，以攻击其他各国，或通过谋略欺诈使其各国割地并向秦国屈服。因此，张仪一上任即展开紧张的外交活动。

前面的故事里，讲到秦国派张仪到楚国，提出以六百里土地做代价，换取楚国向齐国断交，企图拆散齐楚的联盟，孤立和打击楚国。楚怀王没有看出这是个阴谋，听信了张仪的花言巧语，结果上了大当：不仅六百里土地没到手，反而损兵折将，丢城失地，连汉中大片地方也被秦国夺去了。魏、韩两国也乘机侵犯楚国的边境。楚怀王看到形势危急，不得不赶快撤军，并且派大夫屈原上齐国道歉讲和，要求重建联盟，共同抵抗秦国。

屈原是个什么人呢？他是我国历史上一位伟大的爱国诗人，也是战国时代一位杰出的政治家和思想家。他出身贵族，同楚王是本家。他从小受到较好的文化教育，二十多岁的时候，就有丰富的知识，善于作诗写文章，口才也好，年纪轻轻地就当了楚国的左徒(楚国的一种官名)，经常同楚怀王一起研究政事，拟定法令，接待各国的使臣，深得怀王的信任。

屈原生活的年代，正是战国中后期，各国之间的兼并战争越来越激烈。在战国七雄中，以秦国为最强大。秦国依靠它雄厚的经济和军事实力，积极向外扩张，一心要吞并六国。楚、齐虽说是大国，可都不能单独同秦国抗衡。拿楚国来说，尽管疆域广大，军队最多，可是由于政治腐败，正一天天走向衰落，反而经常受到秦国的欺负。

面对这种形势,屈原主张在国内积极改革政治,削弱奴隶主贵族的特权,减轻人民的负担,举贤任能,变法图强;对外联合齐、魏、赵等国共同抗秦。这些主张受到人民的拥护,但是遭到那些腐败守旧的贵族的坚决反对。他们嫉妒屈原的才能,明里暗里和屈原作对。

有一天,楚怀王叫屈原起草一份重要法令。屈原刚写完草稿,上官大夫靳尚来了,就要抢了去看。屈原赶紧把草稿收起来,冷冷地说:"这是个草稿,还没定下来,谁也不能看!"

靳尚讨了个没趣,搭讪着走了。一到楚怀王那儿,他就陷害起屈原来了:"大王啊,您还蒙在鼓里呢!"楚怀王问:"怎么了?"靳尚说:"大王不是总让屈原起草文件吗?他把这当成炫耀自己的本钱哪!每次法令一公布,他就到处说:'哼,除了我,谁干得了!'""啊!他还说什么?""他还说,大王昏庸残暴、目光短浅,大臣们都贪婪自私,愚蠢无能,朝廷大事没他就完了。"

楚怀王听了信以为真,火冒三丈,从此就对屈原疏远了。

屈原倒不计较个人的得失,只担心楚国被靳尚这些人弄糟,一有机会仍旧去劝谏楚怀王。楚怀王不但听不进屈原的忠告,反而讨厌他直言切谏,让他去当三闾大夫的官,管些无关紧要的事,国家大事一点也不跟他商量了。

楚怀王在靳尚一班人的撺掇下,上了张仪的当以后,想起屈原平时联齐抗秦的主张,觉得有道理,于是又起用屈原,派他出使齐国。屈原到齐国以后,尽力施展他的外交才能,好不容易才恢复了齐楚两国的联盟。

秦王听说楚齐又要联合,就又派张仪来拉拢楚国。楚怀王本来想杀张仪,但是架不住靳尚和郑袖替张仪说好话,又糊里糊涂地把他给放了。等屈原从齐国回来,张仪早没影儿了。

楚怀王并没有从这些事中吸取教训。他对靳尚、郑袖这班人仍然非常信任和宠爱,对屈原照样十分疏远。屈原的才能得不到施展,政治上的抱负得不到实现,却眼睁睁地看着楚国一天天衰败下去,内心悲愤不已。他把满腔的爱国热忱倾泻到诗句中去,写出了有名的长诗《离骚》。这部伟大的文学作品充满了爱国主义精神,反映了屈原强烈的正义感和追求真理的决心,他在艺术上取得的辉煌成就,在我国和世界文学史上享有崇高的地位。

周赧王八年(公元前307年),秦昭王即位,当了国君。秦昭王怕楚国再同齐国结盟,难以对付,于是又采取软的一手,想方设法拉拢楚国。他经常给楚怀王送礼物,还把女儿嫁给楚怀王做儿媳妇。楚怀王以为秦国真的要同楚国交好,就同秦国结盟了。楚国本来是同齐、赵、韩、魏等国订了"合纵"盟约,一起反对秦国的,如今出尔反尔,这就惹恼了参加"合纵"盟约的其他国家。公元前304年,齐、韩、魏三国联合进攻楚国,大破楚军。楚怀王派太子横到秦国做人质,请秦国援救。所谓人质,就是拿人做抵押品,以取得对方的信任。秦国一出兵,三国也就退兵了。

这时候,太子横还留在秦国,没有回国。他在那儿,经常受秦国人的气。有一次,太子同一个秦国的官员发生了冲突,他一气之下,把那个人杀了,然后跑回了楚国。这下闯了大祸。秦国就以此为借口,联合齐、韩、魏三国,大举攻楚;第二年,又单独发兵进攻,杀了楚兵两万人,攻占楚国的襄陵等城池。楚怀王只好又向齐国求救。这时候,秦国采取了又打又拉的策略,一方面继续进攻,另一方面写信给楚怀王,约他在秦国的武关(今陕西东南部)会面,举行和谈。楚怀王看过信,没了主意:去吧,怕被秦国扣留;不去吧,又怕秦军更加大举进犯。于是他召集群臣来商议。大臣们有主张去的,有反对去的,正在争论不休。忽然,有一个人从殿堂下面大声嚷着走进来:"大王可千万不能去,秦国相信不得!"大伙儿抬头一看,来的是三闾大夫屈原,不由得一愣。原来三闾大夫是无权参与议论国家大事的。但是,屈原热爱祖国,时刻关心着国家的命运。今天他听说朝廷上要讨论楚怀王去不去秦国谈判的事,生怕楚怀王再上当,忍不住冲进殿堂上来。他激动地对楚怀王说:"秦国向来就像虎狼一样凶狠残暴,从来不讲信义。我们上它的当不是一次两次了。上次张仪欺骗我们难道您忘了吗?这次秦王约您去相会,肯定又没安好心。大王一去,恐怕又要上他的圈套。"令尹昭雎也附和着说:"屈原大夫说得对啊,大王不能去!"楚怀王犹豫不决。那些主张对秦国妥协投降的大臣,如楚怀王的小儿子子兰和上官大夫靳尚,一看这情景,连忙替秦国说起好话来。一个说:"秦国约大王去和谈,我看没什么恶意。"另一个说:"通过谈判或许能使秦国把占去的地方还给我们。不去就辜负了秦王的一片好心。得罪了秦国可不是闹着玩儿的!"他们起劲地劝楚怀王。楚怀王听信了这些人的话,终于还是到秦国去了。

楚怀王一到秦国的武关,秦国就派兵把他的后路给截断了,然后,把他押送到咸阳。秦王逼着他割地,楚怀王不肯,秦王就把他软禁起来。到这时候,他才后悔没听屈原的忠告,可是已经来不及了。他在那儿被软禁了一年多,几次逃跑都没有成功,气恼成疾,后来竟死在秦国。

屈原听到这消息,悲愤交加。他既对楚怀王昏庸无能、被囚而死感到悲痛,又对秦王奸诈凶狠、背信弃义感到愤慨。他把这种感情抒发出来,写了《招魂》一诗。

正当楚怀王被扣留在秦国的时候，楚国立了太子横为国君，就是楚顷襄王。这位楚王同他父亲差不多，也是个糊涂虫。他上台以后，就让子兰取代昭睢，当了令尹，同子兰、靳尚这班人打得火热，整天在宫中吃喝玩乐，根本不过问国家大事。秦军入侵，杀了楚军五万人，夺去了十五座城池，他也不放在心上。屈原看朝廷这样腐败，国家的命运越来越危急，不由得忧心如焚。但是，他仍旧把希望寄托在国君身上，希望顷襄王有朝一日能够醒悟过来。于是他接连写了几封奏章，劝顷襄王改弦易辙，起用贤人，斥退奸臣，革新内政，抓紧练兵，以图报仇雪耻。这些奏章落到子兰手里。子兰大动肝火，恨不得杀了屈原才称心。可是屈原声望挺高，子兰怕引起公愤，不敢轻易下手。于是他又使出阴谋陷害的手段，派靳尚到顷襄王跟前说屈原的坏话。靳尚对顷襄王说："屈原这个人可实在狂妄得很啊，先王在位的时候，他就不把先王放在眼里；如今，他又以老臣自居，近来居然上书来教训您。背地里他说得更放肆了，说子兰不主张讨伐秦国，是不忠；说大王不为先王报仇，是不孝。大王是雄才大略的君主，能让他这样污蔑吗？"顷襄王越听越气，把手一挥，下令立即撤掉屈原三闾大夫的官职，把他放逐到长江以南的楚国的边疆去。

楚国的南疆就是现在的湖北省南部和湖南省北部一带的地方。当时那儿还很荒凉。屈原在流放中，生活非常艰苦，但是他仍旧时刻关注着楚国的命运，牵挂着楚王，希望顷襄王召他回国都，以便挽救国家的命运。然而，一年一年过去了，没有要他回朝廷的消息。屈原内心的悲愤是难以形容的。

多年的流放，精神上、生活上的折磨，使屈原的头发由黑变白，身体由强变弱。他脸色憔悴，行动迟缓，已经变成一个干瘦的老人了。但是，他的爱国热忱还是那样强烈，追求真理的意志仍旧是那样坚强。他不肯向邪恶势力屈服，决心保持他那高尚的品格。一天，他在河边散步，边走边吟诵着自己创作的诗歌。一个渔夫认出了他，问："您不是三闾大夫屈原吗？怎么落到这步田地啊？"屈原说："天下都浑浊，只有我一个人干净；众人都醉了，只有我一个人清醒，所以被流放到这儿来了。"渔夫又问："您为什么不随波逐流呢？不然，也不会弄成这个样子啊！"屈原叹口气说："人身上衣服干干净净的，谁肯到污泥里染上一身泥呢？我情愿跳进江心，埋在鱼肚子里，也不愿跟那些奸臣一起糟践楚国！"

在流放中，屈原有更多的机会接触百姓。他看到老百姓缺吃少穿，生活非常悲惨，对他们深表同情。百姓也很爱戴他。他同百姓同欢乐，共患难，思想感情发生了深刻变化，使他写出了更多更好的诗歌。《九歌》《九章》等光辉诗篇,大部分都是他这一时期的作品。

周赧王三十七年(公元前278年),秦国派大将白起带兵攻打楚国,占领了楚国的郢都,毁坏了楚国先王的陵墓。楚顷襄王逃到陈城(今河南淮阳),楚国已经到了朝不保夕的地步。屈原听到这个消息,知道楚国快要灭亡了,伤心哭了起来。他不愿看到楚国沦亡,不愿看到老百姓受秦国的残害和欺压,于是就在这一年的五月初五日,抱了块大石头,投进汨罗江(在今湖南东北部,是湘江支流)中自杀了。这年他六十二岁。

当地的老百姓听到这个噩耗,都很悲痛,争先恐后地来打捞屈原的尸体。也不知来了多少船,打捞了多少时间,结果都一无所获。有人用苇叶包了糯米饭,投进江中,祭祀屈原;还有人怕江里的蛟龙抢吃这种食物,又在苇叶外系上彩线,吓唬蛟龙,保证屈原能够享用。这种食物就是粽子。这种悼念活动一年年流传下来,渐渐成为一种风俗。

直到现在,每逢农历五月初五端午节这一天,很多地方赛龙舟,家家户户包粽子,有的人家还用彩线缠个粽子形状的物件,挂在女孩子脖子上避邪。据说,这些活动都跟屈原有关呢。

荆轲刺秦王

秦王政重用尉缭,一心想统一中原,不断向各国进攻。他拆散了燕国和赵国的联盟,使燕国丢了好几座城。

燕国的太子丹原来留在秦国当人质,他见秦王政决心兼并列国,又夺去了燕国的土地,就偷偷地逃回燕国。他恨透了秦国,一心要替燕国报仇。但他既不操练兵马,也不打算联络诸侯共同抗秦,却把燕国的命运寄托在刺客身上。他把家产全拿出来,找寻能刺秦王政的人。

后来,太子丹物色到了一个很有本领的勇士,名叫荆轲。他把荆轲收在门下当上宾,把自己的车马给荆轲坐,自己的饭食、衣服让荆轲一起享用。荆轲当然很感激太子丹。

公元前230年,秦国灭了韩国;过了两年,秦国大将王翦占领了赵国都城邯郸,一直向北进军,逼近了燕国。

燕太子丹十分焦急,就去找荆轲。太子丹说:"拿兵力去对付秦国,简直像拿鸡蛋去砸石头;要联合各国合纵抗秦,看来也办不到了。我想,派一位勇士,打扮成使者去见秦王,挨近秦王身边,逼他退还诸侯的土地。秦王要是答应了最好,要是不答应,就把他刺死。您看行不行?"

荆轲说:"行是行,但要挨近秦王身边,必定得先叫他相信我们是向他求和去的。听说秦王早想得到燕国最肥沃的土地督亢(在河北涿县一带)。还有秦国将军樊於期,现在流亡在燕国,秦王正在悬赏通缉他。我要是能拿着樊将军的头和督亢的地图去献给秦王,他一定会接见我。这样,我就可以对付他了。"

太子丹感到为难,说:"督亢的地图好办;樊将军受秦国迫害来投奔我,我怎么忍心伤害他呢?"

荆轲知道太子丹心里不忍,就私下去找樊於期,跟樊於期说:"我有一个主意,能帮助燕国解除祸患,还能替将军报仇,可就是说不出口。"

樊於期连忙说:"什么主意,你快说啊!"

荆轲说:"我决定去行刺,怕的就是见不到秦王的面。现在秦王正在悬赏通缉你,如果我能够带着你的头颅去献给他,他准能接见我。"

樊於期说:"好,你就拿去吧!"说着,就拔出宝剑,抹脖子自杀了。

太子丹事前准备了一把锋利的匕首,叫工匠用毒药煮炼过。谁只要被这把匕首刺出一滴血,就会立刻气绝身亡。他把这把匕首送给荆轲,作为行刺的武器,又派了个年方十三岁的勇士秦舞阳,做荆轲的副手。

公元前227年,荆轲从燕国出发到咸阳去。太子丹和少数宾客穿上白衣白帽,到易水(在今河北易县)边送别。临行的时候,荆轲给大家唱了一首歌:

风萧萧兮易水寒,
壮士一去兮不复还。

大家听了他悲壮的歌声,都伤心得流下眼泪。荆轲拉着秦舞阳跳上车,头也不回地走了。

荆轲到了咸阳。秦王政一听燕国派使者把樊於期的头颅和督亢的地图都送来了,十分高兴,就命令在咸阳宫接见荆轲。朝见的仪式开始了。荆轲捧着装了樊於期头颅的盒子,秦舞阳捧着督亢的地图,一步步走上秦国朝堂的台阶。

秦舞阳一见秦国朝堂那副威严样子,不由得害怕得发起抖来。

秦王政左右的侍卫一见,吆喝了一声,说:"使者为何变了脸色?"

荆轲回头一瞧,果然见秦舞阳的脸又青又白,就赔笑对秦王说:"粗野的人,从来没见过大王的威严,免不了有点害怕,请大王原谅。"

秦王政毕竟有点怀疑,对荆轲说:"叫秦舞阳把地图给你,你一个人上来吧。"

荆轲从秦舞阳手里接过地图,捧着木匣上去,献给秦王政。秦王政打开木匣,果然是樊於期的头颅。秦王政又叫荆轲拿地图来。荆轲把一卷地图慢慢打开,到地图全都打开时,荆轲预先卷在地图里的一把匕首就露出来了。

秦王政一见,惊得跳了起来。

荆轲连忙抓起匕首,左手拉住秦王政的袖子,右手把匕首向秦王政胸口直扎过去。

秦王政使劲地向后一转身,把那只袖子挣断了。他跳过旁边的屏风,刚要往外跑,荆轲拿着匕首追了上来,秦王政一见跑不了,就绕着朝堂上的大铜柱子跑。荆轲紧紧地逼着。两个人像走马灯似的直转悠。

旁边虽然有许多官员,但是都手无寸铁;台阶下的武士,按秦国的规矩,没有秦王命令是不准上殿的,大家都急得六神无主,也没有人召台下的武士。

官员中有个伺候秦王政的医生,急中生智,拿起手里的药袋对准荆轲扔了过去。荆轲用手一扬,那只药袋就飞到一边去了。

就在这一眨眼的工夫,秦王政往前一步,拔出宝剑,砍断了荆轲的左腿。

荆轲站立不住,倒在地上。他拿匕首直向秦王政扔过去。秦王政往右边一闪,那把匕首就从他耳边飞过去,打在铜柱子上,"嗒"的一声,直进火星儿。

秦王政见荆轲手里没有了武器,又上前向荆轲砍了几剑。荆轲身上受了八处剑伤,知道已经失败,苦笑着说:"我没有早下手,本来是想先逼你退还燕国的土地。"

这时候,侍从和武士一起赶上殿来,结果了荆轲的性命。台阶下的那个秦舞阳,也早就被武士们杀了。

荆轲行刺秦王不成,反而加快了秦国消灭燕国的步伐,公元前226年,秦国攻占了燕国都城蓟城。

在接下来的几年中,秦国乘胜出击,从公元前230年到公元前221年的十年中,兼并了韩、魏、燕、赵、楚、齐六国,结束了混乱的战国时期,统一了中国。

注释

六神无主:形容惊慌着急,没了主意,不知如何才好。

秦　朝

秦始皇统一中国

战国末期,秦王政灭六国后把国号定为秦,国都定于咸阳(今陕西咸阳)。他自以为德兼三皇,功过五帝,如再沿用过去"王"的称号就不能显示成功、传之后世,便与群臣商议,更换名号。

李斯等人说:"过去五帝管理的地方,也不过一千里大。如今海内为郡县,法令由一统,大王比五帝强多了!古时有天皇、地皇、人皇,人皇最高贵。大王就称作人皇吧!"

秦王政对人皇还不满足,就将三皇中的"皇"字和五帝中的"帝"字加起来,称为皇帝。他认为秦朝从自己开始称帝,会二世、三世至万世地永远传下去,于是便自称"始皇帝",后来人们就称他为秦始皇了。

统一以后,天下应当如何治理?丞相王绾对秦始皇说:"六国刚刚被灭,原先的燕国、齐国、楚国离咱们的京城都很远,如果不在那里分封王侯,恐怕那些地方很难控制得住,您不如把几个皇子分封到那些地方去做王,协助陛下统治天下。"

廷尉李斯反对王绾分封的建议,他说:"当年周武王得到天下以后,曾经大封子弟功臣为诸侯,后来诸侯之间关系越来越疏远。如今陛下统一了天下,可以在全国设置郡县。子弟功臣多多赏赐些赋税钱财,不要分封诸侯,这样就容易控制了!"

秦始皇决定采纳李斯的意见,他说:"以往天下苦战不休,都是分封诸侯王的缘故。现在天下安定了,再分封诸侯王,又将会种下战争的祸根。我认为廷尉的建议是对的。"于是秦始皇把天下划分为三十六郡,郡以下设县。每郡都由中央政府直接任命三个长官去治理,即郡守、郡尉和郡监。郡守是一郡最高的行政长官,统管一郡的重大事务;郡尉是管理治安的,全郡的军队由他统领;

郡监执行监察方面的事情。

地方上的治理办法确定了,中央政府的组织机构也逐渐定型。秦始皇规定中央朝廷里设置丞相、御史大夫、太尉、廷尉、治粟内史等几个重要的官职,协助皇帝治理国家。丞相设两个——左丞相和右丞相,都是皇帝的助手,帮助皇帝处理全国的政务;御史大夫负责掌管重要的文书、监察百官;太尉主要掌管军队;廷尉掌管司法;治粟内史掌管租税收入和国家的财政开支。所有这些官员都归皇帝任免和调动,从国库里领取薪俸,一概不得世袭。

秦始皇建立的这一套封建专制的政治体制,对后世的影响极大。后来各个封建王朝所实行的政治体制,大体上是在秦制的基础上逐步演变的。

战国时期,商业已经相当发达,货币的使用已经很普遍。但是各国货币的形状、大小、轻重都不相同:齐国的货币样子像刀,赵国的货币样子像铲;货币计算的单位也不一样。秦始皇规定:以后一律使用圆形方孔、每个重半两的铜钱,各国的旧货币全都作废,不许再在市面上流通。

原先六国的度量衡也是不统一的,尺寸、升斗、斤两等,也不大一样。在一个国家买一尺布,到另一个国家也许只能算八寸。在这个国家买一斗米,到那个国家就成了九升。度量衡这样乱,和一个统一国家的政权当然不相适应,对人们的生活来说也太不方便了。秦始皇下令规定了统一的度量衡,全国的尺寸、升斗、斤两都得一致,这就改变了过去那种换算混乱的局面。

原先六国的车辆和道路也各不相同,车辆有大有小,道路有宽有窄。在统一的局面下,这样也显得很不方便。于是秦始皇又下令,一要"车同轨",二要修驰道。"车同轨"就是规定车轴上两个轮子间的距离,一律都定为六尺。"修驰道"就是修筑从京城咸阳到全国各个重要地方的大路。大路路面一律宽五十步(每步六尺),路的两旁每隔三丈种上一棵青松。修了这样的驰道,全国的交通就方便多了,也便利了各地之间的文化往来与经济联系。

战国时期的文字也是不统一的,同一个字的写法不尽相同,形状各异,笔画有多有少。国家统一以后,这种情况对政策法令的推行和文化的传播,都是一大障碍。所以秦始皇又下了"书同文"的命令。"书同文"就是统一文字的意思,政府规定了一种叫作小篆的字体,作为全国统一使用的标准文字。后来又根据民间流行的字体,整理成一种比小篆更便于书写的字体,叫作隶书。隶书跟现在的楷书已经很接近了。

自从秦国兼并六国以后,中原地区比较平定,可是,匈奴人的骑兵却经常侵扰北部边境地区,严重威胁着秦王朝的安全。秦始皇委派大将蒙恬,率领三十万大军打败匈奴,收复了河套地区;同时秦始皇决定采用修筑长城的办法,把匈奴骑兵永远隔离在边界的北面。秦始皇下令从各地征调几十万民夫,让蒙恬担任总指挥。这一次修筑长城,除了要把原来燕、赵、秦三国北方的城墙连接起来,还要新造不少城墙。这样从西面的临洮到东面的辽东,连成了一条万里长城。修筑万里长城,虽然耗费了大量财物,加重了劳动人民的负担,但在当时的历史条件下,确实起到了阻止匈奴南侵的积极作用。这座举世闻名的长城,成为我们中华民族古老悠久历史的象征。

焚书坑儒

秦始皇统一中国后,在政治体制、统一度量衡等方面进行了一系列改革,巩固了秦朝的统治。但有不少读书人喜欢谈论政事,话题往往触及秦朝的政治制度。公元前213年,丞相李斯借一些学者政见纷争之际,向秦始皇提出焚百家书、杜绝混乱思想的建议。

秦始皇觉得事情确实是这样,如果听任那些有旧思想的人到处宣扬旧制度,的确会妨碍他的统治。于是他决定接受李斯的建议,下令焚书。焚书的具体办法是,除了那些讲医药、占卜、种树一类的书以外,凡不是秦国史官所记的历史书,不是官家收藏而是民间所藏的《诗经》《尚书》和诸子百家的书籍,在命令下达的三十天之内,都要缴到地方官那里去焚毁;以后还有偷偷谈论古书内容的,处死刑;借古论今攻击当前政治的,全家都要处死;官吏知情不告发的,判处同样的罪。

焚书的命令发布以后,各郡各县的官吏立即严格地遵照命令去执行,挨家挨户收缴书籍。在很短的时间内,秦国以外的历史书和记载着诸子百家学术思想的书籍,凡是收缴上来的,差不多全都烧光了。秦朝以前的许多历史事实和学术思想著作从此失传,这是秦始皇摧残小国文化的一大暴行。

秦始皇下令焚书,使得许多读书人非常反感,不仅那些有旧思想的人反对秦始皇的暴行,而且连一些在朝廷里的博士,也都在暗地里议论,说秦始皇这样摧残文化,做得太过分了。

焚书的第二年,即公元前212年,有两个替秦始皇求不死药的方士侯生和卢生,偷偷地议论说:"秦始皇这个人,十分残暴,自信心太强,他专靠残酷的刑罚来统治天下，他对谁也不信任，大大小小的事情都得由他亲自来决定。像他这样贪图权势的人，我们还是不要为他求仙药的好。"他们两个人偷偷地带着从秦始皇那里领来的钱财，逃走了。

秦始皇听说读书人在背后说他的坏话，侯生、卢生还居然逃走了，十分生气，决定要狠狠地惩治他们。于是秦始皇下了一道命令，叫御史大夫去查办那些在背后诽谤他的读书人。被抓去审问的人，受不了残酷的刑罚，为了给自己开脱，就一个一个地攀连其他的人，攀来攀去查出来有四百六十多个方士和儒生犯有嫌疑。秦始皇一怒之下，也不查证核实，就叫人在咸阳城外挖个大坑，把他们全都给活埋了。其实这四百六十多人当中大多数人都是含冤死去的。

秦始皇焚书坑儒，目的是统一思想，压制那些反对中央集权制的思想和言论，但是他的焚书毁灭了秦以前长期积累起来的文化财富；坑儒，又杀害了许多精神财富的创造者。从此以后，秦国宫廷里真正有学问的人大大减少，而那些专会欺上瞒下的奸贼如赵高之流，逐渐成了秦始皇身边的重要人物，秦朝开始走下坡路了。

大泽乡起义

秦始皇死后，小儿子胡亥杀死长子扶苏当上皇帝，为秦二世。同一年，即公元前209年，在我国历史上爆发了第一次伟大的农民起义，这就是陈胜、吴广领导的大泽乡农民起义。

陈胜又叫陈涉，是阳城(今河南平舆阳城乡)人。陈胜小时候家里很穷，十几岁就给财主家干活，受尽了地主的剥削和欺负，但他很有志气，总想改变富人酒肉满席、穷人忍饥挨饿的坏世道。有一天，陈胜和他的伙伴们在地头休息，陈胜又诉起苦来了，对大家说："咱们将来谁要是得了富贵，可别忘了今天的穷朋友啊！"大伙儿听他这么一说，都感到很可笑，那富贵可不是穷人们说说话就能得到的。有个伙伴笑着说："你给人家干活，连锄头都不是自己的，还谈什么富贵呀？"陈胜叹了口气，说道："唉，躲在屋檐下的燕子和小麻雀怎么会懂得大雁和天鹅的远大志向呢？"

公元前209年7月，阳城的贫民九百人被调作戍卒到渔阳(今北京郊区密云)去戍守。陈胜也在这九百人之内,并被任命为屯长。另有一个人姓吴名广,字叔,阳夏(今河南太康)人,也被任命为屯长。吴广敢作敢为,乐于助人,又有一身武艺,和陈胜成了知心朋友。

他们这九百人由两名身带利剑的军官押送,不分昼夜地向渔阳方向赶路。这正是北方多雨的夏季,他们走到蕲县大泽乡(今安徽宿州东南)的时候,正赶上瓢泼大雨,雨水把道路给淹没了,到处是泥泞一片,他们只好停下来,等天晴了再走。按照秦朝的法律,误了日期是要全部杀头的。陈胜、吴广计算了一下时间,无论怎样拼命地赶路也是要误期的,这九百人都有被杀头的危险。于是,两人悄悄地商量对策。陈胜说:"现在继续赶路,到达后也是送死;想办法逃跑,被抓住也得死;起来造反,即使夺不了天下也顶多是个死。与其等死,还不如起来造反为夺天下而死呢!"吴广也觉得是这个道理。陈胜又说:"秦朝建立以来,天下的老百姓已经被折腾得没法子活了。听说这个秦二世本来是秦始皇的小儿子,他勾结赵高杀了公子扶苏夺取皇位。老百姓都听说扶苏是个贤明的人,但不知道他已经被害死了。还有楚国的大将项燕,曾为楚国立下了汗马功劳,对士兵也很好,有人说他战死了,还有人说他逃走了,楚国人都很想念他。现在如果我们假借公子扶苏和楚将项燕的名义,起来号召天下,反对残暴的秦二世,那么一定会有许多人起来响应的。"

吴广完全赞成陈胜的主张,情愿拼出性命,一干到底。二人坚信,九百壮丁和他们一样,都是受苦人,只要招呼一声,在无路可走的情况下都会跟着干的。当时的人们很迷信,为了取得百姓的信任,他们决定分头行动,用装神弄鬼的办法号召百姓。

第二天,伙夫上街买鱼回来,在一条大鱼肚子里发现了一块绸子,上面写着"陈胜王"三个大字。这可是一件新鲜事,大伙儿一下子就传开了,都认为这是老天爷的旨意。

到了晚上,人们三个一堆两个一伙地凑在一起谈论白天的奇怪事儿,忽然外面传来奇怪的声音,仿佛是狐狸叫一般,后来越听越像人语,第一声是"大楚兴",第二声是"陈胜王"。几个胆大的一起走出来,四面是一片荒野,在西北角有一座古庙,从古庙里又传出狐狸叫声,叫的还是"大楚兴,陈胜王"的人语。更奇怪的是,在古庙周围的树丛里,出现了火光,一忽儿在这边,一忽儿在那边,时暗时亮。人们又害怕又奇怪,狐狸怎么会说人话?难道这狐狸是个狐仙,知道陈胜是个真命天子,也向人们报信来了?

第二天一早,大伙儿都指指点点地来看陈胜,越看越觉得他长得像个真命天子。人们正在私下议论的时候，吴广走了进来。人们围住他纷纷问道："吴大哥，听说你和陈胜大哥是好友，他和咱们一样，都是穷苦汉子，难道真能为王？"吴广呵呵一笑，说："乱世出英雄！上天之意，难道还不足信？如今世道要变，咱穷哥儿们要打天下，坐天下！"戍卒们听了，许多人都乐得一蹦老高，纷纷嚷道："对！咱们哥儿们起来造反吧，别白白地等死了！"

　　陈胜、吴广一看大伙儿热情很高，决定立即杀掉那两个军官，起来造反。这两个军官本是一对酒鬼，因为大雨难行，他们俩便日日喝酒。这一天正好被酒烧得迷迷糊糊的时候，吴广和陈胜带了一帮人跑来要求军官放他们回家。军官一听，又急又气，先打了吴广几鞭子，接着又拔出剑来要杀吴广。吴广便杀了两个军官，大伙儿扬眉吐气，十分痛快。陈胜跳上一个大台，大声地说："弟兄们！咱们遇上了大雨，已经不能按期赶到渔阳了。按照法律，误期的就要杀头，我们这批人到头来十有六七都是要死的，反正怎么都是个死，男子汉大丈夫顶天立地，死也得死出个名堂来。那些王侯将相，难道就是天生有种的吗？这天下，穷苦人也可以坐一坐。"九百壮丁顿时沸腾起来，他们心中的怒火被点燃了。大伙齐声喊着："对！咱们跟着陈大哥造反！造反！"陈胜、吴广看大伙儿很齐心，决定立即起义。他们派一部分人上山砍树木、竹竿作为武器，派另一部分人用土筑了个平台，又派人做了一面旗，旗上绣了一个大大的"楚"字。

　　一切都准备好了之后，他们把那两个军官的脑袋作为祭天礼品，九百壮丁在陈胜、吴广带领下，共同起誓。他们决定同生死，共患难，推翻秦朝。大伙公推陈胜为统帅，号称"将军"；吴广为副帅，号称"都尉"。他们一下子就攻占了大泽乡。

　　由于各地的老百姓被秦朝的官吏压得太苦，就像那三伏暑天，闷得喘不过气来。现在听到陈胜起义反秦，立即扛着锄头、扁担赶来加入起义军，起义军一下子就壮大了好几倍。陈胜、吴广带着起义军从大泽乡出发，一下子就攻克蕲县。接着，陈胜派葛婴带着一支队伍，攻下了蕲县以东的五座县城。打到陈县(今河南淮阳)的时候，起义军已经发展到拥有六七百辆战车、一千多名骑兵、几万名步兵的大部队。陈胜在陈县正式称了王，国号"张楚"，就是要大张楚国的意思。

　　陈胜一称王，遍布全国的反秦力量受到了极大鼓舞。各地百姓纷纷起来，

注释
扬眉吐气：扬起眉头，吐出怨气，形容摆脱了长期受压状态后高兴痛快的样子。

拿起武器,攻占城池。

秦二世一下子慌了手脚,赶紧派大将章邯把修造骊山陵墓的几十万人武装起来,向起义军反扑。

由吴广率领去攻打荥阳的那支队伍,很快就把荥阳给团团围住了。但荥阳的守将是丞相李斯的儿子李由,文武双全,吴广攻了很长时间也没攻下。吴广部下田臧竟然假借陈胜的命令杀害了吴广。田臧派一部分人继续围攻荥阳,他自己带兵去迎击章邯,结果战败身死。章邯又派兵攻打陈县,这时陈胜的手里已经没有多少兵了,在秦军的进攻面前,只好向东南退却,结果被他的车夫庄贾给暗杀了,这位伟大的农民领袖就这样死在叛徒的手中。

陈胜、吴广领导的农民起义虽然失败了,但这次起义是中国封建社会历史上第一次全国性农民战争,它充分反映了人民反抗残暴的勇气和力量。

其后,各地纷纷反秦,秦朝终于为刘邦所灭。又经历了四年楚汉战争,刘邦灭项羽,建立汉朝。

刘邦斩蛇举义

刘邦,字季,秦朝泗水郡沛县丰邑(今江苏沛县)人。公元前256年出生于沛县丰邑中阳里一农民家庭。其母为家庭妇女。

刘邦身材高大,体格强壮,相貌堂堂。他自幼游手好闲,整日东游西逛,不事生产。然而,他生性宽厚仁慈,待人大度豪爽,专好结交天下豪杰,在乡邻中小有名气。因其待人热情,被乡人推选为泗水亭长,负责维护地方治安、捉拿盗贼。刘邦任亭长后,与沛县衙署主吏萧何、狱掾曹参以及夏侯婴等人来往密切,结为至交,常聚一处饮酒交谈,议论天下大事。

刘邦任亭长后不久,奉命押送一批民夫到秦国都咸阳去修建骊山陵墓,进入咸阳后,恰逢秦始皇出巡,刘邦站在街头,望着秦始皇盛大威严的仪仗行列,不禁深有感触,长长地叹息说:"唉!大丈夫应当如此才威风啊!"站在刘邦左右的人们,闻听此言,感到此人与众不同。

沛县城郊有一富户吕公,家有钱财万贯,原籍山东单父,因躲避仇家,携妻子女儿来沛县居住。一日,吕公大摆筵席,款待地方官吏富豪。刘邦也来赴宴。吕公见刘邦美须飘洒,气度不凡,便有了将女儿吕雉嫁与刘邦的意思。刘邦与吕雉成亲后,仍旧担任亭长,空闲之时,常返回家中帮助妻子料理农活,夫妻恩爱,几年间先后生下一男孩和一女孩,一家人生活倒也和美。然而好景不长,刘邦再次接到上方指令,命他押送一批刑徒往骊山服役。刘邦心中虽是不满,却又不能抗命不遵,只得依依不舍地告别了妻子儿女,启程上路。

当时正值盛夏,骄阳当空,遍地流火。沛县至骊山路途遥远,行走艰难。刘邦押送大队刑徒风餐露宿、兼程赶路,唯恐误了期限。众人疲惫不堪,怨声四起,沿途之中多有刑徒逃亡,刘邦心中也十分郁闷。

这天夜晚,夜色昏暗。刘邦心事重重,独自一人坐在篝火旁饮酒解愁。他一边喝着闷酒,一边望着蜷缩在篝火四周的刑徒们暗中思索,刑徒们逃亡日众,人数已不足额,如此下去,不出数日,刑徒们便会逃亡一空,待到了骊山,该怎样向官府交代?依当时秦朝法律,遣送刑徒抵达目的地时,刑徒人数不得缺少,否则将依法治罪。想到这里,刘邦不由得眉头紧锁,止不住长吁短叹,不知不觉之中已然半醉了。终于刘邦下了决心,他将周围沉睡的刑徒们唤醒,对他们说:"诸位,我知道你们都不愿到骊山服刑,每人都盘算着逃走,与其如此,索性我现在就放了你们,大家各自逃生去吧!我从此也要远走他乡了。"说罢便将刑徒们一一释放。刑徒们见此情景,感激涕零,纷纷拜倒在刘邦脚下,感谢救命之恩。刑徒中有十几位壮士,见刘邦如此仗义,敢作敢为,心中钦佩,不肯离去,愿与刘邦一同逃亡。

刘邦带领留下来的十几位壮士高一脚低一脚地在黑暗中行进。进入一片沼泽地时,走在前面的一位壮士突然高声惊叫着退了回来,惊慌失措地说:"前边有一条大蛇挡住了去路,我们退回去吧!"刘邦此时酒意正浓,闻听此言,不由得勃然大怒道:"壮士行路,何惧虫蛇!"说罢,抽出随身佩带的长剑,趁着酒兴冲上前去。借着朦胧的月色,果见一条巨大的白蛇昂头吐舌横卧在路中,刘邦大喝一声,奋力挥剑斩去,顿时血花飞溅,白蛇分为两段。站在后面的壮士们见刘邦如此勇敢,对他愈加钦佩了。

事后忠于刘邦的人士将他斩蛇之事加入迷信色彩,加工改编为一段神话故事,说刘邦斩杀白蛇离去之后,有人经过斩蛇地点,见一白发苍苍的老妇人坐在死去的白蛇旁,于黑暗中失声痛哭。行路人问老妇人为何哭泣。老妇人说:"有人杀死了我的儿子,我故而在此哭泣。"行路人又问:"你的儿子为何人所杀?"老妇人回答说:"我儿子乃白帝之子,化作一条白蛇横挡在路中。如今被赤帝之子斩杀,我如何不痛苦哭泣呢?"老妇人说罢突然消失不见了。这个故事传入刘邦耳中,他表面不动声色,心中却暗暗欣喜。众人却认为刘邦乃赤帝之子下凡的真龙天子,对其愈加敬畏。

此后,刘邦率众人藏匿在芒砀山中,那里山高林密、杂草丛生,刘邦与众人借山泽岩石隐身,防备官府的搜捕。不久,刘邦身边便聚集了数百人。

秦二世元年(公元前209年)7月,陈胜、吴广在大泽乡起义,天下响应,各地民众纷纷杀掉秦官吏响应起义。同年9月,刘邦在萧何、曹参等人拥戴下聚众起义,杀死秦沛县县令,占领县城,刘邦被起义民众拥立为县令,尊称为"沛公"。此时,刘邦年已四十八岁了。

在一个风和日丽的清晨,沛公刘邦在沛县县衙大堂举行了隆重的起兵仪式。他依照"赤帝之子斩白帝之子"的传说,以赤帝之子自居,命人制作了大批红色旗帜,上绣"刘"字,作为本军军旗,并派萧何、曹参等人分头招兵买马,起义军迅速扩展到两三千人。刘邦仍感兵力不足,便率部投奔另一支起义军首领项梁。项梁拨给刘邦人马5000、小将10员。此后,刘邦与项梁及其他起义军相互配合、协同作战,逐渐成为起义军中的一支重要力量。

暗度陈仓

项羽在咸阳纵兵烧杀掳掠、大封诸侯王,并对谋士范增说:"巴蜀汉中道路险恶,秦时流放罪犯都住在巴蜀。"范增说:"当初楚怀王与众将相约,先入关破秦者为关中王。巴蜀汉中也是关中之地,将刘邦封在巴蜀,可堵天下人之口。"于是项羽封刘邦为汉王,让刘邦从富饶的关中地区迁往汉中巴蜀。并三分关中之地,立秦降将章邯、司马欣、董翳三人为王,分别管理关中,以制约汉王。

当时汉中巴蜀仅有41县,地方偏僻、人口稀少、生产落后、交通闭塞。刘邦闻讯大怒,欲起兵攻打项羽。刘邦手下大将周勃、樊哙等人极力劝阻,谋士萧何规谏说:"如今大王兵势不如项羽,仓促起兵,怎能不败?古人亦云:'天汉。'以汉为大王的国号,上顺天意,是很优美的名号。愿大王至汉中为王,养百姓、招贤能,收服巴蜀汉中,反过来平定关中,天下便在大王掌中了。"萧何的建议刘邦听从了。

临行前,谋士张良又向刘邦献策:公开烧毁从汉中通往关中的栈道,以向项羽表明汉王安于偏僻的汉中地区,无意东进与项羽争夺天下,而暗中在汉中招兵买马,扩大势力,积极准备东进。这一建议也为刘邦所采纳。刘邦随后率领大军进入了汉中,并放火烧掉了所经过的栈道。到达汉中后,刘邦封萧何为丞相,发布告示,安定民心,积极发展生产,招兵买马,屯集军粮,为夺取关中做准备。

栈道是在悬崖绝壁上凿孔支架木柱,上铺木板而成的窄路,在当时是汉中通往关中的主要交通道路。刘邦军中将士大多为江东人或中原人,他们眼见栈道随熊熊的烈火化为灰烬,以为再也无法重返故乡了,于是一个个捶胸顿足、痛哭流涕,许多人甚至偷偷开了小差。刘邦手下的粮草保管都尉韩信也加入了逃亡者的行列,在一天夜晚跨一匹快马,不辞而别投奔他乡。

韩信是江苏淮阴人,早年家境贫寒。他体格伟岸、英姿勃发,自幼喜爱读书、习武,成年后胸怀大志,一心想成为叱咤风云、扭转乾坤的军事统帅。

秦末农民大起义爆发后,韩信投奔项梁,参加反秦斗争。项梁阵亡后他又转归项羽,任郎中,多次为项羽出谋献策,但均未被采纳。刘邦受封汉王入汉中之际,韩信离开项羽来到刘邦军中,仍未受重用。不久,即因为一次失误犯罪而被判处死刑。临刑前,他仰天长叹:"汉王刘邦不是想统一天下吗?可为何要斩杀豪杰壮士呢?"监斩官夏侯婴闻听此言,又见韩信相貌英武、气度不凡,便当场释放了他,并与之交谈,发现韩信确有奇才,便推荐他做了管理粮草的都尉。韩信仍未得重用,心中十分郁闷。不久,韩信与丞相萧何相识,萧何发现韩信熟读兵书,满腹韬略,是难得的军事将领,便极力向汉王推荐,仍无结果,韩信心中更加郁闷。这时正值军心涣散,许多官兵开小差,韩信感到前途渺茫,便也离开了刘邦的军队。

韩信走后不久,即有人向萧何报告了这一消息。萧何闻听,顿时焦急万分,未向汉王刘邦禀告,便亲自纵马连夜追赶。他转过一座山峰,眼前豁然开朗,远远望见在一片空旷的草地上,有一匹战马正在低头吃草,韩信坐在一旁休憩。萧何不由得心中一喜,赶忙打马奔至近前,连声高叫:"韩都尉,韩都尉!"韩信听出了萧何的声音,转脸注视着来人,却默不作声。萧何来到韩信身边,翻身下马,气喘吁吁地说:"你我一见如故,为何不辞而别?要知道,汉王确是重视人才的,你且随我回去,如若再不得重用,你再走不迟。"萧何拉着韩信的手,婉言卑辞,万般挽留,终于使韩信回心转意,同萧何返回军营。

返回汉中后,萧何极力向刘邦推荐韩信,刘邦说:"好吧,既是丞相极力举荐,我就封他个将军吧。"萧何道:"这还是留不住韩信啊!"刘邦沉思良久,说:"好,我就拜他为大将军吧!"萧何说:"拜大将军太好了。但大王应选择良辰吉日,并举行隆重的授封仪式,才能真正留住韩信啊!"

刘邦依从萧何的建议,待授封之日,汉王刘邦全身吉服,在高大的将台上以大礼拜封韩信为大将军,让他总领三军,汉军上下震惊。授封仪式结束后,韩信全副大将军戎装,英姿勃发,眉宇间漾出威武、睿智的神采。他庄重地步入刘邦大帐,与汉王相对而坐,向汉王献策说:"当今天下,能与大王一争天下的仅有项羽一人。项羽比您强,但这只是表面现象。首先,项羽是一猛士,他怒吼一声,威震天下。然而,他却不能任用贤人,他的勇猛便只是匹夫之勇。其次,项羽称霸天下,不占据关中的天时地利,却在千里之外的彭城建都,岂不丧失先机,做无用功!还有,项羽违背楚怀王当年之约,称霸天下,以亲疏分封诸侯,不公不平。更令人痛恨的是,他所到之处,烧杀掳掠,百姓怨声载道。所以项羽名为霸王,实则已失去民心,他的强大是很容易转变为弱小的。"

韩信的一席话,刘邦听得心花怒放,连连点头称是,心中暗赞韩信果然为天下奇才。韩信继续说道:"您与项羽正好相反。您入关后军纪严明,与关中百姓约法三章,深得关中百姓爱戴,所以您被分封到汉中,天下百姓都很同情。因此,假若利用军队士卒企望东归的心情,举兵东进关中,夺取关中,推翻三王统治易如反掌。"听完韩信的宏论,刘邦不胜感慨,高声说:"天赐韩信予我啊!"

刘邦采纳了韩信的策略,立即着手部署东进关中。当时,从汉中通往关中的道路有两条,一条是经由栈道进入关中;另一条是走陈仓(今陕西宝鸡西)小路,那里山高路险、悬崖峭壁、野兽虫蛇出没,路途险恶,已多年无人行走。正因如此,被项羽封到关中西部地区的雍王章邯不曾派兵驻守。韩信决定采用声东击西的战术,"明修栈道、暗度陈仓"。

韩信调动大批士卒和民夫,大兴土木,日夜抢修栈道。当时正值盛夏,烈日当空,热浪滚滚,施工的士卒和民夫一个个汗流浃背,形容憔悴,叫苦连天。经过近半月的艰苦作业,仅仅修好了一小段栈道,被烧毁的栈道长300余里,施工的士卒民夫无不抱怨连天,纷纷怠工。韩信闻讯,立即加派人力,并派出数名手执长鞭的监工来到工地,众人敢怒不敢言,只得埋头抢修。

汉王兴师动众修复栈道的消息传到关中,雍王章邯感到十分好笑:"刘邦拜胯夫韩信为大将军,率兵修复栈道,企图东入关中,谈何容易。便是动用十万人,修上一年,也完不成。"话虽如此,章邯仍是一个有经验的军事将领,他立即加派兵员,重兵守卫栈道出口,防止刘邦大军进攻。

韩信见章邯果然中计,便于公元前206年秋天的一天深夜,与汉王刘邦率大军悄悄离开南郑,偃旗息鼓,无声无息地扑向陈仓。章邯加派了栈道的防守后,也日日派人刺探汉军虚实,所得情报都称汉军仍在大修栈道,章邯便要守卫栈道的部队注意防范,以防万一。

一天,章邯正在都城废丘(今陕西兴平东南)王宫中饮酒作乐,突然传来紧急战报:"汉军已渡过栈道,攻战陈仓。"章邯闻讯将信将疑,慌忙调动兵马,亲自赶往陈仓抵挡汉军。然而,归心似箭的汉军一个个如出山的猛虎,排山倒海般地拥向章邯军,章邯大败,逃回废丘,闭门不出。汉军遂包围废丘,四面攻打。章邯无力支撑,不久便兵败自杀。

章邯死后,汉军攻战咸阳。关中剩下的两个大王司马欣和董翳更加孤立,先后向汉军投降。在不到三个月的时间里,韩信采用明修栈道、暗度陈仓的战术,一举从汉中返回关中,消灭了项羽为牵制刘邦而建立的三王势力,平定了关中地区,为刘邦夺取天下建立了坚实的军事基地,并奠定了丰富的人力、物力和财力基础。

汉王刘邦挥师南下,来到洛阳新城时,传来了九江王奉项羽之命杀了义帝的消息。刘邦采取了董公的计策。第二天,他举行隆重仪式,为义帝大办了丧事。接着,他又派出使者,游说众王伸张正义,除奸保国。这么一搞,还真起作用。诸侯果然立即响应,纷纷派兵支援刘邦。刘邦的队伍一下子就增加到五十六万人,浩浩荡荡向楚国首府彭城杀去。这时候,项羽正率领楚军的精锐与齐国打仗,留在楚国的只是一些老弱残兵。刘邦领兵长驱直入,不费吹灰之力就攻下了楚都彭城。

项羽听到彭城失守的消息,焦急万分,再也顾不得与齐军对峙,亲率三万精兵,去夺取彭城。一天早晨,楚军向彭城发起了猛烈的进攻。汉王和他的将士们被打了个措手不及。中午时分,楚军攻入彭城,汉军被彻底打垮,刘邦在众将的掩护下急促奔逃。

汉军见主将奔逃,立时慌乱起来,四处溃散,逃至彭城东北的谷水和泗水时,因船少人多,抢渡不及,十几万汉军在这里被消灭了。这一仗,汉王刘邦伤亡惨重,他的父亲刘太公和老婆吕雉也都被项羽俘虏了。

刘邦好不容易逃到荥阳、成皋一带,收集了散兵。正巧,萧何从关中发来一队兵马,韩信也带着队伍赶到荥阳。经过休整,士气又振作起来,刘邦见楚军阵容强大,先是坚守不出,然后挑选精兵,突然袭击,大败楚军。结果两军在荥阳一带,形成对峙局势。

汉　朝

霸王乌江自刎

公元前204年,汉楚两军在荥阳相持不下,韩信率军背水一战,逼得项羽陷入进退两难之境。汉王趁机派人讲和,条件是,霸王将刘邦的父亲太公、夫人吕氏放回;楚汉双方以鸿江为界,以西属汉,以东为楚。霸王同意了这种"楚河汉界"的划分,放了刘太公和吕氏,收兵东归。

"楚汉边界"划分后,汉王见霸王退兵,也想往西回到关中去养伤。张良、陈平建议说:"如今汉王已占了大半个天下,诸侯都已归附咱们。霸王兵疲粮尽,是天要灭他,若不乘此机会把他消灭,等于放虎归山,留下后患。"汉王采纳了建议,撕毁和约,派兵追赶楚霸王,并且通知韩信、英布、彭越,叫他们配合作战,许诺胜利之后,把临淄、淮南、大梁等几大块地盘分封给他们。

公元前202年岁末,汉王刘邦和韩信、英布、彭越等会师追击项羽,韩信布置十面埋伏,把项羽围困在垓下(今安徽灵璧东南)。项羽的人马少,粮食也快吃完了。他想带领一队人马冲杀出去,但是汉军和诸侯的人马把楚军包围得重重叠叠。

项羽设法突围,只好仍回到垓下大营,吩咐将士小心防守,准备瞅个机会再出战。

这天夜里,项羽进了营帐,愁眉不展。他身边有个宠爱的美人名叫虞姬,看见他闷闷不乐,陪伴他喝酒解闷。到了定更的时候,只听得一阵阵西风吹得呼呼直响,风声里还夹着唱歌的声音。项羽仔细一听,歌声是由汉营里传出来的,唱的都是楚人的歌,唱的人很多。

项羽听到四面到处是楚歌声,不觉愣住了。他失神似的说:"完了!难道刘邦已经打下西楚了吗?怎么汉营里有这么多的楚人呢。"项羽再也忍不住了,随口唱起一曲悲凉的歌来:

力拔山兮气盖世，
时不利兮骓不逝。
骓不逝兮可奈何，
虞兮虞兮奈若何？

项羽一连唱了几遍，虞姬也跟着唱起来。霸王唱着唱着，禁不住流下了眼泪。旁边的侍从也都伤心得抬不起头。为了让霸王率众顺利突围，虞姬趁霸王一转身之际，突然拔剑自刎，香消魂散。成语"四面楚歌""霸王别姬"就来自这段故事。

当夜，项羽跨上乌骓马，带了八百个子弟兵冲过汉营，马不停蹄地往前跑去。到了天蒙蒙亮，汉军才发现项羽已经突围，连忙派了五千骑兵紧紧追赶。项羽一路奔跑，等他渡过淮河，跟着他的只剩下一百多人了。又跑了一程，他们迷了路。

项羽来到一个三岔路口，瞧见一个庄稼人，就问他哪条道儿可以到彭城。那个庄稼人知道他是霸王，不愿给他指路，哄骗他说："往左边走。"

项羽和一百多个人往左跑去，越跑越不对头，跑到后来，只见前面是一片沼泽地，连道儿都没有了。项羽这才知道是受了骗，赶快拉转马头，想再绕出这片沼泽地，汉兵已经追上了他们。

项羽又往东南跑，一路上，随从的兵士死的死、伤的伤。到了东城（今安徽定远东南），再点了点人数，只有二十八个骑兵。但是汉军的几千名追兵却密密麻麻地围了上来。

项羽料想没法脱身，但是他仍旧不肯服输，对跟随他的兵士们说："我起兵到现在已经八年，经历过七十多次战斗，从来没打过一次败仗，才当上了天下霸王。今天在这里被围，这是天叫我灭亡，并不是我打不过他们啊！"

他把仅有的二十八人分为四队，对他们说："看我先斩他们一员大将，你们可以分四路跑开去，大家在东山下集合。"说着，他猛喝一声，向汉军冲过去。汉兵抵挡不住，纷纷散开，当场被项羽杀死了一名汉将。

项羽到了东山下，那四队人马也到齐了。项羽又把他们分成三队，分三处把守。汉军也分兵三路，把楚军围住。项羽来往冲杀，又杀了汉军一名都尉和几百名兵士。最后，他又把三处人马会合在一起，点了一下人数，二十八名骑兵只损失了两名。

注释

马不停蹄：比喻不停顿地向前走。

项羽带着二十六个人杀出汉兵的包围圈，一直往南跑去，到了乌江(在今安徽和县东北)。恰巧乌江的亭长有一条小船停在岸边。亭长劝项羽马上渡江，说："江东虽然小，可还有一千多里土地，几十万人口。大王过了江，还可以在那边称王。"项羽苦笑了一下说："我在会稽郡起兵后，带了八千子弟渡江。到今天他们没有一个能回去，只有我一个人回到江东。即使江东父老同情我，立我为王，我还有什么脸再见他们呢？"

他把乌骓马送给了亭长，也叫兵士们都跳下马。他和二十六个兵士都拿着短刀，跟追上来的汉兵肉搏起来。他们杀了几百名汉兵，楚兵也一个个倒下。

楚霸王一人杀死了汉军几百人后，自己也受伤十多处。霸王抹去糊住双眼的血液，突然看见汉军中的司马将军吕马童。他喊道："这不是我的老乡吕马童吗？"吕马童不敢正视项羽，只用手指着项羽对汉将王翳说："这位就是霸王。"项羽见状仰天长笑，说："我知道汉王用千金和万户侯的封赏来购我的头，今天我就送个人情给我的故人吧！"说完将宝剑往颈上一挥，一代雄主就此消亡。项羽死时年仅三十一岁。

楚霸王项羽一死，刘邦得了天下，正式称帝，建立汉朝，史称汉高祖。

布衣将相

汉高祖刘邦做了皇帝以后，有一天，在皇宫里大宴群臣。喝酒喝到一半的时候，汉高祖说："各位大臣可以毫不隐讳地议论一下，看看我为什么得到天下，项羽为什么得不到天下。"大臣纷纷说太祖比项羽仁义，所以深得人心。

汉高祖听了说道："你们只知道事情的一个方面，不知道事情的另一个方面。要论出谋划策、决胜于千里之外，我不如张良；要论治理国家、安抚百姓、筹集粮饷，我不如萧何；要论带兵打仗、战必胜、攻必取，我不如韩信。这三个人都是人杰。我能用他们，这是我能够得到天下的重要原因。项羽有一个范增而不能好好使用，那是他失败的缘故。"汉高祖在宴会上说的他善用人才这一点，的确是事实。在争夺天下的过程中，他不仅用了张良、萧何、韩信这样能独当一面的人杰，并且还用了许多有各种长处的人才。他用人有个特点，就是只要有本领就用，不管什么出身。在楚汉战争中立过功劳，到汉朝建立后出任丞相和将军的许多人当中，数张良的出身最尊贵，是韩国的公子。其次就要算萧何和曹参,一个在沛县做过文书,一个是沛县的监狱官,在封建社会里,这都是官职卑微的小吏。再往下数,像陈平、王陵、郦食其等人,都是白丁,没有做过官,更不用提韩信了。在鸿门宴上保护过刘邦的樊哙,是宰猪的屠户。大将周勃是织草席子的手工业工人兼吹鼓手。大将灌婴是个绸布贩子。这些没有做过官的白丁,也包括做过小吏的萧何、曹参在内,在当时的社会里只有穿布衣的资格,是不允许穿绸衣的,因此,历史上称他们为布衣将相。

一个人的才能和成就并不决定于他的出身,而要看他会不会动脑筋,肯不肯卖力气。就是这些布衣将相,在帮助汉高祖争夺天下的过程中,个个都立了大功;在汉朝建立以后,又为巩固封建统治作出了贡献,在历史上留下了他们的名字。

这里先说说萧何。他是汉高祖刘邦的同乡,是个有政治眼光和政治才干的人。他了解刘邦,认定刘邦将来能够成就大事业。他在沛县做文书的时候,凡是刘邦与别人发生了刑事纠纷,官司打到县衙门里,萧何总是站在刘邦这边,处处袒护他。刘邦担任亭长,每次向咸阳押送壮丁需要筹集旅费,别人只出三百钱,萧何常常出五百钱。陈胜、吴广在大泽乡起义以后,萧何和曹参派樊哙把刘邦找回来,杀了沛县县令,几个人商量着一起举兵反秦,并且拥戴刘邦做了沛公。萧何可以称得上汉朝的开国元勋。刘邦打进咸阳的时候,别的将士忙着抢劫金银财富,只有萧何,一进咸阳,就到秦朝的丞相府、御史府,把图书律令和文书档案全部接收过来。这是一批极其重要的经济、政治、文化资料,有了它,刘邦对全国的山川险要、郡县户口以及社会情况了解得一清二楚,为打败项羽、统一天下起了极为重要的作用。至于萧何月下追韩信,帮助刘邦起用了一员大将,这更是目光远大、十分了不起的事情。

萧何还是个管理后勤工作的能手。在楚汉战争中,他以丞相的身份留在关中,在刘邦屡次被项羽战败以后,他很快又筹足了粮饷,补充了兵员,使刘邦能够重整旗鼓,保证了战争的最后胜利。所以刘邦在统一天下以后,为了表彰萧何的功绩,把他封为酂侯,让他做了丞相。

再说韩信,他自从拜为大将以后,发挥了杰出的军事才能,立了许多战功。他在战争中常常能够出奇制胜,以少胜多,破赵之战就是一个十分突出的例子。

这次战争开始的时候,韩信在半夜里挑选了轻骑兵两千人,叫他们每人拿一面红旗,从小道出发,到赵军大营附近埋伏。出发以前,韩信吩咐他们说:"赵军看到我军后退,必定倾巢出动,来追我军,到时候你们冲入赵军的大营,拔掉他们的旗帜，换上我军的旗帜。"

轻骑兵出发以后，韩信传令给全营将士准备点饭菜，他说："现在大家少许吃一点，等天明打败了赵军以后，再举行丰盛的会餐。"接着，他派一万人做先锋，背靠河流扎下了营寨。赵军看到韩信背水为阵，都笑他不懂兵法。等到天一亮，韩信叫人打起大旗，擂响战鼓，向赵军挑战。双方打了一阵子，韩信突然下令抛弃军旗等往后撤退。赵军见汉军战败，都争先恐后，一窝蜂地离开大营，来抢夺战利品，汉军退到河边，无路可退了，就回过身来，拼死力战，勇不可当。这时候，埋伏在赵营附近的两千轻骑兵，趁赵军倾巢出动的时候，一举占领赵营，插上了汉军的旗帜。赵军打不过汉军，只得往回撤退，当他们看到自己的营盘已经失守，不觉大吃一惊，便抛戈弃甲，纷纷逃走。汉军前后夹攻，大破赵军，斩杀赵军主将陈余，取得了辉煌的胜利。

战争结束以后，有人问韩信："将军不依兵法，背水为阵，结果却取得胜利，这是什么道理？"韩信回答说："我这种做法，兵法上有，只是你们没有注意罢了。兵法上不是说'陷之死地而后生，置之亡地而后存'吗？我之所以要背水为阵，就是根据这一条啊！"从此，大家才知道韩信是一个善于灵活运用兵法的人，都非常佩服他。刘邦取得天下以后，韩信被封为楚王。

曹参立的战功也不小。沛县起义以后，他跟随刘邦南征北战，多次打败敌人。他第一次立战功是歼灭秦朝大将李由率领的军队，杀了李由，给予秦朝极其沉重的打击。攻克咸阳的战役中，曹参担任先锋，他是最早进入咸阳的大将之一。楚汉战争中，曹参的战功也十分显著，他常常在战局危急的时候，出来扭转局面，夺取胜利。他灭了两个六国旧贵族建立的国家，攻克县城一百二十二座，俘获敌人的两个王，三个相，六个将军，以及许多大大小小的官吏。他自己先后负伤七十次，在身上留下了累累伤疤，为创建汉朝立下了血汗功勋。

王陵虽说是布衣出身，家里却比较富裕。起义以前，他跟刘邦是结拜兄弟。刘邦进攻咸阳的时候，王陵也聚集了几千人待在南阳。起初他觉得自己年岁比刘邦大，是老大哥；又觉得自己跟刘邦的仇人雍齿很要好，所以就不愿意归附刘邦，想要自己打开一个局面。楚汉战争开始以后，他才站到了刘邦这一边。

在一次战争中，楚军捉住了王陵的母亲。王陵派使者去向项羽要还母亲，项羽故意请王陵的母亲坐在西边的客位上，待她很是尊敬，目的是想招降王陵。王陵的母亲在送使者的时候，流着眼泪偷偷地告诉使者说："你回去对我儿子讲,叫他好好跟着汉王打天下,千万别为了我而三心二意。汉王是个了不起的人物,他准能得到天下。"说完,她就拔剑自杀了。

王陵牢记母亲的教训,从此忠心耿耿地跟了刘邦,为汉朝的建立立下了汗马功劳。

刘邦手下的谋臣武将,还有一大班,像陈平的足智多谋,樊哙一身是胆,周勃为人忠诚,不仅在建立汉朝的过程中立下汗马功劳,后来还为保卫刘姓江山出了大力。

而刘邦为了巩固刘氏天下,大封同姓王,这就为后来的七国之乱埋下了祸根。

汉武帝"尊儒"

刘邦死后吕氏专权,吕氏死后诛灭诸吕,由文帝刘恒继位,文帝及其子景帝继续奉行汉初以来的休养生息政策。

公元前154年,吴、楚、胶西、赵、济南、菑川、胶东七个封国,同时发动叛乱,史称"吴楚七国之乱"。

七国之乱很快被平定了,天下又恢复平稳安定局面。汉景帝依旧推行减赋税、轻徭役的安民政策,大力发展农业生产,国家出现一派富裕景象。景帝后元三年(公元前141年)春,景帝病逝,享年四十七岁,在位十六年。

景帝死后,皇太子刘彻继位,这便是我国历史上被称为一代雄主的汉武帝。这时的汉朝最为繁荣和昌盛。政府里的存钱和储粮的仓库都装得满满的。武帝继位时年刚十六岁。他一登上帝位,就要立志做一番事业。他下诏各郡县,举荐贤良方正、直言切谏的人,其中最著名的是董仲舒。

董仲舒是广川(在今河北枣庄境内)人,是个精通儒家学说的大学问家,在景帝时做过博士官。他根据自己的理解和当时政治上的需要,改造了由孔子创立、经孟子发展的儒家学说,并且把各家学说和阴阳五行等思想融合在一起,使儒家学说变成了一种为封建政治制度服务的、带有宗教迷信色彩的理论。他在汉武帝下诏举荐"贤良之士"的时候,向汉武帝提出了"天人三策"的建议。意思是说:"天是有意志的,人世间的事物,是按天意存在和变化的。皇帝是天皇的代表,皇帝的权力是天皇授予的,人服从皇帝,就是服从天道。"他还说:"诸子百家的学说妨碍皇帝的绝对权威,只有儒家学说才能保持思想上的统一。"

汉武帝认为董仲舒的建议很适合巩固封建统治的需要,想重用董仲舒。可是,他的祖母窦太后崇信"黄老学说",极力主张清心寡欲,无为而治,武帝不敢得罪祖母,只好让董仲舒去做江都相。后来他又改任窦婴为丞相,封赵绾为御史大夫,这三个人都是儒家的支持者。

年轻的汉武帝登基不久便搜罗了这么多人才,早已为他的祖母窦氏所不满,窦氏便加紧了对朝廷政事的控制。御史大夫对武帝说:"太皇太后年纪大了,身体又不好,不宜再多管朝中之事。"不料这话被窦太后知道了,便大发雷霆,立即逮捕了赵绾和王臧,二人被迫自杀。她还罢免了丞相窦婴,责备武帝误用匪人,引他不孝,武帝拗不过祖母,眼睁睁地看着一班大臣遭到贬斥和杀戮,却也无计可施。

建元六年(公元前135年),窦太后死了,二十一岁的汉武帝开始独立处理政事。他先后把窦太后安排的丞相、御史大夫等都罢免了。下令在政府里设置专门传授儒家学说的五经博士,在五经博士下面设置了五十名弟子。规定每年进行一次考试,五经中能学通一经的就可以做官,成绩优良的还可以做大官。后来,博士弟子的人数增加到三千人。依靠儒家学说做了官的人,自然会按董仲舒那一套理论,来帮助汉武帝治理天下,用儒家学说来教育后代。从那时候起,儒家学说几乎完全统治了中国封建社会整个的思想文化领域。这便是历史上所说的"罢黜百家,独尊儒术"。

汉武帝在董仲舒的建议下,实行了"罢黜百家,独尊儒术",在当时来说,对于加强中央集权的封建政治是有积极作用的,但是它把君权神化了,把战国以来诸子百家自由宣传学术思想和政治主张的权利剥夺了。后来,各个王朝的统治者又不断对儒家学说做了补充和发展,使它更适合维护封建统治的需要。随着社会的发展,儒家学说越来越落后于时代,成为一种顽固保守的学说。

司马相如和汉赋

赋,最初是我国古典文学中的一种表现手法,含有铺叙的意义,古人解释

《诗经》说,诗有六种表现手法,即赋、比、兴、风、雅、颂。直到汉武帝刘彻的时候,赋才发展成为既像诗歌又像散文的一种独立的文体。

创作汉赋最有成就的人是司马相如。司马相如原名长卿,出生在蜀郡成都(今四川成都),从小就很认真刻苦地读书,特别喜欢读史书,他对赵国的蔺相如特别佩服,便把自己的名字改成了相如。

司马相如年轻时候便在景帝的宫中当了个武骑常侍,但景帝不喜欢文学创作,也没发现司马相如这个人才。一次,梁孝王带着邹阳、枚乘等人来朝见景帝,枚乘早就以词赋创作而出了名,司马相如和他们很合得来,便辞去了景帝宫中的位置,到梁孝王府中去供职,梁孝王收留了司马相如,让司马相如和他的其他文士们在一起。这一段时间里,司马相如创作了不少作品,流传到今天的有一篇代表作叫《子虚赋》。

不久,梁孝王生病去世,依附在梁孝王府中的文士纷纷走散,司马相如也回到了老家,因家里很穷,便来到临邛(地名,在今四川邛崃),过着流浪文人的生活。临邛的县令王吉对司马相如非常尊敬,听说司马相如来了,便每天去看望他。开始,司马相如还接见他,到后来,相如不耐烦了,便经常不见王吉,而王吉反而更加恭敬。王吉对司马相如的这种态度立刻惊动了地方上的一些有钱有势的人,大家见地方长官都这么尊重司马相如,其他人哪个敢不尊敬他!

在临邛这个地方,有一个最富的人,就是卓王孙,他家里光仆人就有八百多,他很想见见司马相如是个什么样的人,便选了个日子,在家里大宴宾客,将王吉和地方上百来个有头有脸的人全部请到。客人到齐了,就缺一个司马相如,一直等到下午,司马相如还没出现。王吉见司马相如没到,便亲自去把司马相如拖了来。大家喝酒喝到最高兴的时候,王吉叫人取来一张琴,请司马相如弹一曲,司马相如也不客气,一连弹了好几支曲子,把许多宾客都听呆了,都说从来没听过这么美妙的音乐。

卓王孙有个女儿叫卓文君,又聪明又漂亮,精通音乐,刚结婚就死了丈夫,不得已住在家里。她听到这么美妙的琴音,也出来偷看,一下子就爱上了司马相如。后来两人通了几回信,更加增进了感情,卓文君便在一天夜里偷跑出来,和司马相如一道回到了成都老家。

回家以后,司马相如还是穷。卓文君父亲不认这个女婿,司马相如和卓文君想了个办法,又回到临邛,在街上租了个小门面,开了个小酒菜馆,卓文君亲自卖酒,司马相如与仆人一起洗盘子刷碗。消息传到卓王孙的耳中,卓王孙气得没办法,只得把女儿原来的嫁妆全部给她送去,还拨出一百多个仆人,送去一百多万钱财,这样,司马相如和卓文君又过上了富裕的生活。

汉武帝刘彻当上皇帝后,非常喜欢辞赋这样的文学作品。有一天,他读到了司马相如的《子虚赋》,读了一遍又一遍,喜欢得不得了,还叹气说:"我怎么就没福气遇到这样的大臣!"狗监(宫廷里管猎犬的官)杨得意说:"这个人是我的同乡,现在还活着,你要见他,一点不难!"武帝一听,立即传诏,要司马相如进京。司马相如见到汉武帝后,对汉武帝说:"《子虚赋》只体现了诸侯王的规格,还不够皇帝家的气派,我还能写更好、气派更大的!"汉武帝很高兴,让他赶快做,不多久,司马相如写了一篇大赋叫《上林赋》,《上林赋》比《子虚赋》果然更有气派,但两篇赋的特点、内容大体上差不多,都是写皇家园林如何大,皇帝出游如何有声势,极其讲究文字的工整、节奏的和谐,并且用了许多典故词语,读起来很有气势(但今天读起来却非常难懂),赋的结尾,还很巧妙地说:气派当然要大,但皇帝如果长期陷进游乐之中,那会对国家不利。这还有一点劝告的意思。

汉代的大赋在汉武帝时期得到了繁荣,但随着时代的发展,赋逐渐被改革、简化了,到东汉时,小赋比较流行起来,小赋创作的代表人物是扬雄,创作小赋的作者非常众多,小赋也更加受到读者的喜欢。

飞将军李广

公元前129年,匈奴派兵进犯上谷(治所在今河北怀来东南)。汉武帝派卫青、公孙敖、公孙贺、李广四名将军带领人马分头出击。

在四名将军中,要数李广年纪最大,资格最老。李广在汉文帝时候就做了将军;汉景帝的时候,他跟周亚夫一起平定七国之乱,立过大功;后来,汉景帝又派他去做上郡(治所在今陕西榆林东南)太守。

有一次,匈奴进了上郡,李广带着一百个骑兵去追赶三个匈奴射手,追了几十里地才追上。他射死了其中的两个,把第三个活捉了,正准备回营,远远望见有几千名匈奴骑兵赶了上来。

李广手下的兵士突然碰到那么多匈奴兵,不由得都慌了。李广对他们说:"我们离开大营还有几十里地。如果现在往回跑,匈奴兵追上来,我们就完了。

不如干脆停下来,匈奴兵以为咱们是来引诱他们的,一定不敢来攻击我们。"

接着,李广下令前进,在离开匈奴阵地仅仅两里的地方停了下来,命令兵士一齐下马,把马鞍全卸下来,就地休息。

兵士们都发急了,说:"匈奴兵马这么多,又这么近,要是他们打过来,怎么办?"

李广说:"我们这样做,表示不走,使敌人相信我们是诱骗他们的。"

匈奴的将领看到李广这样布置,真的有点害怕。他们远远地观察汉军动静,不敢近前。

这时候,匈奴阵地上有一个骑白马的将军,走出来巡视队伍。李广突然带着十几名骑兵翻身上马,飞驰过去,一箭把他射死,然后再回到自己队伍,下马躺在地上休息。

匈奴兵越看越怀疑。天黑下来,他们认定汉军一定有埋伏,怕汉军半夜袭击他们,就连夜全部逃回去。到了天亮,李广一瞧,山上已没匈奴兵,才带着一百多名骑兵安然回到大营。

这一回,汉武帝派了四路人马去抵抗匈奴。匈奴的军臣单于探明了汉兵的情况,知道四名将军中最难对付的是李广,就把大部分兵力集中在雁门,沿路布置好埋伏,命令部下活捉李广。匈奴兵多势盛,经过一场激烈的战斗,李广的人马被打散,李广自己也受了伤,被匈奴兵俘虏。

匈奴兵看李广受了重伤,把他放在用绳子络成的吊床里,用两匹马驮着,送到单于的大营去。

李广躺在那张吊床上动也不动,真的像死了似的。大约走了十几里地,他偷偷地瞅准旁边一个匈奴兵骑的一匹好马,使劲一挣扎,猛地跳上马,夺了弓箭,把那匈奴兵推下马去,调过马头拼命往南飞奔。

匈奴派了几百名骑兵追赶。李广一面使劲夹住马肚子,催马快跑,一面回转身来,拈弓搭箭,一连射死了几个追在前面的匈奴兵。匈奴兵眼看赶不上李广,只好瞪着白眼让他跑了。

李广虽然脱了险,但是因为他损兵折将,被判了死罪。汉朝有一条规矩,罪人可以拿钱赎罪。李广缴了一笔钱,总算赎了罪,回家做了平民。

过了不久,匈奴又在边境骚扰,汉武帝重新起用李广,担任右北平(郡名,治所在今辽宁凌源西南)太守。

多少年来,李广一直在北方防守。因为李广行动快,箭法精,忽来忽去,叫人摸不准他的路子,所以匈奴人给他起一个外号叫"飞将军"。李广做了右北

73

平太守,匈奴人害怕飞将军,不敢进犯。

右北平一带没有匈奴兵进犯,可是常有老虎出来伤害人。李广只要听说哪儿有老虎,总亲自去射杀。老虎碰见他,没有不给射死的。

据说,有一次,李广回来晚了,天色朦胧,他和随从一面走,一面提防着老虎,忽然瞧见前面山脚下草丛里蹲着一只斑斓猛虎。他连忙拿起弓箭,使尽全力射了过去。凭他百发百中的箭法,自然射中了。

手下的兵士见他射中老虎,拿着刀枪跑上去捉虎。他们走近一瞧,全愣了,原来中箭的不是老虎,竟是一块大石头,而且这支箭陷得很深,几个人想去拔也拔不出来。大伙儿真是又惊奇,又佩服。

李广过去一看,自己也纳闷起来,石头怎么能射得进去呢?他回到原来的地方,对准那块石头又射了几箭,箭碰到石头,只迸出火星儿,却再也射不进去了。但就是凭这一箭,人们都传说飞将军李广的箭能射穿石头。

李广的一生,大都投入了抗击匈奴的事业。他身经大小七十几次战斗,由于他英勇善战,成为匈奴贵族心目中可怕的劲敌。但是李广在他一生的战斗中常常遭到意外的挫折,倒是两个新提拔起来的青年将军——卫青和霍去病,在抗击匈奴的战争中立了出色的战功。

卫青、霍去病威震匈奴

卫青出身低微,他的父亲在平阳侯曹寿家里当差。卫青长大以后,在平阳侯家当了一名骑奴。后来,因为卫青的姐姐卫子夫进宫,受到汉武帝的宠幸,卫青的地位才渐渐显贵起来。

就在李广在战斗中被匈奴兵俘虏后又逃回的那年,汉军四路人马,三路都失败了,只有卫青打了个胜仗,他因此被封为关内侯;以后,又接二连三地打败匈奴兵,立了战功。

公元前124年,卫青率领骑兵三万,追到长城外。匈奴右贤王以为汉军还离着很远,一点也没防备,在兵营里喝酒作乐,喝得酩酊大醉。卫青在夜色的掩护下,急行军六七百里,包围了右贤王。汉兵从四面八方冲进匈奴营地,打得匈奴部队四面逃窜,乱成一团。右贤王刚刚从醉意中惊醒,要抵抗已来不及了,只好带着他的几百个亲信脱身逃走。

这一仗,卫青的人马一共俘获了一万五千多个俘虏,其中匈奴的小王十多人。匈奴的左右贤王,只比单于低一级。这次战争,右贤王全军覆没,对匈奴单于是一个很大打击。

汉武帝得到捷报,立刻派使者拿着大将军印,送到军营,宣布卫青为大将军,连他的三个还没有成年的儿子也封为侯。卫青推辞说:"我几次打胜仗,都是部下将士的功劳。我那三个孩子还都是娃娃,什么事都没干过。要是皇上封他们为侯,怎么能够勉励战士立功呢!"汉武帝经他一提醒,就封了卫青部下的七名将军为侯。

第二年,匈奴又来进攻。汉武帝又派卫青率领六个将军和大队人马去对付匈奴。卫青有一个外甥,叫霍去病,那时候才十八岁,非常勇敢,又会骑马射箭,这次也跟着卫青一道去打匈奴。

匈奴听到汉军大批人马来进攻,立即往后逃走。卫青派四路人马分头去追赶匈奴部队,一定要把匈奴主力打败。卫青自己坐镇大营,等候消息。到了晚上,四路兵马都回来了,没有找到匈奴主力,有的杀了几百个士兵,有的连一个敌人也没有找到,空着手回来了。

霍去病还是第一次出来打仗的小伙子,才做了个校尉。他带领了八百名壮士,组成一个小队,去找匈奴部队。他们向北跑了一阵,一路上没瞧见匈奴兵士,一直赶了几百里路,才远远望见匈奴兵的营帐。他们偷偷地绕着抄过去,瞅准一个最大的帐篷,猛然冲了进去。霍去病眼明手快,一刀杀了一个匈奴贵族。他手下的壮士又活捉了两个。匈奴兵没有了头儿,四处奔逃,八百个壮士追上去又杀了两千多匈奴兵,才赶回大营。

卫青在大营正等得着急,只见霍去病提了一个人头回来,后面的兵士还押了两个俘虏。经过审问,才知道这两个俘虏,一个是单于的叔叔,另一个是单于的相国,那个被霍去病杀了的还是单于爷爷一辈的王。

十八岁的霍去病第一次参加作战,就逮住了匈奴的两个将官,功劳不小,战斗一结束,就被封为冠军侯。

公元前121年,汉武帝又封霍去病为骠骑将军,率领一万骑兵,从陇西出发,进攻匈奴。霍去病的兵马跟匈奴接连打了六天,匈奴兵抵挡不住,向后败退。霍去病和他的骑兵越过了燕支山(在今甘肃永昌县西),追击了一千多里地。那边还有不少是匈奴的属国,像浑邪(在今甘肃境)、休屠(在今甘肃武威北)。汉兵到了那里,俘虏了浑邪王的王子和相国,把休屠王祭天的金人也拿来了。

汉武帝为了慰劳霍去病，要替他盖一座住宅。霍去病推辞了。他说："匈奴未灭，何以家为！"

为了根除匈奴的侵犯，到了公元前119年，汉武帝经过充分准备之后，再次派卫青、霍去病各带五万精兵，分两路合击匈奴。卫青从定襄郡出塞，穿过大沙漠，行军一千多里，匈奴的伊秩邪单于亲自率领精兵严阵对抗。

双方展开了一场大会战。激战到夜幕降临的时候，沙漠上突然刮起一阵狂风，夹着沙砾，吹得天昏地黑。卫青顶着狂风，冒着扑面的沙砾，命令骑兵分左右两路夹攻敌人。伊秩邪单于招架不了，带了几百骑兵向北突围逃去。卫青一直追到秩颜山下的赵信城，这时，匈奴兵已经逃走，城里贮存了不少粮草。卫青让兵士们饱餐了一顿，把多余的积粮烧了，才胜利回师。

另一路，霍去病也横越大沙漠，前进两千多里，大破匈奴左贤王的兵马，一直追到狼居胥山（在今内蒙古五原西北黄河北岸下），在那里立了一块石碑留作纪念。

这是汉朝规模最大、进军最远的一次追击。自那以后，匈奴撤退到大沙漠以北，沙漠南面，匈奴人就不敢来侵犯了。

张骞通西域

汉朝开辟的一条商路，即是著名的"丝绸之路"，中国的商人把中国有名的丝绸、瓷器等物品运到西域和欧洲，然后再把那儿出产的好东西买回来，这样一来，他们就从中发了大财。丝绸之路是由谁开辟的呢？又是怎样开辟出来的呢？

汉武帝初年，匈奴人多次南下入侵汉朝。为了了解敌情，以便更好地打败敌人，汉武帝经常会见一些投降了的匈奴人，无意中得到了一个非常有利的消息：匈奴冒顿单于当初打败月氏国的时候，曾经很凶残地把月氏王的脑袋砍了下来，用人头骨做了一个大酒杯。月氏人恨死了匈奴人，但他们力量小，没人帮助，只好向西逃走，不过他们一直都想报仇。

汉武帝高兴地笑了起来，他说："真是太好了！以前打匈奴时，匈奴人败了

注释

天昏地黑：天地一片昏黑，常用以形容风霾、雷雨时的自然景象，亦形容异常厉害。

就跑,很难把他们一网打尽。现在要是联合月氏国,两边夹攻匈奴的话,那匈奴人就无处可逃了!"但是他知道这项任务艰巨,不光路途遥远,而且要经过茫茫的大沙漠,特别是匈奴人会半路拦劫。因此,必须派一个聪明能干、责任心强、有坚强毅力的人才可能完成这个任务。

汉武帝就问大臣们,愿不愿出使月氏国,可是大臣们没有一个有胆量。汉武帝很生气:"我就不信堂堂大汉朝找不出一个敢出使西域的人!"于是,他下了一条告示,在全国范围内招募有胆量、能吃苦的使者。

这个消息就像是鸟儿长了翅膀一样,立刻传开了。有一个名叫张骞的年轻人,平日里别人都夸他勇敢、忠诚,他看到告示后,心想:出使月氏是为了打败匈奴,这是有利于国家安全的大事,我宁可多吃些苦,也要去争取完成这项光荣的任务,于是他就报了名。另外还有许多勇敢的人也都纷纷报了名。

汉武帝高兴极了,他经过严格的挑选,选出一百人。其中有一个叫甘父的人特别擅长射箭,甘父本是匈奴一个姓堂邑的贵族的奴隶,所以人们也叫他堂邑父。

张骞是汉中成固(今陕西南部成固)人,当时他是一个郎中(一种官名)。公元前138年,也就是汉武帝建元三年,张骞被任命为出使月氏国的使者,带着一百多人的队伍,从长安出发了。

走到陇西的时候,张骞看到绿油油的农田,农民们正在辛勤地劳动,他便暗暗下定决心:一定要完成任务。

不久,他们就进了匈奴人的活动范围。张骞带领手下人正想迅速通过时,不巧被匈奴士兵发现了。这一百多人怎么能是匈奴大军的对手!匈奴单于听说抓到了一个汉朝使臣,就问张骞:"你要到哪个国家去呀?"张骞回答说:"我们要到月氏国去。"单于并没有想到汉使是去联络月氏国打匈奴的,但他不允许汉使通过自己的地盘。当时,匈奴和汉朝表面上关系还不错。单于就把张骞留下做人质,给他找了一个匈奴妻子,让他和手下随从去给右贤王牧羊。

张骞不甘心失败,一直想逃走。有一天,他和甘父等几个人商量好,趁匈奴看守放松警惕的时候,偷了几匹骆驼和骏马,向西逃去。大沙漠一望无边,没有食物和水,张骞等人又渴又饿,一连走了十几天,累得都走不动了,终于到了一个有水、有草的地方,而且有很多鸟儿和野兽,这时候,甘父使出看家本领,箭无虚发,射中很多鸟兽,大伙就生吃了。

翻过葱岭,他们来到了大宛国,这儿的风景很好,与汉朝大不一样。这儿的人也都是高鼻梁、蓝眼睛、大胡子,而且非常热情。听说张骞从汉朝来,都非常羡慕,"汉朝又大又美丽,有很多人,是吧?"他们一边询问,一边拿出酒肉招待贵宾。

大宛国王也早就听说东方有一个神奇的国家,金银财宝多得用不完,早就想和汉朝来往,一听说汉使来了,当然很高兴。张骞举着使节,对大宛王说:"我奉汉朝皇帝的命令,出使月氏国,中途被匈奴人扣留,现在来到贵国,如果大王能派人把我们送到月氏国去,我们汉朝皇帝一定会重重地感谢您的。"

大宛国王说:"当然可以。这儿到月氏国,还要经过康居国,汉使尽可放心,我派骑兵和翻译把你们送去就是了。"

张骞等人到了康居国后,康居王也很热情,又派人把他们送到月氏国。再说月氏人,自从被匈奴打败后,向西逃到葱岭以西,联合大夏国建立了一个国家,叫作大月氏国。这些年来,他们无忧无虑,种地放羊,生活很富裕,时间长了,就把报仇的事给忘了。张骞见到月氏国王后,就表明自己的来意,劝他和汉朝联合对付匈奴。可是,月氏人老是借口路太远了,力量不够来岔开话题,张骞感到很失望。

过了一年多,张骞看到还是不能达到目的,就决定回长安。路上又被匈奴人给抓住了,不过这次匈奴人内部发生了叛乱,单于死了,这给了张骞和甘父一个好机会,他俩又逃了出来,终于回到了汉朝。

这次出使,张骞可是吃了不少苦,回来的时候,他也老了许多,并且一百多人也只剩下他和甘父两个人了。

十三年前的使团终于回来了,汉武帝非常高兴,尽管张骞这次没能完成任务,武帝还是重赏了他们。

可是,这次西行还是有很大收获的。张骞到了许多国家,还知道那些国家有许多特产,知道了西域的风土人情,那儿的人长得什么样,吃的是什么,谈的是什么。特别是了解到西域许多国家和人民都非常想和汉朝来往。张骞把这些情况都告诉了汉武帝。

汉武帝大开了眼界,原来西边还有这么大!还有那么多好吃好玩的东西!他想:如果再派使者去,使他们都服从汉朝,那我不又多了几万里土地吗?

于是,汉武帝又派张骞出使西域,这次从四川出发。不过,由于道路不通,和当地的少数民族语言又不通,因而没能达到目的。这时候,匈奴又打过来了。汉武帝派张骞协助大将军霍去病去征讨匈奴,这次出兵很顺利,霍去病消灭了匈奴骑兵三万余人,打了一个大胜仗,控制了西河(今河西走廊、甘肃等地)地区。而张骞却由于自作主张,耽误了作战时间,被迫丢了官职,成了一个平民。

汉朝军队不断打败匈奴,去西域的道路已经没有障碍了。

汉武帝又起用了张骞,张骞建议汉朝联合乌孙国(今新疆伊犁河流域),共同打击匈奴。于是,张骞带着三百多人的使团到了乌孙,路上由于没有匈奴的干扰,很是顺利。张骞还派自己的副使到大宛国、康居国、大夏国等国家。

乌孙王一看汉使带来了许多财宝,又把汉朝公主嫁给自己,当然非常高兴,不过他还想再了解一下汉朝的情况,于是派了使者和张骞来到长安。这可是西域使者第一次来到长安。汉武帝热情地招待了他,乌孙使者看到汉朝兵强马壮,很繁荣,就回去报告了乌孙王。乌孙王于是下定决心,和汉朝建立了友好关系。

不久,西域其他国家也派了使者,并且像乌孙一样,和汉朝发展了友好的关系。

因为张骞功劳很大,汉武帝封他为博望侯。张骞长期操劳,又加上年纪大了,所以从乌孙回来后一年就死了。但是,由于他开辟了"丝绸之路",汉朝和西亚、欧洲的经济、文化交流就极大地发展了。以前,中原并没有葡萄、胡萝卜、核桃、石榴等好吃的东西,这些都是从西域传过来的,而我们的丝绸、铁器和一些生产经验也传到了西域。从此,汉族和西域人民就像一家人一样,互相交流,互相帮助,过着幸福美满的生活。

司马迁写《史记》

司马迁是我国古代伟大的历史学家,他著的《史记》是我国第一部系统的历史著作。《史记》被后人誉为"史家之绝唱,无韵之离骚"。

司马迁,字子长,生活在西汉景帝、武帝时期。他出生在一个世代为史官的家庭,父亲司马谈是个很有学问的人,担任掌管天文、历法和历史文献的太史令。司马迁的少年时代是在他的家乡——今陕西省韩城县度过的。十岁时他跟当时著名的古文经学家孔安国学过用古文字(大篆)写的先秦典籍,已能诵古文,还在儒学大师董仲舒门下学过用当时的文字(隶书)写的《公羊春秋》。

二十岁那年，司马迁离开了家乡，到各地考察游历：曾到过会稽(今绍兴)，访问韩信的故事；到过丰沛，访问萧何、曹参、樊哙的故乡；到过薛，访问孟尝君的封地；到过邹鲁，访问过孔子的故乡。此外他还到过涿鹿，登长城，南游沅湘，西至崆峒，足迹踏遍了大半个中国。

他沿途搜集的许多资料，补充了史书记载的不足，那些波澜壮阔的历史事件和历史人物故事深深地印在他的脑海中。

他的父亲司马谈在京城做太史令，他也因此到了长安，做了郎中。公元前111年，武帝平定西南夷，派遣司马迁到今川南、贵、滇一带视察，这又一次的大游历，为他提供了了解西南地区风土人情、搜集逸闻旧事、考察山川地理的大好机会。

就在这次出使归来，司马迁见到了垂危的父亲。父亲在弥留之际，拉着他的手，语重心长地说："我家祖先在周代就当太史，我死了以后，你一定成为太史，身为太史，别忘了我所说的著作啊！"原来，司马谈过去曾说：周公死后五百年有了孔子，孔子死后到现在又是五百年了，应该有人继承孔子，做一番著述事业。身为史官的司马谈，立志继孔子《春秋》之后修一部通史。现在，司马迁在父亲病榻前，泪如泉涌，答应了父亲的要求。

但父亲死后，司马迁没有能立即开始写作，主要忙于巡祭、封禅，跟从汉武帝先后到过泰山、长城内外诸多名山大川。到公元前108年，他做了太史令，得以充分利用朝廷收藏的图书和档案资料。在公元前104年，他正式开始了著述《史记》的浩繁工作。这时他已步入中年了。

为了尽早完成这部史书，他夜以继日地忘我写作，几乎断绝了一切往来应酬。公元前99年，正当司马迁以全部身心投入《史记》著述时，一场大祸从天而降，这就是"李陵事件"。李陵，是号称"飞将军"李广的孙子，力大过人，善骑射。在随贰师将军李广利出兵匈奴时，李陵自请独当一面，迎击匈奴，他长驱直入，不料恰好遇上匈奴大军，他与部下虽奋勇战斗，但因寡不敌众，矢尽粮绝，援兵不到，终于战败被俘，投降了匈奴。消息传到朝廷，那些平日交口赞誉李陵的朝臣一反常态，纷纷落井下石。

司马迁深感不平，他与李陵虽无深交，但对李陵的为人一向敬佩，因而仗义执言，陈述李陵平时的为人和这次孤军奋战的功劳，认为不应该过分责备李陵。结果汉武帝勃然大怒，他觉得司马迁赞扬李陵，就是贬低另一个同时出征的将军李广利。而李广利正是武帝极宠爱的李夫人的哥哥。因此，他把司马迁关进了监狱，并且判了死刑。此时，是司马迁正式开始写作《史记》的第六个年头。

按照汉朝法令,死刑有两种减免办法,一种办法是用50万钱赎罪。司马迁官小禄薄,无论如何也拿不出这笔钱来。另一种办法是"减刑一等",受宫刑。而宫刑在当时刑罚中是最残忍、最耻辱的一种,它不仅对人体是残酷的摧残,而且对人格也是极大的侮辱。面对这种现实,司马迁悲痛欲绝,想一死了之。

此时此刻,他想到了《史记》的创作。这样一死,谁又来完成《史记》呢?他又想起父亲临终前的嘱托,更不会忘记自己撰写《史记》的宏伟理想,他要以孔子作《春秋》为榜样,用自己的著述,辨善恶是非,以有益于天下。于是,他决计接受宫刑。司马迁受宫刑之后,精神受到很大打击,在极度痛苦中,又曾想到过自杀。但痛定思痛,撰写《史记》的崇高理想鼓舞着他,为完成尚未著成的《史记》,他决心顽强地活下来。

出狱后,他做了中书令,中书令就是为皇帝掌管文书、起草诏令的官。他之所以接受这个卑微的职务,也仍是为了不离开他所需要的皇家图书馆里的图书资料,为了继续完成他的伟大著作。就这样,他又忍辱发愤地度过了八年。到公元前91年,当司马迁终于完成了《史记》这部历史巨著时,已经是年近花甲的老人了。从开始阅读、整理史料,到正式写成,他一共花费了十八年的时间。如果从他年轻时的游历算起,《史记》一书是他几乎用尽了毕生精力,忍受了肉体上和精神上的极大痛苦而完成的一部永远闪耀着光辉的伟大著作。

司马迁以他杰出的才华和惊人的毅力,在广泛占有材料的基础上,经过认真考辨,融会贯通,写出我国第一部纪传体通史,从而把历史学推进到了前所未有的新阶段,在中国史学史上树立了一块不朽的丰碑。司马迁和他的《史记》一起,将永垂青史,光照千秋。

昭君出塞

汉武帝的时候,由于有卫青、霍去病等非常厉害的将领,所以匈奴被打得再也不敢大规模地侵犯了。汉朝政府为了彻底消除匈奴的威胁,又在北方边境上驻扎了许多人马。

这时候,匈奴内部动乱不断,势力越来越小,已经没有力量再和汉朝作战了。汉宣帝五凤元年(公元前57年),匈奴内部一下子出了五个单于,俗话说:

一山不容二虎。因此，这五个单于互相争斗，有一个叫呼韩邪的单于，逐渐强大起来，打败了其他几个单于。可是，他的哥哥也不甘示弱，乘机自立为郅支单于，和弟弟又打了起来。呼韩邪没有准备，损失很重。于是，他带兵投降了汉朝。

汉宣帝当然很高兴，公元前51年，呼韩邪单于要来长安朝见皇帝。汉宣帝送给他一套很好的衣帽、一颗金子做成的大印、一辆头等的马车，此外，还赏赐他很多的金银财宝、绫罗绸缎。

呼韩邪单于穿戴打扮好，坐着新马车，跟着汉朝使者来到了长安。汉宣帝用高于诸侯王的礼仪接待他，亲自出城迎接，文武大臣、各部落的酋长、各地的诸侯王以及老百姓多得数不清。当汉宣帝和呼韩邪单于登上渭桥，成千上万的人一齐高呼"万岁"。呼韩邪从来没有见到过这么大的场面，简直都惊呆了。汉宣帝请呼韩邪单于参加为他专门举办的宴会，他们两个互相敬酒祝福，关系非常融洽。

一个月后，呼韩邪单于恋恋不舍地回去了。汉宣帝派出一万六千名骑兵护送他，并给匈奴送去许多粮食。

郅支单于一看汉朝皇帝对呼韩邪这么好，很是嫉妒。但是，他想：自己虽然打得过呼韩邪，但是汉朝力量大，汉朝一旦帮助呼韩邪，那自己就不是他的对手了，不如乖乖地向汉朝臣服。于是，他表示愿意同汉朝和好，主动地向西搬迁。

转眼到了汉元帝竟宁元年（公元前33年），呼韩邪单于又要求到长安来。汉元帝心里很纳闷：他想来干什么呢？原来，呼韩邪想和汉朝结亲，好使两国关系越来越友好。元帝心想：这很好呀！这次和亲，和前朝可不同了，这可是双方都有好处的事呀。于是，他答应了呼韩邪单于的请求，他命令手下随从："你们到宫中去挑选一个又美丽又能干的宫女，如果她愿意嫁给匈奴单于，我就把她像公主一样来看待！"

宫中有许多宫女，她们个个都很漂亮，但大都是被强选入宫的。在宫中，她们整年整月见不着自己的亲人，有的连皇帝也见不着，都想早点从皇宫中出去，过上自由自在的生活。现在，虽然能够出去，但却要到很远很冷的北方，人生地不熟的，生活习惯又不同，她们又不愿意走了。

这时候，有一个名叫王嫱的宫女站了出来，说她愿意嫁给匈奴单于。王嫱又叫王昭君，是湖北秭归人（今湖北西部），她能歌善舞，人又漂亮，又有才，刚被选入皇宫不久，还没见到汉元帝。她想：和匈奴单于成亲，这可不只是她一个人的事,自己生活好不好是小事,汉朝和匈奴的友好才是大事。

汉元帝命人教王昭君说匈奴话,给她讲匈奴的风俗习惯,还教她学习琵琶,王昭君学得非常认真,琵琶弹得连鸟儿都不舍得飞走。

到了成婚的那一天,呼韩邪单于像汉人新郎官一样,亲自来迎娶新娘。

他轻轻地揭下王昭君的红盖头,不禁看呆了:真是太美了,草原上没有一朵花儿能比得上她!汉元帝给的那份嫁妆也令人吃惊:金银无数,单是丝绸就有一万八千匹!呼韩邪高兴得连嘴都合不拢了。

汉元帝也很高兴,他想,这点东西算得了什么!只要匈奴不再侵略,那就行了。

新郎新娘要回匈奴了,元帝和文武百官来为他们送行。长安城内的老百姓也都向王昭君高喊:"一路平安!"王昭君激动得哭了,她看到一张张熟悉的笑脸,就好像都是自己的亲人一样,是啊,她以后就不会再回来了,也再见不到亲人了!

但是,她觉得自己为了国家安定、人民幸福也多少尽了一份力,她要力争使汉匈两个民族永远友好,想到这,一种自豪感又涌上心头。她抱起了琵琶,弹出了一首动听的曲子。这首曲子表达了她既高兴又忧伤的心情。后人把它称作《昭君怨》。由于有人又尊称王昭君为汉明妃,所以《昭君怨》又被叫作《明妃曲》,一直流传到今天。

王昭君来到匈奴以后,把带来的先进的知识和生产技术传给了当地的人民。她帮助呼韩邪单于改变匈奴族以前单一的游牧生活,不再整日骑在马背上,到处游荡。从那以后,匈奴人发展了自己的农业生产,学会使用中原先进的农具,使自己的粮食有了保障,生活也稳定下来。王昭君还建议呼韩邪改革匈奴人的一些落后的风俗习惯,学习汉族的文化。在王昭君的大力帮助下,呼韩邪单于使匈奴族又繁荣起来,人口增多了,牛羊也到处可见。

呼韩邪单于非常喜欢王昭君,两人在一起生活得很好,并没有因为习惯不同而产生矛盾,夫妻俩很少吵架。第二年,王昭君生了一个儿子,可把呼韩邪乐坏了,整天抱着儿子,给他取名叫伊屠智牙师,长大以后被封为匈奴的右日逐王。

匈奴有一个老风俗,新的单于要娶老单于的王妃为妻。就这样,当呼韩邪死后,王昭君又嫁给了新单于复株累若鞮,她又生了两个女儿,分别叫作须卜居次、当于居次。

在匈奴时间长了,虽然过得很好,王昭君还是很想家,她多想回到家乡,再见一见父母兄弟呀!可是,作为匈奴单于的王妃,出塞以后,是不能再回去了。

王昭君经常梦到自己回到了家乡,和家乡人们一起唱歌、生活。

王昭君是个很爱国的女子。她经常派人送信回来,询问中原的情况,还送些特产给汉朝皇帝。当然,汉朝皇帝也不时地送一些贵重物品给匈奴单于。六十多年了,双方一直是这样友好地往来,和平地生活,再也没有打过仗,这里面有王昭君很大的功劳!

王昭君年纪大了,在临死前,她告诉自己的儿子和女儿一定要和汉朝友好,要他们在她死后,把她埋在归化(今内蒙古自治区呼和浩特市)郊外,坟墓一定要向南建造,好让她永远望着自己的家乡。

她去世后,被埋在一块水土很好的朝阳山坡上,她的墓被叫作"昭君墓"。本来,那个地方靠近沙漠,很少有青草。可是昭君墓却始终长满了青草,所以,昭君墓又叫作"青冢"。

王昭君为了国家的利益,为了使汉族和匈奴族人民不再发生战争,自己远离亲人,嫁到北方。她将永远活在人们的心中!

班超投笔从戎

班超是东汉人,著名史学家班固的弟弟。他的父亲班彪曾为光武帝整理西汉历史。班超为促进中西经济和文化的交流作出了杰出贡献,献出了毕生精力。

班超是个胸有大志、勤奋好学的人。在少年时代,他读了不少古代书籍,其中深深感染了他的是张骞通西域的故事。班超非常仰慕西汉的张骞,他立志要像张骞那样为国为民干出一番事业来。

班彪死了以后,汉明帝叫班固做兰台令史,继续完成父亲所编写的《汉书》,这是一部记载西汉历史的书。班超就跟着哥哥做抄写工作。但他时刻向往着能在战场上报效国家。

当时,住在蒙古高原的北匈奴贵族经常带兵进攻东汉北方郡县,焚烧城邑,抢人、抢牲口,还控制了西域各族政权,强行征收贡赋,还断绝了西域与东汉之间的交通。西域是指甘肃玉门关和阳关以西,葱岭以东,新疆天山南北等地区。西域有大大小小几十个政权。西域方面曾多次派使者到洛阳,请求东汉政府派兵驱逐匈奴的势力。

汉明帝时，国力强盛，汉朝决心解除北匈奴的威胁，扫除和东汉之间交通的障碍。消息传到洛阳，班超慨然扔下手中的笔，感叹道："大丈夫没有别的志愿和谋划，还是应当以张骞为榜样，立大志，在异域建立功勋，博取封侯，怎能长期生活在笔砚之间呢？"从此他毅然投笔从军。

公元73年，东汉政府派窦固带领军队，分道出塞，攻打北匈奴统治者，班超跟随窦固出征。在这次战争中，班超初露头角，他以假(即代理)司马的军职带领一支队伍，出击伊吾卢(哈密附近)，大战于蒲类海，建立了赫赫战功。

窦固很赏识班超的才能。不久，东汉政府为了恢复和西域各国的交往，决定派官吏前往。窦固便派班超出使西域。

班超奉命出使。他率领三十六名士吏首先到达西域的鄯善国。起初，鄯善王热情地款待班超一行人。可是过了几天，鄯善王的态度忽然变得疏远起来。班超心中犯疑，心想其中必有缘故。后来他从侍者口中了解到，原来是匈奴的使者带兵到鄯善国已经三天了，正在鄯善国进行活动。鄯善王迫于匈奴人的威胁，不敢再与汉朝的使者亲近了。班超立即召集随行的三十六人商量对策。他分析了他们当时的处境，说："假如鄯善王把我们交给匈奴人，那将死无葬身之地，不入虎穴，焉得虎子，现在只有以死相拼。咱们趁夜杀了匈奴人，这样才能逢凶化吉。"

当晚，夜深之后，班超率领三十六名吏士向匈奴营舍发动了袭击。他命令十名士兵带着军鼓，潜伏到匈奴营舍后面；其余的人带着刀弓箭弩，来到营舍前面。看到时机成熟，班超命令士兵沿着营舍周围点火。当天恰巧狂风骤起，又是顺风，火借风势，风借火威，整个营舍顿时燃烧起来。营舍后面的十名士兵立即拼命击鼓，大声喊叫，以张声势。匈奴使者从梦中惊醒，惊慌失措，四散奔逃。班超等人趁乱斩杀匈奴使者，班超亲手杀了三个，吏士们杀了匈奴使者及随从三十多人，剩下的一百多人全部被烧死了。

天一放亮，班超带领随从提着匈奴使者的人头去见鄯善王。这一果断的行动粉碎了匈奴使者的阴谋，也使鄯善王下决心与匈奴决裂，一心与东汉和好。

班超的智勇双全，深得东汉政府赏识。朝廷又命班超作为汉朝使者继续西行到达于阗国。这次班超早有思想准备，他以鄯善国为例，先打消了于阗王的顾虑，争取了于阗王。于阗王主动杀了匈奴贵族派在那里的"监护"使者，与东汉和好。

西域的另一古国龟兹，国王在匈奴贵族的支持下，仗势欺负疏勒国，派人把疏勒国王杀死，另立龟兹人兜题为王。公元74年，班超到达疏勒，他派部下杀了兜题，平息了疏勒的政变，随后召集文武大臣，重新扶立原来疏勒王室的人为王，班超的举动，赢得了疏勒人的拥护，使班超在西域获得了很高威望。

经过班超的努力，西域大部分地区与东汉重新建立了互相信赖的友好关系。西域各国从王莽执政时期起，跟汉朝不相往来已经有六十五个年头了。到了这时候，才恢复张骞通西域时，双方通商的局面。

公元75年，匈奴又大举进攻西域，东汉政府命班超从西域撤回，但西域人民都不愿他离开。疏勒人听说班超要回汉朝，举国忧恐；于阗国王侯大臣也极力挽留他，抱着班超坐骑前腿哭泣着不放他走，班超只得又留下来，回到了疏勒。

从公元73年到公元102年的近三十年中，班超始终留在遥远的西域。尽管东汉政府派兵几次打败匈奴的进攻，但当时匈奴贵族的势力仍很大，经常对西域各小国进行威胁煽动，使这些小国的态度变化无常，而班超的处境则既困难又危险。但班超有勇有谋，能言善辩，恩威并举，他注意团结弱小，依靠主张与汉和好的于阗国、疏勒国等小国，打击为匈奴贵族效力的龟兹等国的上层分子，使西域各国纷纷归汉，加强了中原地区与西域各国的交往，通往西方的、中西文化、经济交流的要道——丝绸之路，重新畅通。班超因功被任命为西域都护，封"定远侯"。

班超在西域整整活动了近三十个年头。公元102年，七十一岁的班超上书汉帝，"但愿生入玉门关"，请求回归中原。当年8月，班超回到都城洛阳，拜为射声校尉，9月病卒于洛阳。

王充写《论衡》

汉明帝刘庄和汉章帝刘炟在位的三十年间，是东汉社会比较稳定的时期，经济逐渐繁荣，文化教育也发达起来了。汉明帝怕自由发表意见的风气会影响他的专制统治，决定要统一大家的思想，他在永平二年(公元59年)亲自到太学里讲经，他要求大家按照他的讲解来学习儒家经典，不许可有别的讲法。

汉章帝继续他父亲的做法，想方设法地加强思想统治。建初四年(公元79年)，他亲自在白虎观召开了一次儒生大会，讨论对《诗》《书》《易》《礼》《春秋》

五种儒家经典的不同看法,最后由他亲自裁决,判定谁讲得对,谁讲得不对,规定以后所有讲学的人,都必须按照他认为对的意见去讲。

班固是班超的哥哥,他写过一部《汉书》,这是继西汉司马迁著《史记》以后的第二部著名的历史书。《汉书》共一百篇,八十多万字,记录了从汉高祖刘邦起,到王莽篡汉为止的二百多年的历史。班固也擅长写赋。

和班固差不多同时候,有个反对专制思想统治的唯物主义思想家,名叫王充。他是跟白虎观会议的要求唱反调的。王充是会稽上虞(今浙江上虞)人,从小就很聪明,也很用功,六岁开始识字读书,八岁被送进本乡的书塾,学习成绩一直保持优秀。在二十岁那年,王充到洛阳的太学里去求学。当时班固的父亲班彪正在太学里讲学。王充虚心地跟班彪学习,学到了很多知识。但是王充对讲堂里学到的知识不满足,他经常在课余时间找别的书来读。日子一久,他把太学里收藏的书差不多都读遍了。于是他又跑到洛阳街上去逛书铺,寻找各种各样的新书。王充很穷,他找到了新书,买不起,只好站在书铺里阅读。王充读书十分专心,记忆力又特别强,一部新书,读一遍就能把主要内容背下来。就这样,他又读到了许多新书,学到了许多书本知识。

王充在洛阳的太学里学习了几年,看到当时政治很腐败。他不想做官,回到家乡去了。后来他虽然在县里和郡里做过像秘书一类的工作,但是时间都不很长。王充的同乡曾经极力向章帝刘炟推荐他,说他的学问跟孟子和司马迁一样好。

章帝也有意想请王充去做官,可是王充推说有病,不肯去,他情愿在家里写书。

王充用了几年工夫,写了一部有名的著作,书名叫作《论衡》。他在写这部书的时候,为了集中精力,闭门谢客,拒绝应酬,在自己的卧室和书房的窗台上、书架上、壁洞里,到处都安放了笔、刀和竹木简,一遇到有什么值得记录下来的东西,就赶快随手刻写在竹木简上,作为写书的素材。为了写《论衡》,王充搜集的材料储藏了好几间屋子。他写的这部书不仅观点新颖,而且材料也很丰富,说服力很强。

《论衡》的主要内容是宣传唯物主义和无神论,书中对许多迷信的说法进行了批驳。当时有迷信思想的人举了个例子,说:春秋时候有个楚惠王,有一天他吃酸菜,发现酸菜里有一条水蛭(俗名叫蚂蟥)。如果他把这条水蛭挑出来,那样厨师就会被处死刑。他怜悯厨师,就悄悄地把水蛭和酸菜一起吞下去了。到了晚上,楚惠王解大便,不仅把水蛭解了出来,并且原有的肚子痛的病也痊愈了。他们说这就是"善有善报"的证明。王充用科学的道理批判了这种荒谬的说法，他说：为什么楚惠王吞了水蛭能够跟大便一起解出来呢？那是因为人的肚子里热度高，水蛭受不住，热死了，所以在解大便的时候就解出来了。至于楚惠王肚子痛的病，那是因为他肚子里有瘀血，而水蛭正好是爱吸血的，水蛭在楚惠王肚子里还没有死的时候，就把肚子里的那些瘀血都吸走了。这样，楚惠王的病自然就痊愈了。这件事情只能算是偶然的巧合，并不是什么"善有善报"。王充对这件事的解释，虽然并不完全符合今天的科学道理，可是在当时是非常了不起的。

又有一次，天上打雷，打死了一个人。有迷信思想的人又出来宣传说：这是一个做了亏心事的人，所以雷公把他打死了，这是"恶有恶报"。王充听到这件事情，亲自跑到现场去观察，他看到死人的头发被烧焦了，身上也有烧焦的臭味。于是他就解释说，打雷的时候有闪电，闪电就是火，雷其实就是一种天火，被雷打死的人是被天火烧死的，这也是碰巧的偶然现象，天上并没有什么雷公，更不是什么"恶有恶报"。

王充写的《论衡》这部书中，像这一类破除迷信、宣传唯物主义思想的内容是很多的。《论衡》这部书，可以说是1世纪时一盏智慧的明灯，它的光芒刺破了中国封建社会的黑暗。

蔡伦的造纸术

王充写《论衡》的时候，虽然已经有了粗糙的麻纸，但是还不适宜于写字，他的书是写在竹简木牍上的。王充去世后不久，蔡伦改进了造纸术，造出了适宜于写字的纸。从此以后，纸、墨、笔、砚就成了中国人写字的主要文具用品，合称为"文房四宝"。文房四宝不是同一个时候发明的，它们的出现有早有晚。笔和砚出现较早，墨和纸出现稍晚，按出现的顺序排列，应该是笔、砚、墨、纸。

文房四宝出现以前，人们最初把字凿刻在龟甲兽骨上，这是甲骨文。后来又把字铸在青铜器上，这就是金文，或叫钟鼎文。春秋时候，笔出现了，刀笔并用，把字刻或写在竹简木牍上。最早的笔叫"聿"，是蘸了漆写字的。有了笔，很快就有了砚，那是用来调漆的。秦朝守长城的大将蒙恬改进了笔，做成了现在我们常见的毛笔。笔改进以后不久,墨出现了。用砚磨墨,毛笔蘸了墨写字,就比用漆方便得多了。但是木简木牍太笨重,所以人们又把字写在绢帛上。秦汉时候,绢帛和简牍并用。绢帛虽然轻便,但价格昂贵,所以人们一直寻找一种像绢帛那样轻便而价钱又便宜的东西用来写字。西汉时候,已经出现了一种用麻造的纸。这种麻纸很粗糙,不适宜于写字,蔡伦就在用麻造纸的基础上,继续不断地进行新的试验。

蔡伦,字敬仲,是东汉和帝刘肇至安帝刘祜时候的一位宦官。他为人正直,敢于给皇帝提意见,很得汉和帝的信任。蔡伦又是善于发明创造的人。他看到写字用的简牍太笨重,绢帛太昂贵,而当时已有的麻纸又不适宜于写字,就下决心一定要造出一种既便宜又便于写字的纸来。

蔡伦先仔细研究了前人造纸的经验,知道了制造麻纸的原理就是把麻的纤维捣烂,压成薄片。因为工艺很简单,造出来的纸就很粗糙。蔡伦想,如果把工艺搞得精细些,造出来的纸也许就会细腻而便于写字了。于是他开始把麻捣得很烂,压成很薄的纸。这样做,纸是比较细腻些了,但是还不够理想,因为麻里面还有不少粗纤维捣不烂,所以做成的纸仍然不适宜于写字,并且把能织麻布的麻用来造纸,成本也不便宜。

蔡伦进一步想,麻能造纸,是因为它有纤维,那么破布、破渔网、树皮、麻头等不值钱的东西,也都含有纤维,是不是也能用来造纸呢?于是他又动手去做试验。他把破布、破渔网、树皮、麻头等东西收集起来,先泡在水里,洗去污垢,再放在石臼里捣烂成浆,然后压成片,做成了纸。这样用不值钱的东西做原料,纸造成了,成本也降低了。但是先前的缺点还存在,仍有一些捣不烂的纤维混在里面,做成的纸还不够光洁,还是不适宜于写字。

为了把纤维捣得更烂,使造出来的纸更加细腻光洁,蔡伦又在造纸用的破布、破渔网、树皮、麻头等原料中加进了带腐蚀性的石灰等东西,一起放在石臼中舂捣。结果,不但原料捣得更烂了,并且还意外地出现了漂白的作用,使得捣成的纸浆变成了白色。可是用这样的纸浆直接压制成的纸,仍然不能除掉那些实在捣不烂的粗纤维,并且由于放了石灰等东西,做成的纸又出现了许多细小的颗粒。

蔡伦又接着做试验。他把捣烂了的纸浆兑上水调稀,放在一个大木槽里,然后用细帘子去捞那浮在上面较细的纸浆。等细帘子结了一层薄薄而又均匀

注释

细腻:主要指细致光滑,也可用来形容描写、表演等细致入微。

的纸浆以后,把它晾干,揭下来就成了一张洁白细腻的纸。这样蔡伦改进造纸术的试验终于成功了,造出了便于写字用的纸。

这时候是汉和帝元兴元年(公元105年)。

蔡伦把自己改进造纸术的经过上奏汉和帝。汉和帝听了很高兴,叫蔡伦继续改进,扩大造纸的规模,造出更多更好的纸来。蔡伦没有辜负汉安帝的信任,果然造出了更多更好的纸。蔡伦在汉安帝的时候被封为龙亭侯,所以人们就把蔡伦造的纸叫作"蔡侯纸"。

蔡伦改进造纸术时试验成功的那一套操作过程,后来的人又不断地加以改进和完善,造出来的纸越来越精美。造纸用的原料,也因为各地方的出产不同,又有所扩大,如出产藤的地方,用藤皮做造纸原料;出产竹子的地方,用竹子做造纸原料;出产楮树较多的地方,用楮皮造纸;沿海地方,用海苔造纸。

造纸术的改进,对笔、墨、砚的要求提高了,使得笔、墨、砚也不断地有所改进,文房四宝之间形成了十分密切的关系。造纸术的改进,写字容易了,著书写文章的人越来越多,文化更加飞速地发展起来。造纸术的改进,对于中国的书法艺术和绘画艺术也产生了极大的促进作用。东汉以前,中国已经有了一些书法家和画家。东汉以后,有成就的书法家和画家更多了。

随着社会生产力的发展,人们的生活越来越丰富,纸的用途也逐渐多起来,它不光是文房四宝之一,并且也能做包装食物和其他物品等用途。在日常生活中,就是没有文化的人,也是离不了纸的。

蔡伦改进的造纸术,最早传到东邻朝鲜,通过朝鲜再传到日本。大约在唐朝的时候,造纸术通过西域传往欧洲。中国四大发明之一的造纸术,传遍了全世界,为世界文化的发展作出了重大的贡献。

张衡发明地动仪

蔡伦在研究如何改进造纸法时,有一位二十多岁的青年科学家在进行另外一项有重大意义的科学研究工作,他想要探索天体运行和地震的规律,这位科学家就是张衡。张衡,字平子,南阳(今河南南阳)人。东汉时候的学者、文学家、我国古代杰出的科学家,世界上最早的伟大天文学家之一。

张衡幼年时家境贫困,经常要靠亲友接济度日。艰苦的生活更激发了他发奋学习、立志成才的精神。他在可能的条件下,博览群书,不论天文、地理、文学、数学,只要是能找到的书,他都读。这种读书习惯一直伴随了张衡一生。

三十四岁那年,张衡被推荐到洛阳,做了朝廷的郎中。由于工作比较清闲,他利用工作之便又看了不少书。其中他最受启发的是一本西汉学者扬雄写的《太玄经》。这本书里谈到许多天文和数学方面的问题。因此,张衡对天文和数学发生了浓厚的兴趣。事情凑巧,公元115年时,汉安帝刘祜听说张衡学识渊博,把三十七岁的张衡调任太史令,主管天文、历算,专为朝廷观测、记录天文,选择"黄道吉日",记载全国各地发生的某些自然现象,其中很重要的是各地发生的自然灾害。这项工作为张衡钻研天文、历法创造了方便条件,他以毕生精力钻研这门科学,对我国、对世界的天文学发展,作出了巨大的贡献。

东汉时候,我国经常不断地发生地震。根据历史记载:从汉和帝永元八年(公元96年)到汉安帝延光四年(公元125年)的三十年中,我国几乎连年发生地震。在那个封建迷信的时代,一切天灾人祸人们都认为是触犯了上天,触犯了鬼神。张衡是唯物论者,他不信什么上天,更不信鬼神,他认为地震与刮风下雨、雷声电闪一样,只不过是一种比较可怕的自然现象,人们重要的是研究和掌握地震的规律,以至能够预测或尽早了解地震发生的地区,以减轻地震给人类造成的灾难和损失。

张衡下决心要在地震研究方面有所突破。他为了掌握地震的情报,得到比较完整的准确的地震记录,经过多次试验,终于在公元132年,发明并制造出了我国也是世界第一架测报地震的仪器——"地动仪"。

这架地震仪是用精铜铸成,直径8尺,形状像个大酒坛,坛顶上有个突出的盖子,可以打开,坛下部雕刻着山龟鸟兽的花纹。坛内部有一个中枢机械"都柱"——一根上粗下细的柱子。柱子紧挨着8道机关,和8道机关相连接的是仪器外围镶着的8条头朝下的龙,8条龙的龙头分别对准东、东北、北、西北、西、西南、南、东南8个方向。每个龙头的嘴里都衔着一个铜球。对准龙嘴蹲着8个铜蛤蟆、昂着头,张着嘴,像期待着什么。如果什么地方发生了地震,仪器中间的立柱就倒向震区所在的方向,随即触动那个方向的机关,连接在那个机关上的龙头就张开嘴巴,吐出铜球,铜球即掉进蛤蟆的嘴里,并发出"当啷"的响声,给管理人员报信,告知震源的方向。

张衡研制的这台地动仪,相当灵敏、准确。公元138年的一天,地动仪西北方向的龙嘴突然张开,铜球准确无误地落到了蛤蟆嘴里,管理人员随即报告"西北发生地震"。但当时住在洛阳的人丝毫没有感觉到,人们开始表示怀疑。

但是没过几天，便有人从陇西赶来报告，说那里发生地震。经核对，时间正是龙头吐球之时，人们这才信服了地震仪，赞叹它的灵敏，千里之外发生地震，居然能感之如此准确！

张衡发明地动仪，是世界上最早的测定地震方法的仪器，欧洲在公元1880年才制造出类似的用水银溢流记录地震的仪器，比张衡晚了一千七百多年。张衡发明的地动仪，也是人类历史上用科学方法观测地震的开始，它揭开了地震科学的新纪元。

黄巾起义

到了东汉末年，灾荒连连，政府腐败，农民被逼得走投无路的时候，他们终于被迫打出了造反的旗号，开始聚众起义。东汉政府对各地的农民起义进行了残酷镇压，可是农民反抗斗争的烈火是扑不灭的。当时民间曾流行着这样一首歌谣：

发如韭，剪复生；头如鸡，割复鸣。
吏不必可畏，小民从来不可轻。

广大农民群众唱出了这种富有反抗精神的歌谣。他们藐视统治阶级，酝酿着起来斗争。从汉安帝刘祜在位的时候起，小规模的农民起义已时有发生。到汉灵帝刘宏在位的时候，终于爆发了一次波澜壮阔的黄巾大起义。

黄巾大起义是张角领导的。张角是巨鹿（今河北平乡西南）人，太平道的首领。太平道是道教的一派，他们信奉中黄太一之神，以《太平清领书》作为他们的经典，宣传"黄天太平"思想，认为只有到了太平的时代，人们才能不愁吃穿，过无忧无虑的日子。张角本人懂点医道，常常免费给农民治病，病治好了，他就劝人家参加太平道。穷苦农民为了摆脱眼前困苦的生活，把张角看成是自己的救星，都纷纷信奉太平道，张角的信徒越来越多。在青、徐、幽、冀、荆、扬、兖、豫八州，太平道的信徒很快就发展到几十万人。

张角派弟子去把信徒们组织起来，把八个州的信徒组织成为三十六方，大方一万多人，小方六七千人，每一方都指派一名道领去领导，叫作渠帅。三十六个渠帅都听张角统一指挥。张角还制定了"苍天已死,黄天当立;岁在甲子,天下大吉"的十六字起义口号。"苍天"是指东汉,"黄天"是指起义军要创造的天下,"甲子"是年号,就是公元184年。他们预定在这一年的3月5日,八个州同时发动起义。张角还叫人在首都洛阳地方州郡官府的门上,用白土写上"甲子"二字,标明这些官府衙门到时候都将改变主人,借以鼓舞人心。

张角手下最得力的弟子是大方渠帅之一的马元义。他经常到首都洛阳联系,传达张角的命令。张角叫他先把荆州、扬州两地的信徒几万人调到邺城(今河南安阳北)集中,作为起义军的主力,以便配合首都附近各州郡的起义军进攻洛阳。

在预定的起义日期前一个月,济南的起义军中出了一个名叫唐周的叛徒,他写信给政府告密,起义的消息泄露了。东汉政府逮捕了马元义,在洛阳当众把他杀害了。在洛阳受牵连被害的有一千多人,起义者的鲜血染红了洛阳街头。东汉政府还下令搜捕张角。张角得知消息以后,连夜派人赶去通知各地的信徒,叫他们立即发动起义。

叛徒的告密虽然打乱了起义的日程,使得起义军牺牲了一个重要领袖和一千多名战士,但是并不能扑灭起义的烈火。各地的太平道信徒早已组织起来,有了充分的准备。接到张角的命令以后,三十六方立即同时发动起义。起义军用黄巾裹头,作为"黄天"的标志,因此被称为黄巾军。张角自己称为天公将军,他的两个弟弟张宝和张梁称为地公将军和人公将军。他们三个人共同指挥起义军的战斗。

起义军每打到一个地方,就焚烧当地官府衙门,攻打豪强地主的坞堡,捕杀为非作歹的官吏和地主。地方州郡的长官和大地主吓得纷纷逃窜了。十几天工夫,封建统治的秩序就被打乱了。

东汉朝廷十分惊慌,派重兵守住洛阳和附近的关口,又派皇甫嵩为左中郎将,朱隽为右中郎将,率领四万多名精兵来镇压黄巾起义军。颍川的黄巾军首领波才打败了皇甫嵩,把他围困在长社(今河南长葛东)。官军看到黄巾军作战勇敢,声势浩大,都十分害怕。

老奸巨猾的皇甫嵩,看出了黄巾军缺乏作战经验的弱点。他召集自己的部下说:"打仗要用计谋,不在乎人数多少。我看黄巾军结草为营,一定害怕火攻。如果我们趁着月黑风紧的夜晚去偷袭,放火烧他们的营寨,准能取得胜利。"在一个刮风的夜晚,皇甫嵩命令官军偷袭黄巾军,放火焚烧波才的军营。波才梦中惊醒,赶快整顿队伍,奋勇抵抗,可是已经迟了。皇甫嵩、朱隽和骑兵都尉曹操率领官军，包围了他们，趁乱砍杀了成千上万的黄巾军战士。汝南、陈留两地的黄巾军闻讯赶来援救，也被打败了。波才没有办法，只好退往阳翟。

北方由张角兄弟亲自率领的黄巾军打了胜仗，打败了东汉官军的北中郎将卢植和东中郎将董卓。汉灵帝赶快命令皇甫嵩从河南北上，夹击黄巾军。张角派张梁迎战皇甫嵩，两军在广宗（今河北邢台东部）地方大战。张梁作战很英勇，他率领黄巾军奋勇冲杀，打得皇甫嵩招架不住，只好紧闭营门，躲藏起来。就在战局十分紧张的时候，张角却得病死了。张梁因为料理哥哥的后事，放松了警惕。皇甫嵩乘机向黄巾军反扑，他命令官军连夜准备，天刚蒙蒙亮就发动进攻，打破了黄巾军的大营。张梁率领部下奋勇抵抗，他和三万多名黄巾军战士壮烈牺牲。皇甫嵩居然劈开张角的棺材，砍下他的脑袋，送到京城里去请功。接着，皇甫嵩又去进攻张宝率领的黄巾军。张宝势孤力单，在下曲阳（今河北晋县西北）战死。

黄巾军的主力被东汉政府镇压了下去，但是各地黄巾军仍然在战斗，沉重地打击了东汉朝廷的统治。在黄巾军影响下的各地各族农民起义军，也纷纷起来跟地主阶级斗争。直到汉灵帝的儿子献帝刘协的时候，农民起义的浪潮还没有平息下去。

官渡之战

刘备逃到了邺城（冀州的治所，在今河北临漳西南），袁绍才感到曹操是个强大的敌人，决心进攻许都。原来劝他攻打许都的田丰，这时候却不赞成马上进攻。他说："现在许都已经不是空虚的了，怎么还能去袭击呢？曹操兵马虽然少，但是他善于用兵，变化多端，可不能小看他。我看还是应该做长期的打算。"

袁绍不听田丰的话，田丰一再劝谏，袁绍反认为他扰乱军心，把他下了监狱。袁绍向各州郡发出文书，声讨曹操。

公元200年，袁绍集中了十万精兵，派沮授为监军，从邺城出发进兵黎阳（今河南浚县）。他先派大将颜良渡过黄河，进攻白马（今河南滑县北）。

这时候，曹操早已率领兵马回到官渡，听到白马被围，准备亲自去救。他的谋士荀攸劝他说："敌人兵多，我们人少，不能跟他硬拼。不如分一部分人马往西在延津（在今河南延津西北）一带假装渡河，把袁军主力引到西边。我们就派一支轻骑兵到白马，打他个措手不及。"

曹操采纳了荀攸的意见，来个声东击西。袁绍听说曹操要在延津渡河，果然派大军来堵截，哪儿知道曹操已经亲自带领一支轻骑兵袭击白马。包围白马的袁军大将颜良没防备，被曹军杀得大败。颜良被杀，白马之围也解除了。

袁绍听到曹操救了白马，气得直跳脚。监军沮授劝袁绍把主力留在延津南面，分一部分兵力出击。但是袁绍心急火燎，不听沮授劝告，下令全军渡河追击曹军，并且派大将文丑率领五六千骑兵打先锋。这时候，曹操从白马向官渡撤退。

听说袁军来追，曹操就把六百名骑兵埋伏在延津南坡，叫士兵解下马鞍，让马在山坡下溜达，把武器盔甲丢得满地都是。

文丑的骑兵赶到南坡，看见这样子，认为曹军已经逃远了，叫士兵收拾那丢在地上的武器。曹操一声令下，六百名伏兵一齐冲杀出来。袁军来不及抵抗，被杀得七零八落。文丑也糊里糊涂地丢了脑袋。

两场仗打下来，袁绍一连损失了他手下的颜良、文丑两员大将，袁军将士打得垂头丧气。但是袁绍不肯罢休，一定要追击曹操。

监军沮授说："我们人尽管多，可没像曹军那么勇猛；曹军虽然勇猛，但是粮食没有我们多。所以我们还是坚守在这里，等曹军粮草完了，他们自然会退兵。"

袁绍又不听沮授劝告，命令将士继续进军，一直赶到官渡，才扎下营寨。曹操的人马也早已回到官渡，布置好阵势，坚守营垒。

袁绍看到曹军守住营垒，就吩咐士兵在曹营外面堆起土山，筑起高台，让士兵们在高台上居高临下向曹营射箭。

曹军只得用盾牌遮住身子，在军营里走动。

曹操跟谋士们一商量，设计了一种霹雳车。这种车上安装着机钮，士兵们扳动机钮，把十几斤重的石头发出去，打坍了袁军的高台，许多袁军士兵被打得头破血流。

袁绍吃了亏，又想出一个办法。他叫士兵在深夜里偷偷地挖地道，打算从地道里钻到曹营去偷袭。但是他们的行动早被曹军发现，曹操吩咐士兵在兵营前挖了一条又长又深的壕沟，切断地道的出口。袁绍的偷袭计划又失败了。

就这样，双方在官渡相持了一个多月。

日子一久，曹军粮食越来越少，士兵疲劳不堪。曹操也有点支持不住，写信到许都告诉荀彧，准备退兵。荀彧回信，劝曹操无论如何要坚持下去。

这时候，袁绍方面的军粮却从邺城源源不断地运来。袁绍派大将淳于琼带领一万人马运送军粮,并把大批军粮囤积在离官渡四十里的乌巢。

袁绍的谋士许攸探听到曹操缺粮的情报,向袁绍献计,劝袁绍派出一小支人马,绕过官渡,偷袭许都。袁绍很冷淡地说:"不行,我要先打败曹操。"

许攸还想劝他,正好有人从邺城送给袁绍一封信,说许攸家里的人在那里犯法,已经被当地官员逮了起来。袁绍看了信,把许攸狠狠地责骂了一通。

许攸又气又恨,想起曹操是他的老朋友,就连夜逃出袁营,投奔曹操。

曹操在大营里刚脱下靴子想睡,听说许攸来投奔他,高兴得来不及穿靴子,光着脚板跑出来欢迎许攸,说:"好啊!您来了,我的大事就有希望了。"

许攸坐下来后说:"袁绍来势很猛,您打算怎么对付他?现在你们的粮食还有多少?"

曹操说:"还可以支持一年。"

许攸冷冷一笑,说:"没有那么多吧!"

曹操改口说:"对,只能支持半年。"

许攸装出生气的样子说:"您难道不想打败袁绍吗?为什么在老朋友面前还要说假话呢?"

曹操只好实说:"军营里的粮食,只能维持一个月,您看怎么办?"

许攸说:"我知道您的情况很危急,特地来给您捎个信。现在袁绍有一万多车粮食、军械,全都放在乌巢。淳于琼的防备很松,您只要带一支轻骑兵去袭击,把他的粮草全部烧光,不出三天,他就不战自败。"

曹操得到这个重要情报,立刻把荀攸、曹洪找来,吩咐他们守好官渡大营,自己带领五千骑兵,连夜向乌巢进发。他们打着袁军的旗号,沿路遇到袁军的岗哨查问,就说是袁绍派去增援乌巢的。

袁军的岗哨没有怀疑,就放他们过去了。

曹军到了乌巢,就放了一把火,把一万车粮草,烧了个一干二净。乌巢守将淳于琼匆忙应战,也被曹军杀了。

正在官渡的袁军将士听说乌巢起火,都惊慌失措。袁绍手下的两员大将张郃、高览带兵投降。

曹军乘势猛攻,袁军四下逃散。袁绍和他的儿子袁谭,连盔甲也来不及穿戴,带着剩下的八百多名骑兵向北逃走。

官渡之战创造了以少胜多的军事奇迹,经过这场决战,袁绍的主力已经消灭。过了两年,袁绍病死。曹操又花了七年工夫,扫平了袁绍的残余势力,统一了北方。

三 国

袁绍杀宦官

东汉末年,皇帝大多年幼,政权在外戚和宦官手中频繁交替,政治腐败、民不聊生,阶级矛盾激化,引起了黄巾大起义,各地人民前仆后继纷纷奋起反抗,起义延续了二十多年,张角领导的黄巾大起义失败了,但是东汉王朝也保不住了,各地的军阀乘机大量地招兵买马,扩充了自己的势力。在都城,东汉王朝本来已经摇摇欲坠,到汉灵帝一死,外戚和宦官两个集团更是水火难容,更加速了东汉王朝的崩溃。

公元189年,年方十四岁的皇子刘辩即位,这就是汉少帝。按照惯例,由何太后临朝,外戚大将军何进掌权。宦官蹇硕,原是禁卫军头目,想谋杀何进,没有成功。何进掌权以后,把蹇硕抓起来杀了。

何进手下有个中军校尉袁绍,是个大士族的后代。他家祖上四代都做过三公(太尉、司徒、司空)一级的大官,许多朝廷和州郡的官员是袁家的门生或者部下,所以势力特别大。蹇硕被杀以后,袁绍劝何进抓住机会,把宦官势力彻底除掉。何进不敢做主,去跟太后商量。何太后说什么也不答应。袁绍又替何进出谋划策,劝何进秘密召集各地的兵马进京,迫使太后同意除宦官。何进觉得这是个好办法,决定召各地兵马来威胁太后。

何进的主簿陈琳听了,连忙阻拦说:"将军手里有的是兵马,要消灭几个宦官,还不容易。如果召外兵进京城,这好比拿刀把子交给别人,不闹出乱子来才怪呢。"何进不听陈琳的劝告。他想起各州人马中数并州(今山西大部、内蒙古、河北的一部分)牧董卓的兵力雄厚,准备找他帮忙,就派人给董卓送了一封信,叫他迅速带兵进洛阳。

这个消息,很快让宦官知道了。几个宦官商量后,决定先动手。他们就在皇宫里埋伏了几十个武士,假传太后的命令,召何进进宫。何进一进宫,就被宦官围住杀了。

袁绍得知何进被杀的消息,立刻派他弟弟袁术攻打皇宫。袁术干脆放了一把火,把皇宫的大门烧了。大批的兵士冲进宫里,不分青红皂白,见了宦官就杀。有的人不是宦官,只是因为没有胡须,也被错认为宦官杀了。

经过这场火并,外戚和宦官两败俱伤。何进召来的董卓却带兵进了洛阳。董卓本来是凉州(约当今甘肃、宁夏和青海、内蒙古一部)的豪强,在凉州结交了一批羌族豪强,称霸一方。黄巾起义以后,他又靠镇压起义军,升到并州牧的职位。他本来有侵占中原的野心。这次趁何进征召的机会,就急急忙忙带了三千人马来了。

董卓进了洛阳,就想掌握大权。可是人马太少,仅三千人怕压不住洛阳的官兵。他就玩弄一个花招,在夜深人静的时候,把人马悄悄地开到城外去。到了第二天白天,再让这支人马大张旗鼓地开进来。这样一连几次进出,洛阳的人都闹不清董卓到底调来多少兵马。原来属何进手下的将士看到董卓势力大,也纷纷投靠董卓。这样一来,洛阳的兵权就全落到了董卓手里。

为了独揽大权,董卓决定废掉汉少帝,另立少帝的弟弟陈留王刘协。他知道洛阳城里的士族官员数袁家的势力大,就请袁绍来商量这件事。

董卓说:"我看陈留王比现在的皇帝强,我打算立他为帝,您看怎么样?"袁绍回答说:"皇上年纪轻,刚刚即位,也没有听到有什么过失。您要废他,只怕天下的人不服。"董卓把手按着剑把,威胁着说:"大权在我手里。我要这样做,谁敢反对?难道你以为我董卓的刀不够快吗?"

袁绍不甘示弱地说:"天下的好汉难道只有你姓董的一个人!"一面说,一面拔出佩刀,走了出去。他怕董卓不会放过他,就匆忙奔往冀州。袁绍的弟弟袁术听到消息,也逃出洛阳,出奔南阳。

袁绍兄弟走了以后,董卓又用钱财买通了有勇无德的吕布,让他杀了长官丁原,管理洛阳治安的吕布原是丁原的部将。之后,董卓就召集文武百官,宣布废立的决定。刘协即了皇位,这就是汉献帝。董卓自己当了相国。

董卓为人极其残忍。他担任相国之后,纵容兵士残杀无辜的百姓。有一次,洛阳附近的阳城(今河南登封东南)举行庙会。百姓齐集在那里赶集。董卓派兵到那里,竟把集上的男子都杀死,还把掳掠到的妇女和财物,用百姓的牛车装载着,耀武扬威地回到洛阳。一路上高呼万岁,说打了大胜仗回来啦。

董卓的倒行逆施,造成洛阳城一片混乱。一些有见识的官员纷纷离开洛阳,其中包括洛阳的典军校尉曹操。董卓怕黄巾军的余部威胁洛阳,听从谋士的主意,决定迁都长安。当时,他并不怕各地的军阀,不把袁绍、孙坚等人放在眼里。

迁都的时候,董卓派好多军队把洛阳及其附近二百里的老百姓上百万人编成小队,每一小队由一队士兵押送,有谁敢反抗,便就地处死。这许许多多小队在一片哭声、骂声中,向西押去。为了断绝人们重返家园的念头,董卓派人把宫殿、房屋全部烧光。

洛阳是当时全世界最繁华的城市,一座好端端的城市就这样被毁灭了。

曹操起兵

曹操,字孟德,小名阿瞒,沛国(封国,相当于郡)谯县(今安徽亳州)人。他的父亲曹嵩本来姓夏侯,叫夏侯嵩,后来过继给大宦官、中常侍曹腾做养子,才改姓曹。他曾经在东汉朝廷担任过司隶校尉和大司农。

曹操自幼接受封建教育。可是他却更喜欢驾鹰驱狗、骑马射箭。他从小就爱写诗,以诗来表达自己想治理国家的志向和敢于奋争的气魄。他看了许多书,尤其爱读兵书。他将各家兵法汇集成《摘要》一书,还给我国著名的《孙子兵法》作了注解。年纪轻轻的曹操很快有了名声,就连汉末大名士乔玄也当面赞扬他是"可以安定天下的能人"。

曹操二十岁时就被举为孝廉,担任了皇宫的侍从官。不久,他被调任洛阳北部尉,负责洛阳北部的治安工作。"尉"这个官职挺小,曹操却有很大的决心,要整顿好京都的秩序。当时的洛阳,外戚、宦官仗势欺人,弄得乌烟瘴气。曹操命令部下将二十多根用五种颜色油漆的大棒挂在衙门口左右,公开声明说,有谁敢违反他颁布的"夜禁令",就用五色棒惩罚他。

有一天晚上,曹操亲自带着一队士兵出去巡逻,检查"夜禁令"的执行情况。当时已经很晚了,四下里静悄悄的。曹操巡逻了一会儿,迎面碰上了宦官蹇硕的叔叔——人称蹇叔的恶霸。他平时依仗侄儿的势力,为非作歹。这天晚上他又想去干坏事,结果给曹操碰上了。曹操早就想惩罚一下这个恶霸,这

注释
乌烟瘴气:比喻环境嘈杂、秩序混乱或社会黑暗。

下可有了借口,他大喝一声:"来人!抓住这批歹徒!"巡逻队一拥而上,把这帮人带回了衙门。他们将蹇叔按倒在地上,用五色棒狠狠地揍了他一顿。消息像风一样传向了四面八方,那些坏人再也不敢到曹操的属地胡作非为。曹操的名声也随着大了起来。

宦官们对曹操怀恨在心,总想找个办法治治他。正巧,曹操的堂妹夫得罪了宦官。他们利用这件事,将曹操也罢了职。但曹操一直不屈服,坚持和他们斗争。后来他复了官,当上了议郎。黄巾起义时,曹操任骑都尉。因为他有功,又被封为济南相(相当于济南的郡守),于是曹操又到济南上任去了。

济南是个大郡,属下有十多个县。大多数县令都倚仗宦官权势,勾结地方豪强,贪赃枉法。而且他们还修了许多寺庙,借以骗取百姓的钱财。曹操一上任,就免掉了八个县令的职,接着又下令拆毁全部祠堂。这样,济南的贪官大大减少了,封建迷信活动也有所收敛。

董卓进洛阳的时候,曹操正担任典军校尉的职务。董卓想拉他入伙,任命他为骁骑校尉,董卓越信任曹操,曹操心中越是不安。具有政治头脑的曹操早就看清了董卓的面目。别看董卓现在百官都不敢得罪他,但他的倒行逆施必然会使他遭到失败。曹操不但不想投靠董卓,反而下了反对董卓的决心。因此,曹操改换衣服,更换姓名,带着几名随从,骑着快马,从洛阳跑了出来。

曹操离开洛阳后,没日没夜地跑了五百多里,一直跑到了陈留。陈留一带从上到下都反对董卓。而且曹嵩在这儿有一定的根基,积累了一部分财产,很快,曹操就招募了五千义兵。他开始有了自己的一支队伍,便公开打出了讨伐董卓的旗帜。曹操的威信使很多有才干的人来投靠他。例如曹仁、曹洪和夏侯惇、夏侯渊两对兄弟。曹仁、曹洪是曹操的叔伯兄弟,都有一身好武艺。夏侯惇、夏侯渊不仅是曹操的同乡,而且还是同族兄弟。曹操的队伍越来越大。

公元190年,他带兵参加了以袁绍为盟主的关东军,讨伐董卓。关东军虽然打着反董的旗号,实际上却按兵不动,对董卓的迁都不加制止。曹操对此十分气愤。在一次关东军诸将领的集会上,他慷慨陈词,并分析了此时进军的好处。尽管他讲得义正词严,头头是道,但袁绍却不予理睬,其他将领更是无动于衷。曹操实在忍不住了,就独自带着部队从酸枣向西进军了。

董卓迁都长安后,仍在洛阳驻兵。他听说曹操独自带着人马来了,根本不放在眼里,派大将徐荣堵在汴水(今河南荥阳北)。等到曹操带着军队赶到汴水时,徐荣早就布好了阵势。曹操同敌人奋战到天黑,却终不是对手。曹操拨转马头就跑,徐荣在后面紧紧追赶,箭像雨一样射过来,曹操的肩膀被射中了。

当他带着箭伤回到营地时,其他将领正在饮酒作乐。曹操激动地说:"各位将军如此不图进取,难道不怕天下人笑话吗?"大家根本不理他,仍然吃着喝着。只有陈留太守张邈说了一句:"孟德呀!还是先养好你的箭伤吧!"

曹操经过这次讨伐战斗,觉得跟这些人一起,根本成不了大事,就带着部队到了兖州,有曹仁、曹洪和夏侯淳兄弟辅佐,兵不多将却强。他在兖州的势力有了飞速的发展。曹操在东郡得到了一位大谋士荀彧。荀彧帮曹操出主意说:"董卓暴虐到了极点,他必定会在动乱中丧命。"他建议曹操专心在兖州方面扩张。曹操接受了他的意见。

此时,青州的黄巾军有了很大的发展。他们浩浩荡荡地从青州拥入兖州,杀死了兖州刺史刘岱。可是黄巾军只会流动作战,不懂得把兖州作为自己的根据地。刘岱死后,兖州就群龙无首了。消息传到濮阳,东郡太守曹操派出谋士陈宫去说服兖州官员。这样,曹操不费一兵一卒,轻易地当上了兖州牧。

曹操深知,若想称霸四方,最重要的是必须有强大的军事力量,他派兵和青州黄巾军作战,打了几场胜仗,黄巾军一遇挫折,就给曹操写来一封信。信中说:"以前您在担任济南相时,毁掉了六百多座邪神祠庙,得到老百姓拥护。您应该看出汉朝的气运已尽,黄天当立,这是天意,不是您的才力所能挽回的。"曹操从黄巾军的来信中看出他们没有斗志,而且对自己还挺钦佩。于是,他以军事进攻为主,以诱降为辅。青州黄巾军缺乏能干的统帅,放下武器投降了。曹操从这支农民军中挑选出青壮年三十万人,称为"青州军"。从此,青州兵就成了曹军的骨干。

从东郡太守到兖州牧,从将多兵少到收编了三十万青州兵,曹操成了一个势力超群的大军阀。投靠他的谋士良将越来越多。他不仅脱离了袁绍,成为一支独立的势力,而且也渐渐敢于和袁绍较量了。

公元196年,曹操把逃难洛阳的汉献帝迎到了许城(今河南许昌),打那时候起,许城成了东汉临时的都城,因此称为许都。

曹操在许都给汉献帝建立了宫殿,让献帝上朝理政。曹操自封为大将军,开始用汉献帝的名义向各地州郡豪强发号施令。

曹操用皇帝的名义号令天下,又采用屯田办法,解决了军粮问题,还吸收了荀攸、郭嘉、满宠等一批有才能的谋士,他的实力就更加强大起来了。

王允设计除董卓

　　董卓迁都长安以后，认为可以凭借天险，进则收复洛阳，退则回老家凉州，可谓进退自如。他根本不理会百姓的怨言，照样过着奢侈的生活。同时又费巨资在郡修建"万岁坞"，又称郿坞。此坞靠山而建，城墙又高又厚，易守难攻。而且内存大量粮食、兵器以及金银珠宝，足可支持二十年。宫殿富丽堂皇，美女不计其数。自此，董卓更加残暴狂妄，自称尚父。

　　一天，董卓在宫中设宴。酒酣耳热之际，董卓把吕布叫到身边耳语几句。吕布听后抓起正在喝酒的司空张温便走出殿外。不一会儿，又托了一个木盘进来。盘内装的竟是张温的人头。董卓见百官目瞪口呆，大笑着说："张温私通袁术，想杀我。谁敢对我有二心，张温就是你们的下场！"众官急忙跪地称是。因为他们知道，稍有不慎便会招来杀身之祸。

　　董卓的所作所为深深激怒了司徒王允。一方面王允千方百计地接近董卓，骗取信任；另一方面，又积极策划设法除掉董卓。王允知道要想除掉董卓，同他寸步不离的吕布是最大的障碍，于是决定，从吕布下手，离间两人。回到府中后，一条妙计已经被王允想好。但是他仍然装作愁眉苦脸的样子，等待离间计的主角——貂蝉主动上钩。

　　貂蝉从小无父无母，被王允收养。因她聪明美丽，便被王允收为义女。

　　貂蝉见义父一连几日唉声叹气的，于是上前问道："义父有何难事，不知女儿能不能分担？"谁料王允听后竟"扑通"跪倒在地。貂蝉吓得急忙回拜说："义父，有什么事您尽管说，这样可折煞女儿了。"王允见时机成熟，就把貂蝉带到密室说："朝中董贼当政，废汉篡位是迟早的事。大臣们一怕他手中的兵权，二怕那个助纣为虐、武艺高强的吕布，全都无计可施。所以我准备把你先嫁给吕布，后献给董卓，然后你见机行事，离间两人，设法让吕布杀死董卓。"貂蝉说："女儿的命是父亲给的，无论做什么，女儿万死不辞，女儿守口如瓶。"王允这才放心。

　　第二天，王允派人送给吕布大量珠宝，并邀吕布到司徒府做客。吕布受宠若惊，以为王允有求于己，便兴冲冲地来到王允府中。王允随即差人摆酒设宴，和吕布推杯换盏，吕布不知不觉多喝了几杯。朦胧间，吕布见一少女翩翩而来，似天女下凡一般来到身边。不禁看呆了。王允微微一笑说："这是小女貂蝉，从小仰慕英雄。听说将军要来，这不，非争着给您倒酒不可。"吕布问："不知此女嫁未嫁人？"王允说："还没有。不过我想把她嫁给吕将军，不知您愿不愿意？"吕布大喜，急忙叩头拜谢。王允接着说道："等我选个良辰吉日再把女儿亲送府上，今天太晚了，将军先请回吧。"

就这样，王允打发走了吕布。又过了几天，王允又用同样的计策将貂蝉献给了董卓，不过这次是真送，而且让董卓把貂蝉带回董府。吕布听说后，提戟找到王允说："你既已把女儿许配给我，为何又献给我义父董卓？"王允装作无可奈何的样子说："董卓看好了小女，我哪敢说个不字呀。"吕布只好作罢。

第二天一早，吕布来到董卓的卧房。正好遇见貂蝉梳头。只见貂蝉紧皱着眉头，眼泪"吧嗒""吧嗒"地往下掉，并用手指了指自己的心，又指了指吕布的心，吕布看见心上人如此，立刻心如刀绞。董卓一翻身，正撞见吕布目不转睛地盯着貂蝉，大为恼怒。差人将吕布赶出卧房。从此不再用吕布做贴身侍卫。

吕布虽被疏远，很难再看见貂蝉，但他总是设法接近貂蝉。一天，吕布看见董卓正和汉献帝交谈，便直奔相府去找貂蝉。貂蝉领着吕布去了后花园凤仪亭。然后哭着说："我心中只有将军一人，曾发誓非将军不嫁。可是如今已被董卓占有，无脸再面对将军。"说完就要往荷花池里跳。吕布一把抱住貂蝉说："只要我活着就一定娶你为妻。"

董卓正和献帝交谈，突然不见吕布，顿时起了疑心。匆匆辞别献帝后便跑回相府。正巧遇见吕布抱着貂蝉。董卓气得大喊一声拔剑就刺，吕布仓皇逃窜。貂蝉委屈地说："我正在赏花，谁知你那义子竟然污辱我，我要跳水寻死以保清白之身，无奈他死死将妾抱住脱身不得。"董卓大怒道："非杀了吕布不可！"

王允见吕布、董卓翻脸，于是把吕布找至府中密谈一番，吕布稍作迟疑后又连连点头。

王允派人到郿坞，通告皇上染恙，请太师回朝议事。董卓回到长安，仍让吕布紧随保护。他还穿上厚厚的铁甲，以防万一。当他带领卫队要进北掖门时，由于门的宽度，他只能带少数亲信通过。只听吕布大喊一声："奉旨讨贼！"接着一戟穿透了董卓的咽喉。蛮横一世的董卓就这样结束了可耻的一生。国贼董卓一死，老百姓太高兴了，长安城一片欢腾。

董卓死后，东汉王朝的分裂割据局面并没有结束。大大小小的军阀仍然混战不停，弄得田地荒芜，一片凄凉。

桃园结义

正当曹操的势力日益扩大的时候,刘备的势力也渐渐发展起来。

刘备,字玄德,涿郡(今河北涿县)人,据说是西汉皇帝的本家中山靖王刘胜的后代。不过传到他这一代的时候,家境已经很贫苦,只能靠和母亲一起编卖草席、麻鞋过日子。

东汉灵帝末年,社会发生动乱,刘备得到中山(今河北定县)富商张世平、苏双的帮助,招募义兵,组织地主自卫武装。关羽、张飞前来应募。

张飞,字翼德,是刘备的同乡。他性情暴躁,但为人直率,有什么就说什么。他有一身武艺,好见义勇为。

关羽,字云长,是河东解良(今山西解虞)人,据说他本来并不姓关,因为年轻的时候好打抱不平,常常招惹是非。父母为了让他不再惹事,就把他关在后园空房里。有一天,关羽实在闷得慌,就偷偷地打开窗户逃跑。突然关羽听到有啼哭声,便顺声找过去,发现是一老人在哭。一打听,知道是县令的小舅子仗势欺人,强娶她的女儿。关羽十分气愤,提着宝剑,就去县衙门把县令和他的小舅子杀了。闯了杀身之祸,关羽不得不逃离家乡。他逃到潼关时,看见潼关城门上正挂着他的头像——官府在悬赏捉拿他。凡是进出关卡的人,都要检查。他整了衣服,大胆地走到关卡前,对盘查他的士兵说:"我姓关……"从此以后,他就以假为真,改姓关了。

关羽过了潼关,东行到涿郡,结识了张飞。恰好刘备招兵,他俩就去报名了。刘备看他们武艺高强,很有才干。就和他们在花红叶绿的桃园里结拜为兄弟。刘备是老大,关羽是老二,张飞最小。他们对天发誓,表示要同心协力,干出一番事业。这就是历史上有名的"桃园结义"的故事。

刘、关、张桃园结义后,一边招兵买马,一边打制兵器,扩充自己的武装力量。刘备的兵器是双股剑,寒光闪闪;关羽的兵器是一把大刀,刀形如一弯明月,刀上有青龙图案,所以叫作青龙偃月刀;张飞的武器更特别,是支一丈八尺的长矛,那矛如同一条吐着芯子的毒蛇,因此叫作丈八蛇矛。他们三个带着招募来的士兵,在镇压黄巾起义中很卖力气。东汉政府就派刘备做安喜县(今河北定县)县尉,主管一县的军事。

刘备刚刚上任几个月，代表郡守督察下属各县官吏的督邮就来到安喜。这位督邮大人贪赃成性。刘备没给他送礼，督邮因此拒绝见他。刘备憋了一肚子气，决定辞官不干，就带上关羽、张飞，拿着县尉的大印，到督邮的住处去了。

督邮以为刘备送礼来了，很高兴地出来见他。结果看到刘备两手空空，脸色当时就变了，轻蔑地问他："你是什么出身？"刘备毫不含糊地说："我是汉朝宗室，中山靖王后代，因为平定黄巾有功被任为安喜县尉。"督邮大怒，说："刘备，你敢冒称宗室，冒领战功！我这次就是受朝廷之命来查处你这种人的！"刘备更不客气，他让张飞冲上去，不由分说地揪住督邮就打。直到刘备看差不多了，才让住手。随即他把大印往督邮脖子一挂，便骑上马，一溜烟地跑了。

刘备带着关羽、张飞去投奔公孙瓒。他们在公孙瓒那儿讨伐了叛乱称帝的张纯、张举，立下战功。朝廷不但免了刘备打督邮的罪，而且任命他为别部司马。后来，又任命他为平原相，关羽、张飞为别部司马。

刘备哥仨，再带上赵云，一起去上任了。赵云，字子龙，常山郡真定（今河北正定）人。他身强体壮，武艺超群，为人正派。他和刘备哥仨情同手足。一天，他们收到陶谦的求援信。陶谦是徐州牧，他的部将张同贪图钱财，抢走了曹操父亲的全部财宝，并杀了曹家老小。曹操恨得咬牙切齿，当即下令，三军戴孝出征，立誓要杀死陶谦。陶谦抵挡不住，便求救于刘备。于是刘备带领三千人马前去援救，逼走了曹操。

陶谦对刘备感激不尽。他认为刘备确是个人才，就给刘备四千人马，请他留下来帮助自己。刘备感到陶谦非常诚恳，而平原又没什么可留恋的，就答应了。陶谦立刘备为豫州刺史，请刘备驻扎在小沛。从此刘备就以小沛为基地，平时注意发展生产，整顿治安，操练兵马。

后来，陶谦死了，刘备继任徐州牧。被曹操打败的吕布、陈宫前来投奔刘备。刘备让吕布屯兵小沛。吕布虽不满意，可也不好说什么。

不久，袁术为了扩充地盘，就发兵徐州。刘备安排张飞和下邳相曹豹镇守下邳，自己同关羽进军到盱眙迎战。袁术和刘备交战一个多月，不能取胜，就以20万斛军粮、500匹战马为交换，约请吕布袭击徐州，同灭刘备。吕布本来就是个反复无常的人，看到有利可图，就接受了袁术的条件，趁着张飞酒醉，攻占了下邳。张飞带着少数人去找刘备、关羽。

但袁术也是个言而无信的人，他并不是真要给吕布军粮、战马。吕布便与刘备讲和。只不过他们互相换了一个位子，吕布占了徐州，刘备到了下邳。袁术看到吕刘讲和，对自己占领徐州不利，就故伎重演，多方拉拢吕布，与其结成儿女亲家，挑拨吕刘关系。吕布听信了袁术，带兵去打刘备。刘备已经兵损将折，敌不过吕布，就带着关羽、张飞，以及一些亲属官员，连夜逃到许都——曹操的势力中心。

刘备虽然住在曹操那里，但心里老想着发展自己的势力，他知道曹操对他放心不下，便装出庸庸碌碌的样子。他从不关心天下大事，整天只知道浇水种菜。关羽、张飞不理解刘备为什么变成这样，十分不满。

有一天，刘备正在菜园里浇水，曹操的部将许褚来找他，说曹公有请，让他马上就去。刘备不知发生了什么事，心里十分害怕。但他又不敢违抗曹操的命令，只好硬着头皮去了。曹操拉着刘备走到后花园，坐在一个小亭里，一边吃青梅酒，一边畅谈。

夏天天气多变。不一会阴云密布，眼看小雨就要降临。曹操指着天上的云彩问刘备："您知道龙的变化吧？"刘备回答："不清楚。"曹操又说："龙能大能小，变化不定，龙乘时而变，就好像人得了志，纵横天下。龙就好比世上的英雄。"停了一下，他问道："玄德，您周游四方，见多识广，请问，谁称得上是当代的英雄？"原来曹操是想在酒后，套刘备的实话，看他是不是也有称霸天下的野心。刘备对此早有防备，故意说："我哪配谈英雄！"曹操说："您不要谦虚，就说说吧。"刘备说："淮南的袁术，已经称帝，可以算作英雄吧！"曹操笑笑，说："他呀，不过是坟中的枯骨，我这就要消灭他！"刘备又说："河北的袁绍，占领了四个州，手下谋士多，武将勇，可以算作英雄吧！"曹操又笑了笑，说："袁绍表面厉害，胆子却很小；虽然善于谋划，关键时刻却犹豫不决。这种干大事怕危险，见小利不要命的人，可算不上是英雄。"刘备又说："刘表坐镇荆州，被列为'八俊'之首，可以算作英雄吗？"曹操不屑地说："刘表徒有虚名而已。也算不上英雄！"刘备接着又说："孙策血气方刚，已经成为江东领袖，是英雄吧！"曹操摇摇头说："孙策是凭着他父亲孙坚的名望，算不得英雄。"刘备又举了一些割据一方的军阀，但曹操都不放在眼中，刘备只好说："我孤陋寡闻，除了这些人，可实在不知道还有谁配称英雄了。"曹操指指自己，又指指刘备，说："现在天下称得上英雄的，只有您和我两人呀！"刘备心里一吓，手一松，筷子掉到地上。与此同时，骤然电闪雷鸣，下起了大雨。刘备赶紧弯腰捡起筷子，谎称："好响的雷呀！把我吓了一大跳！"曹操见这么个雷把刘备吓成这样子，以为他是个胆小鬼，禁不住哈哈大笑起来。

刘备见曹操对自己有戒心，就想找个脱身机会，正巧曹操准备派人往徐州截堵袁术，就借口自己熟悉那儿的地形，骗得曹操放他出了许都。为了监视和牵制刘备，曹操派了许灵、路招两位将军同行。刘备大军一到徐州，正赶上袁术的军队抵达下邳。刘备指挥大军一路杀过去。袁术大败而归，不久就吐血身亡。于是刘备打发许灵、路招回去报信，实际上把他们支走，以免去监视。刘备乘胜进攻徐州。他们直抵下邳城，把驻守的车胄骗出城，并将其围杀，进而顺利地占领了徐州。

曹操听说以后十分气愤，决定马上出兵讨伐。刘备无力抵抗，只得去投靠袁绍。盘踞在北方广大地区的袁绍，经济力量和军事力量都很雄厚，是当时势力最大的军阀。可是曹操占据着中原部分地区，用皇帝的名义发号施令，实力发展也很快。两强对峙，必然要发生尖锐的冲突。

三顾茅庐

曹操虽在物质条件方面比不上袁绍，但他很懂得从政治上争取人心，也会用人，而袁绍却盲目自大、心胸狭小，不善用人。在著名的官渡之战中袁绍的主力差不多全被歼灭，公元202年5月，袁绍在悲愤中死去，而他的儿子们又争权夺位，结果被曹操各个击破。

官渡大战之后，刘备三兄弟经历分合，又辗转流离，投奔到同为汉室宗亲的荆州牧刘表的门下。刘表出于怜悯之心，给刘备在新野一块落脚之地，让刘备在那里落脚。刘备靠着刘表，屯兵于新野，实力非常薄弱，而且为刘表的夫人蔡氏所不容，虽然是寄人篱下，但也不能安身。再加上曹操在北方，时有取荆州之意，曹操与刘备又有衣带诏之仇，将刘备当成很大的威胁，就这样刘备更加积极地创造条件，企图占领一块新的领地，以应付复杂的形势。刘备本人，虽然宽和待人，很得民心，却不能在军事、政治方面作出很好的决策，当然就不容易占领基地，占领了也不能够守住。他虽然也有几个谋士，却又都是平庸之辈，因此刘备求才心切。有才之人到哪里去找呢？这是很实际的问题，正在他渴慕人才的时候，人才来了，这就是化名单福的襄阳名士徐庶。此人气节高尚，思想深沉，是个才华横溢的决策人物。他一来就替刘备三败曹操，并且乘虚夺取了樊城，这对刘备来说那当然是雪中送炭。但好景不长，曹操假造徐

注释
各个击破：利用优势兵力将被分割开的敌军一部分一部分消灭。

庶母亲的"亲笔信",骗走了徐庶。在这紧要关头,如此致命的一击,几乎使刘备彻底绝望。刘备在送别徐庶时流着眼泪说:"先生既去,刘备亦将远遁山林也。"徐庶为之所感动,走出几步后又打马回来向刘备推荐了诸葛亮。本来徐庶以其卓越的才能,就此取得了刘备的充分信任,而当他把诸葛亮和自己比高低时,他却说:"我跟诸葛孔明相比,犹如是驽马并麒麟、一只乌鸦配一只凤凰。也可以将他与管仲、乐毅相比,但我认为,管、乐不及此人。此人有经天纬地之才,盖天下一人也!"当他介绍完这位卧龙先生的姓氏、家世及当时的生活状况后,而后又补充一句:"卧龙先生乃兴周八百年之姜子牙,旺汉四百年之张子房啊。"他的介绍,使刘备在绝望之中又看到了希望,竟至踊跃而言:"今日方知'卧龙、凤雏'之语。何期大贤只在目前!非先生言,备有眼如盲也!"于是下定了非把他请出来不可的决心。

一日,天清气朗,刘备在关羽、张飞的陪同下,带着礼品来到隆中。只见几位农夫耕作唱歌,很悠闲自在,刘备就上前打听:"请问,诸葛孔明先生家在何处?"一位青年农民指着前方说:"往南有一片高岗,岗前那片小林子里的茅庐就是卧龙先生的家。"刘备随便问了一句:"诸位对孔明先生很熟悉喽?"另一位农夫笑着说:"我们刚才唱的山歌,就是卧龙先生所作哩。"刘备谢过众人,来到茅庐前亲自敲门。里面出来一位小书童说:"先生一早出去了。"

刘备问:"什么时候能回来?"

书童说:"那可说不定,也许是三五日,也许是十几天,没有准。"

刘备一请诸葛亮就这样落了空。

回到新野,刘备天天派人打听诸葛亮是否回来了。过了几天,得到回报:"卧龙先生回来了。"

刘备命令:"立刻备马!"

虽然天上大雪纷飞,地下冰冻三尺,刘备也不听关、张的劝阻,一定要亲自去请。一路上,张飞嘟嘟哝哝:"这么一个村野农夫,派个人叫来不就得了,为何您亲自前往!"

刘备劝他:"孔明是当今的大贤,怎么可以去叫来呢?我之所以冒着风雪去请他,正是为了让孔明知道我的诚意呀!"

到了诸葛亮的茅庐,刘备下马,虔诚地轻叩柴门。那位书童出来说:"诸葛先生正在堂上读书呢。"

刘备非常高兴地进去拜见,只见那位少年英俊挺拔,也不过二十来岁。

刘备恭敬地行个礼说:"我久仰先生大名,这次终于见到您,实在万幸。"

那位少年慌忙还礼说:"将军是刘豫州吧。听书童说过,您曾经来找我二哥。"

刘备非常惊讶地问:"您不是卧龙先生吗?"

那少年说:"我是诸葛均。大哥诸葛谨在东吴做官,我和二哥孔明在这儿躬耕。"

刘备二请孔明又扑了空,他只好给诸葛先生留下一封信,信中表达敬仰之意,并且说改日再来拜访。就这样又过了一段时间,刘备打听到诸葛亮确实在家,刘备就让关羽、张飞作陪,三赴隆中。为了表示敬仰之意,在离诸葛亮的草房还很远的地方刘备就下马步行。刘备和诸葛亮见面后,但见诸葛亮二十七八的年纪,身高约八尺,长相清秀,精神焕发。他头上围缠着由青丝带做成的纶巾,身披着中间开口、长长的鹤氅,飘然而出,犹如仙人一般。

刘备迎上去说:"久仰先生大名,今日承蒙接见,幸甚,幸甚。"诸葛亮赶紧答礼说:"刘皇叔三顾茅庐未能迎候,见谅,见谅。"说着,刘备让关羽、张飞二人在门外等候,自己和诸葛亮一起进草堂交谈起来。

诸葛亮被刘备的真心真意所折服,同意效力,刘备终于请孔明出山。这就是"三顾茅庐"的故事。诸葛亮出山后,利用自己的才干,为刘备制定一个个奇谋方略,取得一次次胜利;而且还大力荐贤举能、罗致人才,来壮大刘备的军队。此后,刘备一方气象日益更新,胜赤壁,得荆州,取西川,定汉中,直至称王称帝。此为后话。

赤壁水战

官渡之战以后,曹操就统一了北方,发展生产,增强军事力量,下一步他就打算进军南方,消灭驻守在荆州的刘表和江东的孙权,统一全国。

在公元208年,曹操率大军南下,直逼荆州。而此时,驻守荆州的刘表刚刚死去,次子刘琮承袭了他的职位,胆小怕事的刘琮暗地里投降了曹操。受刘表派遣驻守新野一带的刘备,见曹军来势凶猛,想抵抗也来不及了,就匆匆忙忙地向江陵退却。江陵是一个军事重镇,又是兵力和物资的重要补给地,曹、刘双方都为争夺此地而日夜兼程。在长坂坡(位于今湖北当阳)曹操赶上了刘备,并且打败了刘备,占领了军事要地江陵。

刘备只好从小道到夏口(位于今湖北武汉),与刘表的长子刘琦相遇,合兵一处,约有两万人。而且在夏口,刘备碰到了孙权的谋士鲁肃。原来,孙权在得到曹军南下、刘表去世的情况后,就接受了鲁肃"联合刘备、抗击曹操"的建议,并派鲁肃以给刘表吊丧为名,和刘备取得联系。在夏口,鲁肃向刘备坦诚地说明了来意,希望孙、刘两家能够联合抗曹,这正符合诸葛亮同刘备讲的对策。刘备当即决定派诸葛亮为代表,同鲁肃前往柴桑(今江西九江西南),面见孙权共商联盟破曹之计。

孙权爱慕诸葛亮的才华,诸葛亮见孙权气度不凡,两个人谈得非常投机。孙权首先向诸葛亮请教,诸葛亮说:"现在天下大乱,曹操占据北方,而且有吞并天下之势。而将军您占据着江东,刘豫州一心想振兴汉室,两位都有和曹操争夺天下的气势,真是志向相同啊!"诸葛亮一句话就将孙、刘拉到了共同抗曹的立场上。但他见孙权在联合抗曹上仍有些犹豫不决,就对孙权说:"曹操占领了荆州,名声震及四海,现在他顺江而下,直逼江东。将军您应该根据自己的力量作出决断。刘豫州是汉朝的宗室,才能是他人所无法比及的,许多人都仰慕他,归顺他,如果他抗曹不能成功,那也是天命;但他是无论如何也不会向曹操投降的。"诸葛亮的几句话分明在激励孙权作出正确的决断。

这时恰巧曹操写信恐吓孙权,说他将率八十万大军讨伐江东。曹操书信来后,孙权在一次议事会上宣读,要众臣讨论,商讨对策。一时大家议论纷纷,莫衷一是。以张昭为代表的文官主张求和投降,以黄盖为代表的武将则力主抗曹。鲁肃是个主战派,他力主联合刘备势力共同抗击曹军。他见孙权对和战的态度暧昧,非常着急,在散会后他对孙权说:"张昭的话,主公千万不能听,您身为东吴之主应当三思!"

孙权说:"我何尝不知道和与战的利害关系,只是事关重大,一时难下决心。"鲁肃说:"曹军眼看就要进攻,主公要当机立断。最好先听听周将军的意见,早作抉择。"

孙权猛想起孙策临终遗嘱来,立即派人去通知周瑜回来议事。周瑜这时正在鄱阳训练水军,听说曹操大军来到,未等得到孙权通知,已经连夜赶回柴桑郡,要求和他见面议决军机大事。

鲁肃见周瑜回来,首先向他讲了和与战的争论情况,希望他促使孙权下决心共同抗曹;张昭等文官知道周瑜的意见举足轻重,也来求他支持和谈。他们走后,黄盖等武将又来要求坚决抗曹。周瑜听后非常高兴,激动地说:"我正要与曹操决战,绝不投降。诸位将军请回,明日见主公后,自有定议。"

第二天,孙权主持东吴百官再议和战问题。周瑜先发言:"听说曹操来书,要我们归降？主公如何定夺？"孙权将曹操的信给他看，要他发表意见。周瑜看后冷笑一声说："曹操欺我东吴无人，竟敢如此侮辱！"

周瑜见文官们害怕曹操势大，又详细分析敌军弱点。他认为曹操虽然善于用兵，但这一次大军南下，违反兵家常规：曹军久经征战，疲惫不堪；马腾、韩遂等在北方作乱，有后顾之忧；曹军士兵来自北方，只善陆战，不会水战；隆冬严寒，水土不服，易生疾病。周瑜充满信心说："曹军人数虽多，但天时、地利、人和都在我方，只要君臣同心、团结对敌，完全可以打败曹军。"

周瑜主战的理由和对敌我力量的透彻分析，获得了武将们的坚决拥护，说得主和派文官们哑口无言，孙权不断微笑点头，表示赞赏。周瑜说完以后，孙权双目扫视了一下分站两列的文臣武将，断然拔出佩剑猛砍下桌子一角，斩钉截铁地说："从今天起，只准言战，不准言和。谁再主张降曹，下场会像这张桌子一样。"

孙权虽然下了抗曹决心，但一想到曹军有八十万之多，东吴只有几万精兵，相差过于悬殊，能否打胜，没有信心，当晚急得在床上翻来覆去不能入睡。

周瑜早料到孙权的心事，深夜前来求见。他开门见山地说："主公不要担心曹操兵多，八十万大军是吹嘘吓人的数字，曹操从北方带来的军队大约只有十五六万人，况且劳师远征，疲兵再战；我军以逸待劳，可以稳操胜券。荆州地区降曹军队不过七八万人，人员复杂，士气低沉，不堪一击。我只请求主公拨给几万精兵，保证打败曹军。"

孙权听了周瑜对曹军的具体分析，心中焦虑顿时消失了，高兴地说："你和鲁肃主战，正合我心。有你们这样英明的将领，何愁曹军不败。"孙权于是拨给3万人马，任命周瑜为都督，鲁肃为赞军校尉，与刘备的两万军队结成联军，协同作战。

曹操的军队在长江北岸赤壁一带扎营，与孙刘联军隔江相对峙。正如周瑜所料，曹军果然不擅长水战。冬天寒风怒吼，江上波涛汹涌，船舰不断颠簸，无数士兵晕船，呕吐厉害，加上水土不服，病号日益增多。曹操与谋士们商量，设法用铁链把战船联结在一起，铺上木板，使船保持平稳，减轻了风浪颠簸，晕船人数大减。

有一天，周瑜和鲁肃带领一批武将和谋士来水寨高台上观察曹营情况，见连环战船一排一排紧密相连，恰似水上小宫殿一般，气势壮观，心中暗自发笑。周瑜想：曹操只知防水，没想到防火，我给你来个火烧连环战船，定叫你全军覆灭，大败而归。周瑜回营后，与谋士们商议破曹策略，决定实行火攻，但是江面宽阔,要接近敌船纵火,谈何容易。正在周瑜感到为难时,东吴老将黄盖主动请战,他也建议纵火烧船,并且要求承担最艰险的放火任务。

周瑜见黄盖与他想到一起,非常高兴,但马上说:"火攻虽好,无法接近敌船,也是枉然。"黄盖也早想到这一点,他自告奋勇,愿去曹营诈降,趁机纵火烧船。

为了骗取曹方信任,黄盖甘愿承受皮肉痛苦,假装与周瑜不合,受到严厉惩罚,被打得全身皮开肉绽,然后投奔曹营诈降,执行所谓"苦肉计"。

曹操接到黄盖降书后,开始也不相信,但经安插在吴军中的内线证明,黄盖遭受毒打属实,也就深信不疑。黄盖按着曹操约定的暗号标志、时间和地点,率领20条小舟,装满干柴芦苇,浇上鱼油,铺上硫黄和焰硝等引火易燃品,向驻扎在赤壁的曹方水寨飞快驶去。黄盖站在为首一条船上,高插一面大旗,上写"先锋黄盖"四字,他全副披挂,手握利刃,好不威风。说也碰巧,这一天东风猛吹,波涛翻滚,曹操在军中高处隔江遥望,自以为不可一世。他说:"黄盖来降,是天助我也!"

20条船离曹营越来越近,曹营有个观察水上敌情动静的武将指着黄盖所率船只对曹操说:"来船有诈,休教近营。"曹说:"你怎么知道?"他说:"黄盖说乘粮船来,如船中有粮,船必稳重,但观看来船,轻而且浮,今夜又有东南风猛吹,如果来船假降,是来纵火,就难对付了。"曹操猛然醒悟,立即派巡逻船去制止来船。但已经晚了,黄盖举刀一挥,前船立即发火,风助火势,火趁风威,船如箭发,火焰冲天,20条火船一齐撞入水寨,曹营所有船只猛然着火,烈焰腾空,烧得满江通红。

曹营水寨士兵对突如其来的火攻毫无思想准备,吓得惊慌失措。战船紧紧相连,根本无法分开,只能眼巴巴瞧着战船烧沉为止。大火很快从船上蔓延到驻扎在岸上的曹营,江面上和江岸上到处一片火海。

周瑜挥动令旗,东吴将士们一个个如出山猛虎,奋勇出击,曹军士兵被大火烧得焦头烂额,战船上一片混乱,互相践踏,争相逃命,最后不是被火烧死,就是被水淹死。在孙刘联军的追杀下,曹军人马损失惨重。曹操见败局已定,只好收拾残兵败将,逃回许昌去。

赤壁之战,孙刘联军大胜,曹军大败,为曹、刘、孙三家形成魏、蜀、吴三国鼎立局势奠定了基础。周瑜指挥有方,创造了以少胜多、以弱败强的著名战例,不愧为我国历史上杰出的军事家。

关羽水淹七军

赤壁战役以后，刘备占领了益州以后，东吴孙权派人向他讨还荆州，刘备不同意。双方为了荆州成为仇人。后来听说曹操要进攻汉中，益州也受到威胁。刘备和孙权双方都感到曹操是他们强大的敌手，就讲和了。把荆州分为两部分，以湘水为界，湘水以西归刘备，湘水以东归东吴。

刘备稳定下了荆州后，就专心对付曹操，请诸葛亮坐镇成都，亲自率领大军向汉中进兵，叫法正当随军谋士。

曹操马上组织兵力和刘备对抗，他亲自到长安去指挥汉中战事。双方相持了一年。到了第二年，在阳平关一次战役中，蜀军大胜，魏军的主将夏侯渊被杀。曹操不得不退出汉中，把魏军撤退到长安。刘备在益州的地位更加巩固了。公元219年，刘备在他手下一批文武官员拥戴下，自立为汉中王。

诸葛亮早已设计的战略是打算从两路进攻曹操的。这一次西面的汉中打了胜仗，就得趁这个势头，再从东面的荆州直接攻打中原。镇守荆州的是大将关羽。关羽有勇也有谋，就是骄傲自大。刘备做了汉中王，派人带了官印封他为前将军，关羽有些不满意。

刘备命令关羽进攻，关羽派两个部将留守江陵和公安。自己亲自率领大军进攻樊城。樊城的魏军守将曹仁向曹操求救。曹操派了于禁、庞德两员大将率领七支人马前去增援。曹仁让他们屯兵在樊城北面平地上，和城中互相呼应，使关羽没法攻城。

正在双方相持不下的时候，樊城一带下了一场大雨。汉水猛涨，平地的水高出地面有一丈多。四面八方大水冲来，把于禁驻扎在平地的军营全淹没了。于禁和他的将士不得不泅水找个高地避水。

关羽早就抓住于禁在平地上扎营这个弱点。他趁着大水，安排好一批大小船只，率领水军向曹军进攻。他们先把主将于禁围住，叫他放下武器投降。于禁被围在一个汉水中的小土堆上，逼得无路可退，就垂头丧气地投降了。

庞德带了另一批兵士避水到一个河堤上。关羽的水军向他们围攻，船上的弓箭手一起向堤上射箭。庞德手下有个部将害怕了，对庞德说："我们还是投降了吧！"庞德骂那部将没志气，拔剑把他砍死在堤上。兵士们看到庞德这样坚决,也都跟着他抵抗。庞德不慌不忙拿起弓箭回射,他的箭法很好,蜀军被射死不少。双方从早打到中午,从中午打到午后。庞德的箭使完了,就叫兵士们一起拔出短刀来搏斗。他跟身边的将士说:"我听说良将不会为了怕死而逃命,烈士不会为了活命而失节。今天就是我死的日子了。"

　　这时候,大水越涨越高,堤上露出的地面越来越小。关羽水军的大船进攻更加猛烈,曹军的兵士纷纷投降。庞德趁着这乱哄哄的时候,带了三个将士,从蜀军兵士中抢了一只小船,想逃到樊城去。不料一个浪头袭来,把小船掀翻了。庞德掉在水里,关羽水军赶上去,把他活捉了。

　　将士们把庞德带回关羽大营。关羽劝他投降。庞德骂着说:"魏王威震天下;你们主人刘备,不过是个庸碌的人,怎能和魏王相敌。我宁可做国家的鬼,也不愿做你们的将军!"关羽大怒,一挥手,命令武士把庞德杀了。

　　关羽消灭了于禁、庞德的七军,乘胜进攻樊城。樊城里里外外都是水,城墙也被洪水冲坏了好几处。曹仁手下的将士都害怕了。有人对曹仁说:"现在这个局面,我们也没法守了,趁现在关羽的水军还没合围,赶快乘小船逃吧!"

　　曹仁也觉得守下去没希望,就跟一起守城的满宠商量。满宠说:"山洪暴发,不会很久,过几天水就会退下去。听说关羽已经派人在另一条道上向北进攻。他自己没有敢进兵,是因为怕咱们截他的后路。要是我们一逃,那么黄河以南,恐怕就不是我们的了。请将军再坚持一下吧。"

　　曹仁觉得满宠说得有理,就鼓励将士坚守下去。

　　这时候,陆浑(今河南嵩县东北)百姓孙狼发动起义,杀了县里的官员,响应关羽。许都以南,其他响应的人也不少。关羽的威名震动了整个中原。

　　魏王曹操到了洛阳,得到各方面的警报,非常着慌。准备暂时放弃许都,以防关羽乘胜攻击。

　　谋士司马懿劝他不要这样做,他说:"大王不必担心。我看刘备和孙权两家,表面很亲热,实际上互相猜忌得厉害。这次关羽得意了,孙权一定不乐意。我们何不派人去游说孙权,答应把江东封给他,约他夹攻关羽,这样,樊城之围自然会解除了。"

　　曹操听了司马懿的意见,觉得他说得很有道理。就派使者到孙权那里去游说。后来,吴国与蜀国的分歧越来越大,以至于孙权的政治砝码开始倾向于魏国。

注释

分歧:两人或多人的意愿不一致时产生的对峙。

马谡失街亭

刘备集团进入蜀后不断争战,几年间占据了整个汉中地区,章武元年(公元221年),刘备在成都即皇帝位,蜀汉正式建立。而孙权的势力伸展到三峡以东,吴黄龙元年(公元229年)4月,孙权改称皇帝,九月迁都建业(今南京),孙吴政权正式建立。

公元223年,十七岁的刘禅继承刘备之皇位,加封诸葛亮为武乡侯。蜀汉巩固了在西南地区的统治以后,为了实现国家的统一,在公元228年,发动了北伐曹魏的战争。孔明挥泪斩马谡的故事,就发生在这次战争的末尾。

马谡,字幼常,是刘备在荆州时,伊籍向他推荐的谋事。此人天资聪颖,自幼熟读兵书,颇知兵法,但恃才自傲,不能谦虚待人。刘备在白帝城临终托孤时,曾对诸葛亮说:"我看此人,言过其实,不可大用,要深入考察。"虽然诸葛亮当时点头称是,但未改变对马谡的好评,而且在刘备死后更加器重他。

魏国皇帝曹丕死后,曹叡继位,任命司马懿为骠骑大将军,统率雍州、西凉等州的兵马。诸葛亮知道司马懿善用兵,想先发制人讨伐他。但马谡认为,蜀军南征凯旋,亟待休整,不宜远征,不如采用反间计,散布司马懿要废新君、另立皇帝的流言蜚语,使曹叡怀疑他,不信任他,甚至要杀掉他。诸葛亮采用反间计以后,曹叡果然怀疑司马懿谋反,剥夺了他的兵权。这件事又增加了马谡在诸葛亮心目中的地位。

当诸葛亮平定南方后,回师北征要攻取长安时,曹叡知道自己误信反间计,又起用司马懿率兵迎战蜀军。

当时秦岭之西有一条路,地名街亭,旁边有个列柳城,这两个地方都是汉中咽喉,兵家必争之地。在部署进军路线时,司马懿对部将说:"我军直接攻打街亭,拿下这个地方,就离阳平关很近,可以切断蜀军粮道,蜀方陇西一线就难守住。蜀军一定会赶忙撤回汉中,我军把守住各个小路要塞,蜀军无粮,月内必乱,诸葛亮就可被我军活捉。"

诸葛亮知道司马懿率兵前来迎战,料定他会来取街亭,决定增兵防守。他在营帐中问:"谁敢领兵去守街亭。"马谡立即说:"我愿意去!"诸葛亮见是马谡答应,心里满意,但仍严肃地说:"街亭虽小,事关重大,如果街亭失守,我们的大军就算完了。你虽然深通谋略，但那个地方无城池，又无险阻，把守极为困难。"

马谡很自信地说："我自幼熟读兵书，颇知兵法，一个小小的街亭岂能守不住？我敢立军令状，如果守不住街亭，杀我全家！"

诸葛亮虽然同意马谡去守街亭，让他领两万五千精兵前往，但仍不放心，又叫大将王平去协助他。诸葛亮说："你生平谨慎，可要小心把守街亭，扎寨一定要在要道上，使魏兵不能偷过。凡事都要商量，不可轻率决定。如能确保街亭，可算攻取长安第一功。千万小心！"

诸葛亮命令两人领兵去后，反复思考一番还是放心不下，又派高翔和魏延领兵去接应他们，以防万一，对各种可能发生的情况，都做了说明，这才稍微放心。

马谡到街亭看了地形以后，感到好笑："丞相为什么那么多心？像这么偏僻的山野地方，魏军如何敢来？"王平说："丞相再三嘱咐，要小心防守，尽管魏兵可能不敢来，但还是在五路总口扎寨为好。命令将士赶快砍树做成栅栏，作为长期防备。"马谡说："要道哪里是扎寨地方？你看旁边有座孤山，异常险峻，林木遍地，是个天然屯兵的好地方。"

王平极力反对说："如果在要道上扎寨，筑起城垣，魏军纵有十万也休想越过。要是屯兵山上，魏兵突然杀来，四面围住，街亭就难保住。"马谡大笑，说他不懂兵法："兵法书上说过：居高临下，势如破竹。如果魏兵敢来，我就杀他个落花流水，有来无回！"王平耐心地劝说："我多次随丞相出征，受益很多，眼前这座山是个孤立无援的绝地，如果魏军四面围来，断绝水道，我军会不战自乱。"

马谡依然不听，继续说："你不懂兵法。孙子说过：'置之死地而后生'，如果魏兵切断水道，蜀军士兵就会以一当十，以十当百，拼命死战。我熟读兵书，丞相很多事都要问我，你别妨碍我，别再争论了。"

王平见无法说服马谡，只好说："如果参军坚持要在山上扎寨，请给我一部分人马，我到山的西面扎个小寨，好与你互相呼应，万一魏兵来攻，可以互相支援。"

马谡不肯分兵给他。但就在这时，山中居民蜂拥而来，说魏兵大队就要冲杀过来。马谡见王平要走，很勉强地说："好吧！你不愿听我的命令，我给你五千人马自己去扎寨吧！等我打败了魏军，你在丞相面前可别争功！"

王平在离山十里的地方扎了一个小寨，并画成图本，派人速送诸葛亮，报告马谡不听劝说，坚持扎寨山上的情况。诸葛亮一见图本，知道马谡放弃要道,占山为寨,不禁拍案大惊:"马谡无知坑害了我的军队了!"他对左右的人说:"如果魏兵四面包围,断了水源,不要两天,我军不战自乱。如果街亭失守,后路切断,如何安全撤退?"正在诸葛亮着急时,有人来报紧急军情:"街亭失守!"诸葛亮气得顿足,叹气说:"败局已定,大势已去,都怪我用人不当,过错真大啊!"他只好采取紧急措施,应付突然事变,命令蜀军先撤回汉中。

原来司马懿决定直取街亭以后,立刻派他的儿子司马昭带兵察看了前路情况,知道马谡未在要道扎寨,而是据孤山防守,立即调兵四面包围街亭,切断水源,蜀兵果然不战自乱,无法坚守,三天之内司马懿就轻易地夺取了这个战略要地——街亭。

马谡与王平败回汉中,诸葛亮先要王平入帐问话,责问他为何不劝阻马谡。王平只好将自己如何劝说,马谡顽固坚持己见和战斗经过详述一遍。最后说:"丞相不信,可问各路将领。"

孔明命王平退下,传马谡入帐。马谡知道违了军法,无法活命,自己缚了自己,跪在帐前。诸葛亮一见到他,脸色立变,责备他说:"你自命饱读兵书,熟知兵法,我多次告诫你,街亭是我军根本。你以全家性命担保,接受重任。你如果听从王平劝告,就不会有此结果。如果不严明军纪,怎能服众?你今犯法,不要怨我。你死以后,你家老小生活我会安排照管。"然后诸葛亮命人将马谡推出斩首。

突然,参军蒋琬从成都来见诸葛亮,见要斩马谡,连忙入帐为他说情:"从前楚国杀了名将成得臣,晋文公高兴。现在天下未定,用人之际,杀去谋臣,岂不太可惜了!"

孔明泪水盈眶说:"历史上孙武能战无不胜,无敌于天下,就在于法度严明。现在天下纷争,战争方起,如果法纪废弛,如何打仗?马谡死罪难饶,一定要杀!"

一会儿,武士将马谡斩首,献上首级,孔明见了,又痛哭不停。蒋琬深感纳闷不禁问道:"马谡已经斩首,丞相为何痛哭?"

孔明说:"我不是哭马谡之死。我想起先帝在白帝城托孤时叮嘱我:'马谡言过其实,不可大用!'今天果然如此。我深恨自己没有知人之明,想起了先帝,因此痛哭!"大小将士听诸葛亮这样一说,都难受得落泪。

马谡被斩首后,诸葛亮对街亭战役中有功的王平给予封赏,让他代替马谡为参军,封为讨寇将军。但他对自己却痛加责备,他上书后主刘禅,请求贬官三等。他还公开发出文告,承担了失败的责任。诸葛亮这种执法如山、不讲情面、严明公正的作风和严于律己的品质一直被人们传颂着。

空 城 计

马谡失了街亭,诸葛亮很是着急,那魏兵在司马懿的率领下,穷追不舍,大兵突至城下。诸葛亮毕竟是少有的政治家、军事家。他将马谡执行斩首,以震军威,以严军纪,同时又冷静地思考对策。他想,以自己的兵力直接迎战司马懿,毫无胜利的希望,如果仓皇逃跑,司马懿肯定继续追杀,可能要当俘虏。在此千钧一发之际,左思右想,诸葛亮迅速作出军事部署:急唤关兴、张苞,吩咐他俩各引精兵三千,急投武功山,并鼓噪呐喊,虚张声势。命令张翼引兵修剑阁,以备走路,令马岱、姜维断后,伏于山谷之间,以防不测。并命令将所有旌旗隐匿起来,诸军各守城铺。命令将城门大开,不要关闭,每一城门用二十军士,脱去军装,打扮成一般的平民百姓,手持工具,洒扫街道。其他行人进进出出,没有一点紧张的表现。

吩咐完毕,诸葛亮自己身披鹤氅,头戴华阳巾,手拿鹅毛扇,引二小童携琴一张,来到城楼上凭栏而坐,然后命人焚香操琴,显得若无其事,安然无恙。司马懿前锋部队追到城下,却不见城内一点动静,只见诸葛亮在城楼上弹琴赏景,感到莫名其妙,"丈二和尚摸不着头脑",不知诸葛亮葫芦里卖的什么药,不敢贸然前进,便暂停下来,急速报与司马懿。大将军司马懿以为这是谎报,便命令三军原地休息,自己则骑马飞驰而来,要看个究竟。

果然,诸葛亮坐于城楼之上,笑容可掬,焚香操琴,悠闲自在,根本没有什么恐惧和惊慌的表情,又见他左有一童手捧宝剑,右有一童手执尘尾,就像平常在自己家里一样。再看城内外有二十多名百姓,正低头洒扫,不紧不慢,旁若无人,没有战斗的气氛。司马懿看后,倒吸一口凉气,觉得城内肯定埋有重兵,诸葛亮坐在城头是便于指挥,如若攻伐,说不定就会中诸葛亮的计谋了。于是他传令退兵而去。

司马氏篡权

曹丕篡汉建魏后不几年,就去世了,传位给太子曹叡。曹叡即位后,三朝元老司马懿被封为太尉,总领内外大军。曹叡喜欢躺在父辈创立的基业上吃老本,一当上皇帝,即在许昌、洛阳等处大兴土木,建盖宫殿,大肆搜刮民财,供他享乐。没想到荒淫过度,酿成疾病,年仅三十五岁,已是骨瘦如柴,奄奄一息了。为安排后事,便召宗亲大将军曹爽和太尉司马懿到病榻前托孤,当时太子曹芳才八岁。曹叡让司马懿拉着太子曹芳近前答话,年幼的曹芳只是抱着司马懿的脖子不放,昏昏沉沉的曹叡见此情景,顺水推舟地说道:"望司马太尉不要忘先生之托,更不要忘记幼子今日对你的相恋之情,好生辅佐!"司马懿跪在病榻前,唯唯应承,是日,曹叡便撒手而去了。当下司马懿、曹爽扶太子曹芳登上皇帝位。

辅佐幼主之初,曹爽对司马懿还算恭敬,内外遇有大事,常向司马懿请示,两大势力也就相安无事。可这曹爽年轻气盛,自恃是魏主宗亲,今又是顾命大臣,渐渐露出总揽朝政的野心。但是他知道,不扫除太尉司马懿这个最大的障碍,是很难成事的,因为兵权统统在这位司马太尉手里。于是曹爽以皇帝的名义升司马懿为太傅,明是更加尊重,实际上是夺去兵权,接着又将自己的兄弟和心腹都安插在重要的职位上,第一步棋他顺利走完了。司马懿虽然被夺去兵权,但他对军队还是很有号召力的,这一点他心中有数,但目前曹爽势盛,且又一时找不到对抗的借口,于是避其锋芒,暂且忍耐,以自己年迈体衰为借口,居家"养病"。

"百足之虫,死而不僵"。曹爽以明尊暗禁的手段夺去司马懿的兵权之后,对这个有重要影响力的三朝元老,他还是放心不下,便时刻窥视着他的动静。一天,曹爽派一个将要上任名叫李胜的官员去司马懿家,以告别为名去探探虚实。司马懿一贯老谋深算,他一听就知道来访者的用意。

当那个官员到司马懿的府门要求拜见司马太傅,说是前来辞行的时候,司马懿的大儿子司马师怒气冲冲地说:"辞行,辞行,有什么好辞行的,这帮走狗只恨我们不死。"

司马懿沉声喝道:"凡事不要冲动,他们不是来探我们的虚实吗?我就不妨将计就计,装成要死的样子,让他们信以为真,放松警惕,那时我们就好见机行事了。"

于是,李胜被带进司马懿的寝室,只见司马懿躺在床上,一副无精打采的脸庞,双眼无神。丫鬟正端着碗喂粥,另一个丫鬟则吃力地侧扶司马懿。司马懿如同行将就木的死人,嘴唇木然不动,丫鬟喂进去的几口粥都顺着司马懿的嘴角流了出来,弄得被褥衣服到处是脏物,两个丫鬟更是手忙脚乱。

当两个丫鬟侍候完毕，离开寝室之后，那官员毕恭毕敬地对司马懿说："好久没来参见太傅了，没想到竟病得如此严重。"

连叫数声，司马懿才老眼微抬，有气无力地问道："你是何人？"来人答道："我是河南尹李胜，现在天子任命我为青州刺史，特来向太傅拜辞。"

司马懿故意装作没有听清楚，一边喘息一边应道："并州么？君……君受屈赴任此州，它地处北方，须好好防守。"

那官员见他听错了，急忙说："我是任青州刺史，而不是去并州。"

司马懿又故意错说："啊，你是刚刚从并州来？"

李胜提高嗓门说道："是中原的青州哇！"

司马懿装作这回算是听明白了，一边傻笑一边说道："啊！你是刚从荆州来的！"李胜对旁边的人说道："太傅怎么病成这等模样？"左右的人答道："太傅病久，现在耳朵也聋了。"李胜说："请借笔墨一用。"左右的人拿来笔墨和纸张，李胜将自己的来意写在纸上，递给司马懿看。他看后，方才断断续续地说道："我病得耳聋眼花，看来想好转也没大希望了。你这次前去青州，望多多保重。"说到此，又旁顾左右用人，用手指口，装作要喝的样子，等到汤真的送至唇边，他又哆哆嗦嗦一半进嘴，一半撒落在衣服上，还咳嗽不止，显出一副不堪疲乏的样子。

李胜见司马懿病成这般模样，也无心久坐，便匆匆告别。回去就急忙向曹爽报告说："司马懿对我赴任的地点都听不清楚，说了半天才明白。"

曹爽听罢大喜过望，连续说道："此老要是死了，我就无忧无虑了。"于是便放松警惕，大着胆子去为所欲为了。

司马懿从此不再出门，却天天派人去打听曹爽他们的情况。魏嘉平元年（公元249年）正月，皇帝曹芳要去高平陵祭祀父亲，那一天，大小官员都陪皇帝去了。

司马懿探听曹爽兄弟都去了，马上发动兵变，控制了洛阳。不久，司马懿用灭族的刑罚，杀戮曹氏的家族和党羽。这就是历史上的"高平陵事变"。

晋　朝

刘禅"乐不思蜀"

　　从此以后,曹魏政权实际上已经控制在司马懿的手里。两年之后,司马懿病死,时年七十三岁。

　　司马懿死后,司马师、司马昭兄弟俩相继执政。朝廷内外的重臣、将领曾接二连三进行反抗,但先后都被镇压下去。公元254年,二十二岁的皇帝曹芳也被废掉,另立的十四岁的曹髦只是个傀儡。

　　曹髦做了个傀儡皇帝,心中十分不满,想起司马昭如此飞扬跋扈,常常十分伤心。这一切也引起了司马昭的嫉恨,于是指使凶手害死了曹髦,另立曹操的孙子曹奂做后帝,改年号为景元,史称魏元帝。

　　司马昭害死了魏帝曹髦,认为朝廷局势已经稳定,决心大举进攻蜀汉。而蜀国在诸葛亮死后,很快进入衰落时期,蜀主刘禅是个昏庸无能,扶不起的阿斗。他沉湎酒色,不理朝政,宠信宦官黄皓。那时候,接替诸葛亮的大臣蒋琬、费祎都已死去,蜀汉担任辅汉大将军的是姜维。姜维有心继承诸葛亮的北伐事业,几乎每年都出兵攻打魏国,但都未有成效。再加上后宫奸臣作梗,蜀汉的力量已经越来越弱。

　　公元263年,司马昭派将军邓艾、诸葛绪各带兵三万,钟会带兵十几万分三路进攻蜀汉。姜维看到魏军声势浩大,便把蜀兵集中到剑阁(今四川剑阁),守住关口要道。钟会带兵到了剑阁,一时无法攻入。

　　邓艾见蜀军主力守在剑阁,就带了精兵偷偷绕道到剑阁西面的一条羊肠小道上向南进军。这一带本来是人迹罕至的地方。邓艾带领这队精兵,逢山开路,遇河架桥,走了七百里路,也没有被蜀军发现。最后,他们来到一条绝路上,山高谷深,没法前进。邓艾当机立断,用毡毯裹着身子,从悬崖峭壁上滚了下去。将士们也跟着滚了下去。有的攀着树木,一个接一个慢慢地爬下了山,终于越过了这条绝路,一直赶到江油。

驻守江油的蜀军没想到邓艾会从背后杀出来,突然见到魏兵出现在城下,来不及组织抵抗,只好投降了。邓艾继续向绵竹进攻。守绵竹的是诸葛亮的儿子诸葛瞻。邓艾派人送信劝说他投降,说:"如果你肯投降,就推荐你为琅邪王。"诸葛瞻把邓艾派来劝降的使者杀了,决心和邓艾拼个死活。后来,诸葛瞻和他的儿子诸葛尚都战死了。

邓艾拿下绵竹,直奔蜀汉都城成都。成都的百姓一听邓艾兵临城下,纷纷到山上树林里去避难。蜀汉朝廷更是乱成一团,后主赶快召集大臣商量。有人主张往南逃,有的主张投靠东吴,有人认为现在魏国大军压境,不如趁早投降。后主是个没主意又胆小的人,根本不想抵抗。等邓艾大军到达成都,他已经叫人反绑着两手,率领文武百官出城门投降了。邓艾进了成都,觉得自己了不起,骄傲起来,连钟会也不在他眼里。他直接向司马昭上书,要趁这次打胜仗的势头,一鼓作气把东吴灭掉。

司马昭却下命令给邓艾,说:"军事行动不许自作主张。"邓艾很失望。正在剑阁跟钟会对抗的蜀将姜维,得到邓艾袭击成都的消息,正想退回去保卫成都,接到后主的命令,要他向魏军投降。蜀军将士接到这个命令,又气愤又伤心。有的兵士恨得拔出刀来,在大石头上乱砍。姜维倒是十分冷静。他跟将士们一合计,决定向钟会投降。钟会也赏识姜维是个好汉,把他当作自己人一样看待。两个人出门一块坐车,回到军营一起议事,要好得简直拆不开。姜维利用钟会和邓艾之间的矛盾,劝钟会秘密写信给司马昭,告发邓艾谋反。

司马昭本来猜忌心很重,接到钟会的报告,就用魏元帝的名义下道诏书,派人到成都把邓艾抓起来,用囚车押回洛阳。他怕邓艾抗拒,又命令钟会进军成都。

钟会到了成都,派一支人马用囚车把邓艾押到洛阳。半路上,邓艾被人杀了。钟会用计除掉了邓艾以后,兵权全掌握在他一个人手里,他就决定谋反了。钟会跟姜维一商量,姜维完全赞同他的想法。因为姜维另外有他自己的打算,他想利用钟会杀掉魏军将领,然后他再除掉钟会。钟会以为姜维真心跟他合伙反司马昭。他假传太后的命令,说司马昭杀害魏元帝,叫他发兵讨伐。他怕魏军将领不服,把他们软禁在蜀宫里。

魏军将士对钟会的命令本来有点怀疑,后来,有人传出谣言,说钟会、姜维

注释

自作主张:没有经过上级或有关方面同意,就擅自处置。

要把北方来的将士杀光。这一来,大家都乱了起来。有的在宫殿四周放了火。乱兵进了宫,姜维、钟会控制不住,都被乱兵杀了。

邓艾灭了蜀汉以后,后主刘禅还留在成都。钟会、姜维发动兵变时,司马昭觉得让后主留在成都总不大妥当,就派他的心腹贾充把刘禅接到洛阳。随同刘禅一起到洛阳去的只有地位比较低的官员郤正和刘通两个人。刘禅不懂事,不知道怎样跟人打交道,一举一动全靠郤正指点。平时,刘禅根本没把郤正放在眼里,到这时候,他才觉得郤正是个忠心耿耿的人。

刘禅到了洛阳,司马昭用魏元帝的名义,封他为安乐公,还把他的子孙和原来蜀汉的大臣五十多人封了侯。司马昭这样做,无非是为了笼络人心,稳住对蜀汉地区的统治。

有一次,司马昭大摆酒宴,请刘禅和原来蜀汉的大臣参加。宴会中间,还特地叫了一班歌女演出蜀地的歌舞。一些蜀汉的大臣看了这些歌舞,想起了亡国的痛苦,伤心得差点儿掉下眼泪。只有刘禅咧开嘴看得挺有劲,就像在他自己的宫里一样。

司马昭观察了他的神情,宴会后,对贾充说:"刘禅这个人没有心肝到了这步田地,即使诸葛亮活到现在,恐怕也没法使蜀汉维持下去,何况是姜维呢!"

过了几天,司马昭在接见刘禅的时候,问刘禅说:"您还想念蜀地吗?"刘禅乐呵呵地回答说:"这儿挺快活,我不想念蜀地了。"

郤正在旁边听了,觉得太不像话。趁上茅厕时,郤正对刘禅说:"您不该这样回答晋王。"刘禅说:"依你的意思该怎么说呢?"郤正说:"以后如果晋王再问起您,您应该流着眼泪说:我祖上的坟墓都在蜀地,我心里很难过,没有一天不想那边。这样说,也许晋王还会放我们回去。"刘禅点点头说:"你说得很对,我记住就是了。"

司马昭果然又问起刘禅,说:"我们这儿待您不错,您还想念蜀地吗?"刘禅想起郤正的话,就把郤正教他的话原原本本背了一遍。他竭力装出悲伤的样子,但是挤不出眼泪,只好闭上眼睛。司马昭看了他这个模样,笑着说:"这话好像是郤正说的啊!"刘禅吃惊地睁开眼睛,傻里傻气地望着司马昭说:"对,对,正是郤正教我的。"

司马昭不由得笑了,左右侍从也忍不住笑出声来。司马昭这才看清楚刘禅的确是个糊涂人,相信他的确不会对自己造成威胁,就没有想杀害他。

昏君不知亡国恨,刘禅的昏庸无能在历史上出了名,后来,人们常用"扶不起的阿斗"比喻那种懦弱无能、没法振作的人。

痴呆皇帝

公元265年,农历腊月十七日,曹操的后代曹奂被迫让位于司马懿的孙子司马炎,司马炎当了皇帝,改国号为晋,建立了晋朝。之后,却在选立太子的问题上遇到了麻烦。

当时,杨皇后生了三个儿子,老大叫司马轨,两岁时就生病死了,老二司马衷,老三司马东,要立太子,只有在这两个孩子中来选择。按常理,应该选立年龄大的司马衷为太子,可这个儿子智力非常差,七八岁了,连一个字都教不会,司马炎不想让他当太子,怕他长大后不会治国,可是杨皇后在司马炎面前说,立太子应该按年龄大小来排列。司马炎宠爱的赵夫人又在司马炎跟前帮杨皇后说话,司马炎受不了这两个人的天天劝说,加上杨皇后的哥哥杨骏等人也帮司马衷说话,这样,在公元267年,司马炎正式立司马衷为太子。

过了几年后,太子已经十二三岁了,按皇家规矩应该选择太子妃了,这又是一件大事,大臣们都很关心这件事。车骑将军贾充是晋朝的功臣,当年就是他帮助司马昭杀掉了曹髦的,在征讨蜀国时也立过大功,被司马炎封为鲁公,他正好有两个女儿在家等待出嫁,年龄与太子相仿,大女儿叫贾南风,小女儿叫贾午,两个女儿都不漂亮,且贾南风特别丑陋,如果公平地竞争,不可能入选为皇太子妃的,贾充和妻子郭槐一商量,决定走走后门试试。

贾充的妻子郭槐买通皇宫里的仆人,给杨皇后送去很多礼物,仆人又在杨皇后面前吹嘘贾充的女儿怎样好品行,就是相貌差一点。杨皇后被人说动了心,又来劝武帝司马炎,说贾充是国家的功臣,他的女儿贾南风又有德行,又有才学,应该选作皇太子妃,至于相貌不好看那是小事一桩。武帝司马炎本来想让卫瓘的女儿入选的,经不住皇后的劝说,倒有点动心了。一次,在和大臣们宴会时,武帝又谈起了为太子选妃的事情,侍中荀勖又极力称赞贾充女儿,说得天花乱坠,司马炎一高兴,说:"那就让贾充的女儿当太子妃吧!"这件事就这么定了下来。

又是几年过去了,太子司马衷依然没精明起来。司马炎暗暗担心,有些心直口快的大臣也就旁敲侧击地谈论这件事。有一次,卫瓘借着酒兴壮着胆,用手摸着武帝的座椅说:"好一个宝座啊!"司马炎也听出了卫瓘的话音。经卫冀这么一说以后,司马炎决定要彻底查看一下太子的本事。司马炎想出一个办法,将太子和太子宫中的所有官员召集到一起,就治国理民的事出了几个题目,要太子写出答卷来。太子根本没这个能耐,还是太子妃贾南风让张泓将答卷写好,让太子抄好,送给司马炎,司马炎一看,觉得还可以,也就放心了。

公元290年,司马炎病死,太子司马衷即皇帝位,改年号为永熙,这就是晋惠帝,惠帝封贾南风为皇后,将朝政大权交给舅舅杨骏弟兄三人掌管,内部事务全由贾南风负责。

司马衷当皇帝,完全是个傀儡,在中国古代的帝王中,他算是最愚蠢的一个。有一年发生了水灾,下级官员报告说老百姓没饭吃,要求政府开仓放粮,司马衷竟说:"没饭吃为什么不吃肉粥呢?"弄得大臣们哭笑不得。还有一次,他和宫中的内侍们一道游园,听到园中蛤蟆大声地叫,他奇怪地问左右的仆人:"蛤蟆这么乱叫,是为官家而叫,还是为私家而叫?"众人不得不敷衍他,说:"在官家地里的就是为官家叫;在私家地里的,就是为私家叫。"司马衷听了很高兴,直点头。这位痴呆皇帝做的傻事,不仅在宫内成为笑话,而且成为世人的笑柄。

八王混战

西晋建立后,晋武帝认为魏朝的灭亡,是因为没有给皇族子弟权力,使皇室孤立了,便封宗室子弟为王,又让他们充当都督,出镇战略要地,以此保卫司马氏皇权;没料这种分封反给他们争逐皇位提供了条件。权势争夺激化了各种社会矛盾。使西晋政权崩溃的"八王之乱",正是不同派系的司马氏宗王之间的厮杀。

"八王"中,汝南王司马亮、赵王司马伦是司马懿的儿子,河间王司马颙、东海王司马越也是司马懿一系的人物;齐王司马冏是司马昭的孙子,因他的父亲司马攸曾过继给司马师,名义上又是司马师的后代;楚王司马玮、长沙王司马乂、成都王司马颖则都是晋武帝司马炎的儿子。除这"八王"外,司马宗室的其他"王",如竟陵王司马懋、常山王司马衡、新蔡王司马腾等人也出兵参与了"八王"的角逐。

武帝死后,贾皇后专断朝政九年之久。贾后没有儿子,眼看太子司马遹渐渐长大，常有一种危机感。她暗中令宦官讨好太子说："殿下应该趁年轻尽情享受，不要约束自己。"每逢太子发怒，就说："殿下不懂得使用严刑，天下人怎么会怕你呢？"在贾后的引导下，太子不爱学习，有人触犯他，就举鞭抽打。司马遹终于依照贾后设计的圈套步步下滑，名声越来越坏。贾后乘机四处宣扬司马遹的短处，为废除太子大造舆论。

公元300年12月，贾后谎称皇上身体欠佳，唤司马遹入朝。在朝中硬逼他喝下三升酒。当司马遹醉得天旋地转、不省人事时，贾后令人拿来纸笔和一封事先草拟好的上奏皇帝的信，让司马遹照抄一遍。信中写道："陛下应当自行了结，若不了结，我就入宫去了结你；皇后也应尽快了结，若不了结，我就亲手结果你……"惠帝看后大怒，下诏赐太子死。张华认为此举事关重大，要求对照太子手书，否则怕有诬陷。贾后拿出十几张太子写的启事核对，众人无话可言。贾后怕另生事变，上表免太子为庶人，囚禁于金墉城。

太子司马遹无罪被废，引起一部分拥护太子的朝臣不满。他们与握有军权的赵王司马伦密谋废除贾后，复位太子。贾后得知此消息，急不可耐地让太医令人制作巴豆杏子丸，假传圣旨，让宦官孙虑带到许昌毒杀太子。司马遹自从被废黜以后，为防止被毒害，总是让侍从当着他的面为他煮饭。孙虑到许昌，将司马遹迁居小坊囚禁，不准给他送饭，打算待他饥饿难忍、不加提防时再下手。没想到一些宫人偷偷地翻墙为太子送饭。孙虑就干脆公开拿出毒药逼太子吞服，太子不干，孙虑就操起捣药锤，活活地把他砸死了。

赵王司马伦见太子已死，立即联合齐王司马冏，借口为太子报仇，趁夜晚带兵闯入宫中，讨伐贾后。司马伦废贾后为庶人，将其幽禁于建始殿。不久，司马伦以其人之道，还治其人之身，"矫诏"赐贾后死于金墉城。事态的发展一切都按照司马伦的计划在进行。太子、皇后相继丧命，朝廷上只剩下一个毫无震慑力的痴愚皇帝。司马伦便依照其父司马懿辅佐曹魏政权的方式，矫诏自封为相国、都督中外诸军事。其亲党孙秀等人皆封赏大郡，并掌兵权。文武百官一律听从司马伦调遣，为下一步攫取皇帝宝座创造了条件。

中护军淮南王司马允看出司马伦想篡位，打算讨伐他。司马伦抢先采取措施，封司马允为太尉，表面上是加官晋爵，实际上是夺其兵权。司马允深明其中意味，借口有病不受加封，并看出皇帝诏书是孙秀手书伪造，盛怒之下，率七百精兵攻打相府。司马允被司马伦用计杀死在城下，几千人受株连。

司马允死后，洛阳渐渐平静下来。司马伦加快篡权步伐，派衙门赵奉诈传司马懿神话，说："司马伦应早入皇宫。"又扬言司马懿在北芒（今洛阳北）帮助司马伦登位。司马伦任义阳王司马威为侍中,夺取惠帝玺绶,伪造禅让诏书,又让尚书令满奋持符节奉玺绶禅位于司马伦。

公元301年正月,司马伦龙袍加身,做起皇帝来。他名义上尊惠帝为太上皇,实际上将其幽禁在金墉城。另立其子、弟为"王",其他同党也都登上卿、将职位。司马伦称帝,激起各诸侯王的强烈反对。齐王司马冏传檄各地,联合成都王司马颖、河间王司马颙等共同起兵,讨伐司马伦。由于诸王的投入,"八王之乱"开始发展为一场大混战。

司马伦一面命将军孙辅、孙会迎战,一面命人穿着羽衣在嵩山诈称仙人下凡,陈述司马伦统治将维持久远,以迷惑大众。

司马颖军前锋至黄桥(今河南淇县),与孙会军交战失利,死伤一万余人;又在湨水(今河南济源、孟州境黄河支流漭河)大战一场,孙会终于大败南逃。司马颖乘胜长驱渡过黄河,协助司马冏战败张泓。双方在洛阳附近酣战六十多天,死亡近十万人。最后司马伦兵败被杀,惠帝复位。宣诏齐王司马冏为大司马辅政。

司马冏掌握大权以后,沉溺于酒色。公元302年,河间王司马颙上表列举司马冏罪状,扬言率兵十万,将与成都王司马颖、新野王司马歆、范阳王司马虓共会洛阳城,并联合长沙王司马乂一起行动。八王之中,司马乂是最有才略的一个,也有政治野心。他利用时机抢先攻入洛阳。当晚,洛阳城中飞箭如雨,火光冲天,群臣死者相枕于路,一片混乱,激战三日,司马乂大败。司马遹杀了司马冏,暴尸三日,控制了朝政大权。

司马颙原以为司马乂力量微弱,会被司马遹擒斩,他好以此为借口讨灭司马冏,没想到事与愿违,便于公元303年,联合司马颖共同攻打司马乂。这一仗从8月打到10月。司空东海王司马越利用禁军抓获司马乂,密告司马乂的部将张方,用火将司马乂活活烤死。

到此,八王已死五王。而争夺统治权的斗争还在司马颖、司马颙、司马越三王之间激烈展开。

司马乂死后,成都王司马颖被封为皇太弟,任丞相、都督中外诸军事,住在邺城(今河北临漳西南)遥控朝政;司马颙为太宰,居长安;东海王司马越认为自己杀司马乂有功,却没捞到好处,便挟持惠帝讨伐司马颖。

邺城人听说司马越率十万人已到安阳,惊慌失措。司马颖派石超率一万兵众迎战,在荡阴(今河南汤阴)大败司马越。双方交战时,惠帝身边侍从全都逃散,致使惠帝身中三箭,面颊受伤被俘。司马越逃回东海封国。不久,幽州刺史王濬带领乌桓、鲜卑兵与并州刺史司马腾联军十余万进攻邺城。司马颖又挟惠帝乘坐牛车南逃洛阳，被张方俘获至长安。司马颖更立司马炽为皇太弟，与司马越共同辅政。

公元 305 年，东海王司马越以"奉迎天子还复旧都"为借口，再度起兵，次年攻入长安。司马颙单马败逃太白山。司马颖在去邺城途中被顿丘太守冯嵩抓获，范阳王长史刘舆矫诏赐司马颖死。司马越又以司徒官职召司马颙入洛阳，于途中杀之。随后又毒死惠帝，拥武帝第二十五子(晋武帝共二十六个儿子)司马炽为帝，这就是晋怀帝。"八王之乱"自此结束。

"八王之乱"从贾后专政开始至怀帝即位为止，历时十六年。他们为争夺统治权同室操戈，把战火从洛阳、长安烧遍黄河南北，夺走数十万人的生命。造成的祸难之大，旷古未闻，给建立不久的西晋王朝以毁灭性的打击，不仅从内部挫伤了它的元气，并因无暇顾及边防，而使北方少数民族的贵族能够乘机起兵，增强势力，对此后社会产生了巨大的消极作用。

公元 304 年，东汉时期的汉室宗亲匈奴人刘渊，趁"八王之乱"招兵买马，自立为汉王，公元 316 年，刘渊之子刘聪攻下长安，西晋王朝维持五十年，终于灭亡。

王马共天下

司马睿是司马懿的曾孙，他父亲司马觐曾任琅邪王，死后由司马睿继任王位。从永嘉元年(公元 307 年)开始，司马睿做安东将军，一直坐镇建康城(今江苏南京)。

司马睿当时非常年轻，在王公贵族中没有多少声望，拥戴他的文武将官不多，这使司马睿感到势单力孤，忧心忡忡。司马睿有一个最亲信的人叫王导，王导出生于世家大族，在上层社会名气很大，而且王导非常有胆识，能准确地判断天下大势，所以，司马睿非常尊重王导，当他从下邳到江南任职时，将王导带着一道同行，让王导为自己的司马，军政大事都向王导请教。

王导认为，江东一带经济、文化都发达，人们比较讲究出身、门第和名望，琅邪王司马睿资历太浅，很难服人，必须有上层社会的大官僚、大贵族、大名人支持，才能显出他的身份来，王导便为司马睿想出了一个计谋。

当地有一个风俗，每年春天清明节前后，居民们都到江边去修禊，求神保佑，消祸免灾。这一天，江边、集市上是人山人海，所有的大小官僚、有钱人都要去，王导便陪着司马睿也到江边去看热闹。

王导让司马睿坐着肩舆（一种用人力扛抬的代步工具，有的上面有顶，有的无顶）在前面走，王导率领着高级官员，骑着马，神情很恭敬地跟在左右，随行的兵士们个个仪表庄严，非常有气势。当地的有钱人和大小官僚都知道王导是大家族中的名流，看他对司马睿这么尊敬，都认为这个司马睿肯定有来头。在江边修禊的人中，江东的大贵族顾荣、纪瞻等也在，他俩看到王导和司马睿的风采，心里也很佩服，便主动地在道路旁边向司马睿下跪行礼，司马睿马上让队伍停下来，自己下地，向顾荣、纪瞻还礼，神色非常谦虚、安详，这使顾荣和纪瞻都深受感动。

回城后，王导对司马睿说："今天外出，效果已经很好，下一步应该将顾荣、贺循、纪瞻等人请出来做官，他们在江东一带，深受地方人拥戴，只要顾荣等人愿来，其他人将会一个个地跟着来求你收纳了。"司马睿便写一封信，让王导拿着，亲自去请贺循、顾荣等人，这些人都很乐意出来做官，便跟着王导来见司马睿，司马睿将他们一一封官，收在自己的门下。

西晋灭亡，愍帝投降后活了不足三年，便被杀害。弘农太守宋哲带着愍帝的遗诏，来到建康见司马睿，遗诏说："朕被困长安若有不测，你可继承帝位。"

司马睿即刻召集文武大臣商议此事。会稽内史纪瞻首先发言支持司马睿继承帝位。但大臣周嵩却极力反对，认为现在不是称帝的时候，等到荡平贼寇、收复长安后再称帝不晚。周嵩的话，使司马睿很不高兴。许多大臣反对周嵩，右将军王导提高嗓音，大声说："大王万勿推辞。大王若继位，臣民有主，才好征讨夷虏，恢复先帝大业。请大王登基吧！"众大臣听罢，忙跪倒在地，请求司马睿即位。司马睿不再推辞，换上朝服，走上宝殿，接受朝贺，正式当了皇帝，成为东晋的第一位君主，改元建武元年（公元317年）。

历史上称司马睿为晋元帝。元帝立司马绍为太子，封王导为骠骑大将军，纪瞻为侍中，所有大臣都赐封了官职，唯有提出反面意见的周嵩，被排斥朝廷之外，当了新安太守这个地方小官。

司马睿当了皇帝不久，便召集大臣们商议治国大计。他说："朕闻民以食为天，民安才能国泰。朕要倡导农桑，兴办农业，众爱卿以为如何？"后军将军应詹赞成元帝的意见，并且建议军队在没有战事的情况下，兵士们也应该开荒种地，减轻国家和人民的负担。元帝完全同意应詹的建议，并让应詹制定奖励农耕的政策。

元帝乘兴向大臣们征求治国安邦良策，骠骑大将军王导说："曹魏以来，官宦贵族挥霍、奢侈之风盛行，致使国家困难，百业衰败。只有倡导勤俭风气，国库才能充裕，百姓方能安宁。"元帝听罢甚喜，当即让王导负责此事。

王导领了皇帝的旨意，决心以身作则，扭转腐化的歪风。

清明节到了，大臣们像往年一样，带着家眷、随从来新亭游玩，他们在风景秀美的新亭事先搭建好漂亮的临时官邸，清明节时在官邸里饮酒作乐。还有一项内容，就是大臣们互相到他人临时官邸敬酒。今天来的人，王导的官位最高，所以大臣们首先到王导将军的家里敬酒，王导穿着粗布衣衫，桌上仅有几盘小菜、两壶浊酒，大臣们见状惊呆了，这与他们自己华丽的衣服、丰盛的宴席形成鲜明的对比。吏部尚书周颛说："王将军的粗衣浊酒，令我思念起江北苦难深重的百姓。我们不该忘掉沦落胡人铁蹄之下的中原父老啊！"

周颛的一席话，勾起了大家的思乡之情，有的人竟哭泣失声。王导将军觉得到火候了，语重心长地说："现在朝廷无奈之下屈居江东，要恢复中原怎奈国库空虚。如果文武百官能节俭办事，与朝廷分忧，则收复中原有望！"

大臣们深受触动，纷纷表示，一定齐心协力，为国排忧解难。果然，王公贵族们也穿起了粗衣布衫，平时注意节俭，江东的社会风气大大好转。这样一来，司马睿称帝的东晋在建国初期，国泰民安，出现了生机。

司马绍平叛

东晋建武年间，王导王敦兄弟把摄朝政，其中王敦骄横跋扈，很令司马睿不快。公元323年，东晋元帝司马睿病死，太子司马绍继位为帝，这就是东晋的明帝。司马睿还留下遗嘱，让王导辅助太子执政。

明帝比他父亲更有胆略，很勇敢。据说他从小就很聪明，有一次，他父亲考他："你说长安和日相比，哪个更远些？"司马绍回答说："长安近些。"父亲问："为什么？"司马绍答："只听人说从长安来，没听人说从日边来！"司马睿认为儿子很聪明，想让儿子表现一下，便在许多大臣面前再次问他同样的问题，认为他肯定还像昨天一样回答，哪知道司马绍却说："日近！"司马睿很惊讶，问："为什么？"司马绍回答说："抬头就能看到太阳，却看不到长安，所以知道太阳近。"司马睿非常满意,大臣们也都非常赞赏。晋明帝即位后,不满王敦的专横,起用郗鉴为尚书令,作为心腹依靠力量,和郗鉴秘密策划怎样灭掉王敦。

　　王敦早就对司马绍不满意,当年司马睿立司马绍为太子时,他就坚决反对,还想找个借口杀掉太子司马绍,大家一致反对,才没有做成。现在司马绍当了皇帝,王敦便和自己的死党沈亢、钱凤等人商量怎样起兵。王敦从武昌移到姑孰镇守,实际上也是为将来再次发动兵变打下基础,因为姑孰到建康很近。

　　晋明帝也知道了王敦的阴谋,准备立即发兵,但对王敦兵营情形不清楚,便改换了服装,只带几个随从,偷偷地到王敦大营中来侦察军事部署情况。王敦正在营中午睡,忽听有人报告说:"有几个人骑着马在营垒中走来走去。"并描述了其中一个领头的相貌,王敦大惊说:"这一定是司马绍,快追!"传说司马绍逃走时,见路旁有一个卖烧饼的老太太,司马绍把自己的一根镶着七色宝石的马鞭送给她,说如果有骑兵追来,就把这根马鞭拿给他们看,又让士兵们用冷水把马刚拉下来的粪便泼湿。当追兵来到路口时,问卖烧饼的老太太有没有人刚从这里逃走,老太太拿出马鞭来,五个骑兵见马鞭非常漂亮,拿过来你看看,我看看,耽误了很长时间,再看路旁的马粪已经冷透了,认为人已经逃远了,便不再去追。

　　王敦在积极准备起兵的时候,忽然得了重病,王敦因为自己病重,和钱凤商量起兵的事情,便说出了三种选择:"第一,如果我病死的话,你们大家将军队解散,归降朝廷,保全性命,这是上计;第二,是退驻武昌,按时向朝廷进贡,拥兵自保,这是中计;第三,是趁我还活着,发兵顺江而下,说不定能取胜,但假如兵败而死,那这就是下计了。"钱凤认为王敦的三计中,第三个计是上计,应该立即发兵东下,凭自己的庞大的军事实力,一定能胜。大家都同意钱凤的意见,便发信给沈充,约定同时起兵。同时,晋明帝司马绍也做好了准备工作,他任命王导为大都督,丹阳尹温峤为中垒将军,与右将军卞敦共守石头城,以光禄勋应詹为护军将军,总督朱雀桥南诸军事,以郗鉴行卫将军督从驾诸军事,以庾亮领左卫将军,临淮太守苏峻、徐州刺史王邃、豫州刺史祖约等进京护卫,正式发诏讨伐王敦。

　　王敦一面给朝廷上表,要求除掉温峤,想再重演过去讨伐刘隗的故事,一面命堂兄王含为主帅,与钱凤、邓岳、周抚等人率领水陆大兵五万,向秦淮河南岸进攻,却被苏峻、刘遐的大兵打败。王敦在重病中听说王含兵败,还大骂这个堂兄不中用，准备自己带病出任主帅，还没起床，便倒下去死了。

王敦一死，晋军大振，沈充、钱凤接连战败，在战斗中被杀，王含、王应父子二人逃到荆州投奔荆州刺史王舒，王舒虽然也是王氏家族人，但他不支持王敦，王舒将王含、王应沉在江中淹死。到这时，王敦的叛乱终于被彻底扫平。

淝水之战

淝水之战是决定南北朝对立局面的一次战争。战争的双方是前秦和东晋。

原来，从公元316年西晋灭亡后，我国北方就陷入了分裂割据的大混乱局面。在一百多年中，先后出现了许多由少数民族贵族建立的政权，其中比较大的有：汉（匈奴）、前赵（匈奴）、后赵（羯）、前燕（鲜卑）和前秦（氐）。

公元357年，前秦的苻坚自立为帝，他在王猛的帮助下，大力接受汉族文化，抑制豪强，兴修水利，劝课农桑，改进农业耕作技术，使前秦成为北方最强大的国家。之后，又灭燕，占领黄河下游。公元373年，攻占东晋的益州。公元376年，又攻灭甘肃西部的前凉和鲜卑拓跋氏在山西北部建立的代。统一整个北方后，便积极准备南下灭晋。

这时，西晋皇族司睿已经在南迁的北方汉族世族和南方世族的拥护下，在建康称帝，建立了东晋。东晋王朝依靠长江天险和南方的经济相对稳定发展的局面，得以偏安一隅。

公元383年5月，苻坚下令南征。

苻坚的秦军在洛涧遭到挫折后，沿淝水西岸列兵布防，使得晋军不能渡河西击。虽然两军列于淝水两岸，一时相安无事，但对于晋军来说，秦军毕竟人多势众，一旦他们大军集合起来，后果将不堪设想。

谢玄向他叔父谢石建议说："我军要取得胜利，仍必须先发制人。否则对我方不利。"

谢石说："现在苻坚的部队在洛涧吃了亏，如今只是驻守淝水西岸，不急于出战，我们应怎样？"

谢玄说："苻坚狂妄自大，自吹'投鞭断流'，自恃人多势众目空一切。我们不如用激将法，引蛇出洞，以便把老虎撵出来打！"谢石同意。

东晋给苻坚送来一信，上面道："将军率领百万之众来攻打晋国，洛涧之战不过是我军牛刀小试,今两军尚未交锋,将军即龟缩不前,不敢应战,难道这就是秦国的将领吗?如果将军真敢与我军交战,就请你们后撤一箭之地,腾出一块交战的地方,使我军渡过淝水,再决一胜负,这岂非一件好事!"

秦军诸将见晋军要求秦军后撤,都不理解。他们说:"我军强大,不如凭借淝水布阵设防,使晋军不得过江,方为万全之策。"可苻坚却说:"稍退一步又何妨!常言道'兵不厌诈',我军虽然稍稍后撤,但在晋军渡河之际,即可挥兵疾回,来他个'半渡而击之',一举把晋军消灭在淝水之中,难道不是更好吗!"他的弟弟苻融大赞这种将计就计的英明做法,赶紧应命前去执行。

公元383年11月,淝水之战爆发了。那天清晨,苻坚全身戎装,亲临现场指挥战斗。苻融、张蚝在阵前侍候听令。秦王单等陛下发号施令,苻坚抽出青龙剑,命令后撤,只这一声号令,三军人马全部回身,争相向西撤退。

岸边的谢氏叔侄正在观察敌情,看到秦军一向后撤,立即命令晋军渡河,只见胡彬率领一万名水军驾舟由深水滩强行渡河,刘牢之率领一万名北府兵乘铁骑由浅水滩冲向敌军。两支先锋部队互相照应,竞相推进,就像两把利剑直刺对方。苻坚见晋军迅猛过河,蜂拥而至,急忙召回张蚝的骑兵准备入河拦截。张蚝原被北府兵打败过,在洛涧一战中,晋军的英勇无敌亲眼所见,所以此时未曾交手,便已心中发虚,哪里敌得住晋军猛烈的冲锋?刘牢之身先士卒,边指挥边冲杀,一会儿便已杀到了对岸。强渡深水滩的晋军更是奋勇当先,虽有部分秦军乘船堵截,但都是由步兵临时改来水战的,仓促上阵,毫无战法。很快,就都被胡彬的水兵化解了。这时,晋军千帆竞发,强行登上西岸。谢玄渡过河来,立即抓住战机,一面令两支先锋军抵住反扑的秦军,保住滩头阵地,一面催动大军迅速渡过淝水。

苻坚见势不妙,忙号令全部人马杀回来。但是,这些秦军多半都是强征入伍的各族百姓,谁也不愿意为秦王卖命。他们听到后撤的命令,早已人心涣散,再叫他们回来参战,谈何容易?正在这时,原来勉强投降秦国的晋军将士趁机高喊:"秦军败了!秦军败了!"阵地到处响起"秦军败了"的喊声。兵卒闻听此言,更加没命地往回跑。苻融见秦军一片混乱,争相逃命,便慌忙策马来到军卒中整顿队伍,不料北府兵冲来,把他连人带马掀翻在地,竟被晋军活活砍死了。于是秦军失去了控制,乱成一团糟,千军万马只顾奔走逃命,自相践踏,死伤不可计数。苻坚此时已无可奈何,只得随着溃逃的人流向北奔去。为了逃命,他们专拣杂草丛生的野路逃跑,盔甲、兵器、车辆丢得遍地皆是。秦军听到尖厉的风声和鹤群的叫声,也惊吓得以为是晋军追来,后来人们便用

"风声鹤唳"来形容秦兵惊慌失措的狼狈相。

通过淝水一战,晋军收复了寿阳,俘虏了淮南太守郭褒。苻融被乱军杀死,苻坚也中箭负伤,单身匹马逃回洛阳。他曾试图灭亡东晋、统一天下的希望也从此破灭了。

南北朝

刘裕诛桓玄灭诸国

刘裕(公元363—422),字德舆,小名寄奴,祖籍彭城(今江苏徐州),出身于破落的低级士族。东晋初年,举家避难,从彭城迁居京口(今江苏镇江)。刘裕幼年家境贫寒,不得读书,只好以耕地为生,有时也兼做樵夫、渔夫及贩卖鞋子的小贩。这种经历,使得刘裕既懂得劳动民众的疾苦,又具有冒险求利的性格。

京口是从北方各地流亡来的士族和民众聚居的地方,号称"北府",与历阳同为扬州重镇。京口的居民风俗强悍,敢于从军,当谢安辅政,推举谢玄为大将,谢玄在京口招募士兵时,就征得勇士刘牢之等人。刘牢之常常率领精锐前锋,冲锋陷阵,战无不胜,号称"北府兵"。淝水大战,苻坚军崩溃,晋军前锋五千人,全是刘牢之统帅的北府兵。后来,北府兵又在京口招募军队,见前来应募的刘裕身材魁梧、相貌堂堂,就把他留在北府兵当了一个小军官。

公元399年,刘牢之攻打农民起义军孙恩,刘裕骁勇善战,屡立大功。刘牢之的部下,大多抢掠财物,比盗贼更厉害。只有刘裕严格约束部属,纪律严明,大得民心。从此,刘裕成为北府兵的著名将领,消灭孙恩、卢循起义军,主要是刘裕的功绩。

公元400年左右,桓玄篡晋。这为刘裕灭晋、创建南朝提供了一个绝好的机会。桓玄,东晋大将桓温的少子,从小便承袭爵位为南郡公,长大后,相貌俊朗,并且多才多艺,尤其擅长作文。但是,他总以为自己的才学和门第举世无双,待人十分傲慢,因而引起众人的不满,朝廷也疑而不用。直到二十三岁,桓玄才被任命为太子洗马，后来转任义兴太守，总是郁郁不得志。于是，愤然拂袖弃官，返回荆州南郡(今湖北江陵)的封地。

公元400年3月，桓玄占领荆、雍二州，上表要求统领荆、江二州，朝廷授予他管辖荆、司、雍、秦、梁、益、宁七州的军事，兼荆州刺史，令桓修为江州刺史。桓玄不从，再上书，朝廷迫不得已只得让他管辖八州。他还让他兄长桓伟作雍州刺史，让他侄子桓振做淮南太守，朝廷都不敢不答应。

桓玄在控制了中、上游后，以为已经握有东晋天下的三分之二，具备了左右局势的实力。年末，决定起兵讨伐桓玄。公元401年初，司马元显派北府都督刘牢之为前锋，但在桓玄策动下，刘牢之再度倒戈。桓玄势如破竹，得以顺利地攻进建康，捕杀了司马元显等人。从此，桓玄安排自己的心腹和亲信，占据了各个重要的城镇要塞，一步步向最高权力逼近。

桓玄任命自己为总百揆、都督中外诸军事、丞相、录尚书事、扬州牧等，集许多大权于一身；又将一些重要职权任命给桓氏家族中的桓伟、桓谦、桓修、桓石生等人。接着，将刘牢之改任为会稽内史，把他的北府兵权收归己有。这时，刘牢之才觉得上了当，便与同人商量占领江北，与桓玄对抗，有人指出："你一个人既反王兖州，又反司马郎君，还反桓公，到底想要怎么样？"刘牢之无言以对，众人一哄而散。刘牢之无奈，派人到京口去接家人，却又久久不见回来，以为出了事，便带着手下向北逃，到了新州，发现大势已去，就上吊自杀了。

对桓玄篡晋的行为，刘裕全部看在眼里。当时，跟着刘牢之的时候，他心里就在盘算着如何复兴晋室了。他背地里联合地府兵的中下级军官，密谋推翻桓玄。当一切准备停当以后，他从京口起兵，向建康进军。桓玄赶紧派兵阻击，却被刘裕打得大败，被迫撤出建康并带走晋安帝。刘裕乘胜追击，桓玄在江陵聚集了大批人马，再次反扑。峥嵘洲(今湖北鄂城)一战，桓玄惨败。桓玄本人也在逃跑途中被杀。

刘裕大败桓玄以后，把晋安帝接回建康，使之重登皇帝宝座。此时，刘裕已经成为重建东晋皇朝的大功臣。晋安帝令他都督军事，坐镇京口和徐、青二州。过后，又任命他为扬州刺史并兼代理尚书，出兵讨伐北方的南燕和后秦。

南燕是鲜卑人建立的政权，统治范围在今山东一带。它的首领慕容超常常派兵骚扰东晋北部边境，掠走人民去当奴婢，甚至拿掳去的人当礼物，送给后秦等国的统治者。东晋北部的人民，早就盼望着讨伐南燕。刘裕亲自带兵

注释

一哄而散：形容聚在一起的人一下子吵吵嚷嚷地走散了。哄：吵闹。

从建康出发,渡过淮河、泗水,很快就拿下了琅邪(今山东临沂北)。

慕容超派人向后秦求救。后秦皇帝姚兴派使臣到刘裕那里进行威吓说:"我们已经派出十万铁骑,马上就要到达洛阳;你们如果不退兵,我们将直捣你们的建康!"刘裕回答说:"我本想在消灭南燕之后,休息三年,再来平定你们占据的关、洛之地(今陕西、河南部分地区);而今你们自己送上门来,那就快点来吧!"姚兴原想吓唬一下刘裕,想不到刘裕口气很硬,反倒被吓住了,不敢来救南燕。刘裕很快就攻下了南燕的都城广固(今山东益都西北),生擒慕容超,灭了南燕。

六年之后,刘裕趁姚兴刚死、太子姚泓即位不久的大好时机,亲自统帅五路晋军,讨伐后秦。晋军要经过北魏管辖的地区,北魏在黄河北岸集结了十万大军,又派出几千骑兵渡过黄河,骚扰西进的晋军。刘裕派水军上北岸去打魏军,魏兵便逃;等晋军回到船上,他们又在北岸骚扰,弄得晋军来回奔跑,没法顺利进兵。

刘裕从容对阵,他派了一个将军带了七百兵士、一百辆兵车登上北岸,沿岸摆开一个半圆形的阵势,两翼紧紧靠着河岸,中间鼓出,当中的一辆兵车上竖了一根白羽毛。因为这种布阵形象像个月钩,所以名叫"却月阵"。

魏兵远远观察着晋军的布阵,不懂是什么意思,也没有敢动。一会儿,只见晋军中间车上有人举起白羽毛,两侧就拥出了两千名兵士,带着一百张大弓,奔向兵车。魏兵看看这个阵势,也没有什么大不了,就集中三万骑兵向河岸猛攻晋阵。晋阵上一百辆兵车上的弓箭齐发,仍旧挡不住魏兵。

没料到晋军在却月阵后面,另外布置好一千多支长矛,装在大弓上。这种长矛约有三四尺长,矛头特别锋利。魏兵正向晋军猛攻的时候,晋军兵士们就用大铁锤敲动大弓,那长矛往魏军飞去,每支长矛就能射杀魏兵三四个,三万名魏兵一下子就被射死了好几千。其他魏兵不知道晋军阵后还有多少这种武器,吓得抱头乱窜,全线崩溃。晋军又乘胜追击,杀死了大批魏兵。

刘裕打退魏军,打通了沿黄河西进的道路,顺利西进。那时候,王镇恶和檀道济带领的步兵,已经攻下洛阳,在潼关和刘裕水军会师。接着刘裕派王镇恶攻下长安,灭了后秦。

刘裕在长安住了两个月,他怕自己离开朝廷太久,大权旁落,决定立即回师建康。在他离开长安那天,关中的父老流着眼泪挽留他,希望他继续留在北方抗击鲜卑、羌等族的骚扰。

刘裕回到建康,东晋朝廷拜他做相国,尊他为宋公。他看到夺取帝位的时机已经成熟,就在公元420年,把晋朝的末代皇帝恭帝司马德文废掉,自己做了皇帝,改国号为宋,东晋灭亡。中国南方地区进入南朝时期。

北魏孝文帝迁都

公元420年,东晋为刘裕所灭,中国历史进入南北朝时期。

北魏的统治者是鲜卑族拓跋部人。北魏历经几代人、数十年的努力,于公元439年统一了中国北方,结束了一百多年来北方十六国割据的局面,北朝从此开始。

公元471年,拓跋宏即北魏帝位,是为孝文帝,当时年仅四岁。由于孝文帝年纪太小,由祖母冯太后临朝执政,并尊冯太后为太皇太后。冯太皇太后尽管在生活上淫荡不贞,但却是一位颇有才能的政治家。在她的主持下,北魏进行了重大改革,缓和了阶级矛盾,限制了地方豪强势力,扭转了北魏国力衰微的局面。冯太皇太后死后,孝文帝把北魏的改革推向了更深的阶段,使衰弱的北魏又逐渐强盛起来。

魏孝文帝的改革,包括实行俸禄制、均田制、三长制以及迁都和汉化。其中,尤以迁都和汉化作用巨大,影响深远。

孝文帝以前,北魏的官吏是一律不给俸禄的。中央官吏可以按等级分享缴获的战利品,或是受到额外的赏赐;地方官吏不同,他们只要上缴规定的租税赋役,就可以在其管辖的范围内,任意搜刮、不受限制。有一次,太武帝拓跋焘要出征,向老百姓征调毛驴,驮运军粮。这件事由公孙轨负责。公孙轨下令,老百姓交上来的毛驴,必须每一头加上一匹绢,才能被官府接受。当时,人们都说:"驴子没有好坏,背着绢就是壮驴。"官吏如此贪赃枉法,不能不激起人民的反抗。

针对这种情况,孝文帝在公元484年6月,下决心实行俸禄制。他规定:每户征调3匹绢,2石9斗谷,作为百官的俸禄。同时,制定了严惩贪官污吏的法律,规定:官吏贪赃1匹以上的绢就要处以死刑。俸禄制实行以后,虽然增加了人民的赋税,但与以前放纵官吏们贪污掠夺相比,对人民还是有利的。正因为如此,俸禄制遭到一部分惯于贪赃枉法的官吏们的反对。孝文帝改革意志坚决,对这些人进行了严厉打击,先后处死了地方刺史以下的贪官污吏四十多人,使北魏的吏治出现了崭新的局面。

公元485年11月,孝文帝和太皇太后,采纳给事中李安世的建议,实行均田制,均田制的主要内容是:男子十五岁以上,给露田(不栽树只种谷物的土地)40亩,妇女20亩,一夫一妻60亩;男子还给桑田(已种或允许种桑、榆、枣等果木的土地)20亩,在不适合种果木的地方,男子给露田40亩,妇女5亩;露田是私有田,可传给子孙,也可以买卖其中一部分;奴婢和良人也一样给露田,一头牛可给田30亩。此外,新定居的户主,还给少量的宅基田。

均田制不是平分土地。对于地主来说,是承认他的土地占有权,又限制了他们兼并土地;对于农民来说,是既承认他们已有的小块土地,又鼓励他们开荒;对于那些流浪者来说,则给他们自立门户提供了条件。

公元490年9月,太皇太后驾崩,二十四岁的孝文帝亲掌朝政。他为了加强中央集权,决心进一步改革。此时,改革的重点在于"汉化"。孝文帝很聪明,在他的祖母冯太皇太后影响下,也读了不少书,对汉族文化有较深的了解。他知道,要使北魏富强,必须抛弃民族偏见,接受汉族的先进文化。当时,北魏的都城在平城(今山西大同)。由于地处边塞,既不便于加强同黄河流域汉族的联系,又不便于进攻南朝,对控制中原和推行改革都是障碍,于是,孝文帝决定迁都洛阳。

迁都是件大事,关系到许多鲜卑贵族的切身利益。他们大多留恋旧都的田地财产和奢侈的生活,害怕迁都会改变他们的生活方式,所以,强烈反对迁都。孝文帝为了达到迁都的目的,定下了一条妙计。

公元493年8月,孝文帝亲自率领步兵、骑兵三十万渡过黄河,9月进驻洛阳。孝文帝带领大臣们参观洛阳西晋宫殿的遗址,他面对这满目荒凉的景象,对大臣们说:"西晋的皇帝没有管理好国家,致使国家灭亡、宫殿荒芜,看了真让人伤感。"他触景生情,朗诵起《诗经》中《黍离》这首诗来。"黍"是糜子,"离"是指植物长得很茂盛的样子。据说,当年东周大夫回到西周的镐京,看到旧日宫殿的遗址,种上了茂盛的谷子,感到十分哀伤,就写下了这首诗。

此时,洛阳秋雨连绵。文武百官本来就不愿南征,现在他们面对连绵惨淡的秋雨和残败破落的宫殿,心情十分沉重。原来,几十年前,北魏太武帝曾以十万大军南征,结果被宋军打得大败而逃,伤亡大半。从此"南征"成了他们最感可怕的事情。这一出戏演得很出色,孝文帝南征是假,迁都是真。他针对大臣们不愿继续前进的为难情绪,便下令三军,继续往南进发。

大臣们听了,就纷纷跪倒在马前叩头,请求皇帝不要再南征了。孝文帝乘机说道:"这次南征,兴师动众,不可无功而返。不南征,就迁都。"并且下令:愿意迁都的站在左边,不愿迁都的站在右边。文武百官听了,权衡一下南征与迁都的利弊,觉得还是迁都为好。于是,所有随军贵族和官吏都站到左边去了。一时间,停止南征的消息传遍了全军,大家都高呼"万岁",迁都洛阳之事,就这样决定了。

迁都洛阳后,孝文帝就开始大力推行汉化政策。首先,他改鲜卑姓为汉姓,鼓励鲜卑人与汉人通婚。孝文帝把拓跋氏改成元氏;把步陆孤氏改成陆氏;薄奚氏、达奚氏改成奚氏……他还带头娶汉族大姓女子为皇后、妃子。并且,给他的弟弟们娶汉族大姓女为妻室,还把公主们嫁给汉族大姓。范阳卢氏,一家就娶了三个公主。

孝文帝还下令,鲜卑族一律改穿汉人服装,孝文帝亲自在光极堂给群臣颁赐了汉服的"冠服",让他们穿戴。再次,禁止说鲜卑语,要求鲜卑族改说汉语。他规定:三十岁以上的人,由于说话的习惯已久,可以慢慢改;三十岁以下的人,要立即改说汉语。并严厉规定:在朝廷当官的人再说鲜卑语,就要降爵罢官。

对这些改革,顽固守旧的鲜卑贵族当然不满意。他们暗中勾结起来,煽动皇太子元恂发动叛乱。元恂打算趁孝文帝出游嵩山的机会,偷偷逃回平城,依靠守旧派占据平城搞分裂。孝文帝在去嵩山的路上得知这个消息,立即派人把元恂逮捕起来,亲自用鞭子打了他一顿。并将太子废为平民,囚禁起来。过了些日子,又把太子毒死了。正是因为平定了这场武装叛乱,孝文帝的改革才得以推广。

北魏孝文帝在位期间,对北魏的政治、经济、军事和民族旧习都进行了一系列大胆的多方面的改革。在他的带动下,北方各族人民在相互交往中渐渐融合,逐渐接受了汉族的先进生产方式以及与这种生产方式相联系的文化。那些"代迁户"在新的地方取得了新的联系,学习了新的风俗和新的习惯,逐渐汉化了。北魏孝文帝的迁都和汉化政策,促进了北方各民族的融合,为我国多民族国家的发展作出了贡献。

大发明家祖冲之

从宋孝武帝即位之后,宋王朝很快就衰落了。在这个时期,却出了一个杰出的科学家祖冲之。

祖冲之的祖父名叫祖昌,在宋朝做了一个管理朝廷建筑的长官。祖冲之长在这样的家庭里,从小就读了不少书,人家都称赞他是个博学的青年。他特别爱好研究数学,也喜欢研究天文历法,经常观测太阳和星球运行的情况,并且做了详细记录。

宋孝武帝听到他的名气,派他到一个专门研究学术的官署"华林学省"工作。他对做官并没有兴趣,但是在那里,可以更加专心研究数学、天文了。

我国历代都有研究天文的官,并且根据研究天文的结果来制定历法。到了宋朝的时候,历法已经有很大进步,但是祖冲之认为还不够精确。他根据他长期观察的结果,创制出一部新的历法,叫作"大明历"("大明"是宋孝武帝的年号)。这种历法测定的每一回归年(也就是两年冬至点之间的时间)的天数,跟现代科学测定的相差只有五十秒;测定月亮环行一周的天数,跟现代科学测定的相差不到一秒,可见它的精确程度了。

公元462年,祖冲之请求宋孝武帝颁布新历,孝武帝召集大臣商议。那时候,有一个皇帝宠幸的大臣戴法兴出来反对,认为祖冲之擅自改变古历,是离经叛道的行为。

祖冲之当场用他研究的数据回驳了戴法兴。戴法兴依仗皇帝宠幸他,蛮横地说:"历法是古人制定的,后代的人不应该改动。"

祖冲之一点也不害怕。他严肃地说:"你如果有事实根据,就只管拿出来辩论。不要拿空话吓唬人嘛。"

宋孝武帝想帮助戴法兴,找了一些懂得历法的人跟祖冲之辩论,也一个个被祖冲之驳倒了。但是宋孝武帝还是不肯颁布新历。直到祖冲之死了十年之后,他创制的大明历才得到推行。

尽管当时社会十分动乱不安,但是祖冲之还是孜孜不倦地研究科学。他更大的成就是在数学方面。他曾经对古代数学著作《九章算术》作了注释,又编写一本《缀术》。他的最杰出贡献是求得相当精确的圆周率。经过长期的艰苦研究,他计算出圆周率在3.1415926和3.1415927之间,成为世界上最早把圆周率数值推算到七位数字以上的科学家。

祖冲之在科学发明上是个多面手,他造过一种指南车,随便车子怎样转弯,车上的铜人总是指着南方;他又造过"千里船",在新亭江(在今南京西南)上试航过,一天可以航行一百多里。他还利用水力转动石磨,舂米碾谷子,叫作"水碓磨"。

祖冲之死后，他的儿子祖暅、孙儿祖皓都继承了祖冲之的事业，刻苦研究数学和历法。据说祖暅在研究学问的时候，全神贯注，连天上打响雷也听不到。他常常一面走路，一面思考问题。有一次，他在路上走，前面来了个大官僚徐勉。祖暅根本没有发觉，一头就撞在徐勉身上。等到徐勉招呼他，祖暅才像梦中惊醒一样，慌忙答礼。徐勉知道他研究出了神，也没有责怪他。

祖冲之晚年的时候，掌握宋朝禁卫军的萧道成灭了宋朝。公元479年，萧道成称帝，建立南齐。他就是齐高帝。

梁武帝做和尚

孝文帝死后，过了二三十年，北魏的政治渐趋腐败，接连激起了北方各族人民的大起义。几经周折，声势浩大的起义军虽然先后都被镇压下去，但北魏王朝也因此一蹶不振。从宋文帝开始，王室间为争权夺利骨肉残杀的悲剧愈演愈烈。公元479年，宋灭亡了，代之而起的是齐朝，齐朝是宋朝大将萧道成建立的，故亦称"萧齐"。

萧道成临终告诫子孙们说："我本是个布衣，从来没想到会做皇帝。那是因刘宋骨肉相残，弄得国亡族灭，才为我大齐所取代。你们要以宋为鉴，兄弟和睦，骨肉恩爱，切不可……"

然而，历史好像故意在嘲弄这位布衣皇帝的主观臆想，在他儿子武帝死后，萧氏子孙也同刘氏子孙一样，演出了内容几乎完全相同的历史悲剧。大将萧衍夺取大权称帝，改国号为梁，萧衍就是梁武帝。

北魏发生内乱以后，南方的梁朝曾经几次起兵北伐。但是梁武帝指挥无能，不但不能恢复土地，反而死伤了无数军民。北魏分裂后，也没有能力再进攻南方，梁朝才有一个比较长的安定时期。

梁武帝看到宋、齐两个朝代都因为皇族之间互相残杀而发生内乱，他就对自己亲属格外宽容。皇族中有人犯罪，他只好言好语教训一番，从不办罪。梁武帝有个六弟临川王萧宏，是个贪得无厌的人，尽情搜刮财富。临川王府内室后面有几十间库房，平日锁得严严实实的。有人怀疑里面藏的是兵器，向梁武帝告发，说萧宏私藏兵器，准备造反。

梁武帝听说他弟弟要夺他的权，也有点吃惊，亲自带领禁军去搜查。萧宏一见梁武帝，神色慌张。梁武帝更加起了疑心，就命令萧宏把库房全部打开，让他挨间检查，打开库房一看，发现其中三十多间库房里都堆满了钱，共有三亿万以上，其他的库房里囤积着布、绢、丝、绵等杂货，更是多得不计其数。

萧宏跟在梁武帝后面，心惊胆战，怕梁武帝发现了他的赃物，一定要办他的罪。想不到梁武帝检查完了，转过身来，笑嘻嘻地对萧宏说："阿六，你的日子过得不错嘛！"

打那以后，他知道萧宏不会谋反，反而对萧宏更加信任了。梁武帝对亲属和士族百般纵容，对待百姓就完全是另外一套，谁触犯当时的法律，就要严办。如果一个人逃亡，全家人都要罚做苦工。这样，贵族官僚有恃无恐，更加横行不法，有的甚至在大街上公开杀人，都没有人敢干涉。

有一个正直的官员贺琛上了一个奏章，对梁武帝提出四条意见，说现在各地州郡官吏搜刮残酷，百姓实在受不了；官员穷奢极侈，浪费太严重；奸臣当道，作威作福，陷害好人；大造官府，没完没了，百姓终年服役不得休息。

贺琛说的条条是事实，但是梁武帝一句也听不进。他口授一道诏书，责备贺琛。在那份诏书里，他把自己说成一个天底下少有的贤明君主，又是勤劳，又是节俭，把贺琛的意见顶了回去。

梁武帝也是个佛教信徒。他在建康建造了一座规模宏大的同泰寺，每天早晚到寺里去烧香拜佛，讲解佛法，说这样做是为了替百姓消灾积德。到了他年老的时候，更干出一件奇怪荒唐的事来。

有一次，他到同泰寺"舍身"，也就是要出家做和尚。皇帝做和尚，这还是破天荒第一次。可是皇帝说要出家，谁敢反对！再说，那时候佛教盛行，皇帝肯做和尚，还表示他对佛法的虔诚哩。

梁武帝做了四天和尚，宫里的人把他接回去了。后来他一想，这样做不妥当。因为按当地的风俗，和尚还俗，要出一笔钱向寺院"赎身"。皇帝当了和尚，怎么能够例外。第二次，他又到同泰寺舍身，大臣们请他回宫，他就不答应了。后来，大臣们懂得他的意思，就凑了一万万钱到同泰寺给这位"皇帝菩萨"赎身。寺里和尚能够收进一大笔钱，怎么不高兴，当然同意他还俗。大臣们就排了仪仗，到寺里把他接回来。

第三次，梁武帝又想个新花样，他到同泰寺舍身的时候，说为了表示他对佛的虔诚，不但把自己的身子舍了，还把他宫里人和全国土地都舍了。

舍的多，赎的钱当然应该更多。过了一个月，大臣们又凑足了二万万钱去把他赎了回来。

说巧也巧。正好在那天晚上,同泰寺里的一座塔被火烧了。和尚赶快报告梁武帝。梁武帝合着手掌,说这一定是恶魔干的。他又下了一道诏书说:"道越高,魔也越盛。我们要造更高的塔,才能压住魔鬼的邪气。"

过了一年,他又舍了一次身。大臣们又花了一万万钱把他赎回来。梁武帝前后做了四次(一说是三次)和尚,大臣们一共花了四万万赎身钱。这笔钱,当然转嫁到老百姓身上去了。

梁武帝热心做和尚,把朝廷大事弄得混乱不堪。终于导致一场大乱——侯景之乱。

陈霸先灭梁建陈

北魏孝文帝改革,促进了北方各民族的大融合,国家一片繁荣景象。然而随着生产的发展和阶级矛盾的加剧,统治集团腐化,国势日渐衰败。

公元534年宇文泰杀害了孝武帝元修,立元宝炬为帝,设都长安,开创了西魏的历史。从此,宇文泰便伺机篡位,要亲自登上皇帝宝座,但总觉得时机不成熟。公元551年文帝元宝炬病故,宇文泰想称帝易如反掌,可勇气不足,又让元钦继位。宇文泰对自己这个决定很后悔,但想到自己的女儿宇文氏是元钦的妃子,又觉得满意。

元钦对宇文泰独揽朝政心怀不满,想除掉他,结果,走漏了风声,宇文泰让元钦喝毒酒自杀,宇文氏也主动喝鸩酒,和丈夫一块儿去了,令宇文泰夫妇十分悲痛。宇文泰想此时篡位,但找人算了,魏朝寿命未尽,还有三十五年。宇文泰只好立元钦的弟弟元廓为帝,自己再耐心等几年。不久,宇文泰突然患病,意识到自己永远当不成皇帝了,自己两个儿子太小,不能指望,就把侄子宇文觉找来,面授机宜,将手中大权交给了他,宇文泰就这样带着终生遗憾走了。

宇文泰死后,元氏宗亲想趁机灭除宇文氏势力。大冢宰宇文护听到风声,找到大司寇于谨密谋,决定先下手为强——篡位!

第二天早朝,宇文护、于谨率兵冲进皇宫,将参与密商除灭宇文氏的元氏朝臣全部抓获之后,逼迫魏帝元廓禅让皇位。元廓含泪交出玉玺。

注释

易如反掌:比喻事情非常容易做。

宇文护也算没辜负宇文泰的期望,拥立他的侄子宇文觉即位,国号周,史称北周,时值公元557年。至此,魏朝从道武帝拓跋珪登基开始,历时一百四十九年,十一个皇帝;东魏只一任皇帝元善见,在位十七年;西魏共三个皇帝,历时共十三年。

宇文氏篡位灭魏建立周朝的消息传到南朝梁都建康,已荣任丞相的陈霸先羡慕极了。因为他也有篡位灭梁称帝的野心。

陈霸先,字兴国,吴兴郡长城县下若里人,生于梁天监二年(公元503年)。青少年时期,陈霸先即胸怀大志,喜读兵书而多武艺。后来,他作战有功,逐步成为梁朝有名的战将。陈霸先与王僧辩平定侯景之乱以后,梁元帝萧绎任命王僧辩为太尉,镇守都城建康,任命陈霸先为司空领扬州牧,屯兵京口。不久,梁帝萧绎被西魏于谨处死,陈霸先与王僧辩又让晋安王萧方智继位。萧方智只有十三岁,一切全听王僧辩的,引起陈霸先不满。不久,北齐皇帝高洋想在南梁安排一个傀儡皇帝,便让王僧辩重立萧渊明当皇帝。王僧辩被迫答应,陈霸先却不同意,发兵攻进都城。王僧辩慌忙迎战不敌,被陈霸先杀死。

萧方智重登帝位,陈霸先掌握了朝廷大权。

北齐皇帝高洋,闻听他推荐的皇帝萧渊明被杀,不由得大怒,派兵进攻梁朝;王僧辩被杀,他的女婿吴兴太守杜龛、弟弟吴郡太守王僧智等人,统帅三吴之兵讨伐陈霸先。陈霸先内外交困,在这危急时刻,得到百姓的支持,提高了士气,打退了北齐的进攻。又派侄儿陈茜平定三吴,南梁方才转危为安,后来,陈霸先闻听宇文氏篡位灭魏的消息,便加快了他的篡权步伐。太平二年十月,陈霸先进爵为陈王。随后,陈霸先取得心腹大臣支持后,给小皇帝施加压力。小皇帝萧方智被迫禅让。陈霸先终于登上皇位,建立了陈朝,梁朝随之灭亡。其时公元557年。梁朝自萧衍称帝开始,共四任皇帝,历时五十五年。

陈霸先即皇帝位后,改太平二年为永定元年。永定三年六月,陈霸先逝世,年五十七岁。

隋　朝

陈后主亡国

陈武帝建立南陈王朝的时候，北方的东魏、西魏已经分别被北齐、北周代替。公元550年，东魏高欢的儿子高洋建立了北齐，公元557年，西魏宇文泰的儿子宇文觉建立了北周。北齐和北周互相攻战，到北周武帝时，灭掉了北齐，统一了北方。

北周武帝是个比较有作为的皇帝，但是继承他的周宣帝却是一个荒淫暴虐的人。周宣帝死去后，他的岳父杨坚夺取了政权。公元581年，杨坚即位，建立隋朝。这就是隋文帝。

在北方政治上动乱的时候，南陈王朝获得了一个暂时的安定局面，经济渐渐恢复起来。但是传到第五个皇帝，却是一个荒唐得出奇的陈后主。

陈后主名叫陈叔宝，是个完全不懂国事，只知道喝酒享乐的人。他大兴土木，造起了三座豪华的楼阁，让他的宠妃们住在里面。他手下的宰相江总、尚书孔范等，都是一伙腐朽的文人。陈后主和宠妃经常在宫里举行酒宴，宴会的时候，让他们一起参加。大家通宵达旦地喝酒赋诗，你唱他和，还把他们的诗配上曲子，挑选了一千多个宫女，为他们演唱。

陈后主这样穷奢极侈，他对百姓的搜刮当然非常残酷。百姓被逼得过不了日子，流离失所，到处可见倒毙的尸体。有个大臣傅縡上奏章说："现在已经到了天怒人怨、众叛亲离的田地了。这样下去，恐怕东南的王朝就要完了。"

陈后主一看奏章就火了，派人对傅縡说："你能改过认错吗？如果愿意改过，我就宽恕你。"

傅縡说："我的心同我的面貌一样。如果我的面貌可以改，我的心才可以改。"

陈后主就把傅縡杀了。

陈后主过了五年的荒唐生活。这时候，北方的隋朝渐渐强大起来，决心灭掉南方的陈朝。

　　隋文帝听从谋士的计策,每逢江南将要收割庄稼的季节,就在两国边界上集结人马,扬言要进攻陈朝,使得南陈的百姓没法收割。等南陈把人马集中起来,准备抵抗隋兵,隋兵又不进攻了。这样一连几年,南陈的农业生产受了很大影响,守军的士气也松懈下来。隋兵还经常派出小股人马袭击陈军粮仓,放火烧粮食,使陈朝遭到很大损失。

　　公元588年,隋文帝造了大批大小战船,派他的儿子晋王杨广、丞相杨素担任元帅,贺若弼、韩擒虎为大将,率领五十一万大军,分兵八路,准备渡江进攻陈朝。

　　隋文帝亲自下了讨伐陈朝的诏书,宣布陈后主二十条罪状,还把诏书抄写了三十万张,派人带到江南各地去散发。陈朝的百姓本来恨透陈后主,看到了隋文帝的诏书,人心更加动摇起来。

　　杨素率领的水军从永安出发,乘几千艘黄龙大船沿着长江东下,满江都是旌旗,战士的盔甲在阳光下闪闪发亮。南陈的江防守兵看了,都吓得呆了,哪里还有抵抗的勇气。

　　其他几路隋军也都顺利地开到江边。北路的贺若弼的人马到了京口,韩擒虎的人马到了姑孰。江边陈军守将告急的警报接连不断地送到建康。

　　陈后主正跟宠妃、文人们醉得七颠八倒,他收到警报,连拆都没有拆,就往床下一丢了事。

　　后来,警报越来越紧了。有的大臣一再请求商议抵抗隋兵的事,陈后主才召集大臣商议。

　　陈后主说:"东南是个福地,从前北齐来攻过三次,北周也来了两次,都失败了。这次隋兵来,还不是一样来送死,没有什么可怕的。"

　　他的宠臣孔范也附和着说:"陛下说得对。我们有长江天险,隋兵又不长翅膀,难道能飞得过来!这一定是守江的官员想贪功,故意造出这个假情报来。"

　　大家你一言,我一语,根本不把隋兵进攻当作一回事,笑话了一阵,又照样叫歌女奏乐,喝起酒来。

　　公元589年正月,贺若弼的人马从广陵渡江,攻克京口;韩擒虎的人马从横江渡江到采石,两路隋军逼近建康。

　　到了这个火烧眉毛的时候,陈后主才有些惊醒过来。城里的陈军还有十几万人,但是陈后主手下的宠臣江总、孔范一伙都不懂得怎么指挥。陈后主急得哭哭啼啼,手足无措。隋军顺利地攻进建康城,陈军将士被俘的被俘,投降的投降。

隋军打进皇宫，到处找不到陈后主。后来，捉住了几个太监，才知道陈后主逃到后殿投井了。

隋军兵士找到后殿，果然有一口井。往下一望，是个枯井，隐约看到井里有人，就高声呼喊。井里没人答应。兵士威吓着叫喊说："再不回答，我们要扔石头了。"说着，真的拿起一块大石头放在井口，装出要扔的样子。

井里的陈后主吓得尖叫了起来。兵士把绳索丢到井里，才把陈后主和两个宠妃拉了上来。

南朝的最后一个朝代陈朝灭亡了。中国自从公元316年西晋灭亡起，经过二百七十多年的分裂局面，重新获得了统一。

隋文帝励精图治

隋朝是我国历史上短命但又影响深远的朝代，隋朝的建立经过了一个曲折的过程，它是继承北周而建立的。北周武帝是一个英明的君主，他在历史上以"灭佛"而闻名，然而继他之后的宣帝、静帝没什么本事，军政大权掌握在左大丞相杨坚手中。

杨坚是北周的皇亲国戚。他的妻子是鲜卑大家族柱国大将军独孤信的女儿。杨坚五世祖为汉族人杨元寿，是北魏武川镇的司马，杨坚的父亲杨忠是鲜卑大贵族独孤信的得力部下，后从宇文泰起兵，以战功封隋国公，任宰相，掌握军政大权，声名显赫。杨坚的女儿嫁给周宣帝为妻，成了皇后，所生之子成为后来的周静帝，所以，杨坚既是周宣帝的岳父，又是周静帝的外公，在北周的身份很不一般，身为宰相，权倾朝野。

杨坚总揽国家大权后，在汉族官僚们的支持下，积极布置夺取帝位，周静帝形同傀儡。

杨坚篡位之心渐渐被人识破，亲近北周皇族的势力纷纷起兵反对杨坚。首先发难的是相州（今河南安阳）总管尉迟迥，同时，郧州（今湖北安陆）总管司马消难，益州（今四川成都）总管王廉也相应起兵，杨坚针锋相对，毫不示弱。部下韦孝宽挺身而出，主动要求率兵前去镇压，他与众军团结一致，浴血奋战，很快就把尉迟迥的部队镇压下去了。

尉迟迥是北周旧势力最有力的代表,他一垮,其他几股反杨势力也就相继衰败。接着,羽翼已丰的杨坚开始大杀北周的皇族,北周宗室子孙死亡殆尽,周静帝成了孤家寡人,彻底无助。公元580年,杨坚自称隋王。次年2月,周静帝被迫让位,杨坚称帝,即隋文帝,改国号为隋,年号开皇。公元589年,隋军平定南陈,结束了中国历史上四百多年的长期分裂局面,隋文帝统一了全国。

作为开国之君,隋文帝吸取了历代因奢侈而亡国之帝王们的教训,他以节俭著称于世,与民同甘共苦。有一年,关中闹饥荒,他得知百姓吃糠拌豆粉,就命人拿给大臣们看,责备自己没有治理好国家,下令饥荒期间,百官一律禁吃酒肉,包括他自己。他平时的生活也很俭朴,他的车马用具坏了,从不让换新的,派人修补之后接着再用。有一次,他配止泻药,要用一两胡粉,找遍宫中也没有。还有一次,他的衣领实在是破旧得无法再穿,他想找一条织成的衣领,宫中也没有。可见,他平素是不允许宫中为他储备许多日常用品的。

严于律己的隋文帝同样也不允许皇后与皇子们有任何奢侈的举动。皇后有一次去库中领一条绣带被他发现,他毫不留情地训斥了皇后一通,皇后愧然地将绣带又交还库中。

三儿子秦王杨俊自恃灭陈时立下战功,生活也越来越奢侈。他模仿皇宫建造自己的宫殿,还从民间搜罗了许多美女,日夜寻欢作乐。隋文帝知道以后,毫不留情地下令罢免了杨俊的官职,并将他幽禁起来。许多大臣都为杨俊说情,觉得杨俊不过是将房屋修饰得稍微华丽了一些,文帝的处罚未免太重了,隋文帝根本不听大臣们的求情。又悔又怕的杨俊没过几天竟然病死了。有人请求为他立个石碑,隋文帝不允,并且命令将杨俊府中奢侈豪华的装饰全部拆毁。

对待自己以及皇室成员、文武百官如此严格的隋文帝,却废除了过去严苛的法律,制定了新律,即开皇律,减轻了刑罚,取消了宫刑、辕刑、枭首、鞭刑和孥戮连坐等酷刑。新律"以轻代重,化死为生",比以前的法律和缓许多。在法律诉讼程序方面,也做了有利于百姓的改动。即使对待罪犯,他也赞成用感化的方式教育他们。

勤政爱民的隋文帝深知暴虐的统治不得人心的道理,他采取了一系列的措施减轻人民的负担。首先,他减轻封建剥削,缩短农民服兵役和徭役的年限。原来十八岁的男子就要服兵役或徭役,被隋文帝改为二十一岁,并且五十岁的男子可以用交纳绢帛来免除徭役。其次,他减少了农民的服役时间,以前成年男子每年必须服役三十天到四十五天,隋文帝减为二十天,比北朝减少了一半左右。

公元592年，朝廷府库堆满了粮食，文帝下诏，令河北、山东当年的田租减收一成。五年以后，全国的府库无不盈积谷粮，文帝再次下诏，令全国当年的赋税全免，以奖赐黎民百姓。在封建社会里，一般逢到灾年荒岁，政府才会减免赋税，而隋文帝却能在平时减税，充分说明了在他的统治之下，全国农业生产的恢复和发展以及国库的充盈。

农业的发展使隋朝的粮食储备大增，设在各地的官仓，仓仓粮满。库藏之多，亘古未有，直到隋炀帝初年，洛阳的布帛，已堆积如山，太原的粮储可支撑十年，而全国所有的粮食储备可用五六十年之久。隋朝灭亡了二十年，他们所储备的粮食、布帛还没被用完。

居安思危，公元585年，隋文帝下令在全国设置义仓，作为救灾之用。在风调雨顺的年份，农民交纳一些粮食，放在义仓，由本地官员管理，一旦灾荒出现，便开仓放粮，这样，无论年景好坏，百姓的生活都有保障。

在实施了一系列政治、经济改革的同时，隋文帝还统一了货币与度量衡。南北朝之时，钱币轻重极端紊乱。文帝即位后，逐渐废除了各种标准不一的旧钱，新铸一种五铢钱，作为标准货币，流通全国。南北朝时期的度量衡混乱不堪，隋文帝规定以古尺的一尺二寸为一尺，以古斗的三升为一升，以古秤的三斤为一斤，统一了度量衡。这两项措施促使商业进一步发展，城市更加繁荣。

隋文帝还有一项重大的贡献，就是创立了科举制度。隋以前一直奉行汉代的九品中正制，开皇年间，取消了九品中正制，实行科举，即用分科考试方式选拔官员，而不像以前那样用推荐的方式选取官员。这项伟大的创举对中国封建社会产生了巨大的影响，在中国奉行了一千余年，直到清末才被废止。科举制决定了封建社会文人的命运。

经过隋文帝的励精图治，隋朝社会稳定，人民安居乐业，全国人口呈持续增长的趋势，国库充盈，中外经济文化交流频繁。另外，隋文帝制定的一系列政治、经济制度确立了中国封建社会的基本制度，后世的许多制度都是由此沿袭而来。隋朝的社会发展为此后我国封建盛世的出现奠定了坚实的基础，在这一点上，隋文帝杨坚可谓功不可没。

隋文帝虽然极会治国，却不善于治家，他去世后不久，由于隋炀帝的暴政，隋朝很快便灭亡了。

注释

居安思危：随时有应付意外事件的思想准备。

杨广弑父夺皇位

隋文帝的长子杨勇因为生活奢侈,渐渐失去隋文帝的欢心。又因为他不听独孤皇后的话,宠爱一个叫云昭训的姬妾,因此也受到皇后的冷落,他的太子地位越来越不稳固了。这时候,隋文帝的儿子晋王杨广加紧活动起来,想取代杨勇的地位。

杨广为了得到隋文帝的欢心,就处处投其所好。每当隋文帝要到他的王府来,他就把那些花枝招展的姬妾们锁在屋里,只留下几个又老又丑的女人,穿着粗布衣服,在左右侍候。他故意把乐器的弦弄断,乐器上的尘土也不让人擦掉,摆在惹人注意的地方。隋文帝看到这种情景,以为杨广不好声色,非常满意。

有一次,杨广外出打猎,遇到大雨,侍从给他送上油衣(雨衣),他说:"士兵们都被大雨淋着,我怎么能一个人穿呢?"坚持和士兵们一样淋雨。隋文帝听说以后更加高兴,认为杨广有仁爱之心,可以成大事。

杨广知道皇后不喜欢杨勇,对皇后更加恭敬。凡是皇后派来的人,不论地位高低,他都和妻子亲自设宴招待;凡是执掌权力的大臣,杨广都去结交;他还笼络了一大批人才。这样,大臣们都说晋王仁义厚道,皇后对他更是宠爱有加。

有一次,杨广要离开长安回扬州,去辞别皇后的时候,他故意装出难舍难分的样子,哭哭啼啼地说太子要害他,他怕再也见不到母后了。皇后非常气愤,越发的恨杨勇。

杨广回到扬州,就开始秘密策划谋取太子地位。他的部下宇文述对杨广说:"废立太子,是一件非常重要的事。皇上最信任杨素,如果这事有杨素支持,定能成功。杨素最信任他的弟弟杨约,我和杨约有交情,愿到长安去办这件事。"杨广非常高兴,就派宇文述到长安去找杨约。

宇文述到了长安,就请杨约喝酒。他知道杨约最爱古董,事先把各种珍宝摆在客厅最显眼的地方。杨约一见就被吸引住了,摸摸这件,看看那件,赞不绝口。宇文述乘机说:"这些珍宝都是晋王特地让我送给您的。"杨约十分惊讶,问:"这是为什么?"宇文述笑了笑说:"这点小礼物算什么,晋王还要送大富大贵给您和越国公(杨素)呢!"杨约更加吃惊了,他说:"我杨约虽然谈不上富贵,可是家兄却是富贵已极,哪里还要人送呢?"宇文述说:"虽然你和越国公富贵已极,可还很难说能永保富贵。越国公执掌大权多年,不知得罪了多少人。太子做事,越国公又常常反对,太子能高兴吗?一旦皇上去世,太子登了基能饶过他吗?"杨约忙问:"您有什么高见?"宇文述贴在杨约耳边说:"皇上、皇后有意要废除太子,改立晋王,这全仗您一句话了。事成之后,晋王一定感激您,您的富贵还愁不长久吗?"杨约连连点头。

杨约见了杨素转告了宇文述的话,把杨素也说动心了。杨素答应马上行动。过了几天,杨素便对皇后说:"晋王对父母很孝顺,平时非常节俭,很像皇上。"接着又说了一通太子的坏话。杨素的话正合皇后的心思,皇后便给了杨素很多金银,让他想办法废太子,立晋王。隋文帝派杨素去看望太子时,杨素故意拖延着不进去,想激怒太子。太子果然大怒。杨素回去对隋文帝说:"太子怨恨陛下,我去的时候他正在发脾气,恐怕会发生意外,陛下得多加防范。"隋文帝信以为真,派人监视杨勇。

杨广又收买了太子的亲信姬威,姬威写表揭发太子说:"太子经常找人算卦,然后高兴地说,十八年(开皇十八年,公元599年)皇上必死,眼看就到了。"隋文帝看了之后,流着眼泪说:"想不到杨勇心肠这样狠毒!"于是下令把杨勇抓起来。

公元600年,隋文帝宣布废杨勇为庶人,立杨广为太子。四年以后,隋文帝得了重病。杨广以为时机已到,就写信给杨素,询问应该怎样处理隋文帝的后事。想不到,杨素的回信被送信人错送了隋文帝。隋文帝看了,勃然大怒,立即召杨广责问。

这时候,隋文帝的妃子陈夫人慌慌张张跑了进来,哭着向隋文帝说:"太子无礼!"原来杨广见陈夫人长得漂亮,趁陈夫人换衣服的时候跑去调戏。隋文帝拍着床大骂:"这畜生怎能担当治国的大任哪!快把太子叫来。"身边大臣柳述、元岩不知道发生了什么事,正要派人去叫太子杨广。隋文帝气得脸通红,好半天才说出两个字:"杨勇!"柳述、元岩这才明白隋文帝要重新立杨勇为太子,就急忙去写诏书。

谁知杨广和杨素已经得到消息,带着军队,拿着假造的诏书,包围了仁寿宫。他们宣布皇帝命令逮捕柳述和元岩。随后,又用东宫的卫士代替了仁寿宫隋文帝的卫士,把守住宫殿的各个出入口,并命令照顾隋文帝的人一律离开,由右庶子(东宫官员)张衡负责一切。大家刚刚走开,只听见殿内一声喊叫,过了一会儿,张衡出来说:"皇上早已死了,你们为什么不及时禀报?"宫内外的人大惊失色,可是谁也不敢说什么。就这样,隋文帝被杨广、杨素一伙害死了。随后,杨广派人给杨勇送信,说皇上有遗嘱,要杨勇自尽。还没等杨勇回答,派去的人就把杨勇拉出去杀了。

这年7月,杨广登上了皇帝的宝座,他就是隋炀帝。

李春与赵州桥

隋朝虽然短暂,但是科学技术方面却有不少卓越的成就。比如,保留至今的赵州桥和历史上曾经繁荣一时的著名城市——东都洛阳,在工程设计、技巧和建筑艺术上,达到了很高的水平。

河北省赵县城南的洨河上有座雄伟的石桥,叫作赵州桥。这座桥的设计和监造者,是隋朝时候的一个名叫李春的石匠。尽管经历了一千三百多年的风风雨雨和无数次的洪水冲击,赵州桥依然挺立在河面上,这不能不说是一个伟大的奇迹。据一些研究者介绍,赵州桥不仅是我国、也是全世界现存的最古老的一座石拱桥。

关于赵州桥的建造者李春,可惜史书上对他并没有什么记载。虽然我们已无从了解他的生平事迹,但是我们可以断定,他既是心灵手巧、不畏辛劳的工匠,也是一位才智出众、富于创造精神的建筑大师。他默默地劳动一生,没有人知道他的历史,但他的劳动成果却在我国的建筑史上留下了光辉的一页,为千千万万人所津津乐道。

赵州桥也叫"安济桥",整个桥身只有一个弧形桥洞。这种弧形桥洞以及门洞之类的建筑,在我国历来习称为"券"。石桥的券,一般都是半圆形,而赵州桥却是小于半圆的一段弧,样子十分美观。券的两肩叫作"撞"。一般石桥的"撞"都用石料砌实。赵州桥却与众不同,券的两肩还有两个弧形小券。人们把这种形式的桥叫作"空撞券桥"。

原来,这样的设计符合科学原理。首先,节省了大量石料。科学家做过估算,不把撞砌实而砌成四个小券,节省的石料约为180立方米,使桥身的重量减轻500吨左右。其次,减轻了洪水对桥身的冲击。在洪水季节,洨河暴涨,流量很大,如果把桥的撞砌实了,水流不畅,上游的水就会漫上岸来,石桥可能会承受不了洪水的冲击而倒塌。有了四个小券,增加了桥洞的过水量,自然大大减轻了洪水对桥身的冲击,保证了石桥的安全。这种空撞券桥,在欧洲直到14世纪才出现于法国,也就是法国太克河上的赛雷桥。算起来,赛雷桥比赵州桥晚了七百多年,却早就毁坏了(不是因为战争的破坏)。从这个比较中,我们更能看出李春设计的高明与卓越。

赵州桥的设计,除了采用"空撞券桥"这种形式外,还有许多别致而值得称道的地方。例如,赵州桥的桥洞跨度很大,两端的距离长达37.4米,在当时可算是世界上最长的石拱。这样长的跨度,按照通常的设计,采用半圆形,券的高度一般是长度的一半。这样算来,赵州桥的桥洞就有18.7米高,车马行人过桥,像是翻过一座小山,吃力而不方便。因此,跨度较长的桥,只好多造几个桥洞,以减低桥的高度,这样做,又会导致另一不足,既费石料又费工时。赵州桥的高度比通常的设计低出很多,只有7.23米,克服了两方面的缺陷,而这主要归功于李春独特的创造,他设计的桥洞不是半圆形,而是小于半圆的弧形,像一张弓。因此,赵州桥的桥面没有陡坡,比较平缓,便于车马上下,路人行走,而且省工省料,实是一举多得,超逸绝伦的设计。

赵州桥设计的别致之处,还在于桥洞的砌法也是一反常规的。桥洞的砌法,常用的是"纵联式",就像砌墙那样,一层一层往上砌,各层石块相互交错,最后形成的桥洞是一个整体,比较坚固。另一种砌法,叫作"并列式"。这种方式是先并排砌成许多道窄券,最终合成一个整券。由于各道窄券的石块之间没有联系,因此不如纵联式坚固,一般也就不为人们所乐于采用。然而李春的设计却恰恰选择了后一种。整个赵州桥的宽度是9.6米,这么宽的大券,就是由28道小券并列而成。

李春之所以采用并列式而不用纵联式,是因为他看到了纵联式的缺点,发挥了并列式的长处。纵联式虽然坚固,但是只要有一块石块坏了,修补起来十分困难,就会牵连整个桥洞,以致造成全部的倒塌。恰恰相反,并列式的桥券,坏了一块石块,只不过是坏了一个窄券,在整个大券中是微不足道的,根本不会影响全局,而且坏了的石块,修补起来也并不困难,即使在修补的时候,桥的交通也用不着中断。正是因为李春看到了一般人所没有看到的两种方式的优缺点,所以他大胆地采用了并列式,同时又吸取了纵联式的优点,即在各道窄券的石块之间加了铁钉,把各道窄券拴连在一起,成为整体,从而形成一个既相互独立又紧密联系的独特结构,达到了前所未有的坚固效果。

一千三百多年的漫长岁月,正是这种效果的最好体现与检验。

李渊太原起兵

李渊本来是隋王朝的贵族,靠继承祖上的爵位,当上了唐国公。公元617年,隋炀帝派他到太原去当留守(官名),镇压农民起义,开始他也打过几次胜仗,后来看到起义军越打越强,越打越多,他也感到紧张了。

李渊有四个儿子。第二个儿子李世民那时候刚十八岁,是个很有胆识的青年,平时喜欢结交有才能的人。人们也觉得他慷慨好客,喜欢跟他打交道。他看准隋朝的统治长不了,心里早有了自己的打算。

晋阳(今山西太原)县令刘文静,十分看重李世民。李世民也把他看作知心朋友。刘文静跟李密有亲戚关系。李密参加起义军以后,隋炀帝下令捉拿李密亲友。刘文静受到株连,被革了职,关在晋阳的监牢里。

李世民听到刘文静坐了牢,十分着急,赶到监牢里去探望。

李世民拉着刘文静的手说:"刘大哥,我来探望,不但是为了叙叙友情,主要是想请您帮我出个主意。"

刘文静早就知道李世民的心思。他说:"现在皇上远在江都,李密逼近东都,到处都有人造反,这倒是打天下的好时机。我可以帮您收集十万人马,您父亲手下还有几万人。如果用这支力量起兵,打进长安,号令天下,不出半年,可以取得天下。"

李世民高兴地说:"您真说到我心里去了。"

李世民回到家里,想想刘文静的话,越想越觉得有道理。但是要说服他父亲,倒是个难题。正好在这个时候,太原北面的突厥(我国古代北方民族之一)可汗进攻马邑。李渊派兵抵抗,接连打败仗。李渊怕这件事给隋炀帝知道了,要追究他的责任,急得不知道该怎么办。

李世民抓住这个机会,就找李渊劝他起兵反隋。李渊一听,吓得要命,说:"你怎么说出这种没上没下的话来?要是我去报官,准会把你抓起来。"李世民并不害怕,说:"父亲要告就去告吧,儿才不怕死呢。"

李渊当然不会真的去告发,只是叮嘱他以后别说这样的话。

第二天,李世民又找李渊说:"父亲受皇上的委派,到这里讨伐反叛的人。可是眼看造反的人越来越多,您能讨伐得了吗?再说,皇上猜忌心很重,就算您立了功,您的处境更加危险。只有照我昨天说的办,才是唯一的出路。"

李渊犹豫了很长时间,才长叹一口气说:"昨天夜里,我想想你说的话,也有道理。我也拿不定主意。从现在起,是家破人亡,还是能化家为国,就凭你啦!"

李渊把刘文静从晋阳监牢里放了出来。刘文静帮助李世民分头招兵买马,李渊又派人把正在河东打仗的另两个儿子李建成和李元吉召了回来。

太原的两个副留守看到李渊父子的举动反常,想出来阻挠。李渊借口他们勾结突厥,把他们抓起来杀了。

李渊又听从刘文静的计策,派人备了一份厚礼,到突厥可汗那里讲和,约他一起反隋。突厥可汗觉得这样做对他们有好处,就答应帮助李渊。

李渊稳住突厥这一头,就正式起兵反隋。李渊自称大将军,派李建成和李世民分别做左右领军大都督、刘文静做司马,又把士兵都称为"义士"。他们带领三万人马离开晋阳,向长安进军。一路上继续招募人马,并且学农民起义军的做法,打开官仓发粮给贫民。这样一来,应募的百姓就越来越多了。

李渊率军到了霍邑(今山西霍县),遭到隋朝将军宋老生的拦击。霍邑一带道路狭窄,又正赶上接连几天大雨,唐军的军粮运输中断了。士兵中还纷纷传说突厥兵正准备偷袭晋阳。李渊动摇,想撤兵回晋阳去。

李世民对李渊说:"现在正是秋收季节,田野里有的是粮食,哪怕缺粮!宋老生也没有什么可怕。我们用义兵的名义号召天下,如果还没打仗就后撤,岂不叫人失望?回到晋阳,是断断没有生路的。"李建成也支持他弟弟的主张。李渊这才改变了主意,取消了撤兵的打算。

8月的一天,久雨刚刚放晴。李渊率军一早沿着山边小路,急行军来到霍邑城边。李渊先派李建成率领几十个骑兵在城下挑战。宋老生一看唐军人少,亲自带了三万人马出城。李世民带兵居高临下从南面山头冲杀下来,把宋老生的人马冲得七零八落。宋老生急忙回头想逃回城去。李渊的士兵已经占了城池,把城门关得紧紧的。宋老生走投无路,被唐军杀了。

李渊的军队攻下霍邑以后,继续向西进军,在关中农民军的配合下,渡过黄河。留在长安的李渊的女儿也招募了一万多人马,号称"娘子军",响应李渊军进关。

李渊集中了二十多万大军攻打长安。守在长安的隋军,要想抵抗也没用了。李渊攻下长安以后,为了争取民心,宣布《约法十二条》,把隋王朝的苛刻法令一概废除。

唐　朝

李渊称帝

李渊率兵攻入长安后，觉得自己当皇帝的时机还不太成熟，便按从前曾说过的拥立代王杨侑为皇帝。他封自己为唐王、大都督内外诸军事、大丞相等要职。杨侑只有十三岁，所以，实际权力掌握在李渊手中。

李渊有了权，进行了必要的封赏，然后开始报仇了。左翊卫将军阴世师和京兆郡丞骨仪曾经派人掘了李家祖坟，烧了李氏宗庙，此时李渊找了个理由把他俩杀了。然后又准备杀马邑郡丞李靖，因为两人过去有私仇。李靖是当年名将韩擒虎的外甥，很有名气，李世民便向父亲李渊求情，免除一死，收罗到自己手下，这位李靖以后起到了十分重要的作用。李渊颁布了《约法十二条》，废除隋朝一些不合理的法律，长安百姓民心稳定，附近郡县官员都来投奔。

隋炀帝杨广整天沉湎于酒色之中，根本不理朝政，于大业十二年来到江都，在江都设了一百多个宫室，每宫住着成群美女。杨广带着萧皇后和嫔妃们轮流到各宫去玩，并且大摆酒宴，每天换一个宫，每次宴会有上千名后妃参加。

杨广为了自己整天吃喝玩乐，把朝政大事交给虞世基管理。这时国家已经很混乱了，东都洛阳和西都长安都处于危险之中，坏消息天天传到朝中，但虞世基对杨广报喜不报忧，杨广整天被蒙在鼓里。时间久了，杨广听到一些风声，似乎预感到隋朝江山不稳，夜间观星相，预测吉凶，越看越不妙，一次竟突然对萧皇后说："我的脑袋长得很好，不知以后谁能把它砍掉！"皇后闻听此言吓了一跳，他却不以为然，认为"贵贱苦乐的滋味都应尝一尝"。杨广嘴上如此说，实际还是怕有人砍他的头，他不去想如何平定中原混乱局势，却想再往南走，迁都至丹阳(今南京)，并派人修建丹阳宫。

随着杨广来到江都一年多，禁卫军思乡心切，想尽快回家探望北方的亲人眷属。但是，杨广不仅不打算回关中，反而要南下丹阳，所以禁卫军都心怀不满。一位叫窦贤的将领率众人潜逃，结果被杨广派兵捉回，全部杀死。事件发生以后，另外几个禁军将领司马德戡、元礼、裴虔通等在一起密谋，一致认为，与其等死不如谋反，将暴君杨广杀死。

这天，司马德戡在禁军中间散布谣言说，皇帝得知大家都想回关中，非常恼怒，备下了毒酒，准备以犒赏禁军的名义，将大家全部毒死。此言一出，迅速传开，都想造反。司马德戡带头起事，几万禁军积极响应，包围了皇宫。有人在东城放火，杨广在宫内发现火光，听到声音，问值班的元礼、裴虔通发生了什么事？两人齐答：草坊起火。不一会儿，元礼打开宫门，禁军冲进皇宫，宇文化及捉住杨广，押到前殿，司马德戡和裴虔通各拿一把大刀，站在杨广身旁。

杨广从来没见过这种阵势，战战兢兢地问："你……你们要做什么？……我有何罪？"禁军郎将马文举代表大家列举了杨广的种种罪行：违弃亲庙、到处巡游、骚扰百姓、骄奢淫逸、草菅人命、频繁对外征讨，无数兵丁百姓死亡，民穷国贫，盗贼四起，还要迁都丹阳……杨广觉得马文举说的句句是实话，叹了口气说："我是对不起百姓……"杨广十二岁的儿子在杨广身边大哭，裴虔通挥手一刀，将他杀死。杨广吓得脸色惨白，说："天子不能用锋刃，拿毒酒来吧！"但是，将领们不同意，杨广无奈，解下身上的丝带，交给马文举。两位将领在杨广的脖颈上缠了几圈，然后用力一拽，这个杀父害兄的皇帝，只挣扎几下，便结束了罪恶的一生。至此，杨广在位共十四年。

李渊在长安听到杨广被杀的消息，似乎有些难过，并且流了泪，因为他们是表兄弟。实际上，把杨广赶下皇帝宝座，也正是李渊的打算，没料到禁军将领们替他除掉了这个绊脚石。为了避免夺位的嫌疑，他便暗示部下逼杨侑自己提出让位的建议，而李渊则假意再三推辞，实际上逼使小皇帝杨侑禅位。

三十八年前，杨侑的祖父杨坚篡周，逼着小皇帝宇文阐禅位；三十八年后，李渊又逼使杨坚的孙子让位，历史重大事件，有时有着惊人的相似。

公元618年，李渊称帝登基，国号为唐，改年号为武德，李渊为唐高祖。从此，开始了唐朝历史。

李渊称帝后，便打出唐朝的旗号，决心和各个敌对的集团争夺天下，实现统一大业。

注释
骄奢淫逸：原指骄横、奢侈、荒淫、放荡四种恶习，后形容生活放纵奢侈，荒淫无度。

玄武门

唐高祖即位以后，封李建成为太子，李世民为秦王，李元吉为齐王。

李世民不但有勇有谋，而且手下有一批人才。在秦王府中，文的有房玄龄、杜如晦等，号称十八学士；武的有尉迟敬德、秦叔宝、程咬金等著名勇将。太子建成自己知道威信比不上李世民，心里妒忌，就和弟弟齐王元吉联合，一起排挤李世民。建成、元吉知道唐高祖宠爱一些妃子，就经常在这些宠妃面前拍马送礼，讨她们的欢喜。宠妃们常常在高祖面前说太子的好话，讲秦王的短处。唐高祖听信宠妃的话，跟李世民渐渐疏远起来。

李世民多次立功，建成和元吉更加嫉恨，千方百计想除掉李世民。

有一次，建成请李世民到东宫去喝酒。世民喝了几盅，忽然感到肚子痛。别人把他扶回家里，他一阵疼痛，竟呕出血来。李世民心里明白，一定是建成在酒里下了毒，赶快请医服药，总算慢慢好了。

建成、元吉想害李世民，但是又怕世民手下勇将多，真的动起手来，占不到便宜，就想先把这些勇将收买过来。

建成私下派人送了一封信给秦王手下的勇将尉迟敬德，表示要跟尉迟敬德交个朋友，还给尉迟敬德送去一车金银。

尉迟敬德跟建成的使者说："我是秦王的部下。如果私下跟太子来往，对秦王三心二意，我就成了个贪利忘义的小人。这样的人对太子又有什么用呢。"说着，他把一车金银原封不动地退了。建成受到尉迟敬德的拒绝，气得要命。当天夜里，元吉派了个刺客到尉迟敬德家去行刺。尉迟敬德早就料到建成他们不会放过他。一到晚上，故意把大门打开。刺客溜进院子，隔着窗户偷看，只见尉迟敬德斜靠在床上，身边放着长矛。刺客本来知道他的名气，怕他早有防备，没敢动手，偷偷地溜回去了。

建成、元吉一计不成，又生一计。那时候，突厥进犯中原，建成向唐高祖建议，让元吉代替李世民带兵北征。唐高祖任命元吉做主帅后，元吉又请求把尉迟敬德、秦叔宝、程咬金三员大将和秦王府的精兵都划归元吉指挥。他们打算把这些将士调开以后，就可以放手杀害世民。

有人把这个秘密计划报告了李世民。世民感到形势紧急，连忙找他的舅子长孙无忌和尉迟敬德商量。两人都劝李世民先发制人。李世民说："兄弟互相残杀，总不是件体面的事。还是等他们动了手，我们再来对付他们。"

尉迟敬德、长孙无忌都着急起来，说如果世民再不动手，他们也不愿留在秦王府白白等死。李世民看他的部下十分坚决，就下了决心。当天夜里，李世民进宫向唐高祖告了一状，诉说太子跟元吉怎么谋害他。唐高祖答应等明天一早，叫兄弟三人一起进宫，由他亲自查问。

第二天早上，李世民叫长孙无忌和尉迟敬德带了一支精兵，埋伏在皇宫北面的玄武门，只等建成、元吉进宫。

没多久，建成、元吉骑着马朝玄武门来了，他们到了玄武门边，觉得周围的气氛有点反常，心里犯了疑。两人拨转马头，准备回去。

李世民从玄武门里骑着马赶了出来，高喊说："殿下，别走！"元吉转过身来，拿起身边的弓箭，就想射杀世民，但是心里一慌张，连弓弦都拉不开来。李世民眼明手快，射出一支箭，把建成先射死了；紧接着，尉迟敬德带了七十名骑兵一起冲了出来，尉迟敬德一箭把元吉也射下马来。

东宫和齐王府的将士听到玄武门出了事，全部出动，猛攻秦王府的兵士。李世民一面指挥将士抵抗，一面派尉迟敬德进宫。唐高祖正在皇宫里等着三人去朝见，尉迟敬德手拿长矛气吁吁地冲进宫来，说："太子和齐王发动叛乱，秦王已经把他们杀了。秦王怕惊动陛下，特地派我来保驾。"

高祖这才知道外面出了事，吓得不知道该怎么办才好。

宰相萧瑀等说："建成、元吉本来没有什么功劳，两人妒忌秦王，施用奸计。现在秦王既然已经把他们消灭，这是好事。陛下把国事交给秦王，就没事了。"

到了这步田地，唐高祖要反对也没用了，只好听左右大臣的话，宣布建成、元吉罪状，命令各府将士一律归秦王指挥。过了两个月，唐高祖让位给秦王，自己做太上皇。李世民即位，就是唐太宗。

文成公主进藏

唐太宗李世民执政时期，是中国历史上最兴盛富强的时期，许多小国甘愿俯首称臣。有的国家和民族，则通过联姻的形式，以加强与唐朝之间的友好关系。正当唐朝繁荣发展的时候，在其西北边境上，出现了一个强大的少数民族政权——吐蕃。7世纪至9世纪存在于青藏高原。吐蕃人是藏族的祖先，生活在青藏高原上，过着农耕和游牧的生活。吐蕃人的首领称为"赞普"，意思是雄壮强悍的男子。

公元629年，吐蕃人赞普松赞干布的父亲伦赞弄囊统一了西藏各个部落。松赞干布出生于西藏高原的泽当，在他十三岁的时候，吐蕃毗王族的残部大搞分裂，爆发了叛乱，伦赞弄囊被毒死了。年轻的松赞干布担负起平息叛乱和反击侵略的任务，在中小贵族的帮助下，平定了叛乱，维护了吐蕃王朝的统一。他做了赞普，把都城迁到逻些（现在的拉萨），制定官制和法律，创立国有王国制度。

松赞干布建立强大的奴隶制政权时，正是唐太宗贞观年间，松赞干布非常羡慕唐朝的文化，要和唐朝建立友好关系。公元634年，他第一次派遣使臣前往长安访问。唐太宗很快就派使臣回访。从此，汉藏两族关系越来越密切了。不久松赞干布派使臣，带着丰盛的礼物，到唐朝向皇室求婚，唐太宗没有同意。公元640年，他派大相（相当于宰相）禄东赞带着黄金五千两、珍宝数百件，经过数千里的草原，再一次到长安求婚。

传说当时到长安求婚的五个国家的使臣，他们都带着贵重的礼物，想要娶唐朝的公主。究竟把公主嫁给谁呢？太宗决定出几个难题，考一考这些使臣，看谁聪明能干，再作决定。

唐太宗把各位使臣请到宫里，拿出一颗九曲明珠和一束丝线，对他们说："你们当中谁能把丝线穿到明珠中间的孔，就将公主嫁给谁的国王。"原来，这颗明珠有两个相通的珠孔，一个在旁边，一个在正中，中间的孔弯弯曲曲，所以叫九曲明珠。要想用一根软软的丝线穿过去，非常困难。几位使臣拿着丝线直发愁。禄东赞很快就想出一个办法，他找到一只蚂蚁，用一条马尾鬃拴在蚂蚁的腰上，把蚂蚁放到九曲珠的孔内，然后不断地向孔里吹气。一会儿，这只蚂蚁便拖着鬃从另一端的孔中钻了出来。禄东赞再把丝线接在马尾鬃上，轻轻一拉，丝线就穿过了九曲明珠。唐太宗见禄东赞这样聪明，很高兴。

接着，唐太宗又出了第二道难题，他让人把使臣们带到御马场。御马场左右两个大圈，一边是一百匹母马，一边是一百匹马驹。唐太宗要求使臣把它们的母子关系辨认出来。其他几个使臣束手无策，只有禄东赞想出了办法。他运用吐蕃人民在游牧方面的丰富经验，让人暂时不给马驹吃草和饮水。过了一天，他把母马和马驹同时放了出来。只见母马嘶叫，马驹哀鸣，小马驹一个个跑向自己的母亲去吃奶，它们的母子关系就这样被禄东赞辨认出来了。禄东赞说:"马的母子关系已经辨清,请陛下将公主嫁给我们的赞普。"唐太宗说:"还要再考一次,然后决定。"

当天夜里,宫里钟鼓齐鸣,皇帝传召各国使臣入宫。其他几位使臣急忙穿戴整齐赶到宫里。只有禄东赞想得周到,他因初到长安,路途不熟,怕回来的时候找不到路,就让随从带着颜色,在去皇宫途中的十字路口都做了记号。原来唐太宗是请各国使者到宫里看戏。看完戏,唐太宗说:"你们各寻归路吧,谁能最先回到住处,就把公主许给谁的国王。"禄东赞有记号指引,很快就回到了住处。其他使臣由于不熟悉路途,摸来摸去,直到天亮以后才找到住处。

三次考试,禄东赞都取得了胜利。唐太宗非常高兴,心里想:松赞干布的使臣这样聪明、机智,松赞干布自己更不用说了,于是,决定将文成公主嫁给吐蕃赞普。

文成公主出嫁的消息传到吐蕃以后,引起了吐蕃人民莫大的喜悦和兴趣。为了减少公主在旅途中的艰苦,他们在很多地方都准备了马匹、牦牛、船只、食物和饮水,以表示对公主的热烈欢迎。吐蕃王松赞干布亲自率领大队侍从和护卫人员,从逻些启程到青海去迎接。

唐太宗为文成公主一行预先在青海南部的河源修了一所负责接待的离宫,经过的地方都有官民迎送。一个多月后,公主到达河源,在河源附近的柏海,会见了前来迎接的松赞干布。当时松赞干布以唐皇帝女婿的身份拜见了前来送行的江夏王李道宗,对唐太宗表示感谢,并请李道宗代向太宗问好。松赞干布陪文成公主到了逻些。他们从东北进逻些城,乐队奏着歌曲,吐蕃人民穿着节日的服装,争着去看远道来的赞蒙(藏语王后的意思)。松赞干布高兴地说:"我们先辈没有和上国通婚的,今天我能娶大唐公主,实在荣幸。我要为公主建一座城,作为纪念,让子孙万代都知道。"他按照唐朝建筑的风格,在逻些为文成公主修建了城郭和宫室,就是现在的布达拉宫。

在文成公主进入吐蕃的道路上,吐蕃人民很多地名与文成公主都联系起来。青海有一座日月山,是现在青藏公路必经之处,据说一千三百年前,当文成公主到达这儿时,她感到过了这座山,又是一重天,远离家乡的愁思未免触景而生。唐太宗为了宽慰她,特地用黄金铸造了日月的模型各一个,远道送来,叫她带在身边,以免思念。从此这座山就命名为日月山了。青海还有一条倒淌河,这条河从东向西流入青海湖。传说文成公主从这条河开始,要弃轿骑马,进入草原。她感到从此和家乡的距离一天比一天远了,不禁痛哭失声。公主这一哭感动了天地,结果使这里发生"天下江河皆东去,唯有此水向西流"的现象。

文成公主是一位献身于汉藏两大民族友好团结伟大事业的杰出女性。文成公主到吐蕃，不仅带去各种谷物、蔬菜种子，而且带去了工艺品、药材、茶叶及各种书籍。

　　在文成公主以前，吐蕃已经有了农业，但经营粗略。唐朝先进的生产技术传入后，出现小块农田，学会防止水土流失和平整土地。吐蕃的手工业，如酿酒、造纸、造墨、缫丝等都是唐朝汉族工匠直接帮助建立的。文成公主和她的侍女，曾协助吐蕃的妇女改进纺织技术，特别是在染色和图案设计上，给吐蕃提供了很多改进。过去吐蕃人都住帐篷，文成公主进藏后，上层人物都改住房屋。在衣着方面，吐蕃人穿的是毡裘，又笨又重。双方和亲以后，一部分人开始用绫罗绸缎。同时，用唐朝石磨加工谷物，不仅省工，而且减少损耗，从而改善了人民生活。

　　吐蕃过去没有文字，无论什么事都用绳子打结，或在木头上刻符号表示。文成公主劝松赞干布设法造字。于是他指令柔扎布去研究，后来造出了30个字母和拼音造句的文法。松赞干布认真学习新文字，并把这些字刻在宫殿的石崖上，从此吐蕃有自己的文字。他们用吐蕃文释疑唐朝的儒经和佛经，促进了文化的发展。唐太宗去世以后，唐朝和吐蕃继续保持着频繁的来往和密切的关系。

　　公元680年，文成公主去世了，她在吐蕃总共生活了四十年。她对藏族人民作出了巨大的贡献，深受藏族人民崇敬，至今在拉萨的布达拉宫里，还保留文成公主和松赞干布的塑像，汉藏人民常到那里拜谒。

女皇武则天

　　武则天(公元624—705)，名曌，并州文水(今山西文水东)人。她的父亲武士彟，原来是个木材商人，后来跟随李渊起兵反隋，被任命为工部尚书。武则天从小聪敏机智，性格倔强。正是因为她容貌姣好，又有才学，所以在她十四岁的时候，就被唐太宗召选入宫，封为"才人"(嫔妃的称号)。

　　媚娘的姿色妩媚，性格却很刚烈。相传，唐太宗得到了一匹马，取名叫狮子骢，马性暴烈，桀骜不驯。媚娘入宫不久，就请求驯马。太宗问她的驯技如何，她说："我只需要三件东西：皮鞭、铁杖和匕首。它不驯就用鞭子抽它；鞭而不驯，就用铁杖猛击它的头；杖而不服，就用匕首割断它的喉咙！"太宗认为媚娘气概胜过烈马，大为赞赏。

公元649年，唐太宗去世，他的儿子李治即位，就是唐高宗。唐高宗李治是唐太宗的第九个儿子，为长孙皇后所生。他即位后，根据太宗的遗嘱，由长孙无忌和褚遂良协助执政。在唐高宗中期以前，唐高宗还是做了不少有意义的事情，故而后人称赞他的统治"有贞观之遗风"。

唐太宗死了以后，媚娘和一些宫女都被送到感业寺去做尼姑。唐高宗即位，因与媚娘早有旧情，当他到感业寺焚香的时候，正巧又遇上媚娘，彼此十分伤感。于是，高宗让她重蓄乌发，答应再次将她接入宫中。媚娘虽然性烈不驯，但自入宫后，事事忍让，谦恭有礼，深得高宗与皇后的宠爱，被晋升为"昭仪"（位列九嫔之首）。没过多久，唐高宗和武则天就恩爱得如胶似漆、形影不离，渐渐把王皇后疏远了。武则天十分得意，还想进一步夺取皇后的位子。她先是利用王皇后与萧淑妃的矛盾诋毁萧淑妃，把萧淑妃废为平民。然后，又想法离间唐高宗与王皇后。当时，尽管唐高宗宠爱武则天，可还没有废掉王皇后的意思。为了达到目的，武则天绞尽脑汁，千方百计陷害王皇后。

不久，武则天生了一个女孩。王皇后因为自己没有孩子，常常逗这个女孩玩儿。一天，王皇后刚刚离开，武则天就偷偷把女孩掐死，然后又照样盖好被子。唐高宗进来，掀开被子一看，发现女孩已经死了，武则天装出吃惊的样子，大哭起来。唐高宗问刚才有谁来过，左右的人都说："只有皇后来过。"唐高宗气愤地说："皇后杀死了我的女儿！"从这以后，唐高宗就起了废掉王皇后，立武则天为皇后的念头。

在皇后的废与立问题上，朝廷内部是有争论的。握有重权的国舅、太尉长孙无忌坚决反对立武则天为皇后，而中书舍人李义府则上书，坚持立武则天为皇后。

公元655年9月，唐高宗召长孙无忌、李𪟝、褚遂良等人入殿，正式提出想废掉王皇后，立武则天为皇后的意见。长孙无忌和顾命大臣褚遂良坚决反对，褚遂良又提出："陛下即使要废掉皇后，我也请您选择另外的人立为皇后，何必一定是姓武的呢？何况武氏曾经是先帝的妃子，陛下立她做皇后，今后人们会怎么议论陛下呢？"武则天在帘子后面听到这番话，气愤至极。她最害怕别人提起她做唐太宗妃子的往事，所以她恨透了褚遂良。

注释

如胶似漆：像胶和漆那样黏结，形容感情炽烈，难舍难分，多指夫妻恩爱。

过了几天，唐高宗又征求司空李𪟝的意见，李𪟝回答得十分圆滑。他说："废立皇后，这是陛下的家事，何必一定要外人同意呢？"高宗听了李𪟝的话，满心欢喜，他知道李𪟝这位掌管着军权的司空是支持武则天做皇后的。于是，他下定决心。公元655年10月，唐高宗下诏，废掉王皇后，立武则天为皇后。

高宗体弱，逐渐将军政大事交给精明强干的武后打理。她的威信也越来越高，有很多事情也不再与高宗商量。高宗发现自己说的话不算数，心里很恼火，就秘密地把大臣上官仪找来，让他起草废武后的诏书。消息传到武则天那里，武则天便迅速采取了对策，处死了上官仪。唐高宗无可奈何。

当时，大臣们把唐高宗和武则天合称为"二圣"。实际上，朝中大权完全掌握在武则天手中，唐高宗不过是徒有其名。

对武则天来说，当皇后显然不是最后的目标。她要称帝，做一个堂堂正正的天子。对此，唐高宗也有觉察。于是，大唐宗室，围绕皇位的问题，在皇帝、皇后之间，展开了长期的、激烈的角逐。

武后亲生的有四个儿子，即长子李弘、次子李贤、三子李显、四子李旦。唐高宗为了保住李家的皇位，废武后没有成功，就想禅位给长子李弘。武则天针锋相对，立即用毒酒药死了年仅二十四岁的长子。高宗又立李贤为太子。李贤举止端庄，好读书，有文采，处理朝中事务也颇有才干。武后十分嫉妒，便借口李贤行为不正，威逼唐高宗把他废成平民，流放到巴州。相传流放巴州的李贤写过一首《黄台瓜辞》：

种瓜黄台下，瓜熟子离离。
一摘使瓜少，再摘使瓜稀。
三摘犹自可，摘绝抱蔓归。

对武后专权，使李家遭此大乱的现状表示了深切的忧愤。这首词传到京城，武后大怒，立即命令使者到巴州，逼李贤自尽了。

公元683年12月，唐高宗病死。第二年正月，太子李显即位，就是唐中宗。唐中宗立韦氏为皇后，改年号为嗣圣。这时，武则天以太后的身份，临朝称制。后来，因为武则天不满意唐中宗加封皇后韦氏的父亲为侍中，又废掉了唐中宗。这时，唐中宗才当了一个月的皇帝。

唐中宗被废后，武则天又立第四个儿子李旦为皇帝，称唐睿宗。唐睿宗即位后，武则天让他住在别的宫中，不要过问朝政，一切政事全由她自己裁决。

此后,在武则天的授意下,沙门法明进献《大云经》,影射武则天是弥勒佛降世,当以女身君临天下。御史傅游艺率领一些老年人上书朝廷,诈称凤凰停在上阳宫中,后又出现在朝堂之上,要求改朝换代,改皇帝姓氏为武氏。

公元690年11月,唐睿宗和满朝大臣按照武则天的旨意,向她上表,请求她亲自当皇帝并改国号。六十七岁的武则天下诏废了唐睿宗,改国号为周,自称"圣神皇帝"。经过三十多年的苦心经营,武则天终于正式登上了皇位,成为中国历史上唯一的女皇帝。

武则天称帝之后,不拘一格地选拔人才,发展经济。她当政期间,人才济济,社会安定,巩固了自己的统治。

"国老"狄仁杰

在武则天当政和自立皇帝后,对反对她掌权的人,进行了无情的镇压,但她在政治、经济等许多方面提出和采取了具有远见的政策和措施。尤其在用人方面,很值得称道。她经常派人到各地去物色人才。只要发现谁有才能,就不计较门第出身、资格深浅,破格提拔,大胆任用。所以,在她的手下,涌现出了一大批有才能的大臣,其中最著名的是宰相狄仁杰。

狄仁杰当豫州刺史的时候,办事公平,执法严明,受到当地百姓的称赞。武则天听说他有才能,就把他调到京城当宰相。

一天,武则天召见他,告诉他说:"听说你在豫州的时候,名声很好,但是也有人在我面前揭你的短。你想知道他们是谁吗?"狄仁杰说:"别人说我不好,如果确是我的过错,我应该改正;如果陛下弄清楚不是我的过错,这是我的幸运。至于谁在背后说我的不是,我并不想知道。"

武则天听了,觉得狄仁杰器量大,更加赏识他。来俊臣得势的时候,诬告狄仁杰谋反,把狄仁杰打进了牢监。来俊臣逼他招供,还诱骗他说:"只要你招认了,就可以免你死罪。"

狄仁杰坦然说:"如今太后建立周朝,什么事都重新开始。像我这种唐朝旧臣,理当被杀。我招认就是了。"

另一个官员偷偷告诉狄仁杰说:"你如果供出别人来,就可以从宽。"狄仁杰这下生气了,说:"上有天,下有地,叫我狄仁杰干这缺德的事,我可干不出来!"说着,气得用头猛撞牢监里的柱子,撞得满面流血。那个官员害怕起来,连忙把他劝住了。来俊臣根据逼供的材料,胡乱定了狄仁杰的案,对他的防范也就不那么严密了。狄仁杰趁狱卒不防备,偷偷地扯碎被子,用碎帛写了封申诉状,又把它缝在棉衣里。

那时候,正是开春季节。狄仁杰对狱官说:"天气暖了,这套棉衣我也用不上,请通知我家里人把它拿回去吧。"狱官也不怀疑,就让前来探监的狄家人把棉衣带回家去。狄仁杰的儿子拆开棉衣,发现父亲写的申诉状,就托人送给武则天。

武则天看了狄仁杰的申诉状,才下令把狄仁杰从牢监里放了出来。武则天召见狄仁杰,说:"你既然申诉冤枉,为什么要招供呢?"狄仁杰说:"要是我不招,早就被他们拷打死了。"

武则天免了狄仁杰死罪,但还是把他宰相职务撤了,降职到外地做县令。直到来俊臣被杀以后,才又把他调回来做宰相。

在狄仁杰当宰相之前,有个将军娄师德,曾经在武则天面前竭力推荐他;但是狄仁杰并不知道这件事,他认为娄师德不过是普通武将,不大瞧得起他。

有一次,武则天故意问狄仁杰说:"你看娄师德这人怎么样?"狄仁杰说:"娄师德做个将军,小心谨慎守卫边境,还不错。至于有什么才能,我就不知道了。"

武则天说:"你看娄师德是不是能发现人才?"

狄仁杰说:"我跟他一起做过事,没听说过他能发现人才。"

武则天微笑说:"我能发现你,就是娄师德推荐的啊。"

狄仁杰听了,十分感动,觉得娄师德的为人厚道,却不炫耀自己帮助人,自己不如他。后来,狄仁杰也努力物色人才,随时向武则天推荐。

一天,武则天问狄仁杰说:"我想物色一个人才,你看谁行?"

狄仁杰说:"不知陛下要的是什么样的人才?"

武则天说:"我想要找个能当宰相的。"

狄仁杰早就知道荆州地方有个官员叫张柬之,年纪虽然老了一些,但办事干练,是个宰相的人选,就向武则天推荐了。武则天听了狄仁杰的推荐,提拔张柬之担任洛州(治所在洛阳)司马。

过了几天,狄仁杰上朝,武则天又向他提起推荐人才的事。狄仁杰说:"上次我推荐的张柬之,陛下还没用呢!"

武则天说:"我不是已经把他任用了吗?"

狄仁杰说："我向陛下推荐的,是一个宰相的人选,不是让他当司马的啊。"

武则天这才把张柬之提拔为侍郎,后来,又任命他为宰相。像张柬之那样,狄仁杰前前后后一共推荐了几十个人,后来都成为当时有名的大臣。这些大臣都十分钦佩狄仁杰,把狄仁杰看作他们的老前辈。

有人对狄仁杰说："天下桃李,都出在狄公的门下了。"狄仁杰谦逊地说："这算得上什么,推荐人才是为了国家,不是为了我个人的私利啊!"

狄仁杰一直活到九十三岁。武则天很敬重狄仁杰,把他称作"国老"。他多次要求告老,武则天总是不准。他死去后,武则天常常叹息说:"老天为什么这样早夺走我的国老啊!"由此可以看出,武则天爱惜人才,尊重人才,是个贤明的女皇。武则天执政期间也有过失,她一度重用像来俊臣这样的酷吏,残害了不少忠臣。公元705年,中国历史上唯一的女皇帝武则天去世,终年八十二岁。死前她让人立一座无字碑,是非功过由后人评说。

玄宗"开元之治"

武则天死后,唐中宗复位,大权倾落在皇后韦氏之手,后经唐睿宗之子李隆基抓住时机,扭转乾坤,唐睿宗登基,后传位于李隆基,即唐玄宗。

李隆基二十八岁即皇帝位,年号"开元"。由于他死后的庙号是"玄宗至道大圣大明孝皇帝"。所以史书上便称他为"玄宗"。又因庙号中有个"明"字,又称为"明皇"。唐玄宗李隆基是位了不起的皇帝,在他执政前期,社会空前繁荣。

李隆基是睿宗李旦的第三个儿子。大哥李成器,武后曾立他为皇太孙。后来中宗即位,改封为宋王。李隆基讨平了韦后和安乐公主,使父亲睿宗即位。睿宗在确立东宫皇储时有些为难,如果按常规来讲,李成器不但年长,而且是嫡子,并做过太孙;但李隆基却在建立王朝中立了大功,所以睿宗迟迟决定不下来。李成器看出父亲的心事,就亲自去见父亲,流着泪诚恳地让位。睿宗很感动。大臣们也认为李成器过于忠厚老实,不如李隆基能干。于是睿宗终于决定立李隆基为太子,不久又传位给他。

睿宗共有六个儿子,幺子李隆悌儿时夭折,其余五个儿子李成器、李成业、李隆基、李范、李业是在危难中长大的,因此彼此维护,十分友爱。现在李隆基做了皇帝,他不忘兄弟的情谊,更感激大哥的让位大德,便在皇宫外面建了五座王府,经常去探望。

玄宗的内部宗亲,和睦安定,而在外延之中,也注意选用贤臣。这是因为唐玄宗经过两次政变才得到政权,所以他很注意从各方面来巩固他的统治。他即位的第二年就规定:在京官中选拔有才识的人派到外地做都督刺史;选外地都督、刺史中有本事的调到朝廷来任职,使他们出入的人数相差不大。后来把这种调动作为一种制度固定来。公元716年,唐玄宗在殿堂亲自复试吏部新选派的县令,把其中不合格的四十多人斥退回家。他重用姚崇和宋璟为宰相,这两个人十分干练,把国事处理得井井有条,人们把他俩跟太宗时的宰相房玄龄和杜如晦相比,说"前有房、杜,后有姚、宋。"把玄宗开元这二十多年,比同于太宗"贞观之治"时期,称之为"开元之治"。

姚崇在睿宗的时候担任兵部尚书,因为得罪了太平公主,被贬到同州做刺史。唐玄宗想到他是个很有才干的人,就召他入朝。唐玄宗诚恳地对姚崇说:"我早知道你是人才,请您做我的宰相吧!"姚崇推辞不肯,唐玄宗很奇怪,问他什么缘故。姚崇跪下说道:"臣有十件大事,恐怕陛下未必同意,所以不敢接受任命。"唐玄宗说:"你说说看,是哪十件大事?"姚崇从容地说:"第一,以仁义为先,不要只用刑罚;第二,三十年之内,不要在边境作战;第三,宦官不要干预朝政;第四,皇亲国戚不要担任台、省职务;第五,无论什么人,犯了法都得受罚;第六,取消租税以外的一切额外征收;第七,禁止营造佛寺;第八,对待臣子部下要有礼;第九,允许群臣朝政提出批评建议;第十,严禁外戚干预政事。这十件大事,陛下能同意吗?"唐玄宗十分诚恳地说:"这十件大事至关紧要,我都同意,你不必担心。"姚崇马上叩头谢恩,表示愿意接受任命。

姚崇当了宰相以后,没有辜负唐玄宗对他的信任,治理国家很有成绩。有一次,姚崇为几个低级官员晋级的事去请示玄宗。他连奏三次,玄宗却仰视殿顶,不搭理他。姚崇只好退出。玄宗的近侍太监高力士说:"陛下日理万机,宰相来奏事,应该当面表示可否,不理人家好吗?"玄宗说:"朕任命元之任宰相,如果有国家大事,自当来奏闻与朕共议;像郎吏这样的官吏的升迁,他决定就行了,为什么还要麻烦朕呢!"高力士把这话告诉了姚崇。姚崇很高兴,也很感动。

薛王李业的舅舅王仙童,因为抢夺百姓的财物,吞占民田,被御史告到朝廷。王仙童有恃无恐,通过李业,请玄宗赦免。玄宗派姚崇处理。姚崇对玄宗说:"王仙童犯法,证据确凿,御史所说的全是事实,不应该赦免。"唐玄宗同意姚崇的意见,依法惩办了王仙童。打击了那些无法无天的豪强贵族,使他们不得不有所收敛。

唐玄宗还十分重视兴修水利,在河北、河南、山西等地兴建了不少水利工程,多则灌田30万亩,少则灌田也不下10万亩。开元时期,全国共兴建了50多项较大的水利工程。唐玄宗还注重提高军队的素质,开元时,逐步以募兵制代替了府兵制,军队在边境上大兴屯田,这样既加强了边防,又减少了国家的财政开支,同时提高了战斗力。玄宗在东北设忽汗州都督府、黑水都督府和重建营州都督府。在西北重建安西、北庭都护府,并收复了武则天时失去的西城重镇碎叶,加强了西北和东北的边防。对此蕃、突厥、南诏等族,采取和亲与笼络政策,从而巩固和发展了统一民族的国家。

唐玄宗非常重视学术文化发展。他下令在长安、洛阳创建集书院,组织全国著名学者著书立说,还聘请学者来京,如张遂任天文学顾问,李白亦应召入宫,对当时文化界有很大影响。唐玄宗的时候,和姚崇齐名的贤相,还有宋璟、张九龄等,他们为唐朝的政治经济发展,作出了应有的贡献。唐朝从贞观初年到开元末年,经过一百多年的建设,出现了前所未有的繁荣景象,达到了全盛时期。一个小的县城也有万把户人家。稻米十分油润,小米非常洁白,公家或私人的仓库里都装满了粮食。全国各地都很太平,出远门再也不必挑选好日子。齐鲁生产的丝织品一车又一车地运往各地,男子耕种,妇女采桑养蚕,大家安居乐业。

这一时期经济持续发展,社会富足安定,唐朝进入了其最鼎盛的时期,其时正是唐玄宗在位的开元时期(公元713—741),因此历史上把这时期全盛的景象称为"开元之治"。

唐玄宗与杨贵妃

唐明皇在宰相姚崇和宋璟的鼎力帮助之下,二十年来国泰民安。但是,自从姚崇去世、宋璟告老还乡,李林甫任宰相以后,"开元之治"就结束了。

开元二十五年,唐玄宗最宠爱的妃子武惠妃死了,他十分伤心。那时候,后宫佳丽三千人,玄宗竟没有一个喜欢的。三个月以后,玄宗过生日,习惯上称之为"万寿节"。妃嫔、儿女和文武大臣们照例要给皇上贺礼。行礼一批一批进行,玄宗心情郁闷,只是勉强应付着。轮到儿女们来向他贺节了,忽然,他眼前一亮,发现站在他的第十八个儿子寿王李瑁身边的一个王妃装束的女子,是那样的美丽动人。特别是那双眼睛,顾盼之间,光彩四射。玄宗皇帝怦然心动了,玄宗问高力士:"在李瑁身边那个女子,是寿王妃吗?"高力士回答说:"是的,寿王妃姓杨,叫杨玉环,是陛下和武惠妃替寿王选的妃子。奴才记得她是十七岁入寿王府的,今年二十二岁。"尽管这女人是他的儿媳,可玄宗还是决心把她收为自己的妃子。

高力士给皇帝出主意,说直接把王妃宣进宫来怕人议论,不如表面上让杨玉环到庙里当女道士,暗中接她入宫。玄宗同意了。于是,高力士就去动员杨玉环"出家"。杨玉环不敢抗旨,终于被迫自己请求"出家"了,她"出家"的地点是道观太真宫,是宫廷的庙宇之一,因此杨玉环的道号便叫"太真"。杨玉环坐上一乘轿子,但却没进太真宫,而直奔骊山。那里有一座温泉,叫作华清池,事实上是一座叫温泉宫的离宫,皇帝这时正在那里等她。第二年8月,唐玄宗册立杨玉环为贵妃。那时宫中没有皇后,杨贵妃便成了后宫中最高的妃嫔。

自从杨贵妃入宫以后,受到唐玄宗无比的恩宠。杨贵妃想要什么东西,想吃什么东西,唐玄宗就想尽一切办法弄来。当时荔枝产在岭南(现在广东)和川东(现在四川),离长安几千里路,那时候最快的运输工具是马。杨贵妃想吃荔枝的时候,地方官员就派出最善于骑马的人,骑上最快的马,从生产地带着鲜荔枝,一站一站地换人换马,接力传送。荔枝很快就被送到长安皇宫里面。剥开一尝,颜色和味道都还保持着新鲜,一点没变。

唐玄宗把杨贵妃住的地方叫作"贵妃院",专门给贵妃制作衣料的丝织匠和绣花匠,就有七百人之多。皇亲国戚都争着向贵妃进献价值最昂贵的食品,每次进献都是几十盘、上百盘的。凡是贡献最多最好的人都升了官,或者从地方上调到长安来做京官。杨贵妃和唐玄宗纵情享乐之余,也有共同的爱好,两人都深爱音乐艺术,真正成为情投意合的知音夫妻了。

唐玄宗多才多艺,精通各种乐器,又会作曲,他击羯鼓的技艺尤为高超。唐玄宗一生参与创作的音乐作品很多,如《还京乐》《夜半乐》是李隆基为了纪念他所主持的诛杀韦氏集团的宫廷政变而作。唐代歌舞中最著名的要算是《霓裳羽衣舞》,也是唐玄宗创作的。这是一部具有浪漫主义色彩的作品。有人说此舞反映的不仅是唐代宫廷宴乐的黄金时代,同时也反映了当时封建社会鼎盛时期的历史全貌。可惜,《霓裳羽衣曲》乐谱今已失传。

天宝末年,李隆基整日与杨贵妃沉湎在歌舞之中,不理国事,权落奸臣之手,终于在天宝十四年爆发了安史之乱。

安史之乱

唐玄宗李隆基是武则天的孙子,统治前期励精图治,开创"开元盛世",使唐朝国力达于巅峰。但唐玄宗在统治后期,陶醉于已经取得的成就和经济的表面繁荣,不思进取,怠于国事。自从杨贵妃入宫以后,唐玄宗整天和杨贵妃在一起饮酒作乐,过着荒淫无度的生活。宰相李林甫和杨贵妃的堂兄杨国忠乘机把持朝政,他们专权恣肆,排除异己,搜刮民财,广收贿赂,把朝廷弄得乌烟瘴气。这就给安史之乱埋下了伏笔,加速了安史之乱的爆发。

安史之乱指的是安禄山、史思明反叛唐玄宗的一次内乱。安禄山是混血胡人,通晓六种民族语言,史思明是他的同乡,两人在一起长大,在一起当过互市郎(唐代边疆与少数民族贸易中的经纪人),后来又都在幽州节度使(管辖今北京一带地区)张守珪部下当军官。

安禄山对上司惯于溜须拍马,逢迎谄媚。有一次,张守珪对他说:"你什么都好,就是长得太胖,让人看了不太喜欢。"安禄山诚惶诚恐,以后吃饭就只吃半饱。张守珪听说了很感动,干脆将他收养为义子,并且越发重用他。每当朝廷派人来边镇办事,安禄山就送上重重的贿赂。这些人回去以后,自然要在唐玄宗面前称赞安禄山。唐玄宗听了,认为安禄山是个人才,提拔他当了平卢节度使(管辖今辽宁锦州西)。

安禄山不满足于已经得到的权位和势力,还想爬上更高的位置。他于是就挖空心思来进一步博得唐玄宗的欢心,取得唐玄宗的信任。有一次,安禄山上殿给唐玄宗进献珍宝,跪在台阶下假惺惺地说:"我生自蕃戎,皇上对我这样信任,我没有什么可效劳陛下的,但愿为陛下献身。"唐玄宗信以为真,对他很是怜爱。为了进一步取得唐玄宗的信任,安禄山竟厚颜无耻地拜年轻的杨贵妃为"干娘",以后每次进朝,他都先拜见杨贵妃,再朝见唐玄宗。唐玄宗责怪他为什么不先向自己朝拜,安禄山邀宠地说:"我们胡人都是先拜母后拜父的。"唐玄宗越发觉得他憨厚可爱。

安禄山深知唐玄宗好战喜功,就多次使用阴谋诡计,诱骗和坑杀了成千上

注释

假惺惺:假心假意的样子。

万的奚人和契丹人，或者把他们押送到京城献俘，或者割下他们的脑袋去报捷。为了迎合唐玄宗和杨贵妃奢侈享乐的欲望，安禄山把从各地搜刮来的奇禽、异兽、珍宝、玩物络绎不绝地派人送到长安的皇宫中。

安禄山的心思果然没有白费。天宝九年(公元750年)，唐玄宗封安禄山为东平郡王，这是唐朝开国以来封给胡人的最高爵位。唐玄宗还下令在京城里给安禄山建造了极其豪华的府第。有一年安禄山生日，唐玄宗和杨贵妃赏他许多价值昂贵的衣服和宝器，并煞有介事地为他们的干儿子洗礼。就在这种种活动中，安禄山对唐玄宗的荒淫昏聩，对唐王朝政治上的腐败，军事上的虚弱，了解得十分清楚。他那向上爬的欲望，就一步步地发展成为发动叛乱、起兵灭唐的野心。

公元747年，安禄山把一个心腹部将留在长安城里当坐探，随时把朝廷中的动静密报给他，为叛乱进行准备。他以范阳(今北京西南)为根据地，在城北建筑了一座雄武城，广招兵马，制造武器，屯储军粮。他还从部将中提拔了五百多人任将军，两千多人任中郎将，用这种办法来收买人心，培植叛乱的爪牙。最后，他从亲信当中挑选了史思明等人，充当谋士和心腹，作为指挥叛乱的核心力量。

安禄山叛乱的迹象逐渐明显，朝廷的一些大臣和其他一些节度使也逐渐察觉到了。他们多次提醒唐玄宗，要玄宗采取措施，加强防范。宰相杨国忠更是视安禄山为眼中钉，肉中刺，多次奏明玄宗，说安禄山要谋反。可是玄宗怎么也不相信，反倒说："安禄山这个人，我待他不薄，他怎能反叛我呢？咱们东边和北边的边境，还要靠他来守，你们不必担心。"

眼见着安禄山的势力逐渐壮大，统帅着重兵十八万人，占当时边镇军队三分之一还多，杨国忠感到自己的宰相交椅已经岌岌可危了。他一方面加紧在唐玄宗面前游说，另一方面暗中查询安禄山安插在京城的探子。杨国忠查出了安禄山派在京城的探子，并处死了他们，这下激怒了安禄山。

公元755年10月，安禄山派到京城奏事的一个官员从长安回到范阳，向安禄山密报朝廷的情况。安禄山与心腹密谋之后，召集他的十五万大军，出示了一份据说是使者带回来的圣旨，宣称："有圣上密旨，令安禄山带兵入朝铲除杨国忠！"十一月初一，安禄山以讨伐杨国忠为名，发兵十五万，号称二十万，在范阳举旗反叛，向长安方面进发，揭开了安史之乱的序幕。

由于唐朝把重兵都布置在各大藩镇，皇帝直接指挥的军队较少，既无可用之兵，又无可用之将，只好命大将封常青、高仙芝招收市井无赖之徒，前往抵抗，但新招之兵，没有经过严格的训练，安禄山连败唐军，一路攻陷陈留、荥阳、洛阳，直逼长安。

叛军得逞的消息接二连三地传到长安，这时候，唐玄宗才相信安禄山是真的反叛了。他匆忙调兵遣将，部署平定叛乱，可是这临时凑起来的部队，仓促上阵，哪里是叛军的对手？尤其是潼关失守后，长安失去了最后一道屏障。

杨国忠主张出逃蜀中，于是唐玄宗带着杨贵妃和一些皇亲大臣出走四川。行至马嵬驿时，随行军士鼓噪不前，骚乱中杀死了杨国忠，并强迫唐玄宗杀死杨贵妃。玄宗无可奈何，忍痛派人缢死了杨贵妃。随后，唐玄宗跑到四川成都去了，安禄山军队占领了长安。

安禄山的军队十分残暴，每到一处，就抢掠民财，烧毁房屋，甚至把杀人当作儿戏。叛军进入长安后，即纵兵大抢三天，长安成了一片火海。在安禄山军队的暴行下，黄河中下游的许多城镇村庄，变成了一片瓦砾废墟。

公元756年，唐玄宗退位，太子李亨即位，改元至德，帝号为肃宗。他任用郭子仪等大将，调集了西北各路军队，准备反攻长安。公元757年，安禄山集团发生内讧，他的长子安庆绪本应为太子，但安禄山却想立夫人段氏生的儿子为太子，为此安禄山被其长子安庆绪杀死了。唐军趁机收复长安、洛阳，安禄山留守河北的大将史思明也暂时归降了唐军。

公元758年，唐朝正打算消灭史思明的力量，史思明又起兵反叛，占据魏州（今河北大名）。同年，唐肃宗派郭子仪等二十万大军围邺城（今河南临漳西），史思明带兵直趋邺城，援助被围的安庆绪，打败了唐军。史思明胜利后，乘机杀了安庆绪，自己当了皇帝。接着史思明又攻陷洛阳。不久，史思明被其子史朝义所杀。安史集团内部的争权残杀，使力量大为削弱。唐军趁势收复洛阳。

公元762年，唐肃宗去世，其子李豫继立，是为代宗。代宗调集各路兵马，又借回纥骑兵，以其子李适为天下兵马元帅，以仆固怀恩为副元帅，率军相继收复洛阳、河南等地。

公元763年初，史朝义手下的几员大将先后投降了唐朝，史朝义走投无路自杀（也有人说是被部将诱杀）。至此，历时八年的安史之乱终告结束。

安史之乱是唐王朝社会矛盾发展的集中表现，是唐中叶地方节度使与中央政府争夺最高政权的斗争。它成为唐朝由盛转衰的转折点。

"安史之乱"使黄河中下游的人民惨遭浩劫，北方社会经济受到严重破坏，社会阶级矛盾进一步加深，唐王朝中央集权力量也大为削弱，唐中央已无力控制全国。参加平叛的节度使，割据一方，拥兵自重，全国形成藩镇割据的局面。唐中央内部，出现了宦官专权和朋党之争，政治更加腐败。

诗仙李白

　　李白的名字家喻户晓，妇孺皆知。他是中国文学史上绝无仅有的一大奇才。他字太白，号青莲居士，祖籍陇西成纪(今甘肃天水一带)。公元701年(唐长安元年)出生在西域碎叶城(今吉尔吉斯托克马克附近)。五岁时随同父亲迁居四川绵州彰明县清廉乡。他从小诵六甲，观百家，勤学苦读，博览群书，聪颖早慧。由于地理环境、时代风气以及家庭教育的影响，少年李白豪放超迈、风流倜傥、不拘礼法。他不仅好诗赋，而且喜任侠，酷爱剑术。

　　李白顺江出川，首先来到湖北襄阳。接着抵荆门，到武汉，在洞庭湖上泛舟。二十七岁时，李白来到湖北安陆，在这里结婚成家。妻子是一位退职宰相的女儿，也很有才气。此后十年间，他大体上是以安陆为中心，过着较为稳定的生活。这就是"酒隐安陆，蹉跎十年"。在这期间，他游览了两湖、江浙、山东、山西等地。饱览了许多名山大川，结识了不少朋友。十年游历，使诗人的眼界大开，生活阅历也逐渐丰富。他的创作风格日趋形成，个性风格渐渐奠定。由此也"名播海内"，誉满京华。

　　公元742年(天宝元年)，因为道士吴筠的推荐，唐玄宗三下诏书召李白进京。诗人欣喜若狂，他以为实现自己抱负的机会来了，于是在这年秋天，发出"仰天大笑出门去，我辈岂是蓬蒿人"的豪歌，奔赴首都长安。长安三年，是诗人一生最得意也是最痛苦的时期。初到长安，著名诗人、太子宾客贺知章一见面就惊叹说："此天上谪仙人也！"这一赞誉，顿使李白誉满京华。唐玄宗对他也相当器重，给以殊遇。除去亲自下轿迎接他，"以七宝床赐食，驭手调羹"，还"问以国政"，让他起草过一些诏诰文件，还请他写过《答蕃书》，最后封为翰林供奉。唐玄宗宠爱李白，仅仅是看中了他的文学才能，希望他做一个御用词客，为自己歌功颂德，点缀升平。但是，供奉翰林是虚衔，没有实权，使李白难以容忍，因为这与他"愿为辅弼"的理想相去十万八千里。李白并非政治英才，但他毕竟是一个非常高傲的浪漫主义诗人；他要求个性解放，反对任何礼法束缚；坚持人格尊严，不向权贵折腰。这种孤高傲岸的性格在根本上是与封建政治相背的。他那"天子呼来不上船,自称臣是酒中仙","揄扬九重万乘主,谑浪赤墀青琐贤"的狂放作风必定不会被森严的封建秩序所接纳。他在殿上让高力士脱靴的惊人举动,就是那一贯蔑视权贵为粪土的高傲品格的生动反映。因而不到三年,李白再也无法忍受周围的浑浊之风,主动上疏要求归山。唐玄宗也"以其非廊庙器,优诏罢遣之",赐金放还。就这样,诗人又解放了。他摆脱了庸俗世故,挣开了束缚和羁绊,"高歌大笑出关去",仍然回归到优美纯净的自然山水之间。长安之行,李白在仕途上一无所获,但却用自己的傲骨,为后代士子筑起一座伟大人格的丰碑。

公元744年(天宝三年)春天,李白来到了洛阳,在这里遇到了比他小十一岁的杜甫。"诗仙"和"诗圣"一见倾心,结下了终生不渝的友谊。尽管他们在一起的日子并不长,而且以后再也未能相见,但他们的友谊万古长青,留下了许多动人的诗章,成为中国文学史上令人传颂的佳话。两人在一起饮酒、论诗、打猎,并相约游历了开封、济南、曲阜等地。他们在开封曾遇到著名边塞诗人高适。三人在一起"慷慨怀古"的时候,当然对朝政颇多讥评,也敏锐地感觉到这号称盛世的时代正潜伏着种种危机。李白在这时写的许多诗歌,都流露着对国事的隐忧。《古风五十九首》中有很多篇章,以"游仙"为题,隐藏着对国家社会的深切关心。就在这年秋天,李白与杜甫在兖州(曲阜)石门痛饮而别。杜甫去了长安,而李白则南游扬州、金陵、越中、宣城、秋浦,北游邯郸、幽州,西游梁苑、嵩山等地,最后隐居于庐山。这次长达十年的漫游,是李白诗歌创作的丰收期,留下了许多传世之作。如《梦游天姥吟留别》《行路难》《蜀道难》《将进酒》《宣州谢朓楼饯别校书叔云》《登金陵凤凰台》《长相思》《月下独酌》等等。这些诗章以其雄丽的想象、壮丽阔大的意境、排山倒海般的气势创造的美好境界,成为后人审美的永久性典范。

公元755年(天宝十四年),安史之乱爆发,唐王朝由盛转衰,岌岌可危。唐玄宗在逃往蜀地避难的路上,命永王李璘在江陵组织部队勤王,但他竟擅率水军沿江东下,意在壮大自己的力量,夺取皇位。途经当阳(今九江)时,慕李白才名,邀其出山为自己出谋划策。诗人此时虽近暮年,但雄威不减,正气犹存。他在这时写了《西上莲花山》《扶风豪士歌》《北上行》《独漉篇》等诗,除了愤怒谴责叛军烧杀抢掠的滔天罪行,表现对无辜人民惨遭屠杀、血染原野的悲悯,也表示了自己欲救民于水火的雄心壮志。当时,李璘争夺帝位的野心还藏得很紧,于是李白欣然接受邀请,当了永王帐中的幕宾。所作《永王东巡歌》十一首和《在水军宴赠幕府诸侍御》都是很有名的,表现了自己"为君谈笑静胡沙""誓欲清幽燕"的壮志豪情和赴死决心。遗憾的是诗人受人利用还不知道。随着永王被镇压,李白也以"从逆"罪被捕入狱。幸赖郭子仪等友人从中斡旋,才免去死罪,流放夜郎(今贵州桐梓一带)。这时诗人已是年近六十的老人了。李白一生追求个性解放,一生不忘报国建功,到头来却沦为阶下囚,心情自然十分悲伤。幸而在流放途中,走到四川巫山一带,遇到朝廷大赦天下,才被释放了。"朝辞白帝彩云间,千里江陵一日还。两岸猿声啼不住,轻舟已过万重山。"就写于归途之中,恰切地传达出诗人跳出罗网、恢复自由之后的轻松愉快心情。公元761年(上元二年),李白在安徽当涂,听说太尉李光弼率兵百万在临淮围击安史叛军,诗人那颗报国之心又狂跳不已,他决定去投军参战。但只走到金陵,就因病折回。次年在族叔当涂县令李阳冰家中结束了他悲剧的一生。

李白用那支天才的神笔,留下了数以万计的美丽诗篇。今天保留下来的九百多首,虽然只是一小部分,然而,这是一笔无法估价的精神财富。这些诗中,闪耀着光辉的人格光芒。古往今来,有几人能做到"天子呼来不上船","高歌大笑出关去",又有几人能说出"安能摧眉折腰事权贵,使我不得开心颜"?

在这些诗中,飞动着对祖国山川的挚爱之情。诗人运用奇异的想象和出神入化的夸张手法,突出表现高山大河的壮美,开拓了传统山水诗的美学境界,第一次把崇高之美、阳刚之美纳入了山水诗的审美范畴。李白的诗,使祖国山河大地生色,日月星辰增光,整个大自然更为壮美。与博大雄浑的意境相适应,语言自然流畅,气势贯通,如天马行空,无拘无束,任意往还;如行云流水,连绵不断,不可遏止。"抽刀断水水更流,举杯销愁愁更愁。""君不见黄河之水天上来,奔流到海不复回。""地崩山摧壮士死,然后天梯石栈相钩连。""我且为君槌碎黄鹤楼,君亦为吾倒却鹦鹉洲。"这些神奇的诗篇,已经到了出神入化、炉火纯青的境地。汉语,在他的笔下最充分地显现了独特的魅力。

李白和李白诗,将与山河同在!

诗圣杜甫

杜甫,字子美,生于河南省巩县(今河南巩义)。他做过节度参谋检校工部员外郎,所以后人称他为杜工部。他的祖父杜审言是武则天时代著名的诗人。

父亲杜闲,做过奉先县的县令。杜甫七岁就能写诗,十四五岁的时候,已经开始和洛阳一些有名的文人交往。和李白一样,年轻的杜甫也曾经在祖国的南北漫游,凭吊了许多名胜古迹。在登上泰山顶峰的时候,他写了著名的五言古诗《望岳》。其中"会当凌绝顶,一览众山小"的名句,抒发了他宏伟的志向。

公元746年,杜甫来到长安,第二年,唐玄宗忽然想要举行一次特考,下诏征集天下凡在文学艺术上有一技之长的人,来京考试。他举办这次考试的目的,也还是想为自己的"帮闲"队伍输送点新鲜血液。杜甫高兴地应考了。然而李林甫却是不喜欢新进人物的,他害怕一些有才能的年轻人进入朝廷,因此叮嘱主考官,出一些莫名其妙的试题,让谁也回答不上;而阅卷时又吹毛求疵。结果应考的几百人,竟没有一个得中。对这种反常的现象,李林甫还要给皇帝上表祝贺,说:"天下有才识的人士都已经聚集到朝廷里来了。"年过花甲的皇帝竟然信以为真,还认为李林甫很能干,结果这次考试便成了对杜甫的第一个打击,他多年的幻想破灭了。

对杜甫的第二个打击是他的父亲杜闲的病故。父亲去世了,本来就比较贫困的杜家的生活,更加贫困,而今后这一切都要由杜甫来承担了。为了求得官职、维持生活,杜甫开始给达官贵人们写信,希望得到他们的赏识举荐。但他到处碰壁,得到的是冷淡和白眼。

为了述说自己的抱负,杜甫作了《三大礼赋》献给唐玄宗。唐玄宗非常赞赏,让宰相对他进行考试。可是,杜甫又碰上了李林甫。考完试,就再也没有消息了。后来杜甫又接连向唐玄宗献了两篇赋,直到公元755年,四十四岁的杜甫才得到一个地位很低的职务。

这以后,杜甫在长安的穷困生活,竟一过就是十年。他的身体消瘦了,染上了肺病和疟疾。然而这种不幸的境遇,却使他有机会接触到社会的底层,使他深刻地了解、体会到人民群众的疾苦。有一年的冬天,杜甫回奉先探望妻儿。一路上,他目睹了社会的灾难。尽管连年水灾旱灾不断,统治阶级的奢侈腐化仍然有增无减,老百姓实在活不下去了。杜甫穿着又破又单薄的衣服,奔走在寒风凛冽的路上。手指冻僵了,连断了的衣带都系不上。刚进家门,就听见一片号啕声,原来他那不满两周岁的儿子刚刚饿死。杜甫心里像被撕碎了一样难过。他想起一天早晨经过骊山下的情景:唐玄宗正在华清宫避寒,歌舞声响彻云天。这强烈的对比引起杜甫深深的思虑。他想,我是个小官,不纳租税,不服徭役,尚且如此,一般百姓的境遇就更悲惨了。想到这里,他无比悲愤地写了长诗《自京赴奉先县咏怀五百字》,揭露了统治阶级的罪恶,深刻地反映了安史之乱前唐朝的社会现实,其中"朱门酒肉臭,路有冻死骨"成为千古流传的名句。他看到统治者穷兵黩武,一队队被征来的壮丁通过长安城西的咸阳桥,开赴西线。杜甫站在桥边,亲眼看见了那种亲人送别、哭声震天的情景。这以后,他就写出了震撼人心的《兵车行》。

安史之乱爆发以后,杜甫离开了长安随众人逃难。一路上饥寒交迫,尝尽了流亡的辛苦。他在投奔唐肃宗的途中,被胡人俘虏,押送回长安。他看到祖国山河破碎的悲惨景象,写下了感人肺腑的《春望》,反映了他当时忧愤的心情。

公元757年夏天,杜甫逃出长安,拜见了唐肃宗。唐肃宗任命他做左拾遗,负责给皇帝提意见。其实,皇帝设置这个小官,不过是装装门面,表明他乐意纳谏。可是杜甫却以为皇帝诚心诚意接受劝谏,于是工作得十分尽心尽力。他工作得这样认真,当然不受欢迎,所以不到一年半,唐肃宗就把他打发走,让他到华州去做管理祭祀、礼乐、学校等的小官。

杜甫离开了长安,又有机会深入到下层劳动人民的生活中,了解民间的疾苦。征兵、征粮,连年不断的战争,弄得老百姓家破人亡。人民的苦难,唤起了他深切的同情,他创作了"三吏"(《新安吏》《潼关吏》《石壕吏》)、"三别"(《新婚别》《垂老别》《无家别》)等著名诗篇。

杜甫对现实生活越来越失望,他毅然抛弃了官职,来到成都,住在西郊外的浣花溪。在亲友的帮助下,杜甫开辟荒地,营建起一座草堂,就是现在有名的杜甫草堂。在这风景优美的草堂边,他植树栽竹,养鸡养鸭,生活虽然艰苦,但能和邻居的农民交朋友,心情很愉快。

这一年的8月,秋风怒吼,草堂顶上的茅草被卷走了。风刚停,雨又不住地下,屋里漏得没有一块干地。在这难眠的长夜,杜甫写了《茅屋为秋风所破歌》,诗中写道:"安得广厦千万间,大庇天下寒士俱欢颜,风雨不动安如山。呜呼!何时眼前突兀见此屋,吾庐独破受冻死亦足。"他想到社会上广大的"寒士",慷慨激昂地表示,为了天下的"寒士"免于饥寒,他自己即使冻死也心甘情愿。这是多么高尚的精神境界啊!

后来,杜甫带着妻儿老小到处奔波。这时候,北方兵荒马乱,江南的亲友又无音讯,他只好以船为家,在湘江上漂泊。吃野菜,穿着带补丁的衣服。尽管疾病缠身,他仍然没有忘记祖国的灾难,关心着受尽战争折磨的老百姓。公元770年冬天,五十九岁的杜甫病死在湘江的小船上。

杜甫一生写了几千首诗,深刻地反映了悲惨的社会现实和人民的苦难,所以,人民把他的诗称为"诗史",把他称作我国历史上伟大的现实主义诗人。

"诗豪"刘禹锡

"永贞革新"失败后,被唐宪宗下诏贬职的"八司马"当中,有两位著名的文学家柳宗元和刘禹锡。柳宗元擅长散文,刘禹锡善于写诗,两个人又是很要好的朋友。这次,柳宗元被派到永州(今湖南零陵),刘禹锡被派到朗州(今湖南常德)。

这年,刘禹锡三十四岁。永州和朗州都在南边,那时候还是荒僻落后的地区。柳宗元和刘禹锡相信自己的作为是正直的,失败了也不气馁。到了任所,除了办公以外,常常游览山水,写写诗文。在他们的诗文中,常常抒发自己的政治抱负,也反映了一些人民的疾苦,像柳宗元的《捕蛇者说》就是在永州写的。

刘禹锡在朗州期间创作了有名的《天论》。《天论》三篇是中国哲学史上的名著。他说过"怒人言命,笑人言天",一怒一笑,表明他是儒家。

刘禹锡和柳宗元在任所一住就是十年。日子一久,朝廷里有些大臣想起他们来,觉得这些都是有才干的人,放在边远地区太可惜了,就奏请宪宗,把刘禹锡、柳宗元调回长安,准备让他们留在京城做官。元和十年(公元815年),刘禹锡回到长安,看看长安的情况,已经发生了很大变化。京城虽有一些新气象,但朝廷官员中,有不少新提拔的官员都是他过去看不惯的人,心里很不舒坦。

京城里有一座有名的道观叫玄都观,里面有个道士,在观里种了一批桃树。那时候正是春暖季节,观里桃花盛开,招引了不少游客。有些老朋友约刘禹锡到玄都观去赏桃花。刘禹锡欣然接受了朋友们的盛情。

刘禹锡过了十年的贬谪生活,回到长安,看到玄都观里新栽的桃花,很有感触,回来以后就写了一首诗:

紫陌红尘拂面来,无人不道看花回。
玄都观里桃千树,尽是刘郎去后栽。

刘禹锡的诗一向有名气,这篇新作品一出来,很快就在长安传开了。有一些大臣对召回刘禹锡本来就不愿意,读了刘禹锡的诗,就细细琢磨起来,有人竟说刘禹锡这首诗表面是写桃花,实际是讽刺当时新提拔的权贵的。这些话传入宫内,唐宪宗很生气,他觉得自己这些年颇有成绩呢。于是,对刘禹锡也很不满意。刘禹锡又被派到播州(今贵州遵义)去做刺史。刺史比司马高一级，明着是提升，但是播州地区比朗州更远更偏僻，当时还是人烟稀少的地方。

刘禹锡的老母亲，已经八十多岁了，需要有人伺候，怎能跟着刘禹锡一起到播州呢，正在这时候，朝廷把柳宗元改派为柳州刺史。柳宗元得知刘禹锡的困难情形，决心帮助好朋友。他连夜写了一道奏章，请求把他的官职跟刘禹锡对调，让他到播州去。

柳宗元待朋友一番真诚，使许多人很受感动。后来，大臣裴度也在唐宪宗面前替刘禹锡说情，宪宗答应把刘禹锡改派为连州(今广东连县)刺史。大和五年(公元831年)10月，他出任苏州刺史，为期近三年，颇有政绩，得到时人的称赞。后历任汝州、同州刺史。过了十四年，裴度当了宰相，把他调回长安。

刘禹锡重新回到京城，正值暮春季节。他想起那个玄都观的桃花，有心旧地重游。到了那里，才知道那个种桃树的道士已经死去，观里的桃树没有人照料，有的被砍，有的枯死了，满地长着燕麦野葵，一片荒凉。他想起当年桃花盛开的情景，联想起过去打击他们的宦官权贵，一个个在政治斗争中下了台，而他自己倒是顽强地坚持自己的见解。想到这里，他又写下了一首诗，抒发他心里的感慨，诗里说：

百亩庭中半是苔，桃花净尽菜花开。
种桃道士归何处？前度刘郎今又来。

刘禹锡一生仕途坎坷，颠沛流离，但他始终坚持真理，特别是几次遭贬，几番挫折，使他广泛地接触社会和生活在底层的劳动人民，因此在哲学、政治、文学等方面形成了自己的独到之处，并且给后人留下许多宝贵财富。

刘禹锡创造了大量的政治诗和政治讽刺诗，继承并发扬了古典诗歌的现实主义传统。他是中唐时期最优秀的诗人，白居易极度钦佩他的诗歌才能，称他为"诗豪"，为"国手"。

白居易进长安

白居易，字乐天，生于唐代宗大历七年(公元772年)，下邽(今陕西渭南东北)人,是唐代著名诗人。白居易自小聪明,五六岁就开始学写诗。他擅长作诗的名气,很早就传开了。白居易早期的生活是在动荡中度过的。在他十六岁那年,他父亲白季庚在徐州做官,让他到京城长安去长些见识,这种离乱生活才结束。

那时候,正是朱泚叛乱之后,长安遭到很大的破坏。特别是连年战争,到处闹粮荒,长安米价飞涨,百姓的日子很艰难。

当时,长安有一个文学家顾况,很有才气,但为人有些高傲。白居易钦佩顾况的名气,带了自己的诗稿,到顾况家去请教。顾况听说白居易也是个官家子弟,不好不接待。白居易拜见了顾况,送上名帖和诗卷。顾况看了看名帖,看到"居易"两个字,皱起眉头打趣说:"近来长安米价很贵,只怕居住很不容易呢!"

白居易被顾况莫名其妙地数落了几句,也不在意,恭恭敬敬地站在旁边请求指教。顾况拿起诗卷随手翻着,他的手忽然停了下来,眼睛盯着诗卷,轻轻地吟诵起来:

离离原上草,一岁一枯荣。
野火烧不尽,春风吹又生……

顾况读到这里,脸上显露出兴奋的神色,马上站起来,紧紧拉住白居易的手,热情地说:"啊!能够写出这样的好诗,住在长安也不难了。刚才跟您开个玩笑,您别见怪。"

顾况十分欣赏白居易的诗才,自从这次见面以后,逢人就夸说白家的孩子怎么了不起。一传十,十传百,白居易在长安出了名。不到几年,他考取了进士。唐宪宗听说他的名气,马上提拔他做翰林学士,后来又命他担任左拾遗。在这期间,白居易一面不断地创作新的诗歌,揭露当时社会上的一些不良现象,一面在宪宗面前多次直谏,特别是反对让宦官掌握兵权。

有一次,白居易谏阻宪宗封宦官做统帅,惹得宪宗很气恼。他跟宰相李绛说:"白居易太狂了,怎么对我这样不敬,我要撤他的职!"李绛说:"白居易敢在陛下面前直谏,不怕杀头,正说明他对国家的忠心。如果办他的罪,只怕以后没人敢说真话了。"唐宪宗勉强接受李绛的意见,暂时没有把白居易撤职。但是,过了没有多少天,终于把他左拾遗的职务撤掉,改派别的官职。

白居易写了许多诗,其中有不少是反映现实的,像《秦中吟》和《新乐府》。这些诗篇,有的揭露了宦官仗势欺压百姓的罪恶,有的讽刺官僚们穷奢极侈的豪华生活，有的反映了劳动人民的痛苦遭遇。他的诗歌通俗易懂，受到当时广大人民的传诵，街头巷尾，到处都传诵着白居易的诗篇。据说，白居易写完一首诗，总先要念给不识字的老婆婆听，如果有听不懂的地方，他就修改，一直到能够使她听懂。这当然只是一种传说，但也说明他写的诗歌是比较接近群众的。

正因为他的诗反映现实，触犯了掌权的宦官和大官僚，也招来了一些人的咒骂和嫉恨。有些人想诬陷白居易，只是一时找不到借口。过了几年，白居易在太子的东宫里做大夫。有一次，宰相武元衡被人派刺客暗杀了。这次暗杀有复杂的政治背景，朝廷的官僚谁也不想开口。只有白居易站了出来，首先向宪宗上了奏章，要求通缉凶手。宦官和官僚抓住这个机会，说白居易不是谏官，不该对朝廷大事乱作主张，狠狠地告了一状。经过这样罗织罪名，白居易被降职到江州（今江西九江）去当司马了。

白居易无辜受到贬谪，到了江州之后，心情十分抑郁。有一天晚上，他在江州的浔浦口送客人，听到江上传来一阵哀怨的琵琶声，叫人一打听，原来是一个漂泊江湖的老年歌女弹的。白居易见了那歌女，又听她诉说她的可悲身世，十分同情；再联想到自己的遭遇，引起满腔心事。回来以后，写下了著名的叙事长诗《琵琶行》，诗中说：

我闻琵琶已叹息，又闻此语重唧唧。
同是天涯沦落人，相逢何必曾相识。

后来白居易又几次回到京城，做过几任朝廷大官。但是当时的朝政十分混乱，像白居易这样正直的人不可能有什么作为。他把他全部精力倾注到诗歌创作中去。白居易一生一共写了两千八百多首诗，作为封建时代的文人士大夫，他的诗不仅有高超的艺术手法，而且更具有丰富的社会内容。更难能可贵的是，他把诗写得通俗易懂，达到了妇孺皆知的地步。这样高的艺术成就，使他成为继李白、杜甫之后又一位杰出的诗人。

悲壮的黄巢起义

唐朝后期，大量耕地集中在少数贵族和官僚手里，全国半数以上的农民失去了土地,变为逃户、流民。统治者还用各种名目横征暴敛,老百姓连吃盐、喝茶、住房都要上税。当时,还经常发生天灾,地里不长庄稼。穷苦农民没有吃的,只好把蓬草籽磨成面,把槐树叶当成菜,勉强果腹。举国上下,饿殍遍野,怨声载道。而统治阶级则过着骄奢淫逸的生活。

公元859年,唐懿宗即位,他是一个非常荒淫的皇帝。他每月总要举行大型宴会十多次,殿前的乐工有五百多人。他观赏歌舞,常常是通宵达旦,高兴的时候还要赏给乐工们很多钱。长安附近的名胜,如南宫、离宫等地方,他想什么时候去就什么时候去。左拾遗刘蜕曾上书说:"目前,西凉还在建筑城池,南蛮不断侵扰边境,战争还在进行,请皇上节制宴游,多关照一些政事为好。"唐懿宗不仅不听,反而把他贬为华阴令。

公元873年,唐僖宗即位后,其昏庸腐朽、奢侈豪华,比唐懿宗有过之而无不及。僖宗年幼不会治理国家,但对踢球、斗鸡、音乐、赌博非常精通。他最宠信的宦官田令孜还常常让僖宗赏给乐工钱,每天达几万,几乎把府库里的钱都用光了。

穷人活不下去,只有起来造反。当时,农民武装起义在现在的山东、四川、湖南、山西、陕西等地,此起彼伏。公元859年冬天,裘甫在浙江东部举行起义。这场起义虽然被镇压下去,但却成了唐末农民起义的先导。八年以后,桂林又发生兵变,后来转战到徐州一带,发展成规模很大的农民起义,十四个月以后,起义被镇压。起义的农民分散到各地,等待机会。

公元875年,濮州(今山东鄄城北旧城)私盐贩子王仙芝与尚君长、尚让兄弟,率领几千农民在长垣起兵。王仙芝自称天补均平大将军、海内诸豪都统,发布檄文,斥责朝廷奸臣乱政,赋税繁重,赏罚不平。起义军攻下曹州(今山东曹县)、濮州,从几千人发展到几万人。接着,冤句(今山东菏泽西南)人黄巢和他的兄弟等八人,率领几千农民在曹州起兵响应,王仙芝和黄巢的两支队伍合在一起,轰轰烈烈的农民大起义开始了。

黄巢从少年时起就贩卖私盐,走南闯北,见多识广。他擅长骑马射箭,喜好结交江湖好汉,济困扶危,反抗社会不平。他也喜欢读书,但几次参加科举考试,都没有被录取。

有一年他又未考中进士,便写了一首《不第后赋菊》诗:

待到秋来九月八,我花开后百花杀。
冲天香阵透长安,满城尽带黄金甲。

这首诗表露了他有朝一日要起来造反的意愿。

起义初期,王仙芝是全军统帅。起义军采取流动作战的方法,从现在的山东南部打到河南西部,又打到湖北东部。公元877年攻到蕲州城下。唐朝蕲州刺史请王仙芝、黄巢等人进城,对他们进行诱降活动,答应请求皇上授予王仙芝官职。朝廷正想平息农民起义,就答应授给王仙芝一个空头官衔。王仙芝十分高兴。黄巢大怒,他责备王仙芝说:"起初大家立过大誓,要横行天下。现在你去做官,起义的弟兄们该到哪里去?"起义军其他将士也都斥责王仙芝,王仙芝害怕众人,没敢接受唐朝的官职。起义军两位领袖意见不合,起义军也就分裂了。王仙芝和尚君长、尚让等率领一部分人,攻破一些州县;可是,他曾经七次向唐朝统帅请降,没有得到允许,最后被唐军打得大败,牺牲了几万人,王仙芝也被杀死。这支起义军失败了。

黄巢率领另一部分起义军北上,转战在山东、河南一带。王仙芝战死以后,尚让带领残余部队投奔黄巢,推黄巢为王,又称"冲天大将军",改年号"王霸",设置官署,建立自己的政权。面对唐军的军事防线,继续强攻州县城邑对起义军极为不利,而江南是唐王朝军备力量薄弱的地区,又是后期主要的财赋供给地,起义军到江南开辟新的活动地区,打开新的局面是非常必要的。黄巢在冷静分析局势之后,作出了正确的选择。他率领数万大军,渡过长江,挥戈南下,使起义军转入新的大发展阶段。

当时,唐朝的军队集结在中原一带,岭南地区兵力比较薄弱。黄巢本想占领岭南地区,休整一段时期,积蓄力量,再打到中原去,推翻唐朝。可是不久疫病流行,部将们不愿久留南方,要求尽快打回北方。黄巢同意了这个要求,以天补均平大将军的名义发布檄文,指责朝廷的罪恶,率领起义军从广州出发,向北攻进现在的湖南、湖北,向东打到江西、安徽、浙江等地。起义军的声势越来越大,人数越来越多,发展到六十万人。

唐僖宗派了好几支大军进行镇压,也阻挡不住。起义军渡过淮河,向西北进军几千里,攻下了东都洛阳。唐军只得退到潼关防守。一路上,起义军纪律严明,不掳掠百姓,只没收官商富户的财产充作军需。起义大军进入洛阳城的时候,还对百姓进行慰问,秩序井然。

起义军挺进到潼关城下,满山遍野都是起义军的白旗。当黄巢来到的时候,全军士气高昂。唐军凭借关隘,勉强守了两天。到第三天,尚让和黄巢的外甥林言,分兵从一条叫"禁谷"的小路绕到关后,内外夹击,攻破了潼关。这条"禁谷",在平时,为了防止商人逃税,禁止通行,里面长满了灌木藤葛。起义军打来,唐军竟然忘记设防。第一天双方交战以后,官军溃败,争着从禁谷逃命,一夜工夫,把地面踏平了,正好给起义军开辟了道路。

公元880年12月3日,黄巢攻克潼关。京城长安得知这一消息,陷入一片混乱之中。5日凌晨,唐僖宗和宦官田令孜带着四个亲王及数名嫔妃,率领五百名神策军,由金光门出了皇宫,匆匆忙忙地逃往四川。就在这天早晨,文武百官照样上朝,等了很久,才知道皇帝逃跑了。当天下午,黄巢的前锋大将柴存进入长安。唐朝廷的左金吾卫大将军张直方不得不带领文武官员几十人,到长安郊外迎接;黄巢乘坐着黄金装饰的轿子,由身披锦绣、手执兵器的随从簇拥着,威武雄壮地进入长安城。兵强马壮的起义军队伍,充塞道路的辎重车辆,浩浩荡荡地跟随着前进。

长安的老百姓听说黄巢进了城,都走出家门,夹道欢迎,观看起义军的军容。起义军士兵大多是受尽压迫的民众,所以遇到贫民是很同情的,还送给他们财物;但对唐朝留下来的那一大群官吏,就十分憎恨,处死不少。几天之后,也就是公元881年1月,黄巢在长安即位称帝,国号大齐,年号金统。他任命尚让为宰相,孟楷、盖洪为将军,著名诗人皮日休为翰林学士,组成了由起义军文武首领和唐朝降官混合的大齐政权。

起义军渡过淮河以后,一路无阻,但经过的重要地方如东都洛阳,都没有留兵驻守。数十万人全部进入长安,实际上好像进入口袋之中。长安在唐军的四面包围下,粮食补给发生困难。不久,唐朝京城四面诸军行营都统郑畋号令各藩镇,联合起来进攻长安,各藩镇响应。形势对起义军非常不利。

黄巢也想过打开局面。他曾派尚让等人率领五万人攻打凤翔。尚让自以为声势浩大,行军时,军容不整;遇到伏兵,便被杀得大败,损失了士兵两万多人。一部分唐军乘机进攻长安,黄巢以为是唐朝大军来了,便率领众人仓皇逃走。唐军入城,大肆掳掠。黄巢停在城外,看到唐军像一群乌合之众,便又领兵杀回长安,歼灭唐军十之八九。无奈,他的地方守将们听说他已出城,也都放弃守城,逃往别处。

由于起义军始终没有打破敌人的围剿,城内粮食又日益紧张,更由于在这紧急关头,起义军的主要将领朱全忠(即朱温)却叛变投敌了,使得大齐政权处于多面受敌的严重危机之中。

公元883年5月,黄巢被迫撤离长安,在河南、山东一带继续坚持抗击唐军。第二年6月,又与唐军浴血奋战,终因寡不敌众,黄巢自刎于泰安狼虎谷(在今山东莱芜境内)。黄巢起义历时十年,撼动了封建王朝的统治,功不可没。

公元907年，朱温篡唐，建立后梁，五代十国时代开始。与此同时，北方的契丹族迅速崛起。

五代十国

朱全忠灭唐称帝

黄巢起义失败后，唐僖宗到了长安，但他这个皇帝已是名存实亡，因为在镇压农民起义军的过程中，各地藩镇都趁机争夺地盘，扩大势力，成为大大小小的各霸一方的小王朝。朱全忠这个叛徒，也以农民起义军的鲜血，养肥了自己，而且成为割据势力中最大的一股。

当时与朱全忠势力相当的，是河东节度使李克用。朱全忠在镇压起义军的同时，就想除掉李克用。那还是在黄巢兵撤河南的时候，有一次，朱全忠受到起义军的围攻，形势危急，他就向李克用求救。李克用领兵打败了起义军，解了朱全忠的急。朱全忠大摆宴席，热情款待李克用，似乎是感谢他的救危之恩。哪知李克用喝得酩酊大醉之后，朱全忠竟然派兵围住了李克用所住的驿馆，要趁机害死李克用。幸亏李克用手下的亲兵骁勇善战，拼命抢救，才使李克用捡了条命。

从那以后，李克用就与朱全忠结下了仇，而且经常打来打去。但结果却不理想，李克用只能保住河东地区，朱全忠却越打势力越大，打败了很多其他的军阀，吞并了他们的兵马和地盘，成为一个拥有强大军队，占据广大地区的最强大的新军阀。

唐僖宗病死后，他的弟弟李晔即了位，就是唐昭宗。唐昭宗想摆脱宦官的控制，一再利用朝中大臣来反对宦官，企图削弱宦官的力量，但都因为办事不力而一次次失败。这就惹火了那些掌权的宦官，他们把唐昭宗软禁起来，想另立一个皇帝。

朱全忠听说了这件事，认为是自己插手朝政的好机会，便派了亲信溜进长安,秘密联络宰相崔胤,支持他消灭宦官,复立昭宗。崔胤有了朱全忠做后台,胆子便大起来,就发兵杀了宦官头目刘季述,让昭宗复了位。

昭宗重新上了台,就与崔胤一道,想把所有的宦官都杀了。剩下的宦官见情况不妙,便抢先下手,劫持唐昭宗到凤翔,投靠了凤翔节度使李茂贞。

崔胤见皇帝被劫走,忙向朱全忠求救。朱全忠毫不迟疑,立即发兵进攻凤翔,理直气壮地要李茂贞交出唐昭宗。李茂贞兵微将少,不是朱全忠的对手。朱全忠大军将凤翔紧紧围住,断绝了一切粮草来源。不久城内就没了粮,又加上连日大雪,饿死、冻死的人不计其数。困在孤城里的李茂贞毫无出路,只好束手就擒。

朱全忠把昭宗抢到手,便耀武扬威回到长安。回到长安之后,朱全忠把宦官全杀了,然后又杀了宰相崔胤。从此朝中大权就落到了朱全忠一人手上。

到了公元904年,朱全忠提出要把京城从长安迁到洛阳去。唐昭宗只有服从,半个字也不敢多说。迁都时,朱全忠命兵士把长安的百姓全赶上去洛阳的大道,又派人把长安的宫室、官府和百姓的住房全部拆光,使长安城变成了一座废墟,把拆下的材料,顺着渭水、黄河流放到洛阳。整整一个多月,从长安到洛阳的路上挤满了被迫迁移的长安百姓,他们扶老携幼,哭哭啼啼,一边赶路,一边大骂祸国殃民的朱全忠。

唐昭宗和皇后、皇子、公主、侍从及朝中的官员,也只得默默地离开长安,向东行进。走到半路上,朱全忠就下令杀掉了昭宗身边的几个官员和二百多个侍从。到了洛阳,朱全忠把他的心腹将领,全都安置在京城和皇宫里外的一切军事要职上,然后就派亲信大将杀了唐昭宗。三天之后,立了一个十三岁的孩子做傀儡皇帝,就是哀帝。

这之后,朱全忠又把朝廷里剩下的三十多个大臣全都杀死,投进了黄河。

宦官杀了,皇帝杀了,老大臣也全没了,朱全忠要做皇帝是用不着吹灰之力了。但是狡猾的朱全忠还不愿赤裸裸地登位,以免引起藩镇的不服和反对。他要让唐哀帝主动地把皇位让出来,使他"合法"地登上皇帝的宝座。

公元907年3月,唐哀帝亲笔写下禅让的"御札",向朱全忠"禅位"。朱全忠于是正式即位称帝,下令改国号为梁,以大梁(今河南开封)为国都,自己改名叫朱晃,就是梁太祖。

立国二百七十九年,经历了二十个皇帝的唐王朝,至此宣告结束。

从朱温建立梁朝开始的五十多年里,中原地区前后换了五个短暂的王朝

注释

毫不迟疑:一点儿也不迟疑。毫:一点儿。

——梁、唐、晋、汉、周,合称五代。在五代时期,南方和巴蜀地方还有许多割据政权,前后一共建立了几个国,加上北方的北汉,一共是十国,所以五代时期又叫"五代十国"时期。

蜀帝无德

蜀王王建,在四川称帝,建立"五代十国"中的第一个国家,史称"前蜀"。王建死后,他十八岁的儿子王衍继位。

王衍长得阔脸大眼,一副福相。他也的确会享福。当皇帝以后,精力不放在治理国家上,却用在如何变着花样吃喝玩乐上。例如他修的专供游玩的楼台亭阁占地竟然有十里之多!他让人制作了20个轮子的"流星辇",马拉着它跑起来,轮子转动似流星一般;还在宫苑中挖出一些沟渠,放进水,然后乘坐龙舟饮酒作乐,欣赏夜景,命令成百上千名宫女手举蜡烛立于岸边照明,水面被照得如同水晶宫。

王衍在宫苑中玩腻了,就要到秦州去游玩,因为他曾与秦州天雄节度使王承休的夫人私通,这回想去跟她重温旧梦。

但是,唐王李存勖要征讨蜀国的消息已传到大臣们耳中,有大臣向王衍报告:"唐主李存勖已任命李继岌为主帅,郭崇韬为副帅,带领6万人马犯蜀!"

王衍听罢,竟不以为然,笑着问身边的韩昭:"有这种事吗?"韩昭答:"臣未听说。"王衍说:"朕也未曾听说。唐兵真敢来,又有什么可怕?朕正想炫耀一下武力呢!"

太子王宗寿哭着劝谏父亲:"今兵祸已燃眉,陛下应整训军队……"但太监潘在迎打断太子的话,嬉皮笑脸地说:"陛下,太保有个毛病,喝醉了就哭,今天酒又喝多了……"这句话,使宫女们掩面而笑,太子王宗寿无奈,不再说下去。

右补阙张云见气氛不对,如不备战而去秦州游玩,国将不国,于是上前一步,跪倒厉声说:"陛下不要再听奸佞之言,目前百姓怨声载道,外寇将临,应速治武备,否则,悔之晚矣!"

王衍听罢,不禁大怒,竟骂张云满嘴胡言,命令武士将他乱棒打死。其余大臣见状都噤若寒蝉,哪敢再谏?

王衍排除干扰,带着妃嫔、亲信等乘船北上。一行人来到梓潼(今四川三台），住在行宫，然后换上便服，带领韩昭、潘在迎几个随从，上街闲逛。他们先去妓院，玩够以后又下酒馆。喝兴奋了要来毛笔砚台，在洁净的墙上写了"王一游"三个大写，留作纪念。

王衍皇帝写完字，回转过身，一眼瞥见酒店门口走过一位青春年少、风姿迷人的姑娘，眼睛为之一亮，忙追到门外，撵上那姑娘，围着姑娘前后看了个遍，连声赞叹："太美了、太美了！简直是仙女下凡……"姑娘给看得又羞又怕，慌忙钻进胡同，跑进一家，关上大门。王衍、韩昭、潘在迎追到大门口，仍不死心，王衍命令韩昭在姑娘门口守候，他与潘在迎回去搬兵。

时间不长，潘在迎带领一队士兵来到姑娘家，敲开门，走出一位老人，自称何康，询问来人有何事。潘在迎说："恭喜、恭喜，皇上选中你家姑娘入宫。"这帮人，不由分说闯进屋，将吓得发抖的姑娘拽着就走。何康夫妻俩哭天抢地，无可奈何。

何姑娘被抢进行宫，王衍仔细打量，觉得她的确很美，美得朴实，美得自然，不像宫女妃嫔们浓妆艳抹。王衍刚要动手抚摸姑娘，何姑娘猛然将头往殿柱上撞去，顿时头破血流，当场死去。宫女们吓得乱窜乱叫，王衍也觉得丧气得很。

这天晚上，王衍睡不着觉，还在想着白天的事情。对何姑娘的死，他没有半点悲伤，倒觉得宫女们见何姑娘撞死时的害怕模样挺有趣，于是决定再吓唬她们一次。王衍爬起床，穿上女人衣裙，披散着头发，悄悄溜到宫女们住室的窗外，发出鬼哭狼嚎的声音，然后又敲窗户又踢门，宫女们乱成一窝蜂。正在这时，几个巡更的宫女走过来，发现一个披着长发的女鬼又蹦又跳，吓得回身便跑。王衍追上一个绊倒在地的宫女，扑上去抱住她，宫女凄厉地惨叫一声，吓死了。

太监们听见后宫乱喊乱叫，带着羽林军士跑来，认出是皇帝闹妖。王衍却哈哈大笑，连说有趣。死个宫女，在他眼中，就像死一只苍蝇。这边王衍整日寻欢作乐，那边唐兵已攻入蜀国，各州郡无力抵抗，守城官兵纷纷投降，仅两个多月，唐兵占领整个蜀国，包围了成都。王衍这时才匆忙逃回成都，组织兵力抵抗，早就来不及了。

王建的义子王宗弼领兵守成都，见大势已去，抵抗无济于事，索性反戈一击，将王衍一家抓起来，杀了韩昭等人，打开城门投降。时值公元925年。

"五代十国"中第一个建立的蜀国，仅传了一代就宣告灭亡。

王衍投降，做了俘虏，还幻想着唐帝李存勖能让他当个"安乐公"（三国时期，刘禅亡国后，被送至洛阳，魏帝封他为安乐公，有吃有喝享受了七年才死）。

可是，他和家人刚到洛阳，就被李存勖下令全都杀了。

耶律阿保机建立辽王朝

契丹是辽国的前身。契丹族原本是鲜卑族宇文部的一个分支，北魏时期在辽河以北地区居住。传说古契丹有八个部落，八位部落首领都是一个骑白马于土河(内蒙古老哈河)漂浮而下的男子和一位驾灰牛车顺潢河(内蒙古西拉木伦河)而行的女人在木叶山相逢后结为夫妻所生。这对夫妻，就成了契丹族的始祖。

古契丹分成八部，有可汗(最高首领)三年一选的制度。三年任期届满，表现好的还可连任。唐太宗李世民贞观年间，契丹归附大唐，公元745年，遥辇氏替代大贺氏，传了九代，公元906年冬，遥辇氏第九任可汗痕德堇病故，耶律阿保机被推举为可汗，次年正月正式即位。就在同年，唐朝灭亡，朱温建立梁朝，自封皇帝。

耶律阿保机趁五代纷争时期，多次率兵进攻幽州等地，俘掠汉人至契丹，契丹地盘不断扩大。

就在耶律阿保机一心对外的时候，他的几个弟弟正密谋篡夺他的汗位。耶律阿保机有五个弟弟，他们是剌葛、迭剌、寅底石、安端和苏。二弟剌葛在大哥耶律阿保机刚当汗时，也很高兴，他想，现在可汗由耶律家当，每三年推举一次，自己排行老二，也有当可汗的机会。可是，耶律阿保机做了三年可汗，没人提出推选剌葛，现在耶律阿保机已当了五年可汗，还没有让位的意思，剌葛忍耐不下去了，找三弟迭剌、五弟安端商量准备篡位。

不料，有一天安端在二哥剌葛家喝醉酒回家，告诉妻子粘睦姑他们要谋反的事，粘睦姑思考再三，还是自首为上，便悄悄来见耶律阿保机和他夫人述律平，密报了这件事。耶律阿保机夫妇当即派人把老五安端抓来审问，安端无奈，只好招认。剌葛、迭剌、寅底石也被抓起来了。

一些大臣和述律平都建议耶律阿保机将这兄弟几人杀掉，而耶律阿保机没有这样做。耶律阿保机率众臣以及被抓起来的剌葛、迭剌、寅底石、安端四人登上一座山冈，摆设香案，剌葛等四人跪在香案前，心中惶恐不安，做好了被斩首的思想准备。

耶律阿保机走过来，将他们四人拉起来，问道："你们知罪了吗？"剌葛忙答："罪臣知罪，罪臣知罪。"耶律阿保机带着感情说："别人且辅佐我成大业，你们是我手足兄弟，怎么可以谋反作乱？今且宽恕你们，再勿生不轨之心。如有悔过之意，请对苍天起誓！"剌葛等兄弟四人忙又跪下，发了誓言："如再有异心起事，天地不容！"然后，叩头谢恩。耶律阿保机让二弟剌葛到迭剌部去做官，剌葛感激不尽地赴任去了。

一场未遂的叛乱平息了，耶律阿保机首先感谢粘睦姑，封她为晋国夫人。一年以后，也就是耶律阿保机第二个任期届满之际，剌葛见他仍无退位之意，再次与迭剌、安端、寅底石等一起率兵造反。

耶律阿保机此时正率大军南征班师途中，得到报告，说剌葛等人带叛军阻挡北归之路。耶律阿保机立即召集几位心腹大臣商议，有的说，干脆废除三年一代的制度，效仿中原帝制；有的反对说若废除此古制，恐其余七部的大人不服。莫如趁七部大人尚在军中，让他们继续推举大汗连任，使剌葛处于孤立地位，则不战而胜。耶律阿保机同意后一种意见，做了必要的准备。

得知众臣拥护耶律阿保机再次连任，剌葛知道自己陷入孤立境地，只好再次认罪。耶律阿保机见到剌葛三番两次言而无信，下定了诛除他的决心。耶律阿保机率领大军，先捉住了安端、迭剌两个弟弟，不久，又追上北逃的剌葛和寅底石。耶律阿保机把参与叛乱的骨干二十九人处死，把剌葛等四兄弟杖刑之后释放。这次内乱，给契丹造成重大损失。

两年以后，在耶律阿保机任可汗的第十年（公元916年），二月初一，耶律阿保机建立契丹国，二月十一日，举行了登基仪式，耶律阿保机为大圣大明天皇帝，述律平为应天大明地皇后。年号为神册，立耶律倍为太子。契丹的首领选举制度从此结束。

耶律阿保机在这个新成立的国家里，进行了一系列的改革。他派人创造了契丹文字，制定了法律；对那些在契丹统治下的汉族人民，依旧依照汉族的法律治理。此外，耶律阿保机还采取一些发展农业和商业的措施。这些做法在当时都是有进步意义的。耶律阿保机称帝建国，是契丹历史上一件了不起的事情。从此，契丹历史进入了一个新时期。

契丹建国以后，耶律阿保机不断向周围各族进行大规模的扩张。

那时候，中原地区正处于五代十国统治时期，群雄割据，混战不断。耶律阿保机利用这个机会，侵入河北东北部，攻占了许多州县。接着，他又消灭了辽河流域一带粟末靺鞨族建立的渤海政权，统一了大漠南北和东北广大地区。

他领导的契丹，成为当时我国北方的一个强大的地方政权。

公元916年，耶律阿保机建国时，国号是"契丹"。到公元947年，耶律阿保机的二儿子耶律德光把国号改为辽，这就是辽王朝。

宋　朝

赵匡胤陈桥兵变

公元960年正月，周朝大将赵匡胤在陈桥发动兵变，夺取周朝大权，改周为宋，做了宋朝皇帝。

赵匡胤祖籍河北涿州，出生于武官家庭，祖父当过营、蓟、涿等州的刺史。父亲赵弘殷，是后唐的一名禁军军官。赵匡胤生于洛阳，并在那里度过了他的童年。

赵匡胤生长在动荡不安、群雄逐鹿的五代十国时期。那时，武功往往是人们往上爬的最好阶梯，也是人们建功立业的唯一途径。赵匡胤受家庭的熏陶和社会的影响，孩童时就喜欢摆弄刀枪，玩打仗的游戏。长大后，年轻的赵匡胤毅然选择了精练武艺以求功名的道路。因此，他对刀枪剑斧、骑马射箭都比较熟悉。少年时期，他曾驯服一匹烈马，声名远扬。

公元948年，二十一岁的赵匡胤离家出走。起初，他曾去投奔与他父亲有旧交的防御使王彦超，但未被王彦超收留。后来，他又投奔随州刺史董本，因为董本的儿子瞧不起他而离开随州。这时，赵匡胤已身无分文，连住宿的地方都找不到了。

一天，赵匡胤投宿在一所庙中，庙中和尚见他如此贫困潦倒，但举止谈吐又颇具雄才大略，便开导他说："我给你一点路费，你向北走，会有好运的。"传说，当赵匡胤走到河南商丘的高辛庙时，见到一个占卜者，便凑上去，问讯自己的前程。他先问能否当一名小兵，卜显示"不吉"；又问能否当一名刺史，卜又显示"不吉"；他不解，再问能否当皇帝，卜上显示"吉"。于是，他向南投到后汉枢密史郭威的帐下，郭威见赵匡胤气质不凡，便将其留在军中。

公元951年，赵匡胤与一批将领拥立郭威，夺取后汉政权，建立后周。在推翻后汉的过程中，赵匡胤因为作战有功，后来被提拔为禁军军官，这激发了他继续往上发展的勇气。公元954年，周世宗柴荣即位，赵匡胤又因智勇双全、连战连胜，先后被提升为"殿前都御侯""殿前都指挥使"，成为禁卫军的高级将官。

公元956年春，周世宗柴荣亲征淮南，赵匡胤随驾南征，又立下大功，占领了南唐的滁州。在滁州，赵匡胤部下捉到一百多名百姓，指认他们为盗匪，准备斩首示众。新来滁州上任的军事判官赵普却不同意全杀，他说："你不审问清楚就一律处死，如有被诬陷者，岂不误伤人命？"赵匡胤说："这里的百姓都是俘虏，我将他们全都赦免无罪，已经够仁义了。可他们这些人还要做盗匪，不动刑罚，就不能警诫他人。"

赵普不同意赵匡胤的说法，反驳道："南唐虽属敌国，但百姓有什么错？你既然想一统中原，为何要把这里的百姓看作俘虏？"赵匡胤无言争辩，只好说："你若不怕辛苦，就烦请代为审理这些人吧！"赵普对这一百多平民认真查问，绝大多数没有做盗匪的证据，除个别有物证定罪外，其余无罪释放。百姓们非常高兴，称赞赵普英明。赵匡胤由此对赵普格外信任，凡有大事，必同他商量。

周兵攻占滁州，南唐国主李璟害怕了，向柴荣求和未果，便命齐王李景达为帅带六万兵马直奔扬州。扬州当时的守将是韩令坤，忙向滁州求援。赵匡胤率兵来到六合，准备去支援扬州，但韩令坤已撤出扬州，赵匡胤闻讯，捎信批评了韩令坤。韩令坤立即下令回兵扬州，与唐将张孟俊相遇。周兵各个勇敢善战，唐兵大败，张孟俊被活捉。

过了几天，唐兵主帅李景达发兵攻周。赵匡胤率兵迎战。赵匡胤发现有几位士兵畏惧不前，便用剑在他们的皮笠上砍出痕迹，作为记号。这一仗，双方不分胜负。收兵后，赵匡胤将皮笠上有剑痕的士兵斩了，通报全军。第二天再战，周兵以一当十，杀得唐兵一败涂地，最终平定南唐。

周军节节胜利，直逼幽州，但柴荣大病卧床，不能继续指挥作战，只好撤军。赵匡胤随柴荣皇帝征辽有功，被任命为殿前都点检掌管禁卫军，兼检校太傅，不久又增加了归德(今河南商丘)军节度使一职，权力越来越大。

公元959年，后周周世宗病亡，周恭帝柴宗训年幼。这时的赵匡胤由于屡建战功，声望日高。于是，当年占卜时得来的当皇帝的心愿，便开始萌发，并很快膨胀了起来。

此时，赵匡胤得到率兵出征的命令后，便有条不紊地行动起来。赵匡胤立即调兵遣将，大造声势，像是真要去抵御大敌。其实，这是赵匡胤等人设下的圈套。当大队人马开进到大梁城北40里的陈桥驿时，天色已晚，便驻扎下来。夜里，赵匡胤的弟弟赵匡义和谋士赵普，按照赵匡胤的预先部署，进行了紧张的活动。他们派人到将士中鼓动兵变，拥立赵匡胤当皇帝。将士们很快议论开了。大家说："现在皇上年幼力弱，未能亲理政事，我们为国出生入死，有谁知道？不如先立点检为天子，再北征不迟。"赵匡义和赵普见将士们行动起来，立即派飞骑回京，与留在汴梁的禁军将领石守信、王审琦秘密约定，待赵匡胤回师时作为内应。这天夜里，在陈桥驿的将士们都没有入睡，赵匡胤假装酒醉不醒，躺在床上。黎明时分，赵匡义、赵普和诸将闯进卧室，个个手拿兵器，一边叫喊着，一边团团围住正打着哈欠的赵匡胤，并把早准备好的龙袍强行披到赵匡胤身上，随后叩头便拜，高呼"万岁！"。这就是历史上的"陈桥兵变，黄袍加身"一说的来由。这一年，赵匡胤三十四岁。

赵匡胤黄袍加身后，率领大军回师京城。一路上没有遇到任何阻挡，大军很快便进入开封。进城的军队对人民秋毫无犯，市面秩序井然，人心安定。后周百官大臣听说赵匡胤拥兵自立，已经回到开封，慌作一团。有人把皇宫大门关起来，企图抵抗。赵匡胤来到通往殿前都点检官署的左掖门时，做内应的石守信立即把宫门打开，赵匡胤顺利地回到殿前都点检官署。

这时，一群将士把宰相范质、王溥拉到官署门前，赵匡胤看见，立即往前假装愧悔地哭着对范质说："我赵匡胤受世宗柴荣厚恩，今天，大家把我逼到这步田地，真有负天地啊！有什么办法呢？"范质正想说话，站在一旁的军校罗彦瑰立即高声吃喝道："我们无主，今日必须有一个天子！"赵匡胤假装斥退他，但罗彦瑰一动也不动。范质、王溥看到这般情景，一时不知说什么好，停了片刻，王溥首先退到阶下，跪倒下拜，范质也只好跟着下拜，口呼"万岁！"。朝中大臣见大势已定，一个个都对赵匡胤表示屈服，小皇帝柴宗训和符太后被迫让位。

当天在皇宫崇元殿上，百官齐集，按班次站定，举行了隆重的禅位仪式。赵匡胤登基，改国号为宋，就是历史上的北宋。赵匡胤即为宋太祖。

李后主亡国

宋太祖稳定了内部，雄心勃勃，准备出兵统一全国。当时，五代时期的"十国",留下来的北方有北汉,南方还有南唐、吴越、后蜀、南汉、南平等。要统一全国,该先从哪里下手呢?先打北汉,还是先打南方呢?宋太祖想了几天,还是决定不下来。

一天夜里,风雪交加。赵普正在家里烤火取暖,忽然听得门外一阵敲门声。赵普心里奇怪,这么寒冷的夜里,还有谁会来找他?他打开门一看,只见一个人披着斗篷,在雪地里站着。赵普定睛一看,大吃一惊,原来来的竟是宋太祖。

赵普连忙把宋太祖请进屋里,拨红了炭火,在炭火上炖上肉,叫老妻拿出酒来招待。

赵普问:"雪下得这么大,陛下为什么还要出来?"

宋太祖说:"我想起一件事,反正睡不着,就来找你商量一下。"随后,宋太祖便讲了自己有意先攻打北汉的想法。

赵普想了一会儿,说:"如果我们先打下北汉,就会受到辽朝的威胁。还不如先削平南方,回过头来再打北汉。小小北汉,不过像弹丸一样大,晚一点收拾也跑不了。"

宋太祖笑着说:"我们想到一起去了。"

宋太祖和赵普决定了先南后北的计划以后,约莫花了十年时间,先后出兵消灭了南平、后蜀、南汉。这样,南方的割据政权只留下南唐和吴越两国。

南唐是"十国"中最大的一个割据政权,那里土地肥沃,没有像中原那样遭到战争的破坏,所以经济繁荣,国家富裕。但是,南唐的国主都是政治上十分昏庸无能的人,后来弄得国力渐渐衰弱下来。

最后的一个国主李煜,历史上称南唐后主,是一个著名的词人,对诗词、音乐、书画十分精通,可就是不懂得处理国事。北宋建国后,李煜每年向北宋进贡大量金银财宝,想维持他的地位。后来,他看到宋太祖接连消灭了周围三个小国,才着慌起来,赶快派使者给宋太祖送去一封信,表示愿意取消南唐国号,自己改称"江南国主"。但是这一点小小让步,怎么能改变宋太祖统一中国的决心呢?

公元974年9月,宋太祖派大将曹彬、潘美带领十万大军分水陆两路攻打南唐。曹彬从荆南带领水军沿江东下,很快就占领了池州(今安徽贵池),进驻采石矶(今安徽马鞍山)。潘美带领的步兵到了江北,被辽阔的江面挡住了进军的道路。有人向宋军献计,如果用竹筏和大船搭成浮桥,步兵就可以全部顺利过江。潘美听了这个计策,马上赶造浮桥。这个消息传到南唐的国都金陵(今江苏南京),南唐君臣正在喝酒。李后主问周围大臣该怎么办,大臣说:"自古以来,没听说搭浮桥过江的,一定办不成!"

后主听了,哈哈大笑说:"我早说他们是小孩子闹着玩罢了。"

过了三天,宋军搭好浮桥,潘美的步兵像在陆地上行军一样,跨过长江。南唐的守将败的败,投降的投降。十万宋军很快就打到金陵城边。

那时候,李后主还正在宫里跟一批和尚、道士诵经讲道,宋军到了城外,他还蒙在鼓里。有一天,他到城头上巡视,发现城外到处飘扬着宋军旗帜,这才大吃一惊,回宫以后,派大臣徐铉到东京去求和。

徐铉见了宋太祖说:"李煜待陛下,就像儿子待父亲一样孝顺,为什么还要讨伐他?"

宋太祖反问说:"那么你倒说说,父亲和儿子能分成两家吗?"

徐铉没话说,回到金陵向李后主汇报。过了一个月,宋军围城越来越紧,李后主又派徐铉到东京去。

徐铉苦苦恳求宋太祖不要进攻金陵,宋太祖听得不耐烦,一手按住利剑,怒气冲冲地说:"你不要多说了。李煜并没有什么罪,但是现在天下一家,我的床边,怎么能让别人睡着打呼噜呢?"

徐铉眼看再恳求也没用,只好再回到金陵。李后主听了汇报,知道求和没有希望,连忙调动驻守上江的十五万大军来救。兵到皖口,受到宋军两路夹攻。南唐军放火烧宋军,哪知正碰到起北风,火反烧了自己。南唐军全军覆没。

曹彬派人进城告诉李后主,劝他趁早投降,免得城里百姓的生命财产遭殃。后主还想拖下去,曹彬就下令攻城。

第二天,城被攻破了。曹彬率领宋军整队进城,秩序井然。李后主叫人在宫里堆了柴草,准备放火自杀,但是毕竟没有这个勇气。最后还是带着大臣出宫门,向曹彬投降。

李后主被押到东京,宋太祖对他还比较优待。但是李后主从一个尽情享乐的国君变成一个亡国的俘虏,心里十分辛酸,每天流着眼泪过日子。他本来是写词的能手,在这段时期里,写了一些感情忧伤的词。"问君能有几多愁,恰似一江春水向东流"就是他这段时期词作中的名句。

注释

秩序井然:有条理、不混乱。

宋太祖任贤用能

赵匡胤在少儿时期,母亲让他好好读书,他提出了"治世用文,乱世用武"的论点,偏重习武,以学习唐太宗李世民打天下。母亲嫌他口出狂言,很不高兴。后来的事实证明,他并没有说大话,的确靠非凡的武艺,创立了宋朝大业。

赵匡胤从公元963年发兵荆湖算起,至公元976年十三年间,平定了南方割据势力,结束了这一地区的连年战争,使老百姓逐步过上安定的生活。

宋朝建立以后,需要"治世"了,赵匡胤并不因为自己文化水平不高而轻视读书,反而愿意读书,重视知书有学问的人。在赵匡胤跟随周世宗讨伐南唐时,攻下寿州城后,有人告状说,赵匡胤抢掠好几车财宝。周世宗派人检查,发现车里装的全是书籍,不禁感到奇怪,周世宗问他要这些书干什么,赵匡胤说:"臣无智谋大才帮助皇上,却受重任,深感惭愧。所以广购书籍以长知识增智慧。"周世宗听了很高兴。

宋太祖建宋不久,就设立儒馆,请有学问的人办教育培养人才。他把他的启蒙老师辛文悦请到朝廷中当官,下令增修最高学府国子监学舍,经常派内侍官代表皇上到国子监看望学生,并赐酒菜。老百姓见皇帝重视有学问的文人,非常高兴,常常议论:如此一来,天下可以太平了!

赵匡胤在任用宰相这样的高官时,原则是:必须是读书人。如赵普、卢多逊等都是因有学问而当了宰相。枢密使、三司使也由文臣担任。赵匡胤还说过,用文臣做事,即使贪污腐败也不及武臣的十分之一。

赵匡胤对科举制度也进行了一系列的改革,规定不论出身贫富都可以应举;设立复试、殿试制度,杜绝舞弊和走后门行为。

有一年科举考进士,十位合格者中,有一人是户部尚书陶谷的儿子。赵匡胤听说过陶谷教子无方,怀疑他作弊,于是下诏:"从今以后,凡出身官宦家庭之人参加科举考试,统统要经过中书复试。"赵匡胤还说:"以前考中的人,多为官僚世家子弟,使出身贫寒的读书人难有做官机会。如今朕要亲自考察,以标准定进退。"

赵匡胤说到做到,从开宝八年(公元975年)起,亲自主持殿试。宋朝经过改革后的科举制度，深得人心。这时期儿童学的《神童诗》中"天子重英豪，文章教尔曹。万般皆下品，唯有读书高"的诗句，是赵匡胤称帝时期重视文化教育的真实写照。

赵匡胤重视选拔人才，不看资历重水平。只要有能力，则破格提拔。如中牟县令李鹤一步升为国子监丞，莱芜县令刘琪直接升任朝中拾遗，郑州防御判官升迁为中央监察御史等，不胜枚举。赵匡胤对过去有旧怨的武臣，也不打击报复。例如以前他曾去投靠王彦超、董遵海，他俩将赵匡胤拒之门外。赵匡胤做了皇帝，不计前嫌，将王彦超任命为中书令。

一次，赵匡胤随便问王彦超："当年你在复州时我去投奔，为什么不收留我？"王彦超顿时面红耳赤，无言以对，吓得第二天竟不敢上朝了。赵匡胤对他进行抚慰，才使他放下心来。

董遵海不止一件事得罪过赵匡胤，赵匡胤当皇帝以后，召见他入朝，非但没治他的罪，反而封赏他，之后赵匡胤又派人把董遵海的母亲从幽州接来，使董遵海感激涕零。赵匡胤这样做，得到了应有的回报，董遵海在以后的保卫边境平叛中，立了大功。

赵匡胤性格质朴而不事矫饰，他的日常生活十分俭朴，宫中所用苇帘，以青布镶边，身上穿的衣服，都浣洗过很多次。到了晚年，仍保持清醒的头脑，从而体现出他政治上的高瞻远瞩。

元昊建立西夏

宋王朝没能够统一整个中国，在它的北面有契丹族建立的辽国。在它的西北面还有一个国家，这就是西夏国。到宋真宗继位之时，西北边境的党项族（古代少数民族之一）贵族趁宋朝忙着对付辽朝的机会，经常侵犯宋朝边境。宋真宗疲于应付，只好妥协退让，封党项族首领李继迁为夏州刺史、定难军节度使。公元1004年，李继迁死后，又封他的儿子李德明为西平王，每年给大批银绢，才平稳了三十多年。

李德明的儿子元昊是个雄心勃勃的人。他精通汉文和佛学，多次带兵打败吐蕃、回鹘等部落，扩大地盘。他劝说德明不要再向宋朝称臣。德明不愿跟宋朝决裂，对儿子说："我们三十年来，能够穿上锦衣，都是宋朝的赏赐，可不好背叛他们啊!"

元昊说:"穿皮毛,牧牛羊,这是我们党项的风俗。英雄好汉,应该创立自己的事业,哪能贪图这点好处?"

德明说:"依你说,该怎么办?"

元昊说:"我们得到的赏赐,只是我们自己享受,可是部落的人还很穷困。依我看,不如拒绝朝贡,训练兵马。力量小可以去掳掠,大了可以去夺取土地,这样上下都能富裕起来,岂不更好?"

可是李德明还是不肯接受他的意见,直到德明死去,元昊继承了西平王的爵位,才按照自己的主张,设置官职,整顿军队,准备摆脱宋朝的控制,自立门户。

他的叔父山遇劝元昊不要反宋,元昊不听。山遇逃奔宋朝,宋朝的延州官员怕得罪元昊,反把山遇抓起来送还元昊。元昊知道他的意图已经暴露,就在公元1038年,正式宣布即位称帝,国号大夏,建都兴庆(今宁夏银川)。因为它在宋朝的西北,历史上叫作西夏。

元昊即位以后,上表要求宋朝承认。那时候,宋真宗已经死去,在位的是他的儿子宋仁宗赵祯。宋朝君臣议论了一下,认为这是元昊反宋的表示,就下令削去元昊西平王爵位,断绝贸易往来,还在边境关卡上张榜悬赏捉拿元昊。这一来,激怒了元昊,就决定大举进攻。

那时候,宋军在西北驻防兵士有三四十万,但是这些兵士分散在二十四个州的几百个堡垒,而且各州人马都直接由朝廷指挥,互相不配合。再加上宋军好久没有打仗,兵士缺乏训练。西夏的骑兵却是集中指挥,机动灵活,所以宋军常常打败仗。

过了一年,西夏军进攻延州,宋军又打了一个大败仗。宋仁宗十分恼火,把延州知州范雍撤了职,另派大臣韩琦和范仲淹到陕西指挥抗西夏的战争。

范仲淹到了延州,把边境上的军事制度做了一番改革,他把延州一万六千人马分为六路,由六名将领率领,日夜操练,使原来十分散漫的宋军提高了战斗力。

西夏将士看到宋军防守严密,不敢进犯延州。他们议论说:"小范老子(指范仲淹)胸中有几万甲兵,可不像大范老子(指范雍)那样好欺负了。"

范仲淹分析了双方兵力,主张加强防守,牵制西夏兵力,但是韩琦却主张进攻。

公元1041年2月,西夏军由元昊亲自率领,进犯渭州,韩琦集中所有人马,还选了一万八千名勇士,由任福率领出击。

任福带了几千骑兵赶了一阵,见到一队西夏兵,双方打了一阵,西夏兵丢下战马、骆驼就逃。任福派人侦察,听说前面的敌兵不多,就在后面紧紧追赶。赶了三天三夜,来到好水川(今宁夏隆德西),天色已经黑了下来。任福命令将士就地休息,打算等第二天一早和预先约定的另一支宋军会师好水川,把敌兵杀个片甲不留。

第二天,任福带着宋军沿好水川西进,到了六盘山下,没有发现西夏兵。只见路边有几只银泥盒子,封得十分紧密,兵士们走上前去,拿起银泥盒子听了一下,里面还发出一种跳动声音。兵士报告任福,任福吩咐兵士把盒子打开。只听得"噗噗"几声,接连飞出了一百多只带哨的鸽子,在宋军的头上盘旋飞翔。

原来,那小股西夏兵的败退是假的。在六盘山下,元昊带了十万精兵,布置好埋伏。只等那鸽子飞起,四面的西夏兵就一齐杀出,将宋军紧紧包围。宋军奋力突围,从早晨一直打到中午,只见敌阵里挥动一面大旗,就又有大批西夏兵从两边杀出。宋兵边打边退,许多人退到悬崖摔死。

任福身中十多支箭,兵士劝任福逃脱。任福说:"我身为大将,现在兵败,只有以死报国。"他又冲了上去,被西夏兵刺杀了。这一仗,元昊取得大胜,宋军死伤惨重。韩琦听到这消息,十分伤心,上书请朝廷处分,宋仁宗把韩琦撤了职。范仲淹虽然没直接指挥这场战争,但是被人诬告,也降了职。

打这以后,宋夏多次发生战争,宋军连连损兵折将,宋仁宗不得不重新起用韩琦、范仲淹防守边境。两人同心协力,爱抚士卒,严肃军纪,西夏才不敢再进攻。

范仲淹实行新政

由于范仲淹军纪严明,还注意减轻边境上百姓的负担,北宋的防守力量加强了。西夏和北宋打了几年仗,没得到什么好处,到了公元1043年,西夏国主元昊愿意称臣求和,宋朝答应每年送给西夏一批银绢、茶叶,北宋的边境局势才暂时稳定下来。

范仲淹不但是个军事家,而且是宋代著名的政治家、文学家。他是苏州吴县人,从小死了父亲,因为家里贫穷,母亲不得不带着他另嫁到一个姓朱的人家。范仲淹在十分艰苦的环境中成长。他住在一个庙宇里读书,穷得连三餐饭都吃不上,天天只得熬点薄粥充饥,但是他仍旧刻苦自学。有时候,读书到深更半夜,实在倦得张不开眼,就用冷水泼在脸上,等倦意消失了,继续攻读。这样苦读了五六年,终于成为一个很有学问的人。

范仲淹原来在朝廷当谏官,看到宰相吕夷简滥用职权,任用私人,就向仁宗大胆揭发。这件事触犯了吕夷简,吕夷简反咬一口,说范仲淹交结朋党,挑拨君臣关系。宋仁宗听信吕夷简的话,把范仲淹贬谪到南方,直到西夏战争发生以后,才把他调到陕西去。

范仲淹在宋夏战争中立下了大功,宋仁宗觉得他的确是个人才。这时候,宋王朝因为内政腐败,加上在跟辽朝和西夏战争中军费和赔款支出浩大,财政发生恐慌。宋仁宗就把范仲淹从陕西调回京城,派他担任副宰相。

范仲淹一回到京城,宋仁宗马上召见,要他提出治国的方案。范仲淹知道朝廷弊病太多,要一下子都改掉不可能,准备一步一步来。但是,禁不住宋仁宗一再催促,就提出了十条改革措施,它的主要内容如下:

第一,对官吏一定要定期考核,按他们的政绩好坏提拔或者降职;

第二,严格限制大臣子弟靠父亲的关系得官;

第三,改革科举制度;

第四,慎重选择任用地方长官。

还有几条是提倡农桑、减轻劳役、加强军备、严格法令等。

宋仁宗正在改革的兴头上,看了范仲淹的方案,立刻批准在全国推行这十条改革措施。历史上把这次改革称为"庆历新政"("庆历"是宋仁宗的年号)。

范仲淹为了推行新政,先跟韩琦、富弼等大臣审查分派到各路(路是宋朝行政区划的名称)担任监司(监察官)的人选。有一次,范仲淹在官署里审查一份监司的名单,发现有贪赃枉法行为的人员,就提起笔来把名字勾去,准备撤换。在他旁边的富弼看了心里不忍,就对范仲淹说:"范公呀,你这笔一勾,可害得一家子哭鼻子呢。"

范仲淹严肃地说:"要不让一家子哭,那就害了一路的百姓都要哭了。"

富弼听了这话,心里顿时亮堂了,佩服范仲淹的见识高明。

范仲淹的新政刚一推行,就像捅了马蜂窝一样。一些皇亲国戚、权贵大臣、贪官污吏,纷纷闹了起来,散布谣言,攻击新政。有些原来就对范仲淹不满的大臣,天天在宋仁宗面前说坏话,说范仲淹一些人交结朋党,滥用职权。

宋仁宗看到反对的人多,就动摇起来。范仲淹被逼得在京城待不下去,就自动要求回到陕西防守边境,宋仁宗就把他打发走了。

范仲淹一走,宋仁宗就下命令把新政全部废止。

范仲淹为了改革政治,受了很大打击,但是他并不因为个人的遭遇感到懊恼。隔了一年,他的一位在岳州(治所在今湖南岳阳)做官的老朋友滕宗谅,修建当地的名胜岳阳楼,请范仲淹写篇纪念文章。范仲淹挥笔写下了《岳阳楼记》。在那篇著名的文章里,范仲淹提到,一个有远大政治抱负的人,他的思想感情应该是"先天下之忧而忧,后天下之乐而乐"(意思是担忧在天下人之前,享乐在天下人之后)。这两句名言一直被后人传诵,而岳阳楼也由于范仲淹的文章而更加出名了。

欧阳修改革文风

北宋的时候,有个杰出的文学家和史学家,叫欧阳修,文章写得很出色,在文学上有很高的成就。

欧阳修,字永叔,庐陵(今江西吉安)人。他四岁那年,父亲去世了,家里生活非常困难。他的母亲郑氏一心想让儿子读书。可是,哪里有钱供他上学呢?郑氏左思右想,决定自己教儿子。她买不起纸笔,就拿荻草秆在地上写字,代替纸笔,教儿子认字。这就是历史上有名的"画荻教子"的故事。

欧阳修读书非常刻苦专心,不少书读过就能背诵。家里的书读完了,他就向邻居借书。遇到重要的书还亲手抄写一部。经过母亲的辛勤教育,再加上自己的努力,他在少年时代就打下了很好的文化知识基础。

有一次,他在旧书簏里偶然发现了唐朝大文学家韩愈的一部文集,便拿出来阅读。宋朝初年,有些人写文章,只追求辞藻华丽,句子和句子之间讲究对称,内容却非常空洞。韩愈的文章内容充实,说理透彻,一下子就把欧阳修吸引住了。

欧阳修越读越觉得有味道。他立志要做韩愈这样的文学家,于是,下苦功钻研阅读,甚至连吃饭和睡觉都忘记了。

欧阳修二十多岁的时候,到西京(今河南洛阳)做留守推官(地方行政长官的助手),当西京留守钱惟演的幕僚。钱惟演是当时有名的文人。他手下的许多幕僚,都很会写文章。有一次,钱惟演在西京修建了一所驿舍,叫尹师鲁、谢希深和欧阳修三个幕僚各写一篇文章,记述这件事情。三个人把写好的文章拿来互相观看,谢希深的文章七百字,欧阳修的文章五百多字,只有尹师鲁的文章三百多字。尹师鲁的文章虽短,文字却十分精练,叙事清晰、完整,而且结构严谨。欧阳修看了,不甘心落在尹师鲁的后面,就带了酒去拜访他。两人讨论文章的写法,彻夜不眠。尹师鲁对欧阳修说:"你的文章写得还好,不过格调较低,废话较多。"欧阳修明白了自己文章的缺点,就重新写了一篇。重写的文章比尹师鲁的还要少二十几个字,内容却更加完整。尹师鲁看了之后,非常钦佩,对人称赞说:"欧阳修进步真快,简直是一日千里!"

欧阳修总结自己的写作经验,说:"写文章要有三多,看得多,做得多,还要同别人商量多。"

欧阳修的写作态度严肃认真。每当他写好一篇文章,就贴在墙壁上,不管是坐下还是躺下来,随时可以看到并加以修改,一直改到他自己满意,才肯拿出来给别人看。据说,他写的著名散文《醉翁亭记》的原稿开头写道,滁州(今安徽滁州)四面有山,东面有什么山,西面又有什么山,南面是什么山,北面又是什么山,这一来,就写了好几十个字。欧阳修写完一看,觉得太啰唆,就反复修改,到最后定稿的时候,只剩了"环滁皆山也"五个字。这样开头,字数极少,语言精练,意思又都表达清楚了。

到了晚年,欧阳修又把过去所写的文章一篇篇拿出来,仔细地进行修改。他的夫人劝阻说:"为什么要这样吃苦呢?你又不是学生,难道还怕先生责怪吗?"他笑着回答说:"我虽然不怕先生责怪,但是怕后生讥笑。"

欧阳修在我国文学史上占有重要的地位。他是北宋古文运动的领袖。他一向反对浮华艰涩的文风,提倡文章要写得通俗流畅。他还积极培养人才,对当时的诗文革新运动作出了很大的贡献。他的散文、诗、词都写得很好,是一位具有多方面才能的作家。他一生写了大量的著作,除了诗文集《欧阳文忠集》一百五十多卷以外,还编写了两部历史著作,一部是和宋祁等人合编的《新唐书》,另一部是《新五代史》。这两部史书,为后人研究历史提供了宝贵的史料。

王安石变法

宋朝自从赵匡胤开国做了太祖,经过太宗、真宗、仁宗、英宗,到神宗这里,是第六代皇帝了。这时宋朝的政治已经很腐朽了,因为和西夏、辽国连年打仗并向他们交纳岁币物品,加上多得不得了的大官小官所用的工资、公费,朝廷每年入不敷出,国家的财政力量已经很薄弱了,大官僚和大地主残酷地剥削老百姓,夺走人民的土地。农民没有田地种庄稼,活不下去,就纷纷起义反抗,于是宋朝的阶级矛盾就越来越严重了。另外,官吏们不为民做主,办事很不认真而且贪污成性,生活奢侈。如果不进行彻底的改革,宋朝的统治就要走向灭亡了。

在仁宗的时候,范仲淹曾经推行过"庆历新政",可惜没推广一年,就遭到大官僚、大地主的攻击而失败了,所以"庆历新政"对宋朝政治的改变并没有特别重大的意义。神宗时候,王安石出来变法维新,他的改革比范仲淹的新政内容要多得多,对大官僚、大地主的特权打击也更沉重,而且这次改革推行了近二十年,是一次具有深远意义的政治改革。

王安石,字介甫,是江西临川人。他出生于一个小官员家庭里,他的父亲做过类似县长的官,为人正直,处理案件很公正,所以经常被人排挤,从一个地方调到另一个地方。王安石从小就跟着他父亲走过许多地方,增长了许多见识。他的父母都是有文化的人,而且善于教育孩子。王安石从小就认真读书,他的兴趣很广泛,不管是经书、史书,还是诗歌、传奇,甚至医书,他都拿来看,经常是吃饭、睡觉的时候书也不肯放下。

有了这样的父母和家庭,加上王安石自己的努力,他二十二岁的时候就考上了进士。他不愿意在京城里无所事事地做官,却喜欢到地方上真正做一点事情,于是在他二十七岁那一年,他到鄞县(今浙江宁波)做了县令。

王安石去鄞县上任的时候,那里正在闹旱灾。以前的官吏只知道搜刮百姓的钱财,对农业生产和水利建设却一点也不关心,把一个好端端的"鱼米之乡"变成了一个河里没水、地里大旱的灾区。

面对这样的严重情况,王安石皱起了眉头。当年冬天,他就组织农民疏通河渠,并且亲自跑了十几个乡,调查水利情况。在王安石的领导下,农民不论男女老少,都积极参加修渠筑坝的劳动,终于把鄞县重新变成了一个山清水秀、鱼米丰收的好地方。

当时的贫苦农民,经常在青黄不接的季节,向地主和大商人借钱,还钱的时候要还高出原来借的钱好几倍,这叫"高利贷"。农民如果还不起钱,就要卖掉全部家产,甚至卖掉自己的儿女,直到家破人亡。鄞县的老百姓过的也是这种悲惨的生活。王安石在这里当县令的时候,规定官府在青黄不接的时候把仓库里的粮食借给农民，秋收以后农民还粮，收取的利息要比高利贷少多了。这样一来，农民的生活好过多了，而且官府也能得到一些利息。

为了感谢王安石为人民做的好事，鄞县的老百姓给他修了一座神庙，每年都在特定的日子里纪念他。

公元1068年，十九岁的赵顼当上了皇帝，他就是宋神宗。神宗是个很有志气的皇帝，他从小读书就很用功，而且喜欢动脑筋，经常向老师提出一些怪问题。他看到宋朝被西夏和辽国欺负，却没有力量反攻，心里很着急，对朝廷的腐败现象，也很痛恨。他一心想模仿唐朝的太宗李世民，做一个顶天立地的皇帝，洗刷掉宋朝的耻辱。

宋神宗在当皇帝以前从他的老师那里知道王安石是一个很有才能、正直无私的人，心里对王安石非常佩服。在他当上皇帝的第一年，他就召见正在江宁做官的王安石，两个人谈得很是投机，都有富国强兵、改革朝政的决心。神宗对王安石很信任，第二年便任命他为副宰相，主持改革。从此，一直到神宗死去，这十几年改革，历史上叫作"王安石变法"。

王安石认为当时最重要的事情，就是改变社会风气，建立健全法律和制度，先后制定颁布了"青苗法""免役法""农田水利法"等措施。

"青苗法"是王安石根据自己在鄞县做官时的经验制定的。老百姓一年里可以向地方官府借两次钱，半年以内归还。借1000钱，就得还1200钱。虽然要付不少的利息，可是这比借高利贷要合算得多。这项措施使官府收入增加了，更断了放高利贷的地主官僚们的财路。

"免役法"规定：政府收取服役人家的免役钱，用这些钱雇人服役，不论是老百姓还是地主、官僚都要交钱。这就减轻了人民的劳役负担，保证农民有充足的劳动时间。

"农田水利法"是政府鼓励各地兴修水利、发展生产的一项措施。国家对积极修筑堤坝河渠的人，要给予奖励，并且向缺少资金的地区提供低利息的贷款。

除以上几项新法之外，还颁布了"方田均税法"，在全国重新丈量土地，按田地的好坏和多少收取地税；在社会治安和军事方面制定了"保甲法"，有效地控制了人民和充实了军队。

这些"新法"的实行，限制了大官僚、大地主们的政治和经济特权，增加了国家的财政收入，整顿了军队，使宋朝弱小贫困的局面得到了初步的改变。

可是，从改革一开始，王安石就遭到大官僚、大地主的攻击。就连以前参加过"庆历新政"的富弼等人,也极力反对王安石,在宋神宗跟前说了许多王安石的坏话。另外一些保守的官吏,为了自己的利益,更是不断写文章骂王安石,甚至编造许多谣言破坏他的名声。

宋神宗当上皇帝以后的第六年,全国各地发生了重大的自然灾害。特别是河北一带,连续干旱十个月以上,田地干裂,没有收成,灾民纷纷逃亡。许多农民逃到河南,大路上到处是东倒西歪的人。他们吃不饱、穿不暖,那种情景真是让人目不忍睹。

守旧的官僚们这下可找到了机会,硬说这是因为王安石变法惹恼了老天爷,所以上天才降下这么严重的旱灾。还说什么只要把王安石撤了,把新法废了,老天就一定会下雨。有一个人画了一幅《流民图》,描绘了灾民们的惨相,并且把责任都推到王安石的身上。

神宗看了《流民图》,想到变法以来那么多人告王安石的状,而且他害怕得罪宫里两个太后,因为她们老是在他面前说:"祖宗的法规不可以改变。"于是就罢免了王安石的宰相职务,让他去江宁休养。

后来王安石又当上了宰相,但他改革的决心已经没有以前那么坚定了,特别是他一个心爱的儿子死去后,他心里很难过,觉得什么都没意思了。他几次向神宗要求辞职,最后在公元1076年,得到批准,又回江宁养病去了。

王安石两次下台,使变法遭受了巨大的打击。神宗死后,代表保守的官僚和地主的司马光上台,废除了新法。至此,王安石变法结束了。

靖康之耻

从公元1118年起,北宋以向金国买马为名,派人渡海与金国统治者接洽,表达自己联金伐辽的愿望。金感到此举有利于灭掉辽国,便同意了北宋的要求。北宋大臣中有人向宋徽宗提出了金国是虎狼之心,不可结交,不如早做防范准备的建议,却被宋徽宗当作了耳旁风,一心去结交野心极大的金国。公元1120年,宋金订下所谓"海上之盟",即宋、金同时出兵攻辽;灭辽后,长城以南州县归北宋管辖,而宋将以前贡献辽国的岁币如数转交金国。"海上之盟"实际使北宋继续处于屈辱地位,但宋徽宗却应承下来了。

金兵攻占燕京后,宋、金双方开始交涉燕云地区的归属问题。按照"海上之盟"这一带应归北宋所有，但金以北宋没有发兵两面夹攻等种种借口为由，不愿履行约定。最后，由于考虑到新占领的大片地区还处于动荡之中，各种不稳定因素随时都可能爆发，如果贸然对宋宣战没有取胜的把握等几方面原因，金答应把燕京和涿、易、檀、顺、景、蓟六州归还宋朝。但是，金乘机向宋勒索巨额岁币，随后又将六州之地的财富外加两三万居民席卷而去。

宋朝自开国以来一直抱定收复燕云十六州的心愿，现在名义上收回了燕京及六州土地，实际上却只得到了七座空城，北宋哪还有半点颜面可言？但是徽宗却认为自己胜利了，回朝以后大肆庆贺，并给童贯、蔡攸加官晋爵，甚至立"复燕云碑"表功。徽宗一如既往地挥霍无度，无心加强边防，整治军队。北宋已走上了穷途末路。

金国完颜阿骨打死后，其弟吴乞买即位，是为金太宗。金国稳定下来后，把目标瞄准了北宋。终于，公元1125年，金以宋招纳金的叛亡之徒为借口，分兵两路大举南侵。

金兵一路势如破竹，颜宗望领兵攻燕京。先后攻下太原、燕京两城，直向东京逼来。毫无准备的宋徽宗不得已之下，依照大臣李纲的建议宣布把皇位让给自己的儿子赵桓，也就是宋钦宗，自己则做了太上皇，南逃躲避战乱去了。

新即位的宋钦宗也是个不中用的皇帝，几次想弃东京南逃，多亏了抗战派大臣李纲等的多方劝阻才被迫留下。李纲被封为"亲征御营使"，带领东京军民痛击攻城的金兵。由于宋钦宗并没有真正抗击金兵的决心，北宋很快又去找金议和了，被金索以500万两黄金、5000万两白银等，并要求宋称金国皇帝为伯父。宋钦宗不仅接受了金的要求，还听信谗言罢免了李纲。

消息一传开，东京城内群情激愤。太学生陈东等上书皇帝要求罢免奸臣李邦彦，恢复李纲的官职，许多军民前来声援，还痛打了准备上朝的李邦彦。宋钦宗怕事态扩大，只好恢复了李纲的官职。李纲复职后立刻下令痛击金兵，军民们斗志昂扬地准备迎击金兵的来犯。金感到形势不利，撤退而走。

金兵撤走后，南逃的宋徽宗又回到了东京，继续他享乐无度的生活。李纲被排挤出京城，各地赶来的援军也被朝廷遣散回原地。半年之后，金太宗再次集结大军，南下侵略北宋。金兵仍分作两路，攻城拔寨，分别渡过黄河，一起进逼东京。宋钦宗仍想和第一次一样投降乞和，不做积极军事准备，结果更方便了金兵的进攻。公元1126年底，金兵再次将东京团团围住。

这时东京城内还有七万宋兵，但宋钦宗依旧没有放弃求和的幻想，并且他不让开封军民应战，反而任命一群由市井无赖组成的所谓"神兵"守城。结果，这群乌合之众一开城门出战，就被金兵击溃了。金兵乘机登城，东京失守。城破之后，东京军民仍有和金兵展开激战、一拼到底的要求，但软弱的宋钦宗却派人前去金营求和。金兵首领宗翰、宗望说："我们没想灭掉宋朝，但要退兵，宋钦宗必须来商议割地之事。"

宋钦宗竟然真的带上几个大臣，亲赴金营，交上降表。他心里想，只要能退兵，什么条件都可以答应。然而，金收了北宋降表后，并没有撤兵的意思，这时才提出早已决定下来的要求：废除钦宗帝号，另立宋国国君。宋钦宗这时才明白，金国要的不只是金银布帛，还要他北宋的江山！他失声痛哭，后悔不该屈膝求和，将好端端的北宋拱手送与他人。

东京完全置于异族的铁蹄之下。金兵不断进行大肆掠夺，北宋百姓每天生活在恐怖之中。东京城内的米一升暴涨至300钱，许多人靠吃树叶、野草求生。天气又正值寒冬，冻死、饿死街头的尸首比比皆是，无人收殓。北宋统治者的投降政策使国家蒙受灭顶之灾，人民饱尝欺凌之苦。

公元1127年春天，金兵把宋徽宗、宋钦宗关押至金营，金太宗下令废掉徽宗、钦宗二帝。随后，徽宗、钦宗、太后、皇后、妃子、公主、驸马、亲王大臣等共三千多人被装上囚车，运送回金国当了奴隶。

经历了一百六十七年的北宋被金国灭亡了。这个事件发生在北宋靖康年间，因而在历史上被称为"靖康之耻"。宋徽宗、宋钦宗因为昏庸、软弱和屈膝投降被后人永远地耻笑。徽宗和钦宗被掠到金朝后，受尽屈辱，分别于公元1135年和1156年死于金朝。

岳飞抗金报国

在南宋风起云涌的抗金斗争中，岳飞和他的"岳家军"战绩特别突出。"岳家军"是一支纪律严明、能征善战、深受百姓爱戴的抗金军队。

岳飞(公元1103—1142)，是南宋时期著名的将领，我国历史上的抗金英雄。岳飞生活的年代是在北宋被金所灭，南宋守着半壁河山不断受到金国侵犯的时期，岳飞把他短短的一生，都献给了抗金斗争。

岳飞，字鹏举，出生在相州汤阴(今河南北部)一个以务农为业的家庭。少年岳飞虽沉默少言，但志向远大。他随义父周同学习武艺，研读兵书。因为刻苦勤奋，很快练就了一身过人的本领。

公元1122年，十九岁的岳飞怀着他的少年壮志投军，当了一名敢死战士。他在队伍中初显身手，做了小军官，还参加过决定北宋命运的太原保卫战。随后，岳飞还乡看望母亲。岳母是一个性格坚强、深明大义的女性。她鼓励岳飞不要牵挂家里，要为了那些死难的乡亲去前线抗击金兵。岳飞在家中逗留了一段时间，便踏上了报国的征程。临行前，岳母在岳飞背上刺下"精忠报国"四个大字。

岳飞投靠过河北招抚使张所，张所部将有王彦、东京留守老将宗泽等。岳飞参加了河北西线作战，曾在胙城、氾水大破敌军，击退伙同金兀术南侵的宋叛将李成。岳飞跟随宗泽时所受的教诲，对他日后的治军产生一定的影响。

公元1129年，金军举兵南侵。宋军丢失了江北的大片领土，金兵随后分东、西两路大举过江。岳飞在被动的局面下孤军奋战，退守钟山后以寡敌众，毙敌数以千计。这是岳飞在江南抗击金兵的开端。金兵渡江后占据了建康，岳飞领兵继续战斗，自成一军，从此开始了独当一面的抗金活动。

从公元1130年至公元1133年，岳飞的部队愈战愈勇，捷报频传，战斗实力不断增强，岳飞的名字在百姓中已广为传颂。由于在南方抗金的功劳显赫，宋高宗召见了岳飞，并亲笔手书"精忠岳飞"四字，加授他为镇南军承宣使、江南西路沿江制置使，后改神武后军统制。至此，岳飞已从一个普通的将领升为一个抗金大将，统领四万人的军队，号称"岳家军"。

公元1134年，金与其设立的傀儡政权伪齐共同南下。宋高宗与大臣们对是否北伐犹豫不决。岳飞主动请战，得准。这年4月19日，岳飞第一次率军挥师北伐，从武昌渡江，进军郢州。北伐是岳飞和将士们多年的愿望，岳飞面对滔滔江面动情地说："这次如果不能打胜仗，我决不再渡回江南去！"将士们听了，群情激昂。威猛善战的岳家军一举攻下郢州，又乘势收复襄阳、邓州和唐州。岳飞率军继续扩大战果，一年多以后，收复了湖北北部和河南南部的广大地区。这是南宋立国以来第一次取得局部反攻的胜利。

公元1136年，岳飞第二次北伐，攻下虢州，获粮10万石，降兵数万，进而岳家军在唐州大败伪齐的部队，直奔蔡州境内，此时离东京已经不远了。岳飞踌躇满志，筹划收复北宋故都，他对将士们说："总有一天，我要直抵黄龙（黄龙：黄龙府，为金的腹地），与诸君痛饮！"

北伐战局对南宋十分有利，但高宗却在这时下诏，不许岳飞率兵继续北进。公元1137年，金国向南宋诱降。高宗本来就只想保住自己手中的半壁河山,立刻答复说只要金兵许和,一切条件皆可接受。并任命秦桧做右相,准备向金投降。秦桧是南宋有名的卖国求荣的奸臣,他上台后,便开始谋划除掉岳飞的阴谋。

岳飞数见高宗,请求不要与金议和,再商北伐之策,并说:"金人不可信,通过与金和好来保全南宋是靠不住的。"可是,岳飞的进谏不仅没得到支持,反而使宋高宗从此记恨于他。公元1139年,宋金达成议和。岳飞看着自己出生入死收复的河南等地又落入了金人手中,不禁痛苦地仰天长叹。

公元1140年,金统治集团发生内讧。兀术执政后,破坏议和,集金国全部兵力向南宋扑来。宋高宗只得派岳飞统兵迎敌,宋、金之间在郾城展开了空前的激战。兀术的部队中有一队士兵个个身穿重甲,看上去如铁塔一般,称"铁浮图"(铁塔);左右两队骑兵,三人一联,称"拐子马"。兀术指挥着"铁浮图""拐子马"向岳家军扑来。岳飞命令将士手持长斧上砍敌兵,下斩马足,顿时打乱了金兵阵势。岳家军将领岳云、杨再兴等冲入敌阵欲捉兀术。兀术拍马而逃,待回头看时,自己多年训练的"铁浮图""拐子马"已溃不成军,死伤惨重,不禁痛哭流涕。金兀术制止不住败退的士兵,他一边逃,一边不由得感叹道:"撼山易,撼岳家军难!"

岳飞乘胜进军朱仙镇,距东京只有45里。就在这胜利指日可待的时候,高宗却在秦桧的指使之下,连下12道金牌,令岳飞撤兵。在兀术密信的指使下,秦桧和高宗以"莫须有"的罪名,在风波亭上杀害了岳飞父子和张宪。同时另一抗金名将韩世忠也被罢职免官,含恨离朝。岳飞父子死后,"岳家军"不久就解散了,抗金力量受到了很大的损失。

岳飞为恢复中原,抵抗侵略的事迹,在民间广为流传,鼓舞着后人。杭州岳飞墓就是为岳飞而修建,岳飞永远受到人们的追慕和凭吊,而跪在墓前的秦桧夫妇只能永遭世人的唾弃。

卖国贼秦桧

岳飞在朱仙镇大捷,逼近东京。兀术眼看在东京待不下去,决定渡过黄

注释
卖国求荣:勾结投靠敌人,出卖国家的权益,谋求个人的富贵。

河北撤。当他带着金兵离开东京的时候,有个书生拦住他的马,说:"大王(指兀术)别走了。岳少保('少保'是岳飞的官衔)马上会撤兵。东京一定没事儿。"

兀术很奇怪,问那个书生说:"岳飞用五百骑兵打败我们十万大军,百姓日夜盼他们打过来,东京还能守得住?"

那个书生说:"朝廷里有权臣,大将要在外面立功,是不可能的。依我看,岳少保自己性命难保,哪儿还谈得上立功?"

兀术听了,恍然大悟,马上掉转马头,带兵回到东京。

那个书生说的那个"权臣",就是南宋朝廷的宰相秦桧。

秦桧本来是北宋时期的大臣。当宋徽宗、钦宗两个皇帝被金兵俘虏到北方去的时候,秦桧和他的妻子王氏也跟随他们一起被俘到金京。秦桧在金太宗面前,低声下气,百依百顺。金太宗认为他很有才干,就把他派到大将挞懒部下当军事参谋。

这时候,金朝发现南宋抗金力量越来越强大,又有岳飞、韩世忠等大将坚决主张抗战,不好对付,就决定把秦桧放回南方充当内奸。公元1130年,挞懒攻打楚州(今江苏淮安)的时候,把秦桧和他的妻子放回南宋。

秦桧来到越州宋高宗的行宫求见,天花乱坠地编造了一通谎话,说他在楚州怎样杀死敌人的看守,怎样夺了一条船逃出来。当时就有不少大臣怀疑,楚州到这儿千里迢迢,秦桧越过金兵防线逃回来,难道金兵没有追捕?再说,即使敌人防备不严,让他偷跑了,一定十分匆忙,又怎能带着王氏一起走?

但是,当时的宰相范宗尹跟秦桧是老朋友,竭力在高宗面前帮秦桧说话,并且说秦桧是个既可靠又能干的人才。宋高宗本来日思夜想要跟金朝讲和,听说秦桧从金朝回来,熟悉金朝内情,立刻召见秦桧。

秦桧第一次朝见高宗,就劝高宗跟金人讲和,还送上了代朝廷起草的一份求和信。

宋高宗接见秦桧之后,觉得秦桧的主张很合他口味。他对大臣们说:"秦桧比谁都忠。有了他,我高兴得晚上也睡不着觉呢。"他立刻任命秦桧做礼部尚书,过了三个月,又提升他当副宰相;再过半年,秦桧就成为宰相兼枢密使,掌握了南宋军政大权。

秦桧当了宰相之后,就干起卖国求和的勾当来。因为遭到许多朝臣的激烈反对,曾经被罢免了宰相职位。但是昏庸的宋高宗还是把秦桧当作心腹看待,过了几年,又重新任秦桧为宰相。秦桧利用他的权力和地位,勾结金朝,千方百计破坏抗金将领的活动。这回听到岳飞连战连胜,准备直捣黄龙府,大为恐慌。因为金朝是他的后台,金朝一败,他在南宋也就站不住脚。于是,他就唆使宋高宗发出命令,要岳飞从前线撤兵。

岳飞突然接到宋高宗的撤兵命令,弄得莫名其妙。他派人送奏章给高宗说:金兵已经丧尽士气,我军士气高涨,胜利就在眼前,时机不能错过。他请求高宗取消撤兵命令,允许他继续进军。

秦桧接到岳飞奏章,又想了一个恶毒的手段,先命令张俊、刘光世等大将的人马从淮北前线撤兵,然后对高宗说,岳飞的军队在中原已经成为孤军,不能再留,叫宋高宗发出紧急金牌,叫岳飞撤军。

岳飞在前线等待高宗的进军诏令,没想到接到的却是朝廷催促退兵的紧急金牌。岳飞接到第一道金牌,正在犹豫,送金牌的快马又到了。从早到晚,快马一个接一个,一连接到十二道金牌。岳飞知道要改变高宗的决定已经没有希望,气愤得泪流满面,说:"想不到我十年来的努力,一下子全给毁了。"(原文是"十年之功,废于一旦"。)

岳飞要从朱仙镇退兵的消息一传出去,附近的百姓十分震惊,纷纷聚集在街头。他们拦住岳飞的马,哭泣着说:"我们顶着香盆,运着粮草,迎接官军,这是金人都知道的事。现在相公要回去,我们只有死路一条了。"

岳飞看到这个情景,也禁不住流下眼泪,他叫左右兵士拿出高宗的诏书来给大家看,说:"朝廷下了紧急金牌,我不能擅自做主留在这里啊!"百姓们见留不住岳飞,都放声痛哭;兵士们也个个心酸,掩着脸哭。整个朱仙镇响起一片哭声。

岳飞心里不忍,宣布暂缓五天撤兵,让愿意跟随他们的百姓一起走。过了五天,岳家军开始撤兵的时候,当地百姓成群结队随军南迁。后来,岳飞奏请朝廷,把这些百姓安置在南方安家垦荒。

兀术打听到岳家军已走,马上重整旗鼓,向南进攻。本来被岳飞收复的河南许多州县,一下子又丢失得精光。

秦桧和宋高宗决心向金朝求和。他们恐怕受岳飞、韩世忠等人的阻挠,把他们召回京城,让韩世忠做枢密使,岳飞做枢密副使,名义上是提升,实际上是解除了他们的兵权。秦桧夺了岳飞的兵权,就派人向金朝求和。公元1141年11月,金朝派使者到临安,谈判议和条件。谈判结果如下:宋、金之间,东面以淮河为界,西面以大散关(今陕西宝鸡西南)为界,南宋向金朝称臣,每年向金朝进贡银绢各二十五万。历史上把这次屈辱投降的和约叫作"绍兴和议"(绍兴是高宗的年号)。

成吉思汗统一蒙古

当南宋政府与金朝交战之时,金朝内部逐渐腐败。此时北方的蒙古族也逐渐强大起来。公元1206年,蒙古各部落首领在斡难河(今鄂嫩河)边,举行了一次盛大的集会,公推铁木真做全蒙古的大汗并称他为成吉思汗。

唐朝末期(9世纪末到10世纪初),室韦蒙兀人开始向西迁移,在蒙古高原的肯特山一带定居下来,形成了蒙古部。随着时间的推移,蒙古部逐渐繁衍成许多小部落,其中乞颜部又是这些部落的核心,乞颜部中的孛儿只斤氏是统治各部的首领,所以它被称为"黄金家族"。到12世纪时蒙古高原上除了蒙古部以外,还有强大的塔塔儿部、克烈部、乃蛮部、篾儿乞部、汪古部、翁吉剌部等等数以百计的部落。在长时间里,他们之间互相争斗,互相残杀,结下了深深的仇恨。

公元1162年,蒙古乞颜部的酋长也速该的妻子诃额仑生了一个男孩,取名为铁木真。

因为蒙古部和塔塔儿部常年互相攻打,所以铁木真的童年和青年时代,是在战争中度过的。铁木真九岁那年,也速该想替他物色一个未来的妻子,于是把他带到他母亲的亲戚那里去。途中,也速该遇到了翁吉剌部的德薛禅,德薛禅听说也速该要给儿子定亲,就把自己的女儿孛儿帖许配给了铁木真。于是,也速该把铁木真留在德薛禅家里,独自回家去了。也速该在回家的路上,被塔塔儿人设计谋杀而死。

也速该死后,他的部属和武士们看到乞颜部的势力渐渐衰落,都纷纷离开了。过了几年,原来的属部泰赤乌部的奴隶主担心铁木真长大以后会来报仇,就采取突然袭击的办法把铁木真抓来,给他戴上木枷示众。有一天,铁木真趁泰赤乌部人举行宴会的机会,用枷锁打倒了看守人,在奴隶锁儿罕失剌父子的帮助下,逃回家中。为了防止再遭袭击,他把全家迁到肯特山去居住,并和孛儿帖结了婚,以便取得翁吉剌部的支持。可是,婚后不久,又遇到篾儿乞人的袭击,在仓促逃命的时候,他连妻子也来不及带走,使孛儿帖成了篾儿乞人的俘虏。

挫折和灾难磨炼了铁木真的意志,他决心恢复父亲的事业。他懂得单凭自己的力量是不能战胜敌人的,只有利用蒙古各部之间的矛盾,取得一些部落奴隶主的支持,才能壮大自己的力量,打败敌人。于是,他忍痛把妻子的嫁妆黑貂裘献给克烈部的脱斡里勒汗,称他为义父,又和札答门东部的首领札木合结为兄弟,取得了他们的支持。果然,他们联合出兵打败了篾儿乞人,夺回了铁木真的妻子。这次胜利使铁木真开始恢复元气,许多旧时的属部、勇士们又纷纷回来了。公元1189年,一些奴隶主拥戴铁木真为汗。

铁木真的胜利引起了札木合的不快。正好札木合的弟弟由于抢掠铁木真的马群被蒙古部人杀了,札木合找到借口,发动了十三部三万人进攻铁木真。铁木真也把自己的三万士兵分成十三翼迎战札木合。双方在克鲁伦河畔的答兰巴勒主惕展开了一场大战,这就是蒙古历史上著名的"十三翼之战"。结果,铁木真被打得大败。但是,由于札木合残酷地杀害俘虏,引起了他部下的不满,他们毅然脱离札木合,投奔到铁木真部下,铁木真转祸为福,壮大了自己的力量。

不久,塔塔儿部首领篾古真反抗金朝,金朝皇帝命令大将完颜襄率兵攻打塔塔儿,铁木真出兵助战。这次战斗,铁木真不仅报了杀父之仇,还掳获了塔塔儿的部民和牲畜,从此,他的力量更雄厚了。

公元1201年,铁木真击败了札木合。第二年,又全歼了残余的塔塔儿人。这样,铁木真就统一了东部蒙古。

但是在西边还有许多部落,其中离得最近的是强大的克烈部。王汗脱斡里勒面对铁木真咄咄逼人的锋芒,感到自己受到威胁,因此双方的关系开始恶化。这时候,铁木真为他的长子术赤向王汗的孙女求婚,遭到王汗的拒绝,于是矛盾进一步激化了。公元1202年春天,王汗假装同意铁木真的婚约,想骗他来赴宴,乘机把他杀死,不料计谋泄露,王汗立即对铁木真发动突然袭击。铁木真措手不及,只好带着十九个人仓皇逃走。他们退到班朱泥河(沼泽的意思)停驻下来。这里没有人烟,没有粮食,他们只得喝浑水止渴,射野马为食。这一段时间,是铁木真统一全蒙古过程中最艰苦的日子。所以,当他完成统一大业以后,把"同饮班朱泥河水"的人都封为功臣。

后来铁木真退到贝加尔湖以东的地方,他一面向王汗求和,一面利用喘息时机,收集溃军。到这年秋天,他的军事实力又恢复了。王汗却骄傲麻痹,在自己的驻地欢庆胜利,整天欢乐歌舞。铁木真暗暗派兵包围了王汗的驻地,突然发起进攻。经过三天三夜的激战,铁木真占领了王汗的金帐,王汗逃到鄂尔浑河畔之后,被乃蛮人杀死了。

消灭了克烈部之后，铁木真在1204年夏天，亲率大军出征乃蛮，在一次激战中，杀死了乃蛮部的首领塔阳汗，从此，铁木真的威名震动了蒙古高原，其他部落再也不敢同他争锋了。篾儿乞人闻风丧胆，他们的首领逃到很远的地方，汪古部主动前来归附，到处逃窜的札木合被他的部下绑了送交铁木真，最后被铁木真处死。这样，铁木真就完成了统一全蒙古的大业。

公元1206年，全蒙古的奴隶主们在斡难河畔举行忽里勒台（大朝会的意思），一致推举四十四岁的铁木真为成吉思汗，并且上尊号为全蒙古的大汗。

成吉思汗成为全蒙古的大汗，标志着蒙古族的历史进入了一个新阶段。几个世纪以来，蒙古各部互相残杀的局面结束了。在东起呼伦贝尔草原，西到阿尔泰山的辽阔地域内，操着不同语言和具有不同文化水平的各个部落，逐步形成了勤劳的蒙古族。

成吉思汗统一全蒙古以后，建立了第一个蒙古政权——蒙古国。他在军事、行政、法律、文化等各方面，都开创了一套新的制度。他把全体蒙古牧民编为十户、百户、千户和万户，任命大大小小的奴隶主为十户长、百户长、千户长和万户长，凡是十五岁以上、七十岁以下的男子，都编为士兵，平时生产，战时打仗。他任命失吉忽秃忽为"大札鲁忽赤"（断事官），颁布蒙古族第一部成文法——《札撒大典》；他还委派兀孙老人掌管宗教事务；命令畏兀儿人塔塔统阿用畏兀儿文字书写蒙古语，让奴隶主子弟学习使用，使蒙古人第一次有了文字。

成吉思汗把濒临死亡的蒙古人从金朝的桎梏下解救出来，把互相残杀的蒙古各部统一起来，使蒙古民族在中国和世界舞台发挥重大的作用，这一巨大的历史功绩，使成吉思汗成了蒙古历史上当之无愧的民族英雄。

元　朝

蒙古军三次西征

成吉思汗统一全蒙古后，并没有停止征战。一来是因为蒙古境外还有敌人在活动，时刻威胁着蒙古的安全，南面有金和西夏，西边有畏兀儿和西辽（公元1124年，辽朝灭亡后，契丹贵族耶律大石率部西迁，在今新疆西部和中亚一带建立政权），另外西北边还有篾儿乞部和乃蛮部在活动；二来是因为蒙古的不断胜利，增长了蒙古贵族的掠夺欲望。在蒙古的一系列战争中，其中有三次著名的西征。

第一次西征

成吉思汗统一蒙古的时候，中亚一带是由花剌子模沙摩诃末统治着（"沙"就是国王的意思）。蒙古建立后，他派使者去拜见成吉思汗，以探听虚实。成吉思汗承认摩诃末为西方的统治者，并说自己为东方的统治者，并约定准许两方做生意。

公元1218年发生了讹打剌事件。成吉思汗派了四百多名商人，用骆驼满载金银、皮毛等到西方去经商。当他们走到花剌子模的讹打剌城时，被守将亦纳勒赤黑指责为间谍，全部杀了。成吉思汗知道后，非常气愤，立即派使臣巴合昧前去交涉，要求惩办凶手，可是摩诃末拒绝这么办，还杀了巴合昧。成吉思汗听到这个噩耗，又惊又怒，眼泪直流，他一口气跑上附近一座山顶，脱下帽子，解下带子，跪在地上，他不吃一粒米，不喝一口水，一直祈祷了两天三夜，发誓要为死者报仇。

公元1219年秋天，成吉思汗亲自率领二十万大军进攻花剌子模。在打仗前，成吉思汗派了三名使者去见摩诃末，要他要么交出讹打剌守将，要么准备迎战。摩诃末仗着有四十万军队，又有精良武器和大量的财富，根本不把蒙古放在眼里，就下令杀死了正使，把两名副使胡子剃了放了回去。成吉思汗大怒，就下令发动了战争。他一面派大儿子术赤攻打锡尔河下游各镇，一面命二儿子察哈台、三儿子窝阔台攻打讹打剌城，自己和小儿子拖雷率主力进攻中亚文化名城不花剌。察哈台、窝阔台很快攻下讹打剌城，为报杀商人之仇，把全城人都杀了。不花剌城也很快被成吉思汗攻下了，他首先闯进花剌子模人的圣地大礼拜寺，命令他的士兵用装古兰经的书柜做马槽，在庭院里喂马，又强令那些德高望重的回教长首、学者、医生们，统统来给蒙古军队喂马、做杂活。他还把城堡里继续抵抗的士兵和穆斯林（回教教徒）全部屠杀。随后，他把居民全部赶出城外，让蒙古军队在城里大肆抢掠，然后，放了一把火，把不花剌城烧了个精光。

接着成吉思汗又进攻花剌子模的都城撒马耳干，摩诃末以十万大军守城，并加固城墙，使它易守难攻。成吉思汗发现城池不好攻取，就派军占领周围城镇，对撒马耳干形成一个大的包围圈。然后，他想了一个妙计，把以前的俘虏都集中起来，每十人一队，每队一面战旗，把他们化装成蒙古军队，来挫伤敌人的士气。花剌子模兵从城上一看，到处都是蒙古兵，果然不敢出战，这时候，有一些勇敢的居民，主动出城作战，结果被全部杀死，城里人人不得安宁，士气更加低落。不久，三万康里兵带着家属、武器投降了成吉思汗，随后，整个城的居民也全部投降了。成吉思汗下令将城里的金银财宝抢劫一空，杀死了三万康里兵和大部分撒马耳干居民，然后把剩下的工匠等赏赐给他的儿子、妻子和将领们，供他们奴役。

撒马耳干陷落后，摩诃末逃到里海的一个小岛上病死，传位于勇敢的长子札兰丁。札兰丁重整旗鼓，进行了英勇的抵抗，但终究不是成吉思汗的对手，又被打败，走投无路。后来，他骑马从高崖上跃进波涛汹涌的申河，才逃脱了。

在成吉思汗打败札兰丁的同时，蒙古大将哲别和速不台攻占了阿哲儿拜占（现在的阿塞拜疆）、谷儿只（现在的格鲁吉亚）、设里汪（里海的西北，高加索山附近）等地，又越过太和岭（现在的高加索山），征伐阿速、钦察等部。公元1223年，蒙古军队大败钦察和斡罗思联军，进入斡罗思南部，一直到第聂伯河。

公元1223年春天，成吉思汗决定班师，将术赤留在中亚。公元1225年，哲别和速不台的军队和成吉思汗的军队会合，一起回到蒙古，第一次西征结束了。

第二次西征

　　蒙古军第一次西征班师后，留下术赤治理中亚。中亚面积很广，人口也很多，但是留下的蒙古人却很少。于是，蒙古人就利用原来的统治者和一些僧侣贵族来统治中亚人民。中亚人民受到两重压迫，生活十分困苦。哪里有压迫，哪里就有反抗。中亚人民不断起义，其中最出名的是一个叫马合木的匠人领导的起义军，他们经常打败前来镇压的蒙古军队和伊斯兰教贵族军队，于是不得不请求窝阔台汗发动第二次西征。

　　公元1235年，蒙古军队发动了第二次西征，也叫"长子西征"，因为他们是成吉思汗四个儿子的长子联合西征。他们是术赤的次子拔都（因继承了父亲的封地，算作长子），察哈台的长子拜答儿，窝阔台的长子贵由，拖雷的长子蒙哥。拔都是名义上的统帅，实际上是由老将速不台指挥。蒙古大军一到，很快平定了马合木起义。

　　在镇压了原来花剌子模一带的起义后，蒙古军又向西进军，侵入钦察草原，打败了钦察部落，钦察国王忽滩率众逃到了马札儿（现在的匈牙利），随后，蒙古军又进入北俄罗斯，很快攻占了莫斯科和弗拉基米尔，杀死了弗拉基米尔大公攸利第二，然后一直向北打，直到俄罗斯最北边。然后又向南去攻打俄罗斯，这时，窝阔台召回了贵由、蒙哥、拜答儿，留下拔都和速不台继续西征。

　　南下的蒙古军队很快又攻占了南俄罗斯最大的公国基辅，征服了整个斡罗思。然后，蒙古军队又借口追寻忽滩，又先后侵入孛烈儿（现在的波兰）和马札儿等地，震动了整个欧洲。

　　公元1241年，窝阔台死了，第二次西征就结束了。公元1243年，拔都在他占领的地方建立了钦察汗国，也叫金帐汗国。

第三次西征

　　蒙哥继承汗位后，为扩大国土，又发动了战争，一路由忽必烈率领进攻南宋，一路由旭烈兀率领向中亚、西亚进军，公元1252年，又发动了第三次西征。

　　旭烈兀这次西征，还带去了新发明的一种火炮和一千个工匠，因此战斗力又大大加强了。这次西征的第一个目标是木剌夷（现在的伊朗西部），旭烈兀派大将怯的不花去进攻，怯的不花损兵折将还是没攻下来，于是旭烈兀决定亲自去攻打。他一方面派人到木剌夷去诱降，买通大臣制造混乱，一方面又带着大军去攻打。公元1256年，旭烈兀带领大军攻占了木剌夷。

消灭了木剌夷后，蒙古军队又进攻报达国（现在的伊拉克一带）。报达国王司塔辛，是一个昏君，他一天到晚只顾看宫女跳舞，根本就不管朝中的事。当蒙古军队打来的时候，他还正在看穿着黑纱的女郎跳舞呢。宰相哀倍克来报告时，他理也不理，让哀倍克和另外一个大臣谟牙代丁去处理，哀倍克在前方英勇地同蒙古军队作战，打了一些胜仗。谟牙代丁本来是负责运输粮食的，可是他投降了旭烈兀，不但不给哀倍克运粮食，还告诉蒙古军队进军路线，哀倍克连连吃败仗。最后蒙古军队包围了报达城，报达国被迫投降了旭烈兀，报达的国王和许多大臣被杀了，谟牙代丁也免不了，因为他对自己的国家不忠。

蒙古军又继续向西南进攻，侵入现在的叙利亚和埃及一带，结果被埃及军队打得大败，被迫结束了第三次西征。旭烈兀在他占领的地方建立了伊利汗国。

成吉思汗和他的子孙们在四十多年里，发动了三次西征，建立了横跨欧亚的"大蒙古国"，虽说西征打通了欧亚之间的交通，使中外经济文化得到交流，但却给中亚和西亚人民带来了巨大的灾难。

一代天骄的陨落

蒙古的成吉思汗是个有雄图的人，他想统治全中国。在西征的时候，他又向南边攻打金朝。

本来，成吉思汗被金封为百夫长，但他从没有真正听过金朝的命令，相反，因为蒙古人长期受到金朝的欺侮，成吉思汗一直想找机会攻打金朝。

公元1209年，完颜永济当了金朝皇帝，第二年，他派使者去见成吉思汗，宣布新皇帝即位，要成吉思汗跪拜。成吉思汗问："谁当了金朝皇帝？"金使说："卫绍王完颜永济。"成吉思汗听了，朝南边吐了一口唾沫，说："中原皇帝是天上人做的，完颜永济这种平庸懦弱的人也配做吗？怎么能给他下拜呢？"说完，跨上马就往北方去了。完颜永济非常生气，准备在成吉思汗下次送贡品时杀掉他。成吉思汗知道后，马上与金朝断绝关系，准备跟金朝打仗。

公元1211年，成吉思汗出兵攻打金国，几年之中，蒙古军队先后攻占了河北、山西、辽西、辽东的大多数州县，掠走了许多人口、牲畜和财物。公元1215年2月，蒙古军队攻占了金朝首都中都（现在的北京）。公元1217年，为了攻打西辽和花剌子模,成吉思汗封木华黎为国王,专门攻打金朝。

　　成吉思汗在西征结束以后,又要攻打金朝。但是打金朝就得首先攻打西夏,因为成吉思汗西征时要求西夏派兵,可是西夏不但不派兵,而且还与金结成联盟,与蒙古作对。公元1226年,成吉思汗亲自带领大军进攻西夏,成吉思汗派使者去见西夏国王赵德旺,要他投降。赵德旺吓得直哆嗦,连话都不敢说。西夏大将阿沙敢钵非常生气,说:"要打仗,我在贺兰山下等着;要金银财宝嘛,请他来问问我的宝刀答应不答应!"成吉思汗派兵前进,阿沙敢钵果然在贺兰山下等着蒙古兵的到来呢。两军大战一场,结果蒙古兵取得了胜利,并乘胜追击,一直到灵州。在灵州,又发生了一场激烈的战斗,当时守卫灵州的是老将嵬名令公率领的十万军队,他们知道,这次战斗非常关键,打赢了,西夏就能保存下去,打输了,西夏就会灭亡了,因此,他们士气特别高,要与敌人拼个你死我活。但蒙古军连年打仗,一个个也是勇猛无比。于是双方军队在结冰的黄河上摆开战场,进行了激烈的战斗。西夏军队英勇抵抗,杀死了许多蒙古士兵,但他们还是打不过蒙古骑兵,大部分被蒙古兵杀死。从此,西夏国再也没有什么力量。

　　公元1227年正月,蒙古军队包围了西夏都城中兴府(今宁夏银川)。6月,成吉思汗到六盘山去避暑。正在这时候,中兴府发生了强烈地震,房屋倒塌,瘟疫流行。粮食也没有了,西夏国真是到了山穷水尽的地步。西夏新国王赵日见不得不向成吉思汗投降,但是要求推迟一个月时间,他说:"为了准备贡品和安置灾民,请给我一个月时间,到时候,我亲自来拜见你。"

　　就在西夏投降后,成吉思汗病倒在六盘山,一来是因为当时天气特别热,二来是因为成吉思汗年纪大了,体力不如从前,经不起连年作战的劳累。成吉思汗眼看病情一天比一天严重,怕自己活不了几天,就开始考虑两件大事:一是把帝位传给谁;一是教他们如何治理国家,完成自己的事业。于是他把窝阔台、拖雷和其他儿子叫到身边,对他们说:

　　"我眼看就要死了。你们当中要有一个人来继承我的汗位,保护我们的国家,完成我的事业。你们一定要互相谦让,如果你们人人想当大汗,我就不知道该怎么办好。"

　　窝阔台他们听说,就跪在地上说:"我们愿听父王的话,父王吩咐我们怎么做,我们就怎么做。"

注释

山穷水尽:山和水都到了尽头,比喻无路可走,陷入绝境。

成吉思汗又说："我将立窝阔台为汗，因为他雄才大略，足智多谋，你们其他人谁也比不上他，只有他才能够统率全国军队，保卫我们的国土，只有他才能使你们过上幸福的生活，享受荣华富贵。如果你们同意，就要在我面前立下文书：承认窝阔台为汗，听他的命令，不许改变在我面前答应的事，也不许违反我的法令。"成吉思汗的儿子立刻立下了由窝阔台继承大汗位的文书。

处理完了汗位继承问题后，成吉思汗又考虑如何治理国家的事，因为最大的敌人金朝还没有灭亡。他对他的儿子们和大将们说："金朝的精兵都在潼关，潼关地势险要，易守难攻，你们不要从这个地方去进攻。宋朝和金是世世代代的仇人，你们要联合宋朝，借道从宋朝出发，直捣开封，那样一定能取得胜利。"后来，窝阔台按照这个方略，终于在公元1234年消灭金朝。

另外，成吉思汗还怕西夏知道自己死了，会不投降，就命令他的将领们不要让西夏人知道，等西夏王赵曰见来朝拜时，杀掉他，并杀掉中兴府里所有的人。后来这些都按成吉思汗的计划实行了。

公元1227年8月25日，成吉思汗病死在六盘山，终年六十六岁。

成吉思汗的儿子们和大将们护送他的灵柩到达克鲁伦河源的大斡耳朵（就是大帐的意思，大汗居住的地方）。为了保密，他们沿路见人就杀，杀了许多无辜的百姓，后来，在蒙古各地的成吉思汗的儿子们、弟弟们等，为他举行了隆重的丧礼，把他埋在肯特山的起辇谷。

成吉思汗是蒙古族伟大的民族英雄，他使蒙古人民摆脱了金朝的奴役，并统一了蒙古，他还是一个杰出的军事家，为统一全中国打下了基础，但他也干过一些坏事，杀害了许多无辜的老百姓，破坏了大片先进地区的经济和文化。

文天祥起兵抗元

蒙古灭亡金朝以后，就派兵攻打南宋。公元1259年，蒙哥汗在攻打合州城时受伤而死，正在进攻鄂州的忽必烈听到消息后，立即收兵回到北方，继承汗位。公元1271年，他把都城迁到燕京，改名大都，正式建国号为"元"。忽必烈即元世祖。他打败自己的反对者，巩固了自己的统治地位后，又派兵进攻南宋，准备最后灭亡南宋。

公元1274年，元军经过五年围城战，最后攻下了南宋的门户襄樊。不久，宋度宗病死，由四岁的宋恭帝即位，元朝乘机派出二十万大军，由左丞相伯颜率领，兵分几路，进攻南宋的首都临安。

元军一路打了许多胜仗，没有人能够拦住，一直打到临安附近。宋恭帝的祖母太皇太后急忙下诏，命令各地起兵到京城"勤王"，解救皇帝的危急。可是，来勤王的只有文天祥、张世杰等人。

文天祥是个状元出身的人，当时担任江西安抚副使，做赣州（今江西赣州）知州。他接到勤王的诏书后，立即招募了一万民兵，连夜赶到临安。他看到南宋到了危亡关头，就把家产拿出来做军费，自己过俭朴的生活。当时有人劝他说："如今元军大兵压境，你用新招募的民兵去迎战，就好像是把羊投进一群狼里面，不是白白送死吗？"文天祥回答说："我也知道事实确实是这样。但是，国家有难，每个人都有责任，我不能不管，所以我只有这么做，希望能使天下的忠臣义士都起来勤王，这样大宋的天下就有救了。"

当文天祥、张世杰等人带兵到临安的时候，南宋的右丞相陈宜中正在向元求和。谢太后还说，只要元军退兵，南宋皇帝可以向元朝皇帝称侄或侄孙。伯颜不答应，谢太后又表示愿意向元朝称臣，伯颜这才答应进一步商谈。文天祥、张世杰坚决反对投降，要求太后、皇帝都坐船到海上去躲避，由他们同元兵决一死战，保卫大宋江山。可是陈宜中不想抵抗，一心想投降。他代替皇帝起草了降表，连同皇帝的大印一起送给了伯颜。伯颜要陈宜中亲自来谈投降的事，陈宜中非常害怕，连夜逃到温州去了。张世杰看到临安十分危险，就到定海一带去招兵买马。

谢太后见陈宜中逃走，只好任命文天祥为右丞相，派他去议和。文天祥也想乘机去看一看元军的虚实，就前往元营。在元营，文天祥大骂伯颜，要求双方平等，结果被伯颜扣留。公元1276年3月，伯颜带兵进入临安，俘虏了谢太后、恭帝和文武百官，把他们一块儿押往北方。

文天祥在元军押送途中，趁他们不备，夜里偷偷逃走，赶到福州。当时，陆秀夫、张世杰等人在福州拥立恭帝的异母哥哥、九岁的赵昰做皇帝，就是宋端宗。文天祥整顿军队，先收复了浙江，随后又从福建经广东东部，带兵进入江西，准备恢复南宋的天下。他同江西的抗元队伍联合，共同打击元军。他们打了许多胜仗。元军立即派大批骑兵，加强对江西的进攻，同时出兵袭击文天祥的大营。文天祥没想到元军这么快就会反攻，仓促应战，结果被打败，他的妻子被元军俘虏。文天祥带兵向福建撤退。在一个叫方石岭的地方，一个叫巩信的将军，为了掩护文天祥，和他的士兵都壮烈牺牲了。第二天，元军又追了上来,将军赵时赏假装文天祥,走在队伍最后边,掩护文天祥撤走了,他自己却被元军抓住,英勇牺牲了,后来文天祥到了南岭。

公元1278年,赵昰病死,他的弟弟赵昺做了皇帝。文天祥又带兵到广东潮阳抗元。不久,张弘范率领元军赶到潮阳。有一天,文天祥的队伍正在五坡岭开饭,张弘范突然带兵包围了五坡岭。文天祥的队伍来不及抵抗,被打败了,文天祥也不幸被俘。张弘范劝文天祥投降,遭到拒绝,又强迫他写信劝张世杰投降,也被他拒绝了。张弘范把文天祥押到船上,送往大都。船经过零丁洋时,文天祥悲愤万分,写下了《过零丁洋》这首著名的诗歌,诗的最后两句"人生自古谁无死,留取丹心照汗青"表明了他视死如归、决不投降的决心。

在大都,文天祥被关在一间很小的牢房里,忽必烈多次派人来劝他投降,他都拒绝了。一天,忽必烈亲自召见他。文天祥见了忽必烈,昂首挺胸,不肯下拜。忽必烈说:"如果你能归顺我,我就让你做宰相。如果你不愿意做宰相,当枢密院使也行。"可是文天祥理都不理,忽必烈又问他想要什么,文天祥回答说:"除了死,我什么都不要。"忽必烈一点办法也没有,只好又命令把他带回牢房。文天祥在牢房里,又写了一首著名的长诗《正气歌》。

文天祥在大都被关了四年,怎么也不肯屈服。公元1283年,他被元朝统治者杀害了,只有四十七岁。文天祥虽然牺牲了,但是他不要高官厚禄、宁死也不投降的精神,和他充满正气的诗篇,却一直流传到今天,激励着人们的爱国主义精神。

元世祖忽必烈

成吉思汗的孙子忽必烈,同他的祖父一样,是一位杰出的军事统帅,也是一个出色的政治家。

自公元1241年窝阔台去世至公元1251年蒙哥汗即位,大蒙古国经过了十年的混乱时期。先是窝阔台之妻乃马真摄政,公元1246年他们的长子贵由继承汗位,即定宗,实际上还是乃马真主事。两年后贵由死于"西巡"途中,拖雷诸子与窝阔台的子孙们展开了激烈的汗位争夺战,直到蒙哥汗登上大汗之位。

拖雷和妻子唆鲁禾帖尼有四个儿子:蒙哥、忽必烈、旭烈兀、阿里不哥,他们从小就受到良好的教育和汉文化的影响。他们的母亲很有心计,从中原请来名儒贤士讲解治国之道,其中忽必烈受影响最深,渐渐悟到治理中原必须用汉文化的道理。在十年混乱中,当初耶律楚材的治理措施,全被废除了,中原人民重又陷入暴政之下,土地荒芜、人口流散,生产力受到极大的破坏。蒙哥即汗位的当年,就任命忽必烈主持漠南地区的军政事务。

忽必烈主政中原后,苦心经营,选贤任能,清政去贪,劝农耕种,逐渐理出头绪,恢复了大部分生产力,将中原治理得井井有条,控制了中国北方大量的人力和雄厚的物力。

蒙古军队在对南宋作战的初期,并不太顺利,于是决定先征吐蕃(今青海东部等地),再攻大理(今云南等地),然后包抄南宋,采用战略大迂回的战术。公元1252年6月,忽必烈率军南征大理。蒙古铁骑由北向南,不到半年时间就从今甘肃经青海、四川到达云南,先后越过大流河、大雪山、金沙江等险绝之地,完成了中国古代军事史上罕见的万里远征创举。第二年初,大理国灭亡,吐蕃也表示臣服,整个西南地区被蒙古军队控制,形成了对南宋王朝从南北两面夹攻的形势。年底,忽必烈留大将兀良合台镇守,自己返回北方。

南征的胜利和治理中原的成绩显示了忽必烈杰出的文治武功,他的声望在汉族地主阶级中日渐上升,许多豪强士绅纷纷靠拢忽必烈,愿意接受他的统治。忽必烈的周围聚集了一大批汉族文武人才,如刘秉忠、许衡、姚枢等文士,史天倪、张柔等武将。这些都为他进一步统治中原奠定了深厚的基础。

但是,忽必烈采用汉法治理中原却损害了蒙古贵族和西域商人的利益,他的声望之大也威胁了蒙哥汗的威信和皇权。经一些人的挑拨,蒙哥汗对忽必烈产生了猜忌,下令解除了忽必烈的兵权并派人调查他,形势十分危急。关键时刻,忽必烈接受了姚枢的建议,不正面抗争,反而将妻子儿子送做人质,表明自己并无异图,亲自去向蒙哥汗当面解释。最终,蒙哥汗消除了疑虑,兄弟和好如初,忽必烈重新掌握了兵权。

公元1258年,蒙古大军兵分三路全面征伐南宋。

忽必烈在围攻鄂州时得知蒙哥汗死讯,同时又听说留守都城的弟弟阿里不哥正准备继承汗位,便要回军与阿里不哥争夺大汗宝座。正好,这时南宋宰相贾似道请求割地赔款求和,忽必烈顺水推舟,订下和约,迅速率军北返。

公元1260年3月,忽必烈在开平(今内蒙古多伦附近)召集部分王公大臣集会,在他们的拥护下,登上大汗之位。阿里不哥在另一些王公大臣的拥戴下也宣布继承蒙哥汗的汗位。这样,大蒙古国同时有两个可汗,他们既是亲兄弟,又互相对立,并各有一部分皇族大臣的拥护,讲理是讲不清的,只有靠武力来解决了。经过四年的内战,忽必烈大获全胜;众叛亲离、走投无路的阿里不哥只好率残部到开平投降。

忽必烈与阿里不哥之争,是蒙古贵族统治集团内部的斗争,成吉思汗的后裔大多卷了进去。忽必烈由于掌握了中原地区的人力、物力和财力,得到汉族地主阶级的大力支持而获得了全胜,并因此而奠定了元朝建立和巩固的基础。

忽必烈即位之初,就颁诏指出成吉思汗创业以来的五十余年中,单凭武功,缺乏文治,表示自己要大力推行汉法。他在皇权巩固之后,更全力以赴地实施用汉法治理国家。因此,他在位三十五年(公元1260—1294),取得了非凡的业绩:

第一,镇压了内部的武装叛乱割据势力,建立和巩固了统一全国的元王朝。建元前后,忽必烈面临着如何统一中国的历史重任,他采取了一系列正确措施,主要是推行汉法,这就遭到了蒙古旧贵族的激烈反对,并一再发动叛乱。忽必烈成功地镇压了阿里不哥、海都等叛乱的蒙古旧贵族,削平了割据山东的李擅等地方豪强,灭亡了腐朽的南宋王朝,最终完成了统一大业。这是中国历史上继秦始皇和隋文帝之后的又一次大统一,对于推动我国多民族统一国家的进一步发展有着重大的历史意义。比如,他任命八思巴掌管西藏地方行政事务,结束了西藏三百年的战乱局面,促进了中国的历史进程。

第二,废弃"旧章",推行汉法。忽必烈之前的蒙古游牧贵族的统治方式,导致中国北方社会经济的破坏和衰退,并给人民带来无穷的战乱灾害。忽必烈即位之后,大力废除蒙古游牧贵族的旧制度,全面采用汉法——即承袭宋、金以来的封建政治、经济及文化制度,并在新的历史条件下加以改进,使上层建筑能够适应经济基础,这对于社会的安定和进步起了积极的作用。

忽必烈推行汉法的主要内容有:建立年号、国号和礼仪制度,并把都城从漠北的和林迁到中原地区的大都;建立国家机构和职官制度,确定中央的封建专制统治,如建立中书省和各行省、设立主管军务的枢密院以及纠察百官的御史国子监,用汉文化教育蒙古贵族子弟,各地的学校也有了恢复甚至发展,这些都有利于中原传统文化的保存。

第三,实行重视农业生产的政策,恢复和发展社会生产力。忽必烈即位之初,就在各地设立专门管理农业和林业的机构,鼓励开荒、兴修水利,禁止军队占用农田做牧场毁坏庄稼,重新开通了三千里长的运河。不到十年,中原地区长期遭到破坏的农业生产基本得到恢复,并得到了进一步的发展。这些都为中原传统文化的保存和延续提供了可靠的物质基础。

忽必烈的一系列做法,主观上的根本目的是维护自己的统治,但在客观上却符合历史发展的必然趋势——落后的游牧奴隶文明需要适应先进的农业封建文明。忽必烈晚年已经不能坚持推行汉法,他之后的统治者们,大多没有继承他先进的一方面,却发展了其落后的一方面,导致元朝中后期阶级和民族矛盾日益激烈,统治集团内部争权夺利的斗争也更加尖锐,这也是元朝不到百年就灭亡的主要原因之一。

刘基论人

元至正二十四年(公元1364年),在李善长、徐达等劝谏之下,朱元璋自立为吴王,以李善长为左相国,徐达为右相国,刘基为太史令。刘基精通天文地理,任太史令之后,曾以元代《授时历》为基础修订了历法,制定了《大统历》,于吴王当上皇帝的第一年颁行,成为明朝的历法,因为这年是戊申年,史称《戊申大统历》。

这时,朱元璋所建立的政权已经产生了质变,朱元璋已经从农民阶级的代表,变为了封建地主阶级的代表。在龙凤年间,朱元璋的军队不断扩大,编制也不统一,将校称呼也很混乱。朱元璋称吴王后曾下令按指挥、千户、百户、总旗、小旗统编军队,收到了增强战斗力的效果。洪武元年(公元1368年)在此基础上刘基又"奏立军卫法",在军事重地设卫,次要的地方设所,"自京师达于郡县皆立卫所",以每五千六百人为一卫,统领卫的长官称指挥使;以一千一百二十人为一千户所,统领所的长官称千户,千户所下设百户所,设总旗、小旗,以都指挥使司为地方上的最高军事机构;以大都督府为中央最高军事机构。从而加强和巩固了明朝封建皇权的统治。

朱元璋为了惩罚苏松嘉湖地区的百姓对张士诚的支持,下令这一地区的田税"视宋制犹亩加五合",同时,又下令刘基老家青田县不加,说这样会"使伯温乡里世为善谈也"。

洪武元年夏历四月,占领了山东、河南之后,朱元璋从应天(今江苏南京)到了汴梁(今河南开封),会见北伐诸将,研究战局和部署夺取元大都的步骤,让刘基和李善长做南京留守,刘基这时的官职是御史中丞,是御史台的佐贰长官,领导监察御史纠察各级官吏的非法违禁行为。刘基认为宋、元两朝末期,由于纲纪不严以致丢失天下,所以他要求各御史官对违禁行为要认真查处,不管犯禁的人权势有多大、官职有多高。

就在这时,李善长的亲信,中书省都事李彬犯了死罪,李善长出面为他求情,刘基铁面无私,没有理睬李善长的说情。由于事关重大,刘基向朱元璋做了书面报告,经批准后立刻杀了李彬。

李善长原是朱元璋称吴王时的左相国,称帝后的左丞相,在朝廷中一直是位列第一的。杀李彬后,李善长蓄意报复。在朱元璋从开封回到南京之后,李善长便极力诽谤刘基。这年天旱,他说刘基在祈雨坛下杀李彬,是对上天的大不恭敬,以致天怒,祈雨不灵。另外一些对刘基不满的人也纷纷落井下石,说刘基的坏话。朱元璋按照迷信说法察纠天旱原因。问到刘基时,他对朱元璋说:"在战争中死了那么多战士,他们的妻子家属或别葬,或寡居,没有什么抚恤和照顾,几万人阴气郁结,怨气冲天,这是第一;大批工匠死后骨骸暴露野外,无人掩埋,这是第二;江浙官吏投降的人都编入军户,让他们一家人世代充军,住在固定的卫所,有背和气,这是第三。有此三条,人怨天怒,以致不雨,希望陛下善为处理。"朱元璋接受了刘基的这种说法,采取了一些应急措施。但是十几天过去了,天仍然不雨,朱元璋很生气,在这种情况下,刘基感到很尴尬,恰巧他的妻子在这时死了,刘基便以丧妻为借口告老回家了。

这时候,徐达攻陷了元都(今日北京,明初改为北平),朱元璋本想以他的故乡凤阳做中都,设中都留守司。同时,也正计划集中兵力消灭元军统帅扩廓帖木儿(沈丘人,今属河南临泉,元将察罕帖木儿义子,本名王保保)。刘基临行前对朱元璋提出两条建议,说:"凤阳虽是陛下的故乡,但这里地理条件不好,不宜在此建都。元军虽被打败,但王保保(即扩廓帖木儿)还是元军的一个潜在势力,对他用兵应该采取审慎态度,万不可轻视。"刘基走后不久,朱元璋深感刘基对他的无限忠诚,又亲自下令表彰刘基的功勋,把刘基召回南京。

朱元璋也很讨厌李善长的跋扈,有意撤换他的丞相职权,曾向刘基征求关于丞相人选的意见。

刘基对朱元璋说:"善长是对建国有大功的元勋,他能调和诸将。"朱元璋说:"他几次要谋害你,你怎么还会替他说好话?我看还是让你来当丞相吧。"

刘基知道在李善长等淮西集团当权的情况下,他是站不住脚的,所以,连连辞谢说,换顶梁柱须要用大木,如若捆起一束细木代替,那会立刻被压垮的。

朱元璋又问杨宪、汪广洋和胡惟庸等人如何。杨宪是刘基的好朋友，但是，刘基却说，杨宪虽有相才，但器量不够，当宰相须要"持心如水，以义理为权衡"，不能意气用事；说汪广洋心地"褊浅"怕比杨宪还厉害；说胡惟庸像一匹驾辕的马，就怕它中途扑倒。

数来数去，朱元璋说："吾之相，诚无逾先生。"但刘基却一再表露自己有缺点，说他疾恶如仇，脾气过于急躁，对繁杂的事情缺少耐心，深恐负了皇上厚望。说目前这几个人，的确没有很合适的，天下之大，何患无才，认真找一下也会有的。

洪武三年(公元1370年)，刘基授弘文馆学士，历史上弘文馆是藏有大量文献图书的地方，弘文馆学士掌校正图籍，教授皇家贵族子弟经史。朱元璋在给刘基的诰命中，回顾刘基建国前的政治影响时是这样说的："朕亲临浙右之初，尔基慕义；及朕归京师，即亲来赴。当是时，括苍之民尚未深信，尔老卿一至，山越清宁。"朱元璋希望刘基在弘文馆中进一步发挥他的政治影响。这一年的11月，朱元璋因统一了中国的北方而大封功臣，刘基被封为诚意伯，授开国翊运守正文臣、资政大夫、上护军，获得了很高的荣誉。

明　朝

朱元璋登基封王

元末，农民起义风起云涌。经过多年征战，朱元璋所部逐渐一枝独秀。自从刘福通死后，朱元璋把白莲教小明王接到滁州，名义上还接受小明王的领导。但到了这时候，他做皇帝的思想膨胀起来，觉得留着小明王对他是个障碍。公元1366年，他用船把小明王接到应天，趁小明王在瓜步(今江苏六合东南)过江的时候，派人暗暗凿沉了船，把小明王淹死了。

第二年，朱元璋消灭了张士诚割据势力，接着任命徐达为征虏大将军，常遇春为副将军，率领二十五万大军北伐。过了两个月，徐达的军队旗开得胜，占领了山东。公元1368年正月,朱元璋在应天即位称皇帝,国号叫明,建元"洪武"。他就是明太祖。

明军乘胜进军,元兵节节败退。这年8月,徐达率领大军直捣大都,元顺帝逃往上都。统治中国九十七年的元王朝终于被推翻了。

至此,明朝统一了中国。

创业容易守业难。朱元璋把应天府改称南京。立其结发妻子马氏为皇后,长子朱标为皇太子。当年朱元璋四十岁。当上皇帝后,朱元璋就想如何才能让他子孙永远当皇帝,让朱家皇朝,传之千秋万世。

他的第一个办法是把儿子封王。朱元璋的后妃们一共给他生了二十六个儿子、十六个女儿。其中长子朱标封为皇太子,还有一个皇子朱楠夭折,其余二十四个皇子,全都封为亲王(也叫藩王),让他们的封地遍及全国,去主宰那里的一切。比如他将二儿子朱樉封到西安(今陕西西安),这里是古代秦国,朱樉便被封为秦王。三儿子朱㭎封在太原(今山西太原),这里曾是古晋国,便封为晋王。四子朱棣封在北平(即元大都),称为燕王。以此类推,这二十四王就像一张巨大的蜘蛛网,把整个中国都笼罩在朱家的势力范围之内。

亲王府内设置官署,由"相国"主持。还有护卫的军队,有着很大的权力,可以控制当地驻军的调动指挥权。不过当中有一条限制,被分封的各亲王不能干预地方的民政,除王府以外,都归各级地方官吏治理。

第二个办法是大封功臣。所谓功臣是指跟随他打天下的文官武将。这些开国元勋多是有才能的人,笼络住他们,就可以保卫他的政权。这些功臣封公的七人,封侯的二十八人。当初随朱元璋起兵的二十四将,除已死的外,都得到封赏。比如徐达封为魏国公、常遇春封为鄂国公、李善长封为韩国公、李文忠封为曹国公、冯胜封为宋国公、邓愈封为卫国公、汤和封为信国公。

朱元璋别出心裁,设立了一个特务机关"锦衣卫",随时监视大臣们的行动,向皇帝报告。百密还有一疏,国家那么大,人员又那么多,再加上一些贪官污吏从中挑拨离间,自然会生出事来。而朱元璋随着年纪的增大,性格也发生了变化,原先那种坦诚待人的长处不见了,变得刻薄、猜疑、凶残、好杀。特别是他看到太子朱标为人处事很像马皇后,性情朴实,待人宽厚。他怕太子将来驾驭不了那些功臣,从而威胁朱家的皇位,于是朱元璋狠狠心,决定把那些一意孤行、擅权妄动、行动跋扈,能够影响朱家王朝安全的人全部杀掉。

洪武十三年(公元1380年)、二十六年(公元1393年),朱元璋两次借丞相胡惟庸和凉国公蓝玉谋反案,杀掉了几万人。死于两案的功臣有李善长、陆仲享、费聚、唐胜宗、张温、曹震、陈桓等人，甚至连元帅徐达也不例外。朱元璋杀红了眼，对自己的亲戚也不客气，他的亲侄子朱文正被他用乱杖打死，外甥李文忠被他派人毒死。"二十四将"中，除花云等少数早期战死的以外，其余的几乎都被他杀死。只有一个汤和，看徐达、李文忠先后被毒死，急忙跑去见朱元璋，主动交出兵权，回家养老，才得以幸免。真是伴君如伴虎，可怜当年轰轰烈烈的"二十四将"，只有此人得以善终。

逃脱朱元璋毒手的功臣，还有一个刘基，他当年给朱元璋出谋划策，功劳不在李善长之下。朱元璋原来也想封他为"公"的，但他坚拒不受，请假回原籍去了。因为他聪慧过人，与朱元璋相识十多年，深知朱元璋的为人，所以故意远离皇帝，以图免害。

皇后马氏是个忠厚人，听说朱元璋滥杀无辜，便加以劝阻，但朱元璋不听。马皇后郁郁不乐，后患病拒绝就医，于洪武十五年（公元1382年）去世。

太子朱标，性格仁厚，很像他的母亲，眼看父皇暴虐，几次进谏，都被斥退。朱元璋见朱标过于柔弱，倒是四皇子燕王朱棣聪颖勇武，有些像他自己，他曾打算把太子朱标废掉，立朱棣当太子，跟几个大臣商量，大臣们都认为废长立幼，不合宗法，都不同意。但朱标知道后，明白父皇不喜欢自己，终日惶惧不安，于洪武二十五年（公元1392年）因病去世。太子朱标死后，朱元璋依据宗法原则，便立朱标长子朱允炆为帝位继承人。

朱元璋是农家出身的，对农民生活多少有点了解。他即位以后，也注意实行休养生息的政策。他告诫地方官员说："现在天下刚刚安定，百姓财力困乏，好像初飞的鸟，不能拔它的毛；新种的树，不能摇它的根。"他要官员们廉洁守法，不能贪赃枉法，加重人民负担。以后，他又召集流亡农民开垦荒地，免除三年的劳役和赋税；要各地驻军屯田垦荒，做到粮食自给。他还兴修水利，奖励植棉种麻。所以，明朝初年的农业生产有了很明显的发展。新建立的明王朝统治也巩固下来。

施耐庵著述《水浒传》

《水浒传》是中国家喻户晓的"四大名著"之一，它是中国历史上第一部描写农民起义的小说，作者施耐庵是明初著名的小说家，原籍江苏兴化县白驹场

(今属大丰县),他本名可能叫施彦端,元末由于战乱,他曾流寓浙江,明初回到故乡,死后葬在兴化县施家桥,墓地至今尚存。施耐庵和刘伯温的交情不错,他们曾拜大儒郑复初为师,成为郑复初最看重的弟子。

《水浒传》是施耐庵在宋元以来广泛流传的民间故事、话本、戏曲的基础上进行综合性的再创作。宋江等36人在水泊梁山的农民起义是其创作的历史根据。在戏曲发达的元代,出现了一批水浒戏,人物故事日益丰富起来,水浒英雄也由36人增至72人,又发展到108人。施耐庵在这一基础上,广泛搜集民间传说,加以连缀改编,写下了这部不朽巨著《水浒传》。

施耐庵创作的《水浒传》共100回。全面反映了以宋江为首的农民起义斗争由产生到发展,最后以失败告终的全过程。故事的开始是具体描写各路英雄遭受种种迫害,纷纷被逼,走上梁山聚义的经过;接着写众好汉聚众起义,攻夺城池,与官军苦斗的历程;小说的最后写起义军在宋江的影响下,接受朝廷的招安,并被派征战辽兵。

在小说的开始,作者深刻地挖掘了农民起义的社会根源,全面地描写了起义发生的现实背景。北宋末年,宋徽宗昏庸无能,"浮浪破落户子弟"高俅因踢得一脚好球,就受到徽宗的赏识,没半年功夫,就提拔他为殿帅府太尉职事。从此,高俅结党营私,与蔡京、童贯之流的奸佞狼狈为奸,把持朝政,无恶不作。高俅的螟蛉义子高衙内依仗高俅之势,在东京任意淫污他人妻女,大肆搜刮民脂民膏,无法无天,为所欲为。处于社会基层的一帮贪官污吏,土豪恶霸,如张都监、蒋门神、祝朝奉、毛太公以及西门庆之流,也是横行霸道,欺压百姓,在如此黑暗的社会里,处于水深火热之中的人民忍无可忍,揭竿而起,一场大规模的农民革命气势磅礴地展开了。

接着,小说描写了众英雄被逼上梁山的过程,其中,以林冲的故事最具有典型意义。林冲原是东京80万禁军教头,为人忠厚耿直,后来遭高俅陷害,被逼无奈之下杀死仇人上了梁山。

书中其他被逼上梁山的英雄们,虽被逼迫的原因各不相同,但所遭受的苦难、屈辱是一致的。官逼民反,民不得不反。这群梁山好汉在宋江的领导下,与官兵进行英勇不屈的斗争,取得了两赢童贯、三败高俅等一系列的辉煌胜利。在取得胜利之后,起义军却出人意料地走向了接受朝廷招安的结局,以至招安以后,死的死,散的散,一场波澜壮阔的农民运动从此销声匿迹了。

《水浒传》中义军接受招安的结局正是历史上农民起义失败的一种形式,这种结局的产生在故事的前70回情节中已埋下了伏笔。

随着梁山革命事业的发展，一大批统治阶级中的人物出于各种原因被逼上梁山，他们加入革命队伍的目的，大多只是暂找一个安身之处，等候日后招安。起义军的领袖宋江是这类人物的代表。作为义军领袖，他自有过人之处。他反对强暴，同情人民疾苦，喜欢救济穷人，急人所难，因而外号"及时雨"。他为人精明干练，懂得斗争策略，并有广泛的社会关系，上至官僚地主，下至江湖好汉，与他均有深厚情谊，所以，只有他才能将梁山好汉紧密地团结在自己的周围。但是，他的阶级立场和他的忠君思想，使他最终将义军引向招安之途。

作为第一部描写农民起义的小说，施耐庵的《水浒传》对历来为封建统治阶级所污蔑、攻击的起义英雄做了生动出色的描绘，在他的笔下，诞生了一大批有血有肉、个性鲜明的光辉形象。李逵和鲁智深是其中杰出的代表。

李逵纯朴天真，对贫苦人民怀有深厚的感情，同时也有简单、鲁莽之嫌；鲁智深做过提辖官，天生具有好打抱不平的仗义胸怀。他救援被欺凌者，从不考虑个人得失，这位单纯、朴实的英雄在全书中独具光彩。

施耐庵曾在张士诚幕府任职多年，经历了火与血的洗礼，为他写作《水浒传》中那个刀光剑影的世界，奠定了深厚的生活基础。施耐庵博古通今，才气横溢，读遍诸子百家之书，熟记骚人墨客之句。天文、地理知识、医卜、星相之术，无所不晓。他隐居讲学期间，投奔到其门下的弟子络绎不绝。业余时间，他从未间断《水浒传》的写作。《水浒传》一经问世，人们争相传阅，爱不释手。

施耐庵的《水浒传》对后世产生了广泛而深远的影响。书中的反抗精神，革命乐观主义精神极大地鼓舞了明清时期的农民起义。无数个起义领袖从中获得巨大的力量，学习到丰富的斗争经验和方法，以致引起封建统治阶级对此书的痛恨，明清两代都曾将它列为禁书。《水浒传》中一个个光辉的英雄人物，一直活在人民的心中。无论如何的禁毁，这部作品已在人民群众中间深深地扎下了根，其巨大的影响是任何一个统治者都抵制不了的。

作为一部优秀的文学作品，《水浒传》对后世的小说、戏剧、民间文艺也产生了难以估量的作用。它不仅为后世的文学提供了大量的素材，而且，它的创作手法、结局安排、人物塑造、语言运用、细节描绘、场景渲染等方面均有大量可资借鉴的地方。在历史的长河中，它无愧于是一颗璀璨的文学明珠，永放异彩。

解缙组编《永乐大典》

朱棣是明朝一个很有作为的皇帝,他不只注重国防建设,发展经济,而且对文化事业也很重视。驰名中外的《永乐大典》就是他指示编纂的。

永乐元年,他对翰林院侍读学士解缙说:"天下古今许多事物,分散记载在各书中,查看起来实在不容易。朕想编一类大书,把有书契以来的经史百家、天文、地志、阴阳、医卜、僧道、技艺等,凡是有关的著作,都分别编纂到一起,查阅起来不就方便了吗?"

解缙说:"陛下所言极是。只是编纂这类大书,人少了可不成。"朱棣很信赖这位有名的大才子。"那就由你领头来编吧!想调谁参加都成,朕跟礼部和翰林院打个招呼,让他们支持你。"

于是解缙就成了主持编写《永乐大典》的组织者。解缙字大绅,吉水(今江西吉水)人。他幼年就聪颖好学,才思敏捷。第一次参加乡试,就中了第一名。那时第一名举人称为"解元",于是人们也就习惯地叫他"解解元"。

洪武二十一年,解缙考中进士,任庶吉士。建文帝时,他被任命为翰林院待诏。朱棣登基后,他和胡广等人均被提拔为翰林学士,入职文渊阁。当时的学士官职较低,只有正五品,也没有实权,不过是皇帝的顾问可以时时接近皇帝。所以,朱棣才让他主持编写《永乐大典》。

当时解缙领了皇帝朱棣旨意,从各处调来146人,开始了编纂大典工作。他们查阅了大量书籍,搜集了大量资料,用了一年多的时间,于永乐二年十一月编成一部书,呈给朱棣。朱棣给书题了书名叫《文献大成》。对包括解缙在内的147位编书人,都赏给钞银。但他还嫌这部书简略,又让太子少师姚广孝(即道衍和尚)和刑部侍郎刘季篪,协助解缙在原书的基础上,加以增补,务使一切典籍都包罗在内,无一遗漏。

道衍和尚是皇帝亲近的人,他的参与,要钱要人谁也不敢驳回。于是在文阁设立了编书馆,让礼部拣派有文才的官吏和四方老儒来担任纂修,选派一些书法好的国子监学员和一些外府县学中的生员,担任缮写工作,前后竟动员了3000多人。由光禄寺供给膳食。这次花了将近三年时间,到永乐五年十一月,全书编成。朱棣根据自己的年号,把这部书命名为《永乐大典》,还亲自写了序言。

这部大书共计2.2937万卷，装订成1.1095万册，总计37000多万字。全部用工整的蝇头小楷写成。

朱棣在《序言》中说："纂集四库全书及购天下遗籍，上自古初，迄于当世，旁搜博采，汇集群书，著为奥典。"

《永乐大典》在南京编成。朱棣在迁都时，用船运到北京宫中，藏到宫中的"文楼"里，成为稀世名著。

《永乐大典》的组编者解缙因为人品倔强正直，少于心计，本着一片忠心连连对皇帝进言，结果触怒龙颜，永乐五年贬到广西，后下狱，在狱中被杀。

仁宗朱高炽继位后，朝廷才为解缙平反。

三保太监下西洋

明成祖即朱元璋第四子燕王朱棣用武力从他侄儿手里夺得了皇位，有一件事总使他心里不大踏实。皇宫大火扑灭之后，并没有找到建文帝的尸体。那么建文帝到底是不是真的死了？京城里传说纷纷，有的说建文帝并没有自杀，趁宫里起火混乱的时候，带着几个侍从太监从地道里逃出城外去了；别的地方传来的消息更离奇，说建文帝到了什么什么地方，后来还做了和尚，说得有鼻子有眼睛，使明成祖不得不怀疑。他想，如果建文帝真的没死，万一他在别的地方重新召集人马，用朝廷的名义讨伐他，岂不可怕。为了把这件事查个水落石出，他派了心腹大臣，到各地去秘密查问建文帝的下落，但是又不好公开宣布，就借口说是求神仙。这一找，就找了二三十年。

明成祖又想，建文帝会不会跑到海外去呢？那时候，我国的航海事业已经开始发展起来。明成祖心想，派人到海外去宣扬国威，跟外国人做点生意，采购一些珠宝，顺便探听一下建文帝的下落，岂不是一举两得？

这样，他就决定派一支队伍，出使国外。让谁来带这支队伍呢？当然非得是自己的心腹不可。他想到跟随他多年的宦官郑和，倒是个挺合适的人选。

郑和，原来姓马，小名叫三保，出生在云南一个回族家庭里。他的祖父、父亲都信奉伊斯兰教，还到麦加（伊斯兰教的主要圣地，在今沙特阿拉伯）去朝过圣。郑和小时候就从父亲那里听说过外国的一些情况。后来，他进燕王宫里当了太监，因为聪明能干，得到明成祖的信任。这郑和的名字还是明成祖给他起的。但是民间把他的小名叫惯了,所以一直把他叫作"三保太监",后来,有的书上也写成"三宝太监"。公元1405年6月,明成祖正式派郑和为使者,带一支船队出使"西洋"。那时候,人们叫的"西洋",并不是指欧洲大陆,而是指我国南海以西的海和沿海各地。郑和带的船队,一共有二万七千八百多人,除了兵士和水手外,还有技术人员、翻译、医生等。他们乘坐六十二艘大船,这种船长四十四丈,阔十八丈,在当时是少见的。船队从苏州刘家河(今江苏太仓浏河)出发,经过福建沿海,浩浩荡荡,扬帆南下。

郑和第一次出海,先到了占城(在今越南南方),接着又到爪哇、旧港(在今印度尼西亚苏门答腊岛东南岸)、苏门答腊、满剌加、古里、锡兰等国家。他带着大批金银财物,每到一个国家,先把明成祖的信递交国王,并且把带去的礼物送给他们,希望同他们友好交往。许多国家见郑和带了那么大的船队,态度友好,并不是来威吓他们,都热情地接待他。郑和这一次出使,一直到第三年9月才回国。西洋各国国王趁郑和回国,也都派了使者带着礼物跟着他一起回访。在出使的路上,虽然遇到几次惊涛骇浪,但是船上有的是经验丰富的老水手,船队从没出过事。只是船队在回国经过旧港的时候,遇到了一件麻烦事。

旧港地方有个海盗头目,名叫陈祖义。他占据了一个海岛,纠集了一支海盗队伍,专门抢劫过往客商的财物。这回听到郑和船队带着大批宝物经过,分外眼红,就和同伙计议,表面上准备迎接,实际上趁郑和不防备,就动手抢劫。

这个计谋被当地人施进卿得知,他偷偷地派人到船队告诉了郑和。

郑和心想,我手下有两万兵士,还怕你小小海盗?既然你要来偷袭,就非得给你点教训不可。他命令把大船散开,在港口停泊下来。命令船上的兵士准备好火药、刀枪,严阵以待。

夜深的时候,海面上风平浪静,陈祖义带领一群海盗乘着几十艘小船直驶港口,准备偷袭。只听到郑和坐船上一声火炮响,周围的大船都驶拢来,把陈祖义的海盗船围住。明军人多势大,早有准备,把陈祖义杀得大败。大船上的兵士丢下火把,把海盗船烧着了。陈祖义想逃也逃不了,只好乖乖地当了俘虏。

郑和把陈祖义捆绑了起来,押回中国。到了京城,向明成祖献上了俘虏。各国的使者也会见了明成祖,送上大批珍贵的礼物。明成祖见郑和把出使的任务完成得很出色,高兴得眉开眼笑。后来,明成祖相信建文帝确实是死了,没有必要再去寻找。但是出使海外的事,既能提高国家的威望,又能促进跟西洋各国的贸易往来,好处很多。所以打那以后,一次又一次派郑和带领船队下西洋。从公元1405年到1433年的将近三十年里,郑和出海七次,前前后后一共到过印度洋沿海三十多个国家,最远到达非洲的木骨都束国(在今索马里的摩加迪沙一带)。

到郑和第六次出使回国的那年,明成祖得病死了。他的儿子明仁宗朱高炽即位后,不到一年也死了。继承皇位的明宣宗朱瞻基,是一个八九岁的孩子,由祖母徐太后和三个老臣掌权。大臣们认为郑和出使七次,国家花费太大,到国外航行的事业就停了下来。

郑和的七次航行,表现了我国古代人民顽强的探索精神,也说明当时我国航海技术已经有很高的水平。郑和出使,促进了我国和亚非许多国家的经济文化交流和友好往来。直到现在,那些国家里还流传着三保太监的事迹。

戚继光驱逐倭寇

明世宗的时候,有一批日本的海盗经常在我国东南沿海一带骚扰。他们和中国的土豪、奸商勾结,到处抢掠财物,杀害百姓,闹得沿海不得安宁。历史上把这种海盗叫作"倭寇"。

公元1553年,在汉奸汪直、徐海的勾结下,倭寇集结了几百艘海船,在浙江、江苏沿海登陆,分成许多小股,抢掠了几十个城市。沿海的官吏和兵士不敢抵抗,见了倭寇就逃。

倭寇侵略越来越严重,使躲在深宫里的明世宗也不得不发愁了,叫严嵩想法子对付。严嵩的同党赵文华想出一个主意,说要解决倭寇侵犯,只有向东海祷告,求海神爷保佑。明世宗居然相信赵文华的鬼话,叫他到浙江去祷告海神。后来,朝廷派了个熟悉沿海防务的老将俞大猷去抵抗。俞大猷一到浙江,就打了几个胜仗。但是不久,浙江总督张经被赵文华陷害,俞大猷也被牵连坐了牢。沿海的防务没人指挥,倭寇的活动又猖獗起来。朝廷把山东的将领戚继光调到浙江,才扭转了这个局面。

戚继光是我国历史上著名的民族英雄,山东蓬莱人。他到了浙江,先检阅那儿的军队,发现那些军队纪律松散,根本不能够打仗,就决心另外招募新军。他一发出招兵命令,马上有一批吃够倭寇苦的农民、矿工自愿参军,还有一些愿意抗倭的地主武装也参加了进来。戚继光组织的新军很快发展到四千人。

戚继光是个精通兵法的将领,他懂得兵士不经过严格训练是不能上阵的。他根据南方沼泽地区的特点,研究了阵法,亲自教兵士使用各种长短武器。经过他严格训练,这支新军的战斗力特别强。"戚家军"的名气就在远近传开了。

过了几年,倭寇又袭击台州(今浙江临海)一带,戚继光率领新军赶到台州。倭寇在哪里骚扰,他们就打到哪里。那些乱七八糟的海盗队伍,哪里是戚家军的对手,交锋了九次,戚家军一次次都取得胜利。最后,倭寇在陆地上待不住,被迫逃到海船上,戚继光又用大炮轰击。倭寇的船起了火,大批倭兵被烧死或掉到海里淹死,留在岸上的也只得乖乖投降。

倭寇见到浙江防守严密,不敢再侵犯。第二年,他们又到福建沿海骚扰。一路倭寇从温州往南,占据了宁德;另一路倭寇从广东往北,盘踞在牛田。两路敌人互相声援,声势很大。福州的守将抵挡不了,向朝廷告急。朝廷又派戚继光援救。戚继光带了新军赶到宁德,打听到敌人的巢穴在宁德城十里外的横屿岛。那儿四面是水,地形险要。倭寇在那儿扎了大营盘踞,当地明军也不敢去攻打他们。

戚继光亲自调查了横屿岛的地形,知道那条水道既不宽,又不深。当天晚上潮落的时候,戚继光命令兵士每人随身带一捆干草,到了横屿对岸,把干草扔在水里。几千捆干草扔在一起,居然铺出了一条路来。戚家军踏着干草铺成的路,神不知鬼不觉地插进倭寇大营。经过一场激烈战斗,盘踞在岛上的两千多个倭寇全部被歼灭。

戚家军攻下横屿,立刻又进兵牛田。到了牛田附近,戚继光传出命令,说:"远路进军,人马疲劳,先就地休整再说。"

这些话很快传到敌人那里。牛田的倭寇真的相信戚家军暂时停止进攻,防备也就松懈下来。就在当天晚上,戚继光下令向牛田发起总攻击。倭兵毫无准备,仓促应战,禁不住戚家军猛攻猛冲,纷纷败退。倭寇头目率领残兵逃到兴化,戚家军又连夜跟踪追击,一连攻下了敌人六十多个营寨,消灭了溃逃的敌人。到天色发白的时候,戚家军开进兴化城,城里的百姓才知道附近的倭寇已被戚家军消灭。大家兴高采烈,纷纷杀牛带酒,到军营来慰劳。

第二年,倭寇又侵犯福建,攻下兴化。这时候,俞大猷已经复职。朝廷派俞大猷为福建总兵,戚继光为副总兵。两个抗倭名将一起,大败倭寇,收复兴

注释

乱七八糟:形容无秩序,无条理,乱得不成样子。

化。公元1565年，俞、戚两军再次配合，大败倭寇。到这时候，横行几十年的倭寇基本被肃清了。

李时珍与《本草纲目》

  李时珍是蕲州（今河北蕲春）人，出生在一个医生世家，他的祖父和父亲都是蕲州有名的医生。父亲李闻言对药草很有研究，他所开的处方和配制的草药，治病疗效很高。李时珍从小就受到父亲的熏陶，父亲每次采药回来他都要问问这个药草叫什么名字，那个药草有什么功效，能治什么病，还经常同伙伴们上山采药。日积月累，各种草药的名称、采摘、炮制方法及其作用、效力，他都掌握了。他的医药知识也不断地丰富了。

  在封建社会，民间医生的社会地位是很低的，上流社会的人根本看不起医生。李时珍的父亲虽然自己是医生，却不想叫李时珍再当医生让人瞧不起，就要李时珍读书应科举考试，走科举这条路能取得功名，光耀门楣。其实李时珍对医药兴趣浓厚，哪想去读书做官呢？但父命也不能违抗。在父亲的督促下，李时珍十四岁中秀才，后来三次参加举人考试都落榜了。别人都说："这么聪明好学的孩子没考取，真太可惜了。"而李时珍却没有灰心丧气，一心想当个好医生，为穷苦百姓治病，对医道和药方的钻研更加刻苦。

  几次乡试落榜以后，李时珍就正式跟着父亲学医了。正好在这一年，家乡闹了一场洪水灾害，水退了之后，疫病流行。李时珍父子日夜奔忙，救治百姓。生病的大多数是穷人，李时珍父子对穷人都有一片同情心，穷人找他们看病，总是精心治疗，不计报酬。老百姓对他们高明的医术和高尚的医德满口称颂，都说他们父子是穷人的好医生。

  李时珍一边行医治病，一边钻研医术，他阅读了大量的医药书籍，从中汲取了丰富营养。明朝以前，古代医书就已经有不少了，其中影响最大的是汉代的《神农本草经》，这些书还满足不了李时珍的需要，他借经常给一些王公贵族看病的机会，从这些藏书比较多的人家借阅图书。他的医学知识不断丰富，医术越来越高明，名气也越来越大，请他看过病的人，到处宣传说李医生人好医术高，附近州县没有不知道李时珍的，有个大病小灾的都来请李医生去看。

  有一次，封武昌的楚王的儿子患上抽风病，楚王府的医官治不好，楚王急得不得了。后来有人告诉楚王，说李时珍能治好这种病。楚王听了就赶快派人去请李时珍。李时珍来到王府，根据自己的临床经验，看看王子的脸色，号了号脉，确认这是因肠胃不好引起的。找到了病因，就好对症下药，李时珍开了一个药方，王子没吃两剂，病就好清了。

楚王对李时珍感激不尽，经过三番五次的挽留，把李时珍留在王府。

明世宗一共在位四十五年，但很少关心国事，只是整天尽情享乐，可又怕自己将来会老死，享受不到这快活的日子，那真是太可惜了。于是他就设法寻找长生不老的药方，并信了道教，想借神仙的力量帮助自己实现愿望。

为了使自己不会老死，明世宗于1556年下旨叫各地官员向朝廷推荐名医。这时李时珍正好在楚王府里，楚王为了向明世宗讨好，就将李时珍推荐给朝廷。这一年，李时珍被调到京城太医院。

明世宗虽然招罗了天下各地名医，但对医学并不重视，还是想做道场、炼金丹，认为这些才是使自己长生不老的真正途径。李时珍对明世宗这一套不信科学、只讲迷信的做法看不惯，而且自己本来的意愿是要为穷苦百姓治病，待在太医院里实在没意思。因此，一年多后，他就辞官回乡了。

李时珍在回乡的路上，顺便到许多名山大川去游览。他并不是到各处去欣赏景色，而是为了他的医学，为了对草药的研究，要把他所掌握的草药的药用性质都搞清楚。一天他到了武当山（在今湖北境内），听说山上出产一种叫榔梅的"仙果"，吃了可以使人返老还童，宫廷贵族都当作宝贝，当地老百姓不得采摘，地方官每年都要将这里的"仙果"千里迢迢送到京城，进贡朝廷。李时珍不相信会有那么大功效的"仙果"。为了弄个明白，他冒着生命危险，攀登悬崖绝壁，采到一颗榔梅。把他带回家仔细研究之后发现，榔梅跟一般梅子差不多，只不过是一种鲜美可口、能够止渴生津的水果。

李时珍在长期的医疗实践中积累了丰富的医药科学资料，他发现一些医书上的记载有不少是错误的，经过许多年代，人们又陆续发现不少古书上没有记载的药草，他就决心重新整理编写一本更加实用可靠的药书。从太医院辞职以后，李时珍把大部分精力花在编写书上，对药草的功效一个一个地验证，有的不好拿病人做试验，就自己亲自尝试，有一次误尝了一种毒草，险些丧了性命。经常尝试后李时珍将其逐一地记下来，并对搜集来的药方一个个地进行筛选整理，共花了近三十年的时间，终于写成了著名的医药著作《本草纲目》。书里共记载了1892种药草，一万多个药方。李时珍为我国乃至世界医药科学作出了伟大的贡献。

《本草纲目》是我国医药宝库中一颗璀璨的明珠,成书以后,流传到世界许多国家,被翻译成日文、英文、德文、法文、俄文、拉丁文等多种文字,成为世界研究医学的经典著作。

努尔哈赤建立后金

明王朝政治越来越腐败,边防也越来越松弛,在我国东北地区的女真族的一支——建州女真趁机扩大势力,开始强大起来,它的领袖是爱新觉罗·努尔哈赤。

努尔哈赤出身建州女真的贵族家庭。祖父觉昌安和父亲塔克世,都是建州女真的贵族,被明朝封为建州左卫的官员。努尔哈赤从小就练习骑马射箭,练得一身好武艺。十岁那年,母亲死去;他的继母待他不好。努尔哈赤不得不离开家庭,和当地小伙伴在一起,在茫茫林海里打猎、挖人参、采松子、捡蘑菇,然后把这些山货带到抚顺去卖掉,挣钱维持生活。抚顺的集市很热闹,女真人常在那里用山货跟汉人交换铁器、粮食、盐和纺织品。努尔哈赤接触了很多汉人,学会了汉文。

建州女真有好几个部落,互相残杀。明朝总兵李成梁利用建州各部的矛盾来加强统治。努尔哈赤二十五岁那年,建州女真部有个土伦城的城主尼堪外兰,引领明军攻打古勒寨城主阿台。阿台的妻子是觉昌安的孙女。觉昌安得到消息,带着塔克世到古勒寨探望孙女。正碰上明军攻打古勒寨,觉昌安和塔克世在混战中都被明军杀害。努尔哈赤痛哭了一场,葬了他的祖父、父亲,但是想到自己的力量太小,不敢得罪明军,就把一股怨恨全集中在尼堪外兰身上。他跑到明朝官吏那里说:"杀我祖父、父亲的是尼堪外兰,只要你们把尼堪外兰交给我,我也就甘心了。"明朝官吏只把他祖父、父亲的遗体交还他,但不肯交出尼堪外兰。

努尔哈赤满腔悲愤地回到家里,翻出了他父亲留下的十三副盔甲,分发给他手下兵士,向土伦城进攻。努尔哈赤英勇善战,尼堪外兰人不是他的对手,狼狈逃走。努尔哈赤攻克了土伦城,继续追击,趁机又征服了建州女真的一些部落。

尼堪外兰东奔西窜,最后逃到了鄂勒珲(今齐齐哈尔附近),请求明军保护。努尔哈赤也追到那里。明军看他不肯罢休,怕因此引起战争,就让努尔哈赤杀了尼堪外兰。

努尔哈赤灭了尼堪外兰,声势越来越大。过了几年,统一了建州女真。这就引起女真族其他部的恐慌。当时的女真族,共有三部,除了建州女真之外,还有海西女真和"野人"女真。海西女真中有个叶赫部最强。公元1593年,叶赫部联合了女真、蒙古九个部落,结成联盟,合兵三万,分三路进攻努尔哈赤。

努尔哈赤听到九部联军来攻,事先做好迎战的准备。他在敌军来路上,埋伏了精兵;在路旁山岭边,安放了滚木石块。一切安排妥当,他就安安稳稳睡起觉来。

第二天,建州派出的探子回报敌兵人数众多,将士们听了也有点害怕。努尔哈赤就解释说:"别害怕,现在我们占据险要地形,敌兵虽然多,不过是乌合之众,一定互相观望。如有哪一个领兵先攻,我们就杀他一两个头目,不怕他们不退。"

九部联军到了古勒山下,建州兵在山上严阵以待,先派出一百骑兵迎战。叶赫部一个头目冲来,马被木桩绊倒,建州兵士去把他杀了,另一头目看到这情景也吓昏过去。这一来,九部联军没有统一指挥,四处逃窜,努尔哈赤乘胜追击,击败了叶赫部。又过了几年,基本统一了女真族各部。

为了有利于作战和生产,努尔哈赤把女真人编为八个旗,即红、黄、蓝、白、镶红、镶黄、镶蓝、镶白,分别以不同的旗帜颜色命名和作为标志。作为军队最高统帅努尔哈赤还亲自统领黄旗、镶黄旗,其余六旗由其子、弟统领。同时,努尔哈赤在经济和文化上也都有所建树,开矿冶铁、制造兵器,发展手工业、放养柞蚕、种植粮食,还创造了自己部族的文字,称为满文。

公元1608年起努尔哈赤停止向明朝进贡。万历四十四年(公元1616年),努尔哈赤在赫图阿拉(原建州,在今辽宁新宾)建都,自称大汗,定国号为后金,年号天命。公元1618年,努尔哈赤召集八旗首领,商议如何对付明朝的大计,尔后誓师,宣布与明朝为敌,说有七件事同明朝结下了冤仇,叫作"七大恨"。这第一恨就是明朝无端挑衅,杀了他的祖父和父亲。因这最大仇恨,后金要与明朝不共戴天,努尔哈赤决定出兵讨伐明朝。

闯王李自成

公元1644年(崇祯十七年)3月19日,皇宫内乱成一团,皇上不知去了哪里,宫女、太监们纷纷逃命。宫外来了一队人马，簇拥着一位头戴毡笠、腰挎战刀、骑着乌骓马的首领，威风凛凛，从承天门(天安门)向皇宫走来。这位首领不是别人，正是统帅农民起义军打败明朝官军、推翻明王朝的农民革命领袖——李自成。

李自成生活在明朝末年。这时的政府正处于腐败专政时期，有权有势之人强占田地，失去土地或拥有少量土地的广大农民依然要交纳种种苛捐杂税。明政府向百姓强行索要出兵辽东所耗的巨额军费，称之"辽饷"，以后又追加镇压人民起义的"剿饷""练饷"，合称三饷。穷困潦倒的农民没有能力交税，或饿死，或逃往异乡。

有时遇上灾年，农民更加悲惨。公元1628年(崇祯元年)，陕西、山西、河南诸地发生灾荒。陕西地瘠灾重，百姓吃草根、树皮、白石粉，甚至人食人。官府不顾人民死活，照旧逼税催租。饥民走投无路，王二率众首先在陕北澄县起事，高迎祥、张献忠等积极响应，明末农民战争拉开了序幕。

李自成，号"鸿基"，乳名"闯儿"。公元1606年(万历三十四年)出生在陕西延安府米脂县李继迁寨。他家几辈都以种田为生，父亲李守忠承担着官家"养马"差事，长年辛劳，全家仍吃不饱、穿不暖。少年时代的李自成就被迫出家为僧，后来又为地主放羊牧马。父母去世后他向艾姓地主借债，二十一岁应募到银川当驿卒。地主强行逼债，将李自成打入死牢。苦难的生活，刻骨的仇恨，造就了他坚强不屈的性格。最后他在一狱卒的帮助下，越狱杀了仇人，带侄儿李过赴甘肃当兵去了。

公元1629年冬，后金汗国派兵打进锦州，明政府急忙调集各路援军。这时已升为小军官"总旗"的李自成随参将王国带兵开往北京。途经金县(今甘肃榆中)发生兵变，李自成带头杀死克扣军饷、责打士兵的王国。公元1630年李自成联合士兵参加了农民起义军，投入闯王高迎祥部下，号称"闯将"，从此走上了农民革命之路。

这时，黄河流域各地起义军都在山西会合，结成36营，共有二十多万人。李自成自然是36营首领之一。为配合其他农民军战斗，他采取避开实力、专击虚弱点的战略方针，带领士兵从汾河以西打到汾河以东，一举攻克晋东南军事要地辽州城。这一战役充分显示了李自成卓越的军事才能，初步体现了农民协同作战的优点。

公元1635年1月，李自成率领各路农民军几十万人迅速转移到河南。这时的明朝马上派兵部尚书洪承畴带兵围剿。为共同商讨如何应对，起义军13家72营首领在荥阳集会。在大会上他们争论得十分激烈，意见分歧。李自成依据农民军力量超过官军数倍的事实，提出统一步调，各定所向，分兵迎击，同心协力，一致对敌的主张，受到各部首领赞同，从此他的声望越来越高。

起义军由36营协同作战到荥阳大会13家72营统一部署、分兵行动，说明了他们的军事斗争水平的提高，这样他们克服了过去分散作战的弱点，从而聚积、壮大了农民武装力量，在这里李自成起了重大的作用。

按照李自成的建议，农民起义军这时兵分五路：西南北三路实行防御；另一路往来策应；李自成、高迎祥、张献忠则率东征主力军，如利剑一般，由河南直插安徽，攻克明朝发迹之地凤阳，焚烧明太祖朱元璋的祖坟，这表现了起义农民对封建统治者的无比仇恨和推翻明朝腐朽统治的坚强决心。

凤阳失守，明朝皇帝大为震惊，皇帝赶忙增加兵马进行救援。然而高迎祥、李自成早已远走河南，向陕西进发了。此时，高迎祥、李自成各有兵众七万，全系精骑劲旅，力量很强大，已经成为敌人重点进攻对象。公元1636年秋，高迎祥在箩屋(今陕西周至)战斗中，被陕西巡抚孙传庭官军俘获，押至京师杀害。李自成接受大家推举，继承"闯王"名号。此后，李自成部和张献忠部便成为农民军两大主力，在陕西、甘肃、河南、四川、湖北一带和明军进行周旋。

公元1637—1639年这一时期是农民起义军极其困难的时期。明朝政府已经有了怎样镇压起义军的作战计划，轮番实行"十面张网"的军事围剿和"招抚纳降"两种手段。加上给养困难，军粮奇缺，这时有些农民起义军暂时停止战斗，还有少数农民军领袖出于各种目的投降了明朝。继续坚持战斗的李自成农民军被敌人死死困守在陕西商县、洛南一带，他们在那里经受着严峻的考验。李自成教育部下不向敌人投降，要学刘邦百折不挠打败项羽的精神。他一面总结经验，一面同大家一起操练，以迎接更艰苦的武装斗争。李自成曾在这里写过《商洛杂忆》，以豪迈的诗句来描写这段生活：

> 收拾残破费经营，
> 暂住商洛苦练兵。
> 月夜贪看击剑晚，
> 星晨风送马蹄轻。

闯王李自成在这样极其艰苦的环境中，能与士兵同甘苦、共患难，对自己所缔造的军队的前途充满了胜利的信心，自始至终坚持斗争，这就表现了农民英雄的伟大气概。

公元1640年，中原腹地河南出现了严重的旱灾，而且那里土地特别集中，赋役尤为沉重。就在这种条件下，李自成认为此地战略位置重要，农民基础好，更容易发展革命力量。他随即提出"据河洛、取天下"的战略目标和"我们为的是百姓的利益，所以才起义反明朝政府"的宗旨，同年12月率军出山进入河南。起义军纪律严明，对百姓秋毫无犯，得到了人民群众热烈拥护。而后在李岩的帮助下又推行了一系列深得民心的政策，诸如种田的免去税收的土地政策和"平买平卖"的商业政策。农民军每到一地，杀死权贵地主，没收其田产家业分给农民，减免农民钱粮差徭，商人公平交易。这些政策的提出和实施，深得民心，而且有利于生产的恢复和发展，缓解了农民的一些疾苦。

在当时有这样的歌谣："朝求升，暮求合，近来贫汉难存活，早早开门拜闯王，管叫大小都欢悦！""杀牛羊，备酒浆，开了城门迎闯王，闯王来时不纳粮！"通过这些歌谣可见群众对闯王的爱戴非同一般。由于人心归向，革命形势迅猛发展。李自成乘势在军事上开展了一系列进攻。先攻占福王朱常洵封藩之地洛阳城，杀死福王，焚烧王府，发钱粮，解救民众。又打开封城，逐渐控制了河南全境和湖北大片地区，完成战略目标第一步。公元1643年起义军渡汉水占领襄阳城，并改名襄京。在这里，李自成称"新顺王"，初定官制，整顿军队，设置五营，拥有精兵约六万，加上随从兵，已有百万，从而为下一步军事行动提供了重要条件。

公元1643年夏天，李自成在襄京召集各部共商进兵计划。顾君恩"先取关中建国立业，后攻山西，北伐京师"的主张，得到李自成和其他各起义军首领赞同。当时陕西潼关屯集着明朝劲旅孙传庭兵马十万，他们在这里筑城修堡，制造战车，准备随时迎战。李自成决定引诱他们出了城再进行歼灭。于是精心选择豫西襄城、郏县之间有利地形，让农民军先锋在洛阳虚晃一枪，孙传庭果然中计，带全部人马出关，与农民军主力在郏县相遇。战斗刚一打响，李自成派一部分士兵迷惑敌军，弃盔甲、武器于道，佯装败退。这时的孙兵军纪败坏，相互争抢东西。义军部将罗汝才突然从旁杀出，与李自成前后夹击。敌人晕头转向，逃往郏县以东。农民军乘胜追击，抢占汝州(河南临汝)，逼敌哗变。又猛攻郏县县城，敌军死伤四万多人。同时击毙孙传庭，夺取了大量武器和物资。

郏县之役是明末农民战争中具有决定性的战役，经过这一仗，他们摧垮了明朝主力军，为农民军将来攻打长安打下了基础。在同年11月，李自成率领的农民军已经包围了西安,守城堡的士兵打开城门投降。公元1644年正月,李自成改西安为西京,定国号大顺,年号"永昌",颁布《甲申历》,建立农民革命政权。

不久,李自成率领的农民起义军从西京出发,横渡黄河往东征讨,他们兵分两路:南路偏师由将领刘芳亮带领,从黄河的北边进军,进入河南怀庆府、彰德府和河北大名府,取道邯郸、邢台、河间,直抵京畿重镇保定。这样就能把他们的援军给牵制住,截住了明朝皇室南逃之路。李自成亲自率领北路主力军,遣刘宗敏、李过率前锋部队渡黄河入山西、克平阳。紧跟着李自成率大军挺进汾州,包围了太原,攻武关,然后继续北上,攻克大同、宣化,直趋京师北大门居庸关。李自成离开太原后,主力军的另一部在大将任继荣的带领之下,东出固关,直捣真定、保定。农民军边走边宣传"均田免粮"的政策,重申不淫、不杀、不掠三项纪律,并委托其他官员代管地区事务,百姓非常欢迎大顺王,敌人望风而逃。3月16日李自成已到昌平,两路大军形成对明都包围之势,次日会师北京。

京师急报:"远尘冲天,大兵将到。"城内明朝守军长期缺饷,厌战卧地,鞭打不起。崇祯帝深居宫内,已经是坐立不安了。他想放弃北京南逃,又恐惧路途危险;想和大臣们商量突围的办法,大臣却借故逃命去了。军队已经不保明朝了,军臣已经不服从天子了,至高无上的天子像泄了气的皮球瘫作一团。18日夜,李自成已攻进东直门,崇祯帝彻底绝望了。这时的他发疯般地操起宝剑砍伤几名妃嫔、公主,逼死皇后,独自携带太监王承恩,披头散发,跌跌撞撞逃至煤山(今景山)寿皇亭老槐树下,自缢而亡。19日,李自成率大顺军浩浩荡荡开进紫禁城,统治了两百七十六年的朱家明王朝终于被强大的农民起义军推翻了。

进驻北京后,李自成开始安定民心,劝说商人开始营业,开始考核明朝的官员。他一再申明纪律,追赃助饷,严打贪官污吏。

李自成领导明末农民战争,英勇奋战十五载,转战十几省区,功勋卓著,堪称农民革命英杰。他那坚强的意志,打击了当时封建腐朽势力的锐气。他彻底推翻明朝统治的壮举,挽救众民于水深火热之中的思想与措施,严密的军事部署和灵活机动的战术,都是中国封建社会历代农民斗争精神的发扬光大,为后人所敬仰。

注释

坐立不安:坐着也不是,站着也不是,形容心情紧张,情绪不安。

郑成功收复台湾

郑成功(公元1624—1662)，原名森，字大木，福建南安(今福建泉州南安)人。父亲郑芝龙是海商，母亲田川氏是日本人。公元1624年(明天启四年)，郑成功出生在日本平户千里滨，七岁从日本回国。

郑成功自幼聪慧机敏，喜读史书与兵书，又擅长骑射。公元1644年(崇祯十七年)，郑成功进入南京国子监，成为太学生，倍受名家器重。就是在这一年，李自成攻入北京，崇祯皇帝朱由检在煤山自缢，明朝灭亡了。

不久，吴三桂引清兵入关，占领了北京。消息传到南京，南京群臣拥立福王朱由崧为帝，改元弘光。次年，清军又攻入南京，弘光政权覆亡。这年，郑芝龙等在福州拥立唐王朱聿键为帝，建元隆武。8月，郑成功随父朝见唐王，唐王见他少年英俊，十分器重，当即封他为忠孝伯，赐姓朱，改名成功，所以又号为"国姓爷"。

郑成功血气方刚，耳闻目睹清军南侵的种种暴行，心头燃起了复仇的火焰，积极投入了抗清的斗争。

公元1646年，清军越过"一夫当关万夫莫开"的仙霞关，长驱直入，进逼福州。郑芝龙早有降清的意思，这时满怀升官的欲望，投降了清军。郑成功鄙视其父的丑恶行径，带领一支队伍，退守金门，此后又夺取了厦门，和清兵进行了一次又一次的交锋。他曾多次北伐和东征，其中以公元1659年(顺治十六年)的北伐，声势最大。这年6月，经过精心准备，郑成功亲自率军十万北伐，矛头直指南京。兵临城下，清军几不可守。后因郑成功麻痹轻敌，贻误战机，使清军得以从容调配力量，突然袭击。郑成功仓促应战，全军溃败，最后退回金门、厦门。

清政府因一时没有消灭郑成功这一支抗清队伍，就想通过郑芝龙劝郑成功投降。哪知郑成功毫不理睬，令清政府大失所望。事隔半年，清廷又派两位使臣持招降书来见郑成功，并且还带来了他的弟弟郑渡、郑荫，企图通过手足之情打动郑成功的心。然而，国家的危亡，民族的苦难，父亲的背叛，慈母的惨死，像一把把利刃袭向他年轻的心，复仇的火焰更激励着他的爱国豪情。他严肃地对弟弟们说："你们年轻，还不知人情世故，自古改朝换代，降者都没有好结果。父亲已误于前，我怎能重蹈于后呢？……无须多言！"此后，清廷曾多次招降，均宣告失败。当郑成功公元1659年的北伐遭受失败后，清政府下令沿海居民内迁30里，禁止舟船出海，以切断百姓和郑成功的联系。这确实给郑成功带来很大困难。为了扭转战局，走出困境，郑成功决定改变战略，挥师东渡，驱逐荷兰殖民者，收复台湾。

台湾自古以来就是我国的神圣领土。明朝末年，荷兰殖民者趁明政府腐败无能之机，霸占了台湾，修建城堡，向台湾人民勒索苛捐杂税。台湾人民不断反抗，遭到荷兰侵略者的血腥镇压。因此，郑成功要出兵收复台湾，驱逐荷兰殖民者，完全符合台湾各族人民的迫切愿望。

这时，在荷兰军队中当过翻译的何廷斌，赶到厦门帮助郑成功出谋划策，收复台湾。

公元1661年4月的一天，郑成功带领载有两万多将士的300多艘兵船，排着整齐的队形，浩浩荡荡开始横渡波涛汹涌的台湾海峡。

在4月29日黎明，郑成功的船队到达了台湾的鹿耳门港口。郑成功令何廷斌领航，利用海水涨潮的时机，驶入港内，登上了台湾岛。这时，数千名台湾百姓成群结队，前来迎接亲人。躲在城堡里的荷兰侵略军头目气急败坏，派了两百多名士兵冲来。郑成功一声号令，把敌军紧紧围住，一举歼敌一百八十名，其余溃散。郑成功随即包围赤崁城，要求敌人立即投降，退出台湾。他说："台湾本来就是中国的领土，我们收回这块地方，是理所当然的事，你们如果赖着不走，我们就把你们赶出去！"侵略者贼心不死，负隅顽抗。郑成功指挥军队发动猛攻；他还堵塞该城的水源，迫使赤崁城的敌人在第三天献城投降。

收复赤崁城之后，郑成功挥师围攻台湾城。这座城是侵略军总部所在地，曾苦心经营多年。盘踞在这里的敌人凭借坚固的工事，企图顽抗，等待救兵。郑成功采取长期围困的战略，逼迫他们投降。在围困八个多月以后，敌人疲惫不堪，郑成功决定转入全面进攻。公元1662年1月25日晨，郑军用28门巨炮，对台湾城进行猛轰。猛烈的炮火，使城内变成一片火海，荷兰殖民者死伤很多，陷入了绝境。2月1日，荷兰殖民长官带着残兵败将，向郑成功脱帽行礼，递上降书，随即灰溜溜地离开了台湾。被荷兰殖民者霸占了三十八年之久的中国领土台湾，终于重新回到了祖国的怀抱。

郑成功收复台湾之后，摆在他面前的一个重大的问题，就是如何治理这个经历了多年殖民掠夺、长期战乱而变得残破不堪的土地。十六年的戎马生涯，使这位英杰既练就了一身军事指挥本领，也积累了丰富的安邦治国的经验。他立即开始有条不紊地实施了各项政策，来建设台湾。

郑成功在台湾首先设置行政机构。他改赤崁为东都明京,设一府二县,府为承天府,县为天兴县、万年县。这之后又改台湾为安平镇。从此,台湾和祖国大陆一样,有了地方行政管理机构。郑成功还大力发展农业生产。他组织士兵进行屯田,奖励各族人民垦荒,对大陆迁往台湾的居民,也一视同仁。那时,高山族还不会使用铁制工具,郑成功接受部下杨英的建议,为高山族的各个番社,派去汉族农民一名,给耕牛一头,铁犁、耙、锄各一副,将铁犁牛耕等生产技术教给高山族人民,迅速发展了台湾农业经济。

郑成功建设台湾,加强了汉族和高山族人民之间的血肉联系,促进了台湾经济和文化的迅速发展,使之成为一个更加美丽、富庶的宝岛。

郑成功为了收复台湾、开发宝岛历尽千辛万苦,正如他在《复台诗》中所说的那样:"开辟荆榛逐荷夷,十年始克复先基。"他仍念念不忘率兵出击,恢复大明江山。然而不幸的消息传来了:永历帝在昆明被吴三桂杀害,父亲郑芝龙和住在京师的十一名子孙全部遇害,儿子郑经拥兵叛父,福建祖坟被挖。郑成功悲愤交集,重病缠身。他在患病期间,非常思念故乡。有时勉强登上城堡,面向辽阔的大海,久久地眺望着祖国大陆。

公元1662年(康熙元年)5月8日,郑成功悲愤而死,终年三十九岁。

郑成功死后,就葬在了台湾。康熙帝因其矢志忠于明王朝,对他很赞赏,说"郑成功系明室遗臣,非朕之乱臣贼",就派遣官员和郑氏后代,护送郑成功的灵柩归葬南安,建立了祠堂。公元1875年(光绪元年),清政府在台湾为之建立延平郡王祠,谥"忠节",每年春秋举行祭奠。

清　朝

雄才大略康熙帝

我国封建社会有一位政绩卓著的康熙皇帝,他一生勤勉,在文治武功方面建立了辉煌的业绩,成为清朝康乾盛世的开创者,被誉为清代最英明的君主,也是我国封建社会最杰出的英主之一。"欲致海宇升平,人民乐业,孜孜汲汲,小心谨慎,夙夜不遑,未尝少懈。数十年来殚心竭力,有如一日,此岂'劳苦'二字所能概括耶?"这段话正是他对自己曾经怎样管理朝政的自我概述之语。

康熙帝,姓爱新觉罗,名玄烨,生于公元1654年。公元1661年,其父顺治帝福临去世,而后他继承皇位,第二年改年号为康熙。玄烨年幼,由索尼、苏克萨哈、遏必隆、鳌拜四个辅政大臣代理国政。公元1667年宣布亲政,但他仍然没有实权,大权仍掌握在飞扬跋扈、妄图篡权的鳌拜手中。少年玄烨聪慧好学,练文习武,素有壮志。他一心想做一番事业,有所作为。但是鳌拜却"欺朕专权,恣意妄为",在宫中经常"施威震众,高声喝问",欺负年轻的康熙帝。玄烨决心搬掉这块绊脚石,可是没有办法,独断专行的鳌拜权位很高。于是,玄烨每日佯装与一群少年侍卫练习摔跤,嬉戏玩耍,从来不过问朝政。一天,鳌拜仍大摇大摆地走入皇宫,玄烨突然命少年侍卫们捉拿鳌拜,鳌拜大吵大闹,企图挥拳顽抗,结果被摔跤少年们一拥而上,结结实实地捆了起来。然后,宣布了鳌拜的三十条罪状,把这个老奸巨猾的权臣革职软禁了。一个十六岁的少年,利用自己的大智大勇,干净利索地清除了亲政后最大的政治障碍,表现出了他出色的才智和胆略。权臣铲除,朝政刷新,玄烨开始以他自己的想法治理国家了。

康熙是清代最有政治远见的君主,在这一时期他为了维护国家的统一,进行了长期不懈的斗争。他以奋发有为的政治气概和非凡的军事才能,在祖国的西南、东南、东北和西北的边陲大舞台上,创造出了一幕幕惊心动魄、雄奇壮丽的历史。

公元1673年,年轻的玄烨就已经开始了平定三藩叛乱的斗争。三藩是指平西王吴三桂(坐镇云南)、平南王尚可喜(坐镇广东)、靖南王耿精忠(坐镇福建)。当时他们各霸一方,拥有自己的重兵,横行霸道,形成了一股跟朝廷直接对立的势力。在这一年,尚可喜上疏想归老辽东,以其儿子尚之信袭爵。吴三桂、耿精忠也上疏试探朝旨。康熙这时已经抓住机会,决定三藩俱撤,吴三桂见偷鸡不成,首先公开举起叛旗,耿精忠、尚之信等纷纷相继啸众而起,在这一段时间里,他们在南方数省点燃了战火。他们破坏了祖国的统一,违背了满汉各族人民和平共处的愿望。康熙力排众议,决定平叛。在军事上他审时度势,谨慎筹划,严格军纪,爱惜兵丁,重用汉将,信赏必罚,把握时机,乘隙插足,采取摧坚解体、打击元凶的策略;在政治上他刚柔相济,剿抚并用,广示招徕,瓦解叛军,伐其情以移其志,施展了高超的政治策略。在康熙的正确指挥下,经过八

年奋战,清朝平定三藩之乱,获取全胜。二十八岁的康熙感慨万千,欣然命笔,写了《滇平》一诗庆贺:

洱海昆池道路难,捷书夜半到长安。
未矜干羽三苗格,乍喜征输六诏宽。
天末远收金马隘,军中新解铁衣寒。
回思几载焦劳意,此日方同万国欢。

康熙执政时进行统一的第二件大事就是着手解决台湾问题。公元1661年民族英雄郑成功驱逐了荷兰侵略者后便开始经营台湾,他在那里设立府县,整治了一些贪官污吏,实行了土地改革,奖励开垦,发展经济。但不幸宏图未展,第二年就病逝了。之后,其子郑经建立了割据自立的政权。康熙对郑氏及其官兵一直抱着"循于招抚,不事轻剿"的态度,而且多次遣使去台湾同郑经谈判议和,郑经却欲继续割据自立,要求"按朝鲜事例,不削发,称臣纳贡",结果这些谈判不能进行下去。康熙认为台湾皆闽人,不能和其他地区相比,坚决不允许台湾独立,这显示出康熙在政治上能高瞻远瞩,有雄才大略。公元1681年,郑经死去,他的几个儿子为争夺权位在那里发生了内乱。这时康熙认为收复台湾时机已到,遂派施琅到福建担任水师提督,和福建总督姚启圣相互配合统一台湾。公元1683年,施琅率兵出发,经澎湖一战,顺利地开进台湾,郑克塽表示愿意归附。康熙批准了郑的归顺,"授克塽公爵,隶汉军正红旗"。对郑氏家族均妥善安置,授职有差。当统一台湾的捷报传到北京时,正值中秋佳节,康熙望眼长空皎月,喜于全国各族团聚,挥毫写下《中秋日闻海上捷音》一诗:

万里扶桑早挂弓,水犀军指岛门空。
来庭岂为修文德,柔远初非黩武功。
牙帐受降秋色外,羽林奏捷月明中。
海隅久念苍生困,耕凿从今九壤同。

康熙在统一台湾后,关于台湾的弃留问题,在清政府内部发生了激烈争论。康熙摒弃了迁走人员、留着此地区等荒谬主张,决定划分台湾为一府三县,让福建省来管辖它。康熙的正确决策,维护了祖国领土的完整和统一,促进、加强了台湾与大陆的联系及台湾经济、文化的迅速发展。

正当康熙用兵平定三藩、统一台湾的时候，野心勃勃的沙俄侵略者以加倍的疯狂，接二连三侵扰我国东北黑龙江流域一带。他们在雅克萨一带建立自己所谓的统治政权，想把中国领土并入沙俄版图。三十而立的康熙决心着手解决东北问题，他在养心殿里开始研究、学习俄国的地理和语言，还亲自去东北巡视，观察边防情况。公元1682年，康熙派副都统郎坦等以打猎为名，到雅克萨城下进行了侦察。公元1683年，又任命萨布素为黑龙江将军，到瑷珲等地进行军事防御。公元1685年命都统彭春、副都统郎坦、班达尔沙、黑龙江将军萨布素等统兵，分水陆两路进攻雅克萨。沙俄侵略者在走投无路的情况下被迫投降。不久，沙俄趁清军主动撤回之际，立即从莫斯科调来大炮，在托尔布津率领下准备偷偷开进雅克萨城，他们想要长期占领中国土地。面对侵略者的这种行为，康熙再次派萨布素等人统率清军，于公元1686年春向雅克萨进发。这年夏季，经过三个月激战，歼灭了沙俄侵略头目托尔布津，迫使沙俄放下武器，同清政府谈判。公元1689年，在清政府做了让步的情况下，双方签订了《中俄尼布楚条约》。这个条约在法律上确定了中俄东段的边界，明确了黑龙江和乌苏里江流域包括库页岛在内的广大地区都是中国的领土。中国收回了被沙俄侵占的一部分领土，制止了沙俄对黑龙江流域的进一步侵略，使东北边疆获得了相对比较安全的边境。

沙俄在东段的侵略不断失利，他们又把矛头对准了中俄边界的中西段地区。他们这时进行了一系列收买少数民族上层分子、策划分裂叛乱的阴谋活动。在沙俄的支持下，准噶尔部的噶尔丹发动了叛乱。此时，要不要平叛，在清廷内部又发生了激烈的争论。一时间，反对康熙出征的人在朝廷内形成了多数。康熙清醒地认识到平叛对巩固国家统一的影响与作用，他没有听大家的意见，指出只有捣其巢穴，方是百年上策。公元1690年，康熙亲自率军出长城去平叛。9月，在离古北口400余里的乌兰布通，清军与噶尔丹相遇，噶尔丹用万头骆驼俯伏于地，在驼背上搭上箱垛，盖上湿毡，摆成"驼城"防线，进行顽强的抵抗。清军用火炮击破驼城，噶尔丹一败涂地，宣告投降。其败逃后仍贼心不死，又妄图勾引沙俄军队进攻中国。公元1696年康熙决定再次亲征噶尔丹。他率军十万，分三路北上，"往来行走四月有余，一天吃一次饭，五更起行，到了晚上才休息，遇沙地则下马步行"，先后追赶了几千里地。朝廷中有人用军粮将尽来胁迫康熙回军，康熙断然痛斥，并表示："粮虽尽朕必啮雪穷追究，断不回师！"为了维护国家统一，他不顾艰辛，决心全歼噶尔丹集团。在茫茫沙漠、漫漫戈壁中康熙率清军艰难地跋涉着，他写下《瀚海》一诗，记述其行军过程：

> 四月天山路，今朝瀚海行。
> 积沙流绝塞，落日度连营。
> 战伐因声罪，驰驱为息兵。
> 敢云黄屋重？辛苦事亲征。

6月，康熙率清军到达克鲁伦河，与噶尔丹叛军相遇，他们刚一作战，叛军就仓皇逃走了。康熙率军穷追不舍近五日，迫使叛军向西逃窜到昭莫多，又被费扬古率领的西路清军所堵截。清军在昭莫多取得了战争中决定性的胜利，噶尔丹仅带几十名残兵狼狈逃走。公元1697年，康熙第三次亲率大军从宁夏出塞外讨伐噶尔丹，噶尔丹在清军重重包围下，被迫服毒自杀，彻底失败了。此后，沙俄又扶植策旺阿拉布坦和西藏反动奴隶主叛乱，也被康熙派兵击败了。至此，中国各民族要求统一和安定的愿望终于实现了。中国疆域辽阔的版图就在这个时期基本奠定了，康熙为中华民族作出了历史性的贡献！

在进行统一斗争的同时，康熙还积极谋划恢复和发展生产，并取得了很大的成功。在发展社会经济方面，康熙采取了一系列适应当时社会生产力的措施。

公元1669年，康熙清除鳌拜后下诏停止满洲贵族的圈地活动，规定当时所圈土地，立即归还农民。同时又采取了奖励垦荒的措施，如要求地方官五年之内垦完境内荒田，招徕流民开垦，起税时间由三年延至六年到十年之间，而且还规定新开土地不准圈占，由国家"给以印信，永准为业"，对中小地主垦荒成绩大的授予官职。康熙还发布命令：承认部分中小地主和农民对明代废藩土地的所有权，即改为"更名田"，自己开垦的土地归自己所有。康熙还十分注意边远地区的开垦，例如派人到蒙古地区督教蒙古族人民耕种；还招徕愿意垦荒的人到云南、四川、贵州一带指定地区雇工开荒，同时借给雇工银两；在新疆和黑龙江流域一带大兴屯田。在康熙奖励垦荒政策的推动下，在他统治期间，全国耕地由527万顷增加到851万顷。

康熙恢复发展农业经济的另一项主要措施就是兴修水利，治理黄河、淮河和运河。黄河自明末以来，由于经常打仗，有许多年没有修建了，到康熙初年造成了巨大灾患。黄、淮二河又互相冲激，波及运河，漕运受阻。康熙任命靳辅等为河道总督，用疏通和筑堤相结合的办法治理黄河，恢复黄淮故道，使黄、淮一带在此后较长一段时间内，免除了水患的威胁。康熙本人对水利和测量学也特别钻研，他说："我以修河工作为重要工作，只要有关河务的书信，我都要批阅。"三十年的治河过程中，他曾六次南巡，视察河工。勤奋好学和多年的实践，使康熙成为一名治河专家。从第三次南巡后，治理黄河的工程基本上是由他自己设计施工的。他还亲自召开现场会议，总结治水经验，纠正地方官员中欺骗上级的错误治水计划。康熙身体力行，亲自调查和研究治河的做法，无疑对治河工程的迅速竣工起了推动作用。

　　康熙在治河的同时，还实行了轻徭薄赋、减免钱粮、救济灾民的措施。康熙年间，减免钱粮的次数和数量大大超过了前代。他下令减免全国或局部地区全部或部分赋税总计达500次之多。公元1712年，他宣布全国赋税以康熙五十年为准，以后所增人口不再多征，称为"盛世滋丁，永不加赋"。康熙末年，在四川、广东等省又实行"摊丁入亩""丁随地起"的办法，后来推广到全国。

　　在恢复发展生产的同时，康熙还采取了惩治贪污、厉行节约的政治措施。他说："如果犯别的错误可以宽恕，但如果是贪官坚决不能轻饶。""治天下以惩贪奖廉为要。"在他执政期间，惩治了很多贪官，对操守廉洁的清官则予以奖励和提拔。他本人生活简单朴素，成为清代诸帝的楷模。他要求政府机构压缩开支，如康熙四十九年上谕："理藩院向来每年赏赐供应外藩宾客，用银80万两。今裁减浮费，一年只需8万两矣。"对开支制度实行严格的检查，命令户、工两部所用钱粮"十日一次奏闻"。但对于治河修桥诸事，即使开支数百万两巨资，也从不吝惜。

　　康熙既是一位雄才大略的政治家，又是一位博学多才的科学家。他是封建社会历代君主中最注重科学、尊重科技人才的帝王。他本人在自然科学上的成就与贡献，与各代帝王相比，也可以说是前无古人，后无来者。他认真地学习了代数学、几何学、地理学、地震学、天文学、医学、解剖学、农学、气象学等自然科学知识，并重视科技的推广与应用。

　　公元1681年，他在巡视丰泽园稻田时发现了一株水稻高出众稻之上，而且已经结粒，当时是6月下旬，在当时还不到应该成熟的时候。于是，他就把这株稻种收藏起来留作第二年试种，结果第二年这种稻子又于6月份早熟了。这种稻"其米色微红而粒长，气香而味腴"。康熙开始组织人在北京、承德试种，种子积累越来越多，而且这一优良稻种被称为"御稻米"。于是他让人把这个早熟的稻种引进承德，使这个从来没有种稻谷的地区从此有了稻田。经过三十多年的试验和培育，他又开始向江南推广，他认为："南方气候暖和，可能成熟得比北方还要快。当夏秋之交，麦禾不接，得此早稻，非常有利于农民。"于是把推广御稻种的任务交给了苏州织造李煦等人。江南稻作再熟,古已有之,但连作之双季稻,可能以康熙亲自培育的御稻为最早。农业大事,治水灭蝗为头等大事。康熙在下力治河的同时还亲自到灾区去调查总结灭蝗经验,他根据蝗虫在成长过程中的生活特点,提出了灭捕的具体办法,并且写了《捕蝗说》。

康熙还十分注重学习地理学和进行地理调查。在治河的过程中,他多次外出勘察地形,并利用欧洲的自然科学知识和先进的技术。在第三次南巡的时候,他亲自登堤上岸用水平仪测量水势。他每到一地,都亲自调查当地地貌、地质、水利、农业、生物等情况,并记录下来。他使用仪器在新疆和宁夏亲自测量北极。他在内蒙古和东北还发现了许多木化石和动物化石,并详细地记录了下来。他还多次进行地磁偏角的测试。在平定三藩叛乱、平息噶尔丹叛乱的时候,康熙亲自指挥,深感需要一份准确性较高的地图。于是,他组织了一支测绘队伍走遍了全国各地,前后用十多年时间,终于绘成了著名的《皇舆全览图》,成为中国地理学史上的一项重大成果,也是世界地理学史上的一件大事。

当时康熙很想把西欧的全部先进科学引到中国来,使之在全国各地得到普及。他把养心殿改为学习自然科学的教室。除了自己向欧洲人学数学外,他还十分注意团结培养中国自己的数学人才。他常常把著名数学家梅珏成、梅谷成、陈厚耀、何国宗、明安图等人召来一起探讨数学问题,并亲自向大臣们讲授代数的借根法。他组织这批数学家经过十年努力,编纂了一部集当时乐律、天文、数学之大成的巨著《律历渊源》。

康熙是中国最早学习西方代数学的人,这使中国数学史上失传的天元术又复活了,为他解决了新旧历法无休止的争论。经过二十年的认真学习,他成了天文学的行家。为了发展农业,他研究了园艺学和气象学,并下诏在北京设立若干气象站,命令各省逐日逐月作气象记录,缮写清楚,向他报告。他写的研究地震的文章,在科学史上具有重要的史料价值。

康熙是一位勤奋的君王,他一生勤于读书,勤于理政。除了国家喜庆日子和身体有病外,他每日3点起床,听政于乾清宫。他的为人作风也很有可贵之处。他曾说:"满招损,谦受益。"反对虚夸浮言。有一次,命臣下撰拟谕旨,见其中有"海宇升平"等语句,便告诫说:"自后谕旨中,凡此矜张盈满之言,勿复拟入。"

六十四岁时,他说:"朕之生也,并无灵异;及其长也,亦无非常。"他认为"虽古圣人岂有生来即无所不能者?凡事俱由学习而成"。在统一斗争中每次取得胜利,大臣们都请上尊号,都被他拒绝了。他说:"天视天听,视乎民生，后人自有公论。若夸耀功德，取一时虚名，大非朕意，不必敷陈。"他在出巡的时候，有很多官员为讨好皇上，敬献美女，他反对这种诱惑和腐蚀，就冷眼对待，并把这些官员予以惩办。他的这些做法，在封建社会的帝王中，确实是罕见的。

康熙在位六十一年，为了巩固封建国家的统一，恢复和发展社会经济，他能够顺应时代潮流，顺应民意，创造了封建社会后期政治安定统一、经济繁荣昌盛的空前局面，是"康乾盛世"的奠基者，为国家、为民族作出了重要的贡献。

实施仁政的治国之君

康熙皇帝之子四阿哥胤禛，即雍正皇帝自继位后，以严法治官吏，以重刑惩罪人。雍正帝虽然残酷多疑，但确实是一位治国之君。他不好声色，不尚奢靡，张廷玉说他见皇上用餐时从不掉一颗饭粒或饼屑。他经常教育厨师要珍惜粮食，不能浪费粮食。雍正帝日夜勤于国事，很少有人与他在一起。批阅奏折累了，唯一的消闲，就是独自饮酒、赏玩或赋诗。他有一首诗，把自己描写得十分形象逼真：

> 对酒吟诗花劝酒，花前得句自推敲。
> 九重之殿谁为友，皓月清风作契交。

可见雍正帝真正是一个孤家寡人。实际他也有朋友，其中之一就是上面提到的张廷玉。张廷玉为人忠厚，文才出众，记忆力又好，皇帝的诏书、谕旨多出于他的手，是雍正的得力大臣，雍正视他为自己的手脚。有一次，张廷玉病了，没有来上朝，雍正帝对群臣说："朕这几天手脚不舒服，干不了大事！"诸臣一听齐声说："陛下龙体欠安，还是静养几日吧！"雍正帝听后，哈哈一笑说："朕的股肱之臣张廷玉有病，岂不是朕的手脚不舒服吗？"群臣这才恍然大悟。

再一个是鄂尔泰。鄂尔泰为内务府郎官时，雍正帝尚是四皇子，那时正是诸皇子明争暗斗、争夺太子宝座之际。雍正帝曾多次召见鄂尔泰，但每次都遭到鄂尔泰的拒绝，他说："皇子不可外交大臣，这是祖训。"雍正听了此话，不但没有生气,反而高兴地说:"此人竟敢以小小的郎官,遵守法制,拒见皇子。实在难能可贵。"由此,鄂尔泰在雍正记忆中留下深刻的印象。雍正帝继位后,把他先后派往云南、贵州、广西等地任总督。

云南、贵州、广西一带的苗、瑶、彝等少数民族的土司,历来是世代承袭的。在当地不仅有征赋税、摊徭役等权力,还有生杀大权,是典型的奴隶制度。有的土司更为凶残,任意杀人,将人杀死后,还向死者家属索要"垫刀银",真是可恶至极。这些土司各霸一方,控制当地财政大权,严重地危害了清朝的利益。为此,雍正帝命鄂尔泰对罪大恶极的土司严惩不贷。

鄂尔泰接到圣旨后,立即同部下几名将军研究,如果派大军硬攻,弊多利少,唯智取是最好的方法。首先他选择牛庄土司,这是一个十恶不赦的家伙,鄂尔泰派人混进土司的内部,里应外合,一举将其捉获,审讯后关进大牢。鄂尔泰觉得要彻底解决这个问题,必须"改土归流",废除土司制度,由朝廷命流官进行管理,使国家政令统一;为笼络安抚一些较好的土司,朝廷授予他们终身制的官职,但也要有流官的控制。鄂尔泰将此策奏明圣上,雍正帝同意这个办法。雍正六年(公元1728年)底,特授鄂尔泰为云南、贵州、广西三省总督,负责推行"改土归流"政策。

鄂尔泰接到皇帝御旨后,立即对云、贵、广一带土司进行调查分析。他认为如果要在这三省顺利地推广改土归流的政策,必须先除掉云南镇源的土司。镇源(今云南镇源)土司刀翰,为人凶狠残暴,是这一带的顽凶。如果先除掉他,其他土司就比较容易治理。然而刀翰的大寨设防十分坚固,易守难攻。鄂尔泰仍采取分化瓦解、里应外合的方法,首先用重金收买刀翰的亲信头目刀海做内应,然后分兵两路一举攻破镇源,并杀死刀翰。攻下镇源后,鄂尔泰在此设州县,委派流官管理。北部乌蒙土司,得知镇源已被攻破,十分惊慌,立即联合镇雄土司、泗城土司共同抗拒清军。广西泗城土司的军队还没有到,镇雄、乌蒙两寨已被清军攻下,鄂尔泰设置乌蒙府和镇雄县,安排好流官,然后挥师追击泗城土司。泗城土司闻讯后,自知难以抵抗强大的清军,只好乖乖地投降。鄂尔泰将泗城土司迁出另行安排,将其北部划给贵州,建永丰州,设泗城府。接着乘得胜之际迅速地将梧州、柳州、庆远等地一一攻下,分别设州、府、县由流官统治。废除了土司的奴隶制度,使苗、瑶、彝等各族百姓脱离了枷锁。在清朝的统一管理下这些地区的社会治安稳定,百姓生活有了保障。这些地区的流官逐渐受到当地居民的欢迎。

雍正八年(公元1730年),鄂尔泰基本完成云、贵、广(西)三省的改土归流后，在盘江上修建一座由20多根碗口粗的铁索拉起的桥，桥上铺设木板，建有阁楼，气势雄伟壮观。雍正帝得知后，命名为"庚戌桥"，以纪念鄂尔泰改土归流的功绩。

雍正帝继位后，依然面临着征收赋税的问题。他想要制定一个更为合理的既能保证皇粮、国税不减少，又对百姓有益的新办法。山东巡抚黄炳、直隶巡抚李维均等人提出的摊丁入亩的征税办法，他认为很可行，于是命李维均拟一个详细条文，核准后颁发在全国各地推行。

"摊丁入亩"制度在浙江钱塘县推行时，受到了以王敏、金煦为首的绅士、生员们的反对，他们集聚一千多人，将县衙围住，要求县官免去"摊丁入亩"这个办法，并威逼县官三天后给予答复。县官将此事上报浙江巡抚李卫，李卫深知"摊丁入亩"制度是经过皇帝慎重考虑后才推行的，这个办法是限富、利民又益国之策，决不能视同儿戏，决定派兵对闹事者进行镇压。三日后，王敏、金煦等人又集聚一千多人，声势更大，如果不停止"摊丁入亩"的实施，要砸毁县衙，正在这时，人群乱了起来，闹事者全被官兵包围起来。未等官兵动手，这些人纷纷逃窜，金煦逃脱后躲在家里不敢露面，王敏等人被捉拿。经审讯，李卫将凡有官职的一律革去，关进大牢。经此镇压，这些富绅、生员再也不敢闹事了，因此法对广大百姓是有好处的，所以后来推行得十分顺利。

经钱塘县这样一闹，"摊丁入亩"在其他地方推行反而顺利多了。继浙江后，山东、云南、福建、陕西、甘肃、江西、湖北、江苏、安徽等省也先后实施"摊丁入亩"。乾隆继位后，"摊丁入亩"在全国范围内继续实施。

振国威虎门销烟

清王朝自顺治帝入关以来，经康熙盛世，雍正严治，乾隆十全武功，达到天下大治。但目光短浅的官吏们只看到本国的盛世、邻国的依附，却没有发现远隔万里之遥的欧美诸国的发达经济。自视其国威日振，疆土愈固，朝野上下皆傲然自大，视外国一律为夷。自称天朝，锁关自守。而吏制败坏，贪污成风，使中国由强逐渐向弱转化。

乾隆末年，以通商为名来中国的英国特使马戛尔尼，在乾隆帝那儿没有捞到好处，但他们并不死心。经过多年处心积虑的探索，终于找到了撬开中国大门的钥匙：他们从罂粟花中提炼出一种有毒的麻醉品，经火煎烤，散发出一种香味，使人吸之，迷迷腾腾，精神兴奋，像是一种享受，一旦上瘾，则很难戒掉。

自从鸦片输入中国，开始是一些商人、士绅、官宦子弟吸食成瘾，后来逐渐扩大到一般平民，特别是士兵吸食鸦片，被外国人耻笑为"双枪"士兵。吸食鸦片不仅有害个人健康，甚至断送生命，而且严重损害国家的经济利益，促使大量白银外流。

嘉庆末年，皇帝派人前去东南沿海一带调查。据查，嘉庆初年，输入中国的鸦片仅有三四千箱，而此时增加到七八千箱。每箱鸦片从印度购买才200多印度卢比，到中国后每箱销价竟猛增十三四倍。有利可图，就促使英国商人想尽一切方法向中国倾销。而中国的一些不法贩子勾结腐败官吏，组织了鸦片输入、销售一条龙，使鸦片源源不断地输入中国，中国的白银就滚滚向外流去。由于白银外流，银价上涨，铜币贬值，致使百姓生活愈加痛苦。嘉庆末年，朝廷已处于内忧外患之中。

嘉庆帝责令两广总督进一步查明鸦片的来源及走私的情况，并采取有效措施。两广总督逮捕了一些鸦片贩子，找到了鸦片贩卖的据点，同时也了解到鸦片贩子偷运鸦片所采用的各种各样的卑鄙手段。此事上奏朝廷，嘉庆皇帝甚感吃惊。为确保国家白银不再外流，缓和农民的反抗情绪，巩固大清的统治地位，嘉庆帝与诸大臣商讨禁烟办法。然而嘉庆皇帝已是有心无力之人了，禁烟措施还没想好，竟于嘉庆二十五年（公元1820年）秋撒手人寰，其二子旻宁继承皇位，就是道光皇帝。

道光初年，禁烟办法仍不得力，鸦片的输入有增无减，白银也成倍地外流，中国的社会经济开始了急剧恶化。鸦片给中国带来了严重后果，整个综合国力都遭到严重破坏。清廷已清楚地看到鸦片将摧毁自己的统治。

面对此状，道光帝决心采纳汤金钊的建议，诏命林则徐为钦差大臣，节制广东水师，赐尚方宝剑，有先斩后奏的生杀大权，前往广州禁烟。又特赏黄马褂，可在紫禁城骑马，并严厉告诫穆彰阿等人："从今以后若仍有主张弛禁者，严惩不贷！"

林则徐，福建侯官（今福州）人，自幼聪明好学。二十岁中举，二十七岁中进士，为官二十多年，忠心耿耿，办事干练，官风清正，铁面无私，禁烟不久前由江苏巡抚擢升为湖广总督。湖广一带是鸦片走私猖獗地区之一，林则徐上任

注释

忠心耿耿：形容非常忠诚。耿耿：忠诚的样子。

以来，对走私鸦片的人绳之以法，捣毁其窝点，严惩其窝主，缴获烟枪5500多件，烟土1.2万多两，狠狠打击了走私鸦片的嚣张气焰。

公元1839年3月10日林则徐到达广州，前来迎接钦差的官员在两广总督邓廷桢的率领下，恭候在码头的迎宾台两侧，正中摆着香案，四周有士兵守卫着。船越来越近，绣有斗大"林"字的大旗，渐渐靠近天字码头，这时水军提督关天培下令鸣礼炮十九响。林则徐在众士兵的卫护下，来到前来迎接的众官员面前，首先认出了邓廷桢和关天培。关天培武举出身，任广东水师提督，为人耿直，秉性忠厚，也是一位禁烟的骨干人物。三人寒暄后，林则徐将道光圣旨供在香案上，率领众人三拜九叩，然后宣读圣旨，从此林则徐、邓廷桢、关天培三人合作全力禁烟。

胸有成竹的林则徐，首先肃清走私、包庇、纵容贩毒的贪官污吏，抓住靠鸦片发了横财而又十分猖狂的伍绍荣。伍绍荣原是个买办，上下勾结，走私鸦片，发了横财，花钱买了个三品道员，混入官场，做官后更加肆无忌惮、作恶多端。

伍绍荣自林则徐到广州后，已是寝食不安，自知罪孽深重，罪责难逃。他被抓到衙门大堂后，立即瘫软在地，如实招认其罪恶：替英国人包销鸦片1万多箱，获赃银10万两。林则徐历数其罪恶，依律处斩了伍绍荣。

林则徐杀伍绍荣，又警告了二十余名贪官污吏，肃清了内贼后利剑直指英国。英国驻中国的商务监督义律，是一个阴险毒辣的家伙，一向在中国贿赂贪官，专横跋扈，袒护本国不法商人。这次在中国贩卖鸦片的最大商人是查顿和颠地。查顿闻讯后，在林则徐到广州前几天已悄悄溜走了。而颠地靠义律撑腰，又不甘心失去发财的机会，与义律勾结，千方百计地对抗林则徐禁烟。

他们以少充多，将更多的鸦片隐藏，拒不交出。林则徐派参将李大纲前去洋行警告颠地，并让他转告义律，不交出全部鸦片，是过不了关的。义律闻讯，知道此计不成，立即召集全体英国商人，商议对策。什么贿赂、美人计、软泡硬磨、暗杀等等都是些下策，无济于事，最后义律决定诉诸武力。而这些商人又都怕事情闹大，自家性命难保。

义律拒不交出鸦片激怒了广州人民，他们自觉地拿起刀枪，将英国洋行团团围住。林则徐下令，将洋行的中国雇员撤出，派一千余名士兵将洋行包围，逼迫义律交烟交人。颠地被吓得趁黑夜悄悄溜出洋行，准备逃往澳门。然而四面八方都是愤怒的中国人，他最后被人们从水中擒获，装在麻袋里。第二天，颠地在威风凛凛的钦差大堂上，老老实实地交代了罪行，并表示愿意交出全部鸦片。林则徐严肃地警告他，这次放你回去，告诉义律，如果再不交出全部鸦片，将断绝你们的粮、米、水，直到全部交出为止。

颠地回到洋行，如实转告义律。义律望着眼前狼狈的颠地，无奈只好将鸦片两万多箱共237万斤全部交出。林则徐、邓廷桢及广东巡抚怡良，一起赴虎门验收，并严重警告这些外商必须低头认罪，保证今后再不做鸦片生意。

林则徐望着这堆积如山的鸦片，心里十分高兴，这是缴获鸦片的重大胜利，上对得起皇上，下对得起百姓。林则徐命人起草奏折将此胜利喜讯奏明皇帝，并请示处理方法。

道光皇帝接到林则徐、邓廷桢、怡良的联合奏折，非常高兴，立即传谕：鸦片数量之多，不易运送到京，为免生意外，就地销毁，并谕沿海居民及外商在销烟时，前去观看，以震中华神威。

公元1839年6月3日，广州城大街小巷贴满了布告：皇上命钦差大臣林则徐在虎门销毁鸦片，着沿海居民、外商前来观看。

这一天，虎门彩旗高悬，锣鼓震天，无数百姓扶老携幼，从四面八方拥向虎门，如同过年一般，一些外国商人，也集聚在看台周围观看这一空前盛况。

看台上，林则徐威风凛凛，坐在中间，左右两侧，坐着邓廷桢和关天培，还有怡良、余保存等人。林则徐转向关天培说："开始销烟！"关天培大声传令："钦差大人有令：销烟开始！"霎时，万众欢腾，士兵们将鸦片与石灰掺在一起，倒入烟坑，然后放进海水，顿时气泡翻滚，浓烟冲天，散发出一股呛人的气味。两百多万斤鸦片，整整销了二十三天。这些鸦片终于全都被销毁了，就连池子里剩下的黑渣，也都被冲进了大海。

林则徐的销烟运动取得了胜利，可是义律等英国人是不会善罢甘休的。不久，这些侵略成性的恶人便把这当成借口，发动了罪恶的鸦片战争。

关天培血战虎门

关天培出生于一个职位低微的行伍家庭。他幼年熟读经史，深受古代爱国志士品德情操的熏陶。他爱好骑射，练就一身武艺，由行伍考取武庠生(俗称武秀才)，授漕营右营把总。于公元1834年被任命为广东水师提督，成为广东水师的最高军事长官。

当时，正值英国殖民者大量向我国贩运鸦片，企图以此打开中国市场大门的时期。而原广东海关和水师又腐败不堪，炮台失修，武备废弛，贪污贿赂成风。据清朝官方文件透露，当时"巡船通同作弊，按股分赃，包庇行私，其弊尤甚"。这种情况，更使外国侵略者有机可乘，地方贪官则依赖洋人的侵略发国难财。就在关天培就任前不久，英国军舰公然违抗清政府的法令，闯入内河，直抵黄埔，原广东水师提督因疏于防守而被革职。时局如此，更使关天培深感任重而道远，故于赴任途中，即颁发了《入境告示》，要求下属清除旧习，振奋精神，整顿海防，强化武备。他到任以后，更是不辞劳苦，身体力行。为了整顿和加强海防，他对海防前哨虎门进行了实地考察，指出虎门是"外洋至省城中路咽喉"，必须重点设防。为此，他制定了增建改建炮台、扩充编制、加强训练、严肃军纪等一整套措施，并坚决贯彻执行，在局部起了内惩腐败、外抗侵略的作用。

虎门原有大角、沙角、镇远、南山（即威远）、横档、大虎、新涌、蕉门8座炮台，但因年久失修，设备陈旧，难以承担防守重任。公元1835年，关天培将这8个炮台重新整顿，又增建了永安、巩固两座炮台，并称"虎门十台"。为了增强炮台的火力，他添铸6000斤和8000斤的大炮各20门，"酌派各台应用"。为了有效地防御敌人的进攻，他把沙角、大角两炮台定为第一道门户，南山、镇远、横档三炮台定为第二道门户，大虎门炮台为第三道门户，用以防御主航道，其他炮台则分守岔道。次年，他又督铸了3000斤的大炮9门，配给永安、蕉门、巩固等炮台，并在横档至南山的海面安装一道木排铁链，在横档至巩固水下插钉暗桩，以便拦阻和打击闯入内河的敌舰。在加强炮台建设的同时，关天培又奏增添巡洋兵舰与巡洋兵丁，并亲自督促水师官兵，在各个炮台加紧训练。为了使将士能掌握海防情况及战斗知识，他将有关筹议海防、整饬营伍、训练军队的奏稿、资料、画图，辑录成《筹海初集》四卷。卷首有广州虎门各炮台图10幅，卷末附有《秋涛浴铁图》《中流击楫图》《伏波洗甲图》等，颇有参考价值。正是在关天培等人的努力下，广东海防面貌为之一新。公元1835年，8艘英舰驶近虎门海面，图谋不轨，后见戒备森严，只好转舵离去。公元1838年，3艘敌舰前来窥探虎门，关天培严阵以待，使敌人无机可乘，失败而回。"六载固金汤"，这是民族英雄林则徐赞美关天培整顿海防、建设虎门要塞卓有成效的诗句。这对于支持禁烟斗争和反击外国武装侵略，发挥了重要作用。

对于林则徐所采取的禁烟行动，外国侵略者既怕又恨，伺机报复。为了防御敌人的武装侵犯，关天培在协助收缴鸦片和销毁鸦片的时候，又遵照林则徐的意见，在军事上积极做好战斗的准备。他在虎门附近新建及修理炮台，调整炮位，增购和仿制西洋炮近300门，新造兵船60多艘，大船小船百余条，又雇请了福建泉州等地的民船来充实防卫力量，并在各水陆要口，增派军队防守。他还在威远山与上横档之间，增设木排铁链；在两道排链中间，增建了一座靖远炮台，以加强防御。

在此期间，广东沿海群众，为了保卫家乡，抵抗侵略，也纷纷组织起来，投入战斗。林则徐与关天培意识到"民心可用"，遂以积极的态度支持群众的爱国行动。他们招募渔民、蜑户（住在船上的城市贫民）丁壮五千人，编为水勇，教以夜袭、火攻和刺探敌情之法，配合水师作战。一时民心振奋，个个欲杀敌立功。

公元1839年7月7日，英国水手在九龙尖沙咀肇事行凶，打伤村民多人，其中林维喜重伤致死。林则徐严令英国在华南商务总督义律交出凶犯抵罪，义律蛮横拒绝。为了维护国家尊严，保护群众利益，林则徐于8月15日决定断绝对英国人柴米食物的供应，撤回在他们那里工作的中国人。这一严正的决定得到广大人民的拥护，而义律却多次在广东沿海进行武装挑衅。关天培指挥水师奋勇抗击，屡败英军。同年11月3日，当一艘英国商船将要进口，中国水师正要前往领航时，义律派出兵舰两艘，横加阻拦，并首先发炮攻击中国水师，从而挑起了激烈的穿鼻洋海战。关天培手执佩刀挺立桅前，指挥水师英勇回击。战斗中，他不幸负伤，但仍奋不顾身，坚持战斗，最后将敌人打败。义律在穿鼻洋海战失败后，贼心不死，从11月4日至13日，又连续六次在珠江口、官涌一带武装寻衅。在群众的有力支持和关天培的直接指挥下，中国水师分别给侵略者以沉重打击，使之以惨败而告终。

英国军舰长期漂泊于中国海面，其给养主要靠汉奸提供。为惩办汉奸，断绝敌舰的给养来源，关天培将虎门的渔民、盐民和其他船民组织起来，成立"突击队"，与水师配合，采取各种形式，打击汉奸及英国侵略军。在关天培的指挥下，公元1840年1月长沙湾一战，烧毁大小敌舰船23艘，篷寮6座，烧死、溺死不少敌人，活捉汉奸烟贩10名。同年6月，关天培又率领兵勇，袭击停泊在磨刀洋外的外国船只，烧英舰1艘、菲船11艘、篷寮9座，捉获汉奸13名。上述斗争的胜利，使敌人给养困难，不得不"以帆布兜接雨水"，"每日东漂西泊"，狼狈不堪，大大地鼓舞了沿海民众抗击侵略者的斗志。

公元1839年8月，中国禁烟的消息传到伦敦，英国资产阶级立即发出一片狂热的战争叫嚣。6月下旬，侵华英军总司令和全权代表乔治·懿律率领英国军舰48艘，载炮540门和4000名士兵，驶抵广东海面。6月28日，英国侵略军封锁珠江口，鸦片战争正式爆发。面对强敌，关天培无所畏惧。他与林则徐认真讨论了御敌之策，决定争取"以守为战，以逸待劳"的方针，加强防御，坚决歼灭敢于来犯之敌。

当英军封锁珠江口的时候，他们面对的是严整的水师，坚固的炮台，横亘千里的铁链木排以及不可胜数的乡勇、团练和自发持刀守卫边疆的民众。懿律见无隙可乘，遂于公元1840年7月初，率领军舰北扰闽浙，攻占定海，将全城洗劫一空。接着，又于8月11日窜到天津海口，威胁北京，并向清政府投递照会，提出鸦片贸易合法化、赔款、割地等一系列侵略要求。道光皇帝惊恐万状，随即派投降派头子、直隶总督琦善前往天津海口与英军谈判。谈判中，琦善奴颜婢膝，把一切责任推给林则徐，并私下许诺只要英军退回广州，一切问题都可在广州谈判中获得满意的解决。经过一番秘密交易，英军于同年9月中旬开始南撤。昏庸的道光皇帝竟认为琦善退敌有功，于9月17日任命他为钦差大臣，到广州继续与英军谈判；又以"办理不善"的莫须有罪名，于10月3日把林则徐、邓廷桢撤职查办。

琦善是个卖国贼。他于公元1840年11月底到达广州后，抱定"一切力反前任所为"，求得"外洋欢心"的方针，下令拆毁虎门的木排铁链和江底暗桩等海防设施，裁减掉一多半兵舰，驱散全部水勇，甚至允许英国人前来察看地形、探测内河。这样，关天培苦心经营多年的海防设施，几乎被琦善全部破坏了。国难当头，关天培顾不得个人安危，多次据理力争，要求琦善重建海防，增兵虎门，但琦善置之不理。琦善的卖国行径，助长了英国侵略者的嚣张气焰。公元1841年1月7日，英军炮舰20余艘、士兵2 000余人进攻虎门外的沙角、大角炮台，三江协副将陈连升率领守军600余人英勇抗击，最后全部壮烈牺牲。消息传来，关天培悲痛万分。他在坚守虎门的同时，将自己的几颗落齿、几件旧衣、一绺头发，用木盒密封，托人送回家乡，以此来向家乡父老和亲人表达自己以身报国、血战到底的决心。

英军在攻占沙角、大角两炮台，突破虎门第一道防线后，于同年2月25日，又进逼第二道防线的威远、靖远、镇远等炮台，而以靖远炮台作为主攻目标。当时的虎门仅有将士400余名，形势十分危急。为此，关天培曾多次派人向握有数万大军的琦善告急，请出兵援助，但琦善坐视不理，致使关天培孤军作战。

在此危难之际，关天培亲自坐镇靖远炮台，指挥战斗。他以六十二岁高龄，当众宣誓："人在炮台在，不离炮台半步！"极大地鼓舞了守台将士誓死卫国的斗志。大家浴血奋战，多次击退敌人发起的进攻。次日下午2时许，南风大作，英军乘风开炮猛攻靖远炮台，守军死伤大半。关天培负伤十余处，血流如注，仍镇定指挥。炮手牺牲后，关天培亲自燃放大炮，后因火门被雨水淋湿，炮不得发。英军从台后上来，关天培指挥军队与敌人搏斗，亲手格杀数人，后不幸中弹，伤重力竭，壮烈殉国。400余名守台将士也全部壮烈牺牲。

关天培为国捐躯的消息传出，人们无限悲恸。林则徐挥笔为"关忠节公祠"写下了"我不如你"四个大字，表达他对挚友的敬意。他还写下了一副长达38字的挽联："六载固金汤，问何人忽坏长城？孤注空教躬尽瘁；双忠同坎壈，闻异类亦钦伟节，归魂相送面如生。"这正是对关天培抗敌保国的业绩和气节的高度赞扬和概括。

火烧圆明园

公元1840年以后，清政府与外国侵略者签订了许多丧权辱国的不平等条约，中国人民备受西方侵略者的欺凌。但是，以英法为首的列强对获得的权益仍不满足，他们想方设法地寻找借口，企图逼迫清朝政府签订新的条约，以获取更多的好处。不久，机会终于来了。

公元1856年，法国天主教神父马赖违背《南京条约》《黄埔条约》中不允许外国传教士到中国内地传教的约定，公然闯入广西西林县境内进行传教并从事非法活动。西林县令张鸣凤将马赖及随从逮捕，并将马赖和两个民愤极大的教徒斩首示众。法国得知这一消息以后，恼羞成怒，硬说马赖无辜被害，便立即通知英国，要派远征军到中国。英政府心领神会，也想找个向中国挑衅的借口。

同年秋天，广州水师搜查了停在黄埔港的中国船只"亚罗"号。"亚罗"号是中国人肖成贩卖私盐的走私商船，肖成雇用了一个爱尔兰人当船长。水手全是中国人，其中有做过海盗的李明太和梁建富等。广州水师发现这个情况，把李明太、梁建富和嫌疑犯十二人逮了起来，押在水师巡逻艇上。英国领事巴夏礼得知这一情况后，以"亚罗"号在香港登记过，领过通航证，挂过美国国旗，是英国船为借口，说中国人没有上船捕人的权力，要求水师军官梁定国释放被逮水手，遭到梁的严厉拒绝。

巴夏礼气急败坏地向两广总督叶名琛发出最后通牒，要求立即释放被捕的人，并要出面道歉。同时，巴夏礼还威胁叶名琛，要在二十四小时内给予答复，否则英国海军就要攻打广州。叶名琛害怕得罪英国人，吓得赶紧派人把所逮的十二人全部送交给了巴夏礼。但是，成心找麻烦的巴夏礼却嫌所派的人官职太小，而拒绝接收。英国海军就以此为借口，发动了侵略中国的第二次鸦片战争。

战争刚开始，叶名琛不战而逃，英军很快攻入广州，由于人民的奋起反抗，英军才被迫退到虎门。在美国和俄国的支持下，英法联盟再次攻打广州，叶名琛不作丝毫抵抗，并且还拒绝了部将添兵设防、以备迎敌的主张，英法联军很快便攻陷广州城，俘虏了叶名琛。英法联军在广州烧杀抢掠一番后，又北上到天津大沽口，攻陷了大沽炮台，随后沿白河直攻到天津城下，扬言攻克天津后再进攻北京。清政府惊慌失措，急忙派人去天津议和，与英、法、俄、美分别签订了丧权辱国的《天津条约》。《天津条约》又一次丧失了中国许多权益，激起了中国人民的强烈不满。

但是英法政府对由此获得的利益仍不满足，他们决定再使用武力，逼迫清政府进一步让步。

公元1859年6月，英法侵略军炮击大沽炮台，守卫炮台的爱国将士英勇抵抗，英法联军遭到惨败，退出大沽口。次年春天，英法两国调集了两万多人再次攻占大沽，又占领了天津，向北京东边的通州推进。咸丰皇帝带着皇后、贵妃和大批官员仓皇逃到承德，只留下其弟恭亲王奕䜣在北京与侵略者谈判。

英法联军攻到北京后，以为咸丰皇帝还住在圆明园，便绕过安定门和德胜门，占领海淀区，向圆明园进兵。

圆明园位于海淀以北两里的地方，包括圆明、万春、长春三园，康熙年间开始修建，雍正时进行了扩建。园内有乾隆皇帝从江南运来的奇峰异石，有能工巧匠们巧夺天工的杰作，圆明园方圆二十华里，占地五千多亩，四周有澄怀园、蔚秀园、承泽园、朗润园、勺园、近春园、熙春园、一亩园、自得园、清漪园、静明园等巨大的园林建筑群。园内有弯弯曲曲的流水，高高低低的假山，湖如明镜，山似叠翠。园内有美妙奇物、不拘常套的宫殿建筑，有别具一格的"西洋楼"，有无数名贵的奇花异木，有数不清的珠宝玉器。圆明园堪称世界上独一无二的皇家园林。

英法侵略军闯进圆明园,看见如此多的珍贵文物和金银珠宝,就像饿狼一样,疯狂地抢夺起来。能拿走的尽量拿走,拿不走的就用枪托或棍棒砸毁,一连几天,侵略军把圆明园洗劫一空。

英国公使额尔金发表声明说:"圆明园是中国皇帝最喜爱的行宫,为了给中国皇帝极大的震动,警告他一下,使他今后不敢再在我们面前妄自尊大,应该把他这个老窝烧毁。"英国陆军司令格兰特支持额尔金的声明,说:"为了给中国政府留下深刻印象,知道我们的厉害,有必要烧毁圆明园。"他们命令米启尔骑兵团到圆明园分头同时放火。

霎时间,圆明园到处火焰冲天,浓烟滚滚,遮天蔽日,庄严华贵的宫殿和优美玲珑的亭台楼阁被大火吞没,一座座地倒塌下去。园内奇花异草也都被践踏烧毁。整个圆明园顷刻间变成一片焦土和瓦砾,世界上最辉煌壮丽的建筑群就这样从此消失了!

烧毁圆明园后,侵略者又抢掠和烧毁了畅春园和海淀镇,把圆明园的附属园万寿山的延寿寺、静明园的十六景、静宜园的二十八景等地也洗劫一空,然后放火烧毁。

之后,英法侵略者又欲攻打紫禁城,并扬言要烧毁皇宫,这可吓坏了清政府,在英国武力恫吓和俄国的诱逼下,恭亲王被迫与英法签订了更加屈辱的《北京条约》。从此,中国人民遭受的灾难更加深重了。

慈禧垂帘听政

逃到承德"避暑山庄"的咸丰皇帝,听说英法联军放火烧了圆明园,又急又气,不久便病倒在了床上。随着割地赔款的条约越来越多,他的身体也越来越衰弱。

一天晚上,咸丰派人叫来了在承德的八位大臣:肃顺、端华、载垣、景寿、穆荫、巨源、杜翰、焦祐赢。咸丰勉强从床上撑起身,有气无力地说:"我的身体越来越差,恐怕活不了多久了。我的儿子刚六岁,还不能处理国事。我现在封你们为顾命八大臣。在我死后,你们要尽心竭力地辅佐他。"

八位大臣一听咸丰这么说,便连忙跪下磕头。肃顺说:"皇上只管保养您的身体吧,我们绝不敢辜负皇上的希望。"

"还有,"咸丰皇帝刚躺下,又挣扎起来对八大臣说,"懿贵妃这个人你们今后必须加以注意,她阴险狠毒……"不久,咸丰皇帝就死了。

咸丰临死前叮嘱肃顺等人提防的懿贵妃小名叫兰儿,十六岁被选入皇宫。皇宫里皇帝的妻妾很多,兰儿刚进宫时,地位很低,没有什么机会和皇帝亲近。有一天,她看到咸丰皇帝在圆明园散步,就躲进树林里,故意娇滴滴地唱起歌来。咸丰皇帝被这歌声吸引住了。他把兰儿叫了出来,发现兰儿长得比她的歌声还美。兰儿从此也就不再离开咸丰的身边。过了几年,她生了皇子载淳。咸丰虽然妻妾很多,但还没有一个给他生过儿子。于是,兰儿更加得到咸丰的喜欢,并被封为懿贵妃,地位仅比皇后低。懿贵妃为人机灵,聪明能干。咸丰经常生病不能料理国事,她就代笔批阅奏折。长期以来,懿贵妃渐渐有了一定权力,谁也不敢得罪她。皇后是个老实忠厚的人,什么事都让着她,她也就越来越骄横了。所以,咸丰临死前才表示出对她的不放心,让八大臣多加注意。

现在皇上死了,八大臣拥立载淳为皇帝,封皇后为慈安太后,封懿贵妃为慈禧太后,然而,慈禧对这些一点儿也不感到满足。她真正的目的是要掌握国家的一切大权,所以拥有这些权力的八大臣就引起了她的不满,被她看成了眼中钉。而八大臣也对她怀有戒心,不让她干涉朝政。慈禧为了搞掉八大臣,便暗中与恭亲王奕䜣取得了联系。

奕䜣是咸丰的弟弟,因为排行老六,常被称为"鬼子六"。当他看到咸丰死时任命的八大臣没有自己时,心中就十分恼火。正在这时候,慈禧给他写来一封信。他打开一看,顿时喜出望外,觉得夺取大权的机会来了。经过一番紧张的准备,他便快马加鞭地赶到了承德。一到承德,他顾不上休息就单独和慈禧进行了长时间的密谈。"这八个人太可恨了,"慈禧咬牙切齿地说,"尤其是那个肃顺,根本不把咱们看在眼里。"

"他们猖狂不了多久了。"奕䜣也恨恨地说,"不过,要除掉他们也不容易。"

"我倒有一个办法。"慈禧压低了声音,把她的阴谋告诉了奕䜣,然后又问,"不知道外国人对此有什么看法?"

"我经常和外国人打交道,这方面的事就交给我了。"奕䜣一拍胸脯,显出非常自信的样子。

奕䜣在承德只待了一天,就连忙赶回北京了。不久,八大臣接到了御史(掌握监察的官员)董元淳的一个奏折(递交皇帝的文件)。奏折上说,皇帝还小,不能料理国家大事,就应让皇太后暂时负责。这个奏折使肃顺等人非常生气,他们马上以皇帝的名义,要对董元淳治罪。其实董元淳这个奏折是奕䜣回到北京后,按慈禧的意图安排的。第二天,慈禧便把肃顺等人找来,吵了一架。

"现在朝中的大臣们都希望由两位太后料理国事,你们为什么不同意呢?"慈禧一开口,便直截了当地讲了自己的意图。

"大清朝从来没有皇太后参与国政的先例,"肃顺对慈禧进行了坚决的回击,他说,"而且老皇上的遗嘱,皇太后怎能随便更改?"

"难道你们连皇太后的话也不听吗?"慈禧说话非常骄横。

"我们是根据先皇的遗嘱办事,不能听太后的!"肃顺也毫不示弱。

于是双方越吵越凶,慈禧是又哭又闹,屋子里的气氛十分紧张。六岁的小皇上躲在慈安的怀里,吓得缩成了一团,最后竟"哇哇"大哭起来。慈安见小皇上都被吓哭了,也气得发起火来,大喊:"都给我滚出去。"肃顺等人平时非常尊敬慈安,见到事情弄成了这样,便只好退了出去。

慈禧在承德与八大臣闹翻,恭亲王奕䜣在北京也没闲着。他把掌握兵权的僧格林沁和胜保都拉拢了过来,完全控制了北京的军队。等奕䜣把北京的一切安排好以后,慈禧便催促八大臣早点动身,把咸丰皇帝的遗体送回北京。她对肃顺说:"我和慈安太后、皇上由载垣、端华他们七个人陪着,从小路先走。你带领军队护送皇上遗体,从大路走。我们先到北京,好率领文武官员迎接你们。"这一次,狡猾的肃顺上了当。他不知道慈禧这么做,实际上是把他这个核心人物与其他七个人拆开了。这样就有利于慈禧、奕䜣除掉他们。

慈禧他们走小路,先到了北京。这时候,奕䜣早把政变的准备做好了。就在当天晚上,胜保等一大批官员就纷纷要求由太后料理国家大事。他们声称,如果不这样的话,就没办法安定人心,维持统治。然而,慈禧造的这些声势,没能引起载垣、端华等人的注意。

第二天一大早,文武大臣们都到皇宫去给小皇上请安。大伙给皇上磕完头后,退到了宫殿两侧。这时候奕䜣突然站出来,双手高举起早已用小皇帝名义写好的圣旨,大声念道:"将载垣、端华、肃顺等人立即捉拿。"大臣们一听,都惊呆了。还没等他们明白是怎么回事,武士们已经冲上去,把端华、载垣等七个人抓了起来。然后,奕䜣又命令醇亲王奕谭领人去逮捕肃顺。

这时候,肃顺护送咸丰的遗体已到了密云县。奕谭赶到后,对肃顺说:"大人辛苦了,皇上命我来迎接大人。"肃顺对此并没有在意,可是晚上他刚刚躺

注释

直截了当:形容说话做事爽快、干脆。

下，就听到外面大乱起来。他刚要问是怎么回事，十几名武士已经闯了进来，把他从床上拖下捆起了双手。肃顺拼命挣扎，大声叫骂："你们竟敢抓顾命八大臣，难道不想活啦！"可是再喊也没用了，倒是他自己连命也保不住了。

慈禧把八大臣全部抓获后，下令将肃顺杀头，命令载垣和端华自杀，其余五人全部被撤职。除掉了八大臣，慈禧一步登天，掌握了国家大权。她宣布，由她自己和慈安太后垂帘听政。垂帘听政就是在小皇帝的座位后面挂一个珠帘，两位太后坐在帘子后面处理国家大事。慈禧给小皇帝起了个年号，叫"同治"，意思是由两位太后共同治理国家。而实际上，国家一切权力都掌握在她一个人的手中。在这以后的四十多年，慈禧操纵了中国的命运，成为反动统治者中的代表人物。

由于慈禧经常住在皇宫的西边，因此人们习惯上称她为"西太后"。这位西太后一掌权，就和外国侵略者勾结在一起，共同镇压太平天国起义。

天京事变

太平军进入南京后，太平天国作为一个农民政权，不可避免地同时具有封建的属性，而且这种封建性随着形势的发展，而愈益浓厚。这时进入天王府的洪秀全，每天沉溺于声色犬马之中，与皇后及一百多位妃子厮混，从不出宫，能见到他的仅几位王爷。这正如他一入天王府写的告示："大小众臣工，到此止行踪。有诏方可进，否则云雪中。"这告示就是失败的预兆。

本来，天王洪秀全是太平天国的最高领袖，他深居简出，指挥大权就落在了杨秀清肩上。结义六兄弟，进入南京前牺牲了冯云山、萧朝贵。进入南京后，石达开和韦昌辉又率兵征战，太平天国的大权已落到杨秀清手中。杨秀清制定了等级森严的礼制，修建了东王府，被称为九千岁。他的权力到底有多大？供他使用的官员多达两万余人，他的助手的权力都超过北王韦昌辉、翼王石达开。正是一人之下，万人之上。在金田村起义前，洪秀全、冯云祥外出时，教徒信心不稳，他曾假托天父附身，教训了教徒，稳定了局势。而进入南京时，他又曾假托天父附身，教训过洪秀全。这使杨秀清很是得意，然而却激起洪秀全的不满，结义兄弟由此产生了矛盾。

太平军西征胜利，杨秀清在东王府举行庆祝，张灯结彩，十分隆重，突然，杨秀清面色发紫,说天父附在身上,要和二兄讲话。洪秀全得信后,赶紧过府,跪在杨秀清面前听训。"天父"说:"你和东王都是我的儿子,你称万岁,为什么东王只能称九千岁?其实,东王的智慧和功劳都比你天王高,你必须封东王为万岁。这是天意,不得违抗!"

这更使洪秀全气愤,杨秀清想要和我争位,若不除掉他,后患无穷。什么手足情,同患难共富贵,在二人间早已无影无踪了。

不久,洪秀全写诏书,秘密派人分别送给武昌的石达开、江西的韦昌辉和丹阳的秦日纲。

北王韦昌辉为人十分奸诈,他对杨秀清早已不满,但表面装得十分亲热。论功劳,讲贡献,他都不比杨秀清差,他也想专权。因此,得到天王旨意,日夜兼程赶回天京,正好秦日纲也到。二人商量于八月三日(公元1856年9月1日)午夜动手。

韦昌辉和秦日纲派亲信秘密封锁了通往东王府的街道。半夜派三千名战士将东王府团团围住。初四凌晨,韦昌辉以迅雷不及掩耳之势,冲进东王府,将睡梦中的杨秀清杀死,并祸及家属、侍从、文武官员、杂役上千人。次日又用计诱杀杨秀清亲属、部下五千余人。乱杀无辜不仅激起了太平军的不满,而且使洪秀全大为吃惊。

石达开赶回天京,闻讯大惊,他目睹天京的惨相,好不可悲,指责韦昌辉杀了杨秀清也就算了,怎能乱杀无辜呢!对此,韦昌辉怀恨在心,同时也觉得将来与他争权的,也就是石达开,遂产生杀害石达开之心。石达开也有所察觉,趁夜悄悄溜走,而韦昌辉竟将石达开全家杀死,并派人追杀石达开。

石达开逃到安庆,集合自己部下四万人,声讨韦昌辉。韦昌辉在天京彻底暴露了自己的真面目,率军围攻天王府,最后被捉,天王将其斩首,并将韦昌辉人头送给石达开,同时将秦日纲也处以死刑。

天国异姓六兄弟,战死两人,内讧自相残杀两人,只剩下洪秀全、石达开二人。

处死韦昌辉,一场风波平息了,石达开返回天京,洪秀全加封石达开的官职,让他处理朝政。然而洪秀全对这唯一的异姓兄弟也不放心,竟封文不能治国、武不能安邦、爱财如命的两个哥哥为王,洪仁发为安王,洪仁达为福王,并暗中命这两个成事不足败事有余的小人监视石达开。这就引起了石达开的戒心,怀疑洪秀全有杀害自己之心,为此,竟率兵二十六万出走。石达开沿途张贴布告,表白自己一片忠心却遭受迫害而不得不飘然远行的苦衷。

石达开出走后，洪秀全因京内无人主持军政，后悔不迭，百般派人迎回石达开，但仍未能招回石达开。

洋务自强运动

第二次鸦片战争后，清朝统治阶级内部出现两个互相对立的政治派别，即洋务派与顽固派。这两个派别在对内镇压人民，维护封建统治方面是一致的。但在如何对待西方资本主义列强及西方的先进科技等方面有着严重的分歧，由此而产生的矛盾和斗争在相当大的程度上影响了中国近代历史的进程。

"洋务"一词是由"夷务"演化而来的。在此之前，清廷把与西方各国发生的所有往来事务，统称为"夷务"。第二次鸦片战争后，列强拒绝清政府再以"夷"字相加，清政府只好变通一下，以"洋务"一词逐渐代替"夷务"，成为朝野公私文牍的通用语。洋务派在中央的代表是恭亲王奕䜣、桂良和文祥等人。这些人在对外谈判中，目睹洋人"船坚炮利"，非"天朝"所能抵挡，因此主张掌握西方先进武器，加强防卫力量。洋务派在地方上的代表是曾国藩、李鸿章、左宗棠、沈葆桢、张之洞等人，其中李鸿章在"洋务运动"中贡献最大。公元1861年1月11日至24日，奕䜣、桂良和文祥在不到半个月的时间内先后两次奏折探讨以"自强"为治国总纲的基本国策，力图以此"振兴"清王朝。在这个基本国策指引下，中国历史进入了长达三十五年的自强运动时期。自强运动的前期，清政府兴办了一系列近代军用工业。

公元1861年，在镇压太平天国时，为增强湘军的作战能力，曾国藩设立安庆内军械所。这是洋务派兴办军火工业的最初尝试。

公元1862年，李鸿章任用英国人马格里在松江创办上海洋炮局。公元1863年，他把该厂迁到苏州，改称苏州洋炮局，购入一些西式机械设备，制造武器弹药供给淮军，用于对太平军作战。公元1864年，马格里在李鸿章支持下，买下英国"阿思本舰队"所带的修造枪炮用的机器，提高了该厂的生产能力，每周可生产炮弹1500至2000发。

公元1865年，李鸿章购买了上海虹口美商旗记铁厂。将这所铁厂与丁日昌和韩殿甲主持的设在苏州的两个炮局合并在一起，加上容闳从美国购来的机器，成立江南制造总局。这所兵工厂最初计划以造船为主，后来改为制造枪炮、弹药、水雷等武器为主，同时也造船、钢以及制造简单机器。该局所产军火主要供给南北洋军队，也调拨给各地方上军队。雇佣工人约2000人，聘用英国技师。同其他军火工厂相比，江南制造总局经费充裕，技术力量雄厚，是近代中国第一个大型兵工厂。

公元1865年，李鸿章把马格里主持的苏州洋炮局迁到南京，加以扩充，成为金陵机器局。该局的厂址设在雨花台附近，专造枪炮弹药，规模小于江南制造总局。

金陵机器局的产品大都供应淮军及北洋，一小部分拨给南洋和沿江各省。该局在英国人马格里主持下，所造大炮质量低劣。公元1875年1月5日，大沽炮台试放该局制造的两门68磅重炮弹的大炮时，发生爆炸，当场炸死士兵5人，重伤13人。主持人马格里却拒绝承担责任，要求重新演放，结果仍旧炸裂。李鸿章将马格里撤职，此后改由中国人监办。

公元1866年，左宗棠任用法国洋枪队头目德克碑和宁波海关税务司法国人日意格，承办福州船政局，厂址设于福州马尾。该局主要制造和修理船舶，有工人1700至2000人，是近代中国最大的专业船舶制造厂。该局原计划在5年内用300万两白银造船16艘，结果用了六年多时间，开支530余万两，造了大小15艘轮船，均是木壳船，质量不高。

公元1867年，清政府令满洲贵族崇厚在北方筹办天津机器局。崇厚雇聘美国驻天津领事、英国人密妥士为总管，办了三四年，毫无成效。只好于公元1870年交给李鸿章经办。李鸿章派中国人进行全面整顿扩建，成立东西两局。东局设在城东贾家沽，主要制造火药、铜帽、洋枪、洋炮、火雷和各式子弹；西局设在城南海光寺，主要制造开花子弹和军用器具等。东西两局共有工人约2500人，规模仅次于江南制造总局，成为当时的"洋军火总汇"。该局所产军火除供应直隶淮练各军、北洋舰队外，其他如吉林、奉天、察哈尔、热河及江南分防水陆淮军也均按时拨济，连河南等省需用火药、铜帽也向该局索取。

除以上四大局之外，各省督抚为增强地方统治势力，也相继兴办一些军用工业。其中有：1869年，左宗棠创办的西安机器局，后迁往兰州，改称兰州机器局；1869年，英桂在福州创办的福建机器局；1874年，瑞麟在广州设立的广州机器局；1875年，刘坤一在广州设立的广州火药局，丁宝桢在济南建立的山东机器局；王文韶在长沙设立的湖南机器局；1877年，丁宝桢在成都建立的四川机器局；1881年，吴大澄在吉林建立的吉林机器局，刘坤一在南京建立的金陵火药局；1884年，岑毓英在昆明设立的云南机器局，张之洞在太原设立的山西机器局；1885年，张之洞在广州成立的广东机器局，刘铭传在台北成立的台湾机器局。

公元1890年，张之洞把在广州筹建的枪炮厂迁往汉阳，称为湖北枪炮厂，增购机器，建筑厂房，至公元1895年正式投产。该厂下设炮厂、枪厂、炮架、炮弹、枪弹五所，后来又添设炼钢厂和无烟火药厂，成为清政府在自强运动后期兴办起来的全国最大的枪炮厂。清政府兴办的新式军用工业完全采取官办方式，禁止私人资本向军火工业投资，以保证清政府对军火工业的垄断权。军用工业的建立和发展要求有与之相适应的原材料、燃料、交通运输以及巨额资金的保障，于是，近代民用工业应运而生。

19世纪60年代到90年代，清政府先后兴办了约40个民用企业，主要有航运业、煤矿业、金属矿业、电信业、炼铁业和纺织业。这些企业的主要创办者是李鸿章、张之洞、左宗棠等洋务派官僚。如公元1872年，李鸿章派朱其昂、李振玉等官员在上海设局招商，购买了三艘外国轮船，成立了轮船招商局，以"官督商办"方式经营；公元1879年，李鸿章在大沽到天津之间设置电报，这是中国创办最早的电报等。这些民用企业多数是围绕军事工业而建立的。在经营管理方面，由于清政府的腐败统治，这些民用企业基本上和军事工业一样表现为衙门化，经营管理权把持在官僚手中。商人虽然入股，但对企业经营情况无权过问。

尽管洋务自强运动有其历史的局限性，但其出现是进步的。近代军事工业与民用企业的建设促进了近代文化教育事业的兴起，由此，对中国社会发展产生了深远的影响。

中日甲午战争

公元1894年，即中国旧历甲午年，日本发动侵略中国的战争，史称"中日甲午战争"。

日本明治维新后，资本主义迅速发展，吞并朝鲜并西侵中国的野心日益膨胀。为了寻找入侵中国的借口，日本帝国主义颇费一番苦心。1894年1月，朝鲜国内爆发了东学党起义，6月，朝鲜国王请求清廷派兵镇压。此刻，日本政府一方面劝诱中国"何不速代韩戡乱",另一方面又以保护使馆和侨民为理由,大量出兵汉城。7月中旬,入朝日军有18000多人,大大超过了赴朝清军。这时,日本政府便训令驻朝公使,"促成中日之冲突"。7月25日,日军在牙山口外丰岛海面不宣而战,对中国船队发动了海盗式的偷袭。战火在"渡满洲的桥梁"(指朝鲜)上烧起来了,清廷被迫于8月1日对日宣战。

在此以前,清廷虽然已经建立了舰队,修筑了沿海防御工事,但整个军事政治机构已经腐朽。为筹建海军而设立的海军衙门成了支付修葺颐和园经费和官员们中饱私囊的机构。而掌握最高权力的慈禧,除了尽情享乐外,此时正煞费苦心地筹备过六十大寿。交战双方,一方蓄谋已久,准备充分;一方处处回避,仓促上阵,孰胜孰败,不言自明。

9月15日凌晨,日军四路重兵向平壤城内的清军发起猛攻。清军统帅叶志超,昏庸无能,贪生怕死,在大敌当前的关键时刻,不但不组织军队凭险抵抗,固守待援,反而率军逃跑,"一夕狂驰三百里"。在平壤保卫战中,虽出现了左宝贵等英勇抵抗的爱国将领,但最终无法挽回败局,丢掉了平壤城,战火很快就烧过了鸭绿江。

军情万分危机。在国内主战将领的呼吁下,李鸿章决定雇用英国的5艘商船,运送陆军8个营增援在朝鲜的清军,由北洋水师提督丁汝昌亲率大小船只18艘护送。不料,这个重要的军事机密,被李鸿章的外甥在日本特务重金贿赂下给出卖了。

9月17日,日本舰队又在黄海向北洋舰队挑起一场海战,这是整个甲午战争中最悲壮的一幕。当时双方参战的,有日舰"吉野""松岛"等12艘,中舰有"定远""致远"等10艘。战幕一拉开,北洋舰队虽险情丛生,但广大爱国将士莫不同仇敌忾,英勇奋战。在战斗中,表现突出的有"定远""致远""经远"3舰。

旗舰"定远"号是敌舰攻击的主要目标,战斗一开始,便中弹数发,舰上桅杆被打断,舰桥被震塌。正在指挥的北洋水师提督身受重伤,但拒绝入舱,坚持坐在甲板上督战。致远舰管带邓世昌,在鏖战中见旗舰"定远"号上的帅旗被打落,立即命令升起帅旗,毅然担当起指挥舰队的任务。他见敌舰"吉野"甚为猖狂,认为"苟沉此舰,定以夺其气而成事",便当机立断,集中火力猛击"吉野"号。炮手们发炮准确,一排排炮弹发着尖厉的呼啸声直朝着"吉野"飞去,打得"吉野"舰火光四起,掉头逃跑。邓世昌下令尾随追击。由于舰上配备的弹药很少,不多时,炮弹便打完了。"吉野"发现这一情况,便又反扑过来。邓世昌在广大爱国士兵誓与敌人血战到底的精神的鼓舞下,毅然决定:

开足马力,撞沉"吉野"。视死如归的官兵们的怒吼声在黄海上空回荡。"吉野"号上的日本官兵被中国水兵的英勇行为吓呆了,惊恐万分,纷纷跳水逃命。就在"致远"号逼近"吉野"的时候,它不幸撞上了敌舰攻击"定远"号的鱼雷,锅炉爆炸了,舰上燃起了大火,舰体缓缓下沉。但舰上的二百余位中国官兵,无一人跳水离舰,他们在高呼杀敌的喊声中,随自己的军舰、随着舰旗沉没在黄海的怒涛中。

当"致远""经远"被敌人炮火分隔开后,"经远"号也在激战中受了伤。管带林永升指挥受伤的"经远"舰独立作战,力图把敌舰吸引过来,让致远狠揍"吉野"。在混战中,一敌舰受重伤企图逃跑,"经远"立即开足马力追击,准备给以致命打击,不幸也中了鱼雷,林永升大呼"为国杀敌,死而后已!",全舰官兵同仇敌忾,在舰身逐渐下沉的情况下,继续向敌舰猛烈射击。最后,全舰270人除16人获救外,全部为国殉难,表现出崇高的爱国气节。

"热血染黄海,丹心映碧波","致远""经远"将士的英雄壮举,激励了舰队众多官兵的斗志。战斗持续了5个小时,在北洋舰队的严厉打击下,敌舰大伤元气:旗舰"松岛"受创极重,完全瘫痪,官兵死亡100余人;"比睿"后舰起火,逃出重围;"西京"中弹累累,运转失灵;"吉野"也丧失了战斗力。此时,敌人感到再打下去已力不从心,于是先行退出战场。北洋舰队也返回旅顺。

黄海海战后,北洋舰队尚存的军舰,停泊在山东半岛的威海卫军港内,日本侵略者知道,要使清政府屈服,就必须歼灭北洋水师。为了达到这一目的,日本海军对中国发起了新的进攻。11月中旬,旅顺局势危急,丁汝昌亲往天津,请求率舰前往救援。身为北洋大臣的李鸿章,不但不支持丁汝昌的爱国行动,反而大加训斥。不仅如此,他还革去了丁汝昌的尚书衔,摘去顶戴,以示惩戒。由于没有援军,旅顺很快就失守了。日军在占领大连、旅顺之后,接着就发动了对威海卫军港的袭击。

在日军海陆两路夹击下,威海卫南、北炮台很快失守,日军封锁了威海东西港口,并从南、北炮台和停泊在港口外的军舰上一起发炮,轰击港湾,使北洋舰队陷入困境。此时,日本联合舰队司令写信诱降丁汝昌,丁汝昌严词予以拒绝。随着威海卫形势的日益危险,窃踞北洋舰队海军副都督的英国人马格禄等人,勾结营务处道员牛昶炳和一些贪生怕死的将领胁逼丁汝昌投降,丁汝昌十分悲愤。2月11日,刘公岛告急,在内无弹药、外无援军的情况下,丁汝昌召集诸将开会,提出"与其在刘公岛坐以待毙,不如冒险突围,与日军作最后的较量",然而却无人响应他的建议。会后,牛昶炳等人又指使一些贪生怕死的人,用尖刀威逼丁汝昌率队投降。丁汝昌不愿卖国求荣，但又无力挽救危局，遂含恨自杀，以身许国。丁汝昌死后，马格禄等人又盗用丁汝昌的名义，向日本侵略者缴械投降，北洋水师就这样"一朝瓦解成劫灰"，不久，牛庄、田庄台、营口相继失陷。中日甲午战争以侵略者的胜利而告终。

公元1895年3月14日，清廷按侵略者的意旨，派李鸿章赴日本"议和"。4月17日，李鸿章按日本侵略者要求，代表清廷签订了割让台湾给日本等丧权辱国的中日《马关条约》。

消息传开，全国各界群情激愤。台湾人民的愤怒，更是达到了极点。台湾军民武装保卫台湾，历时四个多月，浴血奋战，前后歼敌四千余名。虽然台湾最终被占领，但台湾人民并未屈服，反日斗争此起彼伏，使侵略者手忙脚乱，写下了中国近代史上光辉的一页。

戊戌变法

中日甲午战争以后，帝国主义更加疯狂地侵略中国，在中国开设通商口岸和瓜分势力范围。清廷在甲午战争中丧权辱国，屈膝投降，导致了严重的民族危机，激起了全国人民的共愤。以康有为为代表的资产阶级改良派，在民族危机日益严重的情况下，发动了具有爱国救亡意义的维新运动，幻想在不触动封建主义经济基础及其上层建筑的前提下，通过自上而下的改良，使中国走上资本主义道路。

公元1898年的"百日维新"是一场由资产阶级改良主义者领导的自上而下的改革。6月15日，当《明定国是诏》的诏书颁发才四天，慈禧太后就逼迫光绪皇帝下令将翁同龢革职，赶出北京。翁同龢是光绪皇帝的亲信大臣，在帝党和维新派之间起着桥梁的作用。将他革职，当然大大削弱了变法维新的力量。接着又规定，凡是授给二品以上的大臣新职，都要到太后面前谢恩。这实际上是控制光绪帝的人事任免权，防止维新派获得高级官职。6月23日，慈禧太后又逼迫光绪任命荣禄为直隶总督兼北洋通商大臣，统帅北洋三军，这实际上是控制了北京。慈禧太后又用光绪帝的名义，宣布10月19日往天津检阅军队，准备到时发动政变，逼迫光绪帝退位。同时，慈禧太后还派出大批亲信太监，暗中监视光绪帝，把守内廷各处宫门，盘查出入人员。维新派和帝党，已经落进了慈禧太后布置的天罗地网之中。

维新派既没有掌握军政实权,也得不到人民群众的支持。他们对待人民群众的态度,从来都是错误的。他们把当时各地进行斗争的人民群众视作"盗匪",命令官员查拿、镇压。在这危急的时刻,他们当然没有可以依靠的力量。他们反复商量,唯一能想到的办法,就是依靠袁世凯的军事力量。

袁世凯早年曾在天津小站督练新建陆军,这时他是荣禄的部下,是北洋三军中的重要将领,他的军队就驻扎在天津附近。当变法维新高涨的时候,他曾投机参加强学会,一度表示过赞成变法。康有为想,如能把袁世凯争取过来作为变法主力,事情就好办了,因此他建议光绪帝重用袁世凯"以备不测"。光绪帝发出上谕召袁世凯来京,并于9月16日、17日两日接连召见,给他侍郎衔,命令他专办练兵。其实袁世凯一到北京就遍访权贵,早已摸透了内情,只是不动声色罢了。

这件事,很快被后党知道了。荣禄马上抽调一支军队到天津,沿着天津到北京的路上布防,防止袁世凯的军队调动;又抽调一支军队到北京,驻扎在城外,加强京城的警卫。这时候,光绪帝的一举一动都受到监视,完全失去行动自由,心里非常焦急。他在17日托林旭带密诏给康有为,告诉他大祸临头,皇位不保,要他赶快设法解救。康有为第二天接到密诏,立即在南海会馆召集梁启超、康广仁等商讨应付办法。可是大家面面相觑,束手无策,急得抱头大哭。最后,还是谭嗣同挺身而出,表示愿意冒险去找袁世凯,说服他出兵帮忙。

当天深夜,谭嗣同独自到了袁世凯的寓所,几句寒暄之后,就试探着问:"你对皇上的看法如何?"袁世凯早已猜透了谭嗣同的来意,假意回答:"那还用说,皇上是当代的圣主!"谭嗣同又问:"天津阅兵的阴谋,你知道吗?""嗯,听到过一点传闻。"袁世凯点点头。谭嗣同这时拿光绪帝的密诏,给他看过,将维新派的全部计划也和盘托出,要他扶持光绪皇帝诛杀荣禄,消灭后党。谭嗣同激昂慷慨地说:"今天只有你能救皇上。如果你愿意,就请全力救护;如果你贪图富贵,就请到颐和园告密把我杀了,你可以升官发财!"袁世凯正颜厉色地说:"你把我袁某看成什么人了!皇上是我们共事的圣主,救驾的责任,你有,我也有!"谭嗣同被袁世凯的慷慨激昂感动了,于是请他在阅兵时杀掉荣禄,保护光绪帝脱险;还提醒他:"荣禄这个人非常狡诈,恐怕不好对付。"袁世凯瞪着大眼睛说:"杀荣禄就同杀条狗一样!"后来,他又郑重其事地说:"此事关系重大,我得立即返回天津,调换几名军官,储备一些弹药。"谭嗣同信以为真,以为策划已经成功,再叮嘱一番,才起身告辞。

20日，光绪帝又一次召见袁世凯，要他保护新政。退朝之后，袁世凯匆匆赶回天津，一到天津，就去向荣禄告密。荣禄得报后，连夜乘专车进京，赶往颐和园去向慈禧太后报告。袁世凯由于这一叛卖行动，从此飞黄腾达起来，他用维新派的血，染红了自己的顶戴，而将变法维新运动陷于血泊之中。

9月21日凌晨，慈禧太后带着大批人马气急败坏地从颐和园赶到紫禁城，闯进光绪帝卧室，恶狠狠地吆喝道："我抚养你二十多年，你竟然听信小人的话，要谋害我！"光绪结结巴巴地说："我没……没那个意思。"慈禧太后眼一瞪，骂道："蠢东西！今天没有我明天还会有你吗？"接着拿走了全部的奏稿，命令把光绪帝囚禁在中南海的瀛台。对外则宣布光绪帝生病，不能亲理政务，从21日起由慈禧太后"临朝听政"。同时，下令大肆搜捕维新派和倾向维新派的官员。"百日维新"期间推行的全部新政，除了京师大学堂等少数几项措施以外，都被废除。这一年是甲子纪年的戊戌年，所以这场政变通常称为"戊戌政变"。

康有为在20日已经离开北京，第二天从天津搭乘英国轮船逃往香港，没有被抓到，他的弟弟康广仁被抓去；梁启超当天得到日本使馆的保护，化装逃往日本。其余没有来得及逃走的都被革职、监禁或充军。只有谭嗣同还在到处活动，想要营救光绪帝。有人对他说，这样太危险了，劝他赶快逃走。他回答说："各国变法，没有不流血而能成功的，中国今天没有人为变法流过血，所以国家不能昌盛，现在就从我开始流血吧！"他已抱定了为变法牺牲的决心，因此沉着地等着逮捕。

入狱后，他在狱中墙上题诗一首，留下了广为传诵的名句："我自横刀向天笑，去留肝胆两昆仑。"

9月28日，慈禧太后下令杀死谭嗣同、康广仁、刘光第、林旭、杨锐、杨深秀六人，他们被称为"戊戌六君子"。

资产阶级改良主义运动戊戌变法，至此彻底失败了。

义和团勇战八国联军

戊戌变法失败后，光绪皇帝被慈禧太后软禁在颐和园。慈禧立端王的儿子溥儁为大阿哥（就是皇帝的继承人），来取代光绪。没想到各国公使拒绝入宫庆贺，表示不承认这位"大阿哥"。慈禧可气坏了，很有些怨恨洋人，于是她就想报复洋人一下。这时协办大学士刚毅早就看透了她的心思。

刚毅平日巡察各地时,亲眼见到教会任意欺压中国百姓的情况,而且教会也经常不把他这个协办大学士放在眼里。这时各地正在闹义和团,刚毅得知义和团烧教堂、杀洋人、勇敢无敌,洋人们都惧怕他们几分。这次见到慈禧,刚毅上奏道:"老佛爷有所不知,如今义和团活动相当广泛,山东、直隶一带,遍地都是。义和团个个武艺高强,如果我们派兵镇压,要花费很大力量,得不偿失。不如我们利用义和团仇恨洋人的心理,去对付洋人。这样既教训了洋人,又可以消耗掉义和团的力量。"慈禧听后大喜,当即命令刚毅主持这件事。

公元1900年6月21日,慈禧太后宣诏招抚义和团,对列强宣战,并发布命令,承认义和团合法,禁止清军镇压义和团。这样一来,义和团就像雨后春笋般迅速发展起来,山东、直隶的各县各村,到处是"神坛""拳厂"。不少义和团到庆王府挂号,打起"奉旨义和神团"的旗号。1900年4、5月以后,义和团开始进入清朝的"心脏"——京津地区。在北京、天津城里到处贴有义和团的告示,上面写着:"最恨和约,误国殃民,民冤不伸。""练习义和神拳,保护中原,驱逐洋寇,以免生灵涂炭"等等。义和团还打起"扶清灭洋"的旗帜,吸引了许多清兵也参加义和团。

声势如此浩大的义和团运动,沉重打击了帝国主义在华利益。于是他们决定采取联合行动,镇压义和团。

公元1900年6月10日,英、俄、日、法、德、美、意、奥组成八国联军两千多人,由英国海军中将西摩尔率领,从大沽经天津向北京进犯,从而开始了八国联军侵略中国的战争。

西摩尔联军在向北京进犯途中,遭到了义和团及部分爱国清军的阻击。在落垡一带,义和团将通向北京的铁路拆毁。西摩尔不得不命令部队停下来抢修铁路,结果中了义和团的埋伏,有几十人被打死。联军在落垡战败后,逃窜到廊坊,又遭到三百多义和团和清兵统帅董福祥率领的甘军的打击,死伤无数。这就是著名的"廊坊大捷"。西摩尔联军真是上天无路,入地无门,只得夹着尾巴逃回天津。

帝国主义一见西摩尔战败,大惊失色,慌忙又调集大批侵略军进入天津,驻扎在紫竹林租界里。

6月17日,天津紫竹林租界枪炮齐鸣,喊杀震天,义和团围攻租界的战斗打响了。紫竹林租界在海河北岸,天津城东南,本来是个景色美丽、环境幽雅的地方,可是自从第二次鸦片战争以来,这个地方被帝国主义列强强行占领了。他们在那里建教堂、盖洋房,驱逐原先居住在这个地方的中国人,还到处挂出"华人与狗,不得入内"的牌子,污辱中国人。人们恨透了这里的洋人。

打响进攻紫竹林第一枪的,是武备学堂的学生们。武备学堂位于紫竹林租界东面,是清朝培训军官的学校。当义和团在天津兴起的时候,武备学堂的许多学生也加入进去。6月17日早上,学生们趁洋人不备,开炮猛烈轰击紫竹林租界。由于武备学堂威胁很大,所以联军立即派大批军队扑向武备学堂。然而,在学堂学生们的英勇抵抗下,联军始终没能冲进学堂。恶毒的侵略者竟放火烧房,引起了学堂内的火药库爆炸,学堂学生全部壮烈牺牲。

就在武备学堂学生们英勇抵抗侵略者反扑的同时,另一路义和团在大师兄曹福田的率领下,开始了攻打老龙头车站的战斗。

在攻打紫竹林租界之前,曹福田就意识到:老龙头车站既是联军由大沽向津、京增兵的枢纽,也是租界与外界联系的要地。如果抢占了老龙头车站,也就切断了租界内兵力、粮食等供应的生命线,那么租界内的敌军就会不战自败了。守护在车站内的是俄国的两千军队。他们占据有利地形,构筑了坚固的工事。曹福田一到,就下令包围车站,向俄军发动猛攻。为了配合作战,义和团还在三岔口、黑炮台等地架起大炮,猛轰车站。一时间,枪炮声、喊杀声连成一片,俄军被打得哭爹喊娘仓皇逃走。不久,联军增派援军七八千,带着新式的枪炮反扑。义和团寡不敌众,被迫退出车站,但仍对车站采取包围之势,寻机反攻。

争夺老龙头车站的战斗还在激烈地进行,由张德成率领的义和团,从马家口向紫竹林发起进攻。

张德成本是在海河上以撑船为业的船夫。后来由于帝国主义在天津附近修建铁路,霸占码头,张德成就没了生计。他痛恨洋人,为了生活,就在天津郊区独流镇组织义和团,不久发展到两万余人,号称"义和神拳天下第一坛"。这次是与曹福田商量好,联合攻打租界的。

联军使用的都是先进的洋枪、洋炮,并且在租界周围布满了地雷,而义和团大多使用大刀长矛,还有的使用镐头、铁锹,武器相当落后。虽然义和团战士们个个勇猛顽强,高喊着"刀枪不入,杀尽洋人"的口号,一批批地向上冲,但又一批批地死在联军罪恶的子弹下。义和团接连进攻了十几次,都没能成功。眼见着战士们一批批地死去,张德成心急如焚,他猛然脱掉上衣,怒骂道:"狗娘养的,我跟你们拼了!"说着抡起大片刀就要向上冲。这时忽然背后有人高喊道:"大师兄,且慢!我有计可制服洋鬼子。"

张德成回头一看,原来是红灯照的黄莲圣母。黄莲圣母,是天津附近红灯照的首领。红灯照，也是义和团的一支，不过参加者都是女子。黄莲圣母原名叫林黑儿，父母、丈夫、子女都被洋人杀害，她带着对洋人的满腔仇恨投奔义和团，并组织了红灯照，召集许多年轻女子参加进来。她还散发传单，上写"一片苦海望无津，小神忙乱走风尘；八千十万神兵起，扫灭洋人世界新"，并自称是黄莲圣母，成为红灯照的领袖。

黄莲圣母叫人马上找来五十多头凶猛剽悍的公牛，又让义和团战士们在牛角上绑上锋利的匕首，牛尾上挂满一串串的大爆竹。张德成一看，不禁拍手叫绝，立即下令点燃牛尾巴上的爆竹。

爆竹一响，公牛一下子都惊了，它们拼命地向租界里冲去。租界周围的地雷被公牛踏响，大批的联军士兵被牛踩死或被牛角上的尖刀刺死，租界内的联军弹药库也被牛尾巴上的爆竹点燃，爆炸升天。联军一下子乱了阵脚，义和团乘势冲入租界，占领了许多地方。

在天津义和团奋勇杀敌的同时，北京义和团也与侵略者进行了殊死搏斗，狠狠地打击了侵略者的气焰。

正当义和团战士在前线浴血奋战的时候，慈禧太后露出了她卖国的真面目。在此以前，她允许义和团反对八国联军的活动，只不过是泄私愤而已，7月初，慈禧就密令天津提督宋庆，不惜余力，屠杀义和团。在宋庆的血腥镇压下，义和团损失惨重，天津全城很快被侵略者占领。

8月4日，八国联军两万多人，从天津沿运河向北京进犯。途中遭到义和团的沉重打击，从天津到北京不到二百里，而联军却走了半个月才开到北京城下。

慈禧太后一看大事不妙，急忙请李鸿章出城求和，并送去西瓜、冰块给联军解暑。但是联军拒绝慈禧的求和要求，向北京发动了猛烈的进攻。慈禧和她的亲信们只得弃城逃跑。就在她逃出北京的同时，还下令让留守的清军配合联军将义和团斩尽杀绝。

联军进入北京后，疯狂地进行烧、杀、抢、掠的活动：日军从户部抢走三百万两银子后，还放火烧毁户部以毁灭罪证；法军将无辜群众赶入一个胡同内，用机枪扫射，当场打死几千人……几天时间，繁华富庶的北京城被洗劫一空。

帝国主义在屠杀中国人民、抢夺中国财物的同时，还强迫清政府签订了《辛丑条约》。条约规定，清政府赔款四亿五千万两白银，加上利息，共九亿八千二百多万两，以海关关税、盐税、常关税作保；在北京设立了使馆区，拆毁大沽炮台，允许外国军队进驻北京等许多丧权辱国的条件。

义和团运动虽然失败了，但是义和团运动粉碎了帝国主义列强瓜分中国的企图。正如孙中山先生所说的："其勇锐之气，殊不可当，真是令人惊奇佩服。所以经过那次血战之后，外国人才知道，中国还有民族精神，这种民族是不可消灭的。"

孙中山伦敦蒙难

这是公元1895年深秋的一天，星星刚刚散去，整个香港城依然笼罩在昏暗中，人们还在甜美的梦乡里。这时，小巷内出现一个身着黑色风衣、头戴礼帽的青年人，帽檐压得很低，匆匆的脚步声显得轻快有力。不一会儿，他就到了海边的码头上，一艘小货船早就等在了那里，青年人一跳上来，船就起航了。

离开码头没多远，天就开始放亮了。这时才能看清一直伫立在船头上的那个青年人：个子不高，但显得魁梧结实，椭圆形的脸，浓眉下一双炯炯有神的眼睛默默地注视着远方。这个人就是孙中山。

孙中山，名文，字逸仙，因为他在从事革命活动中用过中山樵这个名字，所以人们也管他叫孙中山。他出生在广东香山县的一个贫苦家庭里。由于经常看到洋人任意欺负中国百姓，而那些官府老爷们不但不管，反而与他们串通一气，不准中国人反抗，所以孙中山特别喜欢听太平天国打击洋枪队的故事，他多么希望所有的中国人都能像太平天国将士那样勇敢地反抗洋鬼子呀！

在当时，由于受到洋人和地主老财们的双重剥削，百姓生活没有着落，营养普遍不足，那时中国人大都骨瘦如柴。再加上鸦片泛滥，尤其在他的家乡有许多大烟鬼，面色蜡黄，一副弱不禁风的样子，所以洋人都称中国人为"东亚病夫"。每次听到这些，孙中山就又气又恨，心想：如果能使大烟鬼戒掉鸦片，让所有的中国人都强壮起来该多好啊！

于是孙中山立志学医。十二岁时，他就到国外去求学，后来又到香港的西医书院学习。因为从小就立下学医救国的志向，所以，他学习非常刻苦。五年后，他以全校第一名的成绩毕业，并取得医科博士的学位。

从此，孙中山就在香港、澳门一带进行他的救死扶伤事业。因为他医术高明，经常手到病除，而且对于那些贫苦没钱的病人从不收费，并经常免费赠送一些药品，所以当地人们根据他的字"逸仙"而叫他"医仙"，在广东一带影响很大，为他以后从事革命活动提供了很多方便。

孙中山在行医过程中，经常看到清朝官府的贪官污吏勾结洋人，胡作非为，使许多人家破人亡。而这些贪官污吏中，有许多人是重病后被孙中山治好的，孙中山对此非常气愤，于是在公元1894年上书李鸿章，要求惩治贪官污吏。可李鸿章怎能听进一个小小郎中（对乡下医生的称呼）的话，对孙中山根本不予理睬。

这时孙中山开始意识到，光使中国人有强壮的身体是不够的，要想真正拯救中国，使所有中国人都过上好日子，就必须推翻清朝统治，打倒所有的贪官污吏，就是要革命。从这一年起，孙中山开始进行他的革命活动，不久就在檀香山（太平洋上的一个岛城）创立了兴中会。第二年秋，兴中会准备进行广州起义，但由于有叛徒告密，起义还没发动就被清政府破坏了。清政府下令通缉孙中山，这次孙中山离开祖国，就是为了逃避清政府的逮捕，到国外去进行革命活动的。

经过近一年的颠簸，孙中山经日本、美国，来到了英国的伦敦。

一到伦敦，孙中山就来找他在香港西医书院读书的教师——康德黎博士。

康德黎博士原是香港西医书院的药理教师兼教务长，孙中山是他最得意的学生。因为年岁已大，康德黎博士前几年退休回家，在伦敦近郊购下一座小别墅，以安度晚年。在此期间，他与孙中山有着频繁的书信往来，从孙中山的来信中，他得知他的这位得意门生已弃医从戎，并建立了革命党——兴中会。不久前又接到孙中山从纽约的来信，得知孙中山要来伦敦，这一下把康德黎一家欢喜得不得了，他们师生之间私交是很深厚的。于是他在离他家不远的葛兰法学院内，为孙中山租了一间公寓，只等孙中山的到来。

公元1896年9月30日的傍晚，一个神采奕奕的年轻人出现在康德黎家门前："老师——"博士夫妇开始没能认出孙中山来，直到他喊声老师后，博士夫妇才断定是他："逸仙——"他们仔细地打量着孙中山，变化真大呀：平短的头发代替了过去长长的辫子，嘴上长出了浓重的胡须，笔挺的西装和宽边礼帽代替了过去的长袍和瓜皮帽，难怪博士夫妇认不出他来。

这一夜，孙中山是在老师家度过的，他向老师介绍了中国的革命形势和广州起义的详细情况。谈话中孙中山告诉老师，他要在伦敦住上一段时间，好好学习一下英国的治国经验和科学技术，以便回国后更好地进行革命斗争，建立共和国。谈到这时，天都快亮了。

注释

神采奕奕：形容精神饱满，容光焕发。

一切安顿好之后,孙中山按原定计划开始了他的工作:每天上午到世界最大的图书馆——英国国家图书馆去看书,下午到英国各地访问、考察,晚上就在写字台上写文章。闲暇时,孙中山就与康德黎博士讨论问题,交流感情。这样平平静静地过了一个月。

这一天,孙中山到伦敦附近的一座工厂考察回来,沿着一条僻静的小巷走着。忽然他察觉到有人尾随,他走快那人也快,他走慢那人也慢。这时孙中山干脆停下脚步转过身。那人穿着长袍留着长辫,一看就是个中国人。当他看到孙中山转过身来,先是一愣,然后又笑嘻嘻地走上前试探着问:"先生是日本人?"

"不,中国人。"那人一听是广东口音就趁热说:"哦,我们是同乡。"他又靠近了一步,"先生贵姓,来英国干什么?"孙中山看到这家伙的一张瘦脸儿,一双老鼠一样的眼睛死命地盯着自己的一举一动,就感觉到事情有点不对头:"姓林,来英国做买卖。"孙中山随便支吾了一句转身就要走,可没想到就在他与那个瘦脸的家伙纠缠的时候,有两个彪形大汉已经站在了他的两侧,一下子架住了他,连拉带扯地把他塞进了迎面而来的一辆马车。

这到底是怎么一回事?原来广州起义以后,清政府把孙中山看作是叛逆要犯,所以他们一面派出大批暗探跟踪逮捕孙中山,一面要求清政府驻亚、美、欧洲各国的使馆,密切注意,设法抓住孙中山。清政府驻英国使馆还雇用了外国侦探,这次孙中山来伦敦的消息,就是英国侦探提供给清使馆的。清政府驻英公使龚照瑗,立即派使馆人员邓坚铿(就是那个瘦脸家伙)同两个打手跟踪孙中山,一找到适当的机会就抓住他。龚照瑗还以高价向英国一家轮船公司租了一艘轮船,并制作了一个大木箱子,准备抓住孙中山后,把他装进木箱子,用轮船运回国。

孙中山被抓后关在使馆三楼的一间小屋里。为了防止孙中山逃跑,他们还给小屋的窗户装上了铁栅栏,门口有两个大汉轮流看守。孙中山想了许多办法逃出去,可是都没能成功。

"就这样完了?!"孙中山真恨自己对清政府的这些走狗放松了警惕,"不能,我一定要想办法逃出去!"

正在这时,一个英国老人走进小屋,手里提着一个大饭盒。孙中山仔细观察着这个人,觉得他的样子很和蔼。于是孙中山就想利用这个送饭老人给康德黎博士送信,以想办法营救他。"这伙强盗把我绑架了,您能不能代我给外边捎个信?"老人听后也没抬头,他慢慢地把饭菜取出来后,用手弹了一下饭碗,就转身出去了。孙中山一下子明白了老人的意思,他只把那碗饭吃掉了一半,然后偷偷地把他珍藏着的康德黎博士的名片插入饭里。

不一会儿,老人来收拾剩余饭菜。孙中山趁机向他点了点头然后轻声说:"请替我找到名片上的那个人,把这件事告诉他。"

康德黎夫妇得知孙中山被捕的消息后可急坏了,他们四处奔走,设法营救。他们到了清政府的公使馆,要求龚照瑗放人。可这个狡猾的家伙竟然抵赖说他们根本没见过孙中山。这下可把康德黎气急了,他跑到伦敦的一家叫《地球报》的报社,刊登了一条"清政府无耻绑架革命领袖"的消息。这一下全伦敦城都炸了锅,许多同情中国革命的市民聚集在清使馆门前,要求释放孙中山,甚至有人喊出"捣毁使馆"的口号,而且英国政府也向清使馆施加了压力。

在群众的怒潮中,龚照瑗一伙无计可施,只好乖乖地把孙中山放了出来。

孙中山被释放后,继续从事他的革命活动,清使馆对他进行的十二天的囚禁,不但没能伤害他,反而使他在英国名声大振,清政府再也不敢在英国逮捕孙中山了。

"伦敦蒙难"后,孙中山又在伦敦住了两年多,学到了许多革命知识。后来他又去了日本,在那里与其他一些革命领袖们一起在公元1905年组织了"同盟会"。从此以后,在同盟会的领导下,中国大地上掀起了轰轰烈烈的革命运动。

武昌起义

武汉三镇,地处中国腹地,京汉、粤汉铁路的交汇点,长江航线的中心,历来就是我国政治、经济、交通、军事重镇。所以,自鸦片战争以来,武汉及整个湖北成为帝国主义侵略的重要地区。他们在湖北城乡倾销商品,修建工厂,开设矿山,疯狂地掠夺中国人民的财富,使这一地区的许多人民流离失所。而与此同时,清政府为了偿还所欠帝国主义的债务,拼命地增加捐税,在湖北,车税、船税、铺税、砖瓦税、煤炭税数不胜数,甚至上学堂、过桥梁、抽烟、吃肉、喝酒都要交税,人们辛辛苦苦劳动一年的收入还不够交税钱。再加上多年的洪水灾害,广大人民简直无法生活下去了。

"哪里有压迫,哪里就有反抗。"

为了生存,广大人民群众纷纷起来反抗,各地反清反帝斗争连绵不断。在这种情况下,革命党人决定在武汉举行大规模武装起义。

武汉很早就开始有革命党人的活动,先后成立了日知会等革命组织。为了防止清政府的镇压和破坏,公元1911年1月,革命党人又把振武学社(前身为日知会)改称文学社,在研究文学的名义下从事革命活动。

文学社成立后,首先在湖北的新军中发展革命力量。文学社的主要领导人蒋翊武、刘复基等人本身就是新军士兵,所以他们很容易与思想激进的新军士兵接近,向他们宣传革命,壮大革命队伍。

到公元1911年7月,新军中有三千多人成为文学社的会员,整个新军有三分之二的人支持革命,这就为武昌起义奠定了良好的基础。

这时在武昌,还有一个革命团体——共进会,是同盟会设在武汉的支部,它的领导人是同盟会会员焦达峰和日知会成员孙武等。共进会与当地会党的新军下层军官有密切的联系,拥有会员两千多人。

广州起义的失败,并没能使革命的烈火熄灭。共进会决定要在两湖(湖南、湖北)举事,革命形势的发展促使共进会与文学社联合起来。

1911年9月,共进会与文学社正式合并,建立了起义的领导核心:蒋翊武任革命军临时总司令,孙武任参谋长,刘公任总理,起义指挥部设在武昌城一个小巷内。

9月24日,两个革命团体举行会议,制订了周密的起义计划。这时在香港的黄兴也为指挥部提出建议,希望武昌方面与其他省的革命组织取得联系,以便武昌起义后,能得到全国的响应。会议最后确定了起义日期,决定在中秋节(10月6日)动手。

就在起义准备工作紧锣密鼓地进行时,意外事件接连发生。一个是南湖事件:南湖炮兵营士兵汪锡九、梅青福等人要请假离营,同室的士兵给他们摆酒送行。在酒宴上,汪锡九他们大谈起义,怒骂清廷。不想被正在巡察的排长刘步云听到,于是他前来干涉,还动手打人。这一下子激怒了士兵们,他们将刘步云痛打一顿后,从炮房中拖出大炮,要炮轰那些平时作恶多端的军官们的营地,无奈由于炮中没有撞针而未能打响。这个事件的发生立即引起清政府鹰犬们的警觉。湖广总督瑞澄立即下令全城戒严,加强城防力量。这样一来指挥部不得不推迟起义,将时间改在10月11日。

可到10月9日,又发生了一件意外事件。这天正午,孙武等人在汉口俄租界宝善里 14 号检测炸药时,因刘公的弟弟刘同不小心将火星落入炸药中引起爆炸,孙武被炸成重伤。俄国巡捕闻讯赶来,逮捕了刘同,没收了有关起义的文件、旗帜等,并把它们连同刘同一起交给了瑞澄。在严刑拷打面前,刘同屈服了,供出了有关起义的情况。

瑞澄得知他的辖地要发生起义的消息后差点儿瘫在地上。这家伙只知做升官梦,在就任湖广总督之前,他还曾到神庙中拜谢过神灵。他知道,湖北这个地方多年来平安无事,他的前任张之洞、端云等人都因此而升官发财了。这次武汉即将爆发起义的消息一下子打破了他的美梦。他像热锅上的蚂蚁一样坐卧不安,心里害怕极了。因为他不知革命力量有多大,而这时他的军队大部分被派到四川镇压保路同志军起义去了。他觉得唯一的办法就是不惜一切力量搜捕革命党人,破坏起义机关。在清兵疯狂的搜捕中,包括革命领导人彭楚藩、刘复基、杨宏胜在内的许多革命党人遭到杀害,蒋翊武等人逃亡,革命失去了统一指挥。

起义就这样失败了吗?不能。"宁愿革命而死,不望苟且偷生!"熊秉坤领导的新军工程兵第八营战士们的誓词给我们做了很好的回答,武昌起义的第一枪,是他们打响的。

按照总指挥部 10 月 9 日下达的部署,熊秉坤和八营战士们商量好,决定在第二天晚上 7 点左右动手。10 日,夜幕刚刚降临,一个叫陶启胜的排长来到八营巡察。其实这家伙本是个地痞,靠行贿买了个官做。他平日里总是七个不服八个不忿的样子,打骂勒索手下士兵更是家常便饭,士兵们一个个都恨透了他。这次这家伙刚刚赌博输了钱,又来到士兵中间找碴撒气来了。

他闯入一个房间,忽然看到士兵金兆龙臂缠白布、手持步枪在"哈哈"地练习刺杀。这小子马上将手一背,白眼一翻,喝道:

"你这不是要造反吗?"

"老子就是要造反,你又能怎么样?"金兆龙毫不示弱。

"什么?"陶启胜差点没气昏。平时他只要往这儿一站,立即会有人端茶上来,笑脸相迎,今天这种情况还真不曾有过。这小子恼羞成怒,对金兆龙当胸就是一拳。金兆龙早有防备,只见他顺势躲过,端起枪托对这家伙的头部还了一下,并向周围的士兵们招呼道:

"打了他,咱们现在就起义了。"

一枪托子打得陶启胜晕头转向,随着又让他饱吃了一顿拳脚。这家伙才明白事情有点不对头,慌忙抱头鼠窜,可刚一出门,正好被前来领导起义的熊秉坤撞见。熊秉坤二话没说,"砰"的一枪就结果了他。

熊秉坤一个箭步跳进屋内,高喊道:

"革命的时候到了,向楚望台军械库进军!"八营的战士们随他呐喊着,冲向楚望台,与早在那里接应的工程营士兵会合在一起。战士们取出枪支弹药,并拖出十余门大炮,架在楚望台、蛇山、凤凰山等制高点上,炮口对准湖广总督府,准备打响围攻总督府的战斗。

战士们推举八营营长吴兆麟作为前敌总指挥。由于天色昏黑,目标不清,十余门大炮盲目开火,威力不大,所以第一次攻打总督府的战斗在清兵的顽抗下没能成功。这时,武昌的百姓纷纷从家中拿来引火之物,在总督府周围燃起大火,亮如白昼。炮兵大显神威,十余门大炮同时开火,一时间总督府火光冲天,起义军战士们在炮火的掩护下冲进总督府。湖广总督瑞澄早在炮声响时,就慌忙在总督府墙上凿了一个洞而逃之夭夭了。

黎明时分,武昌城全部被革命党人控制了。一面醒目的十八星旗高高飘在武昌城内最高建筑物黄鹤楼顶上。

11日晚,与武昌一江之隔的汉阳新军,响应武昌起义,迅速占领了汉阳铁厂和兵工厂。与此同时,汉口新军在赵承武率领下也举起十八星义旗。这样,武汉三镇起义均告成功。这一年是农历辛亥年,所以武昌起义也叫辛亥革命。

为了能稳固革命成果,把革命进一步推向深入,首要任务就是建立革命政权。而著名的革命领袖孙中山、黄兴等人都远在海外,直接组织这次起义的蒋翊武、孙武等人或逃亡或重伤,不可能成为革命政权的领袖。武昌起义军民错误地认为只要是社会上有名望的人就可做革命政府领袖,于是他们推封建官僚、当时湖北新军混成协统领黎元洪出任军政府鄂军大都督,主持政府日常工作。

武昌起义的胜利,就像一个惊雷,掀起了全国革命风暴,劈碎了封建王朝的统治枷锁,卖国的清王朝很快土崩瓦解了。

首先响应武昌起义的是湖南、陕西两省。紧接着,江西蔡公时,山西阎锡山,云南蔡锷,以及上海、浙江、江苏、安徽、广西、福建、广东等全国十五省(市)都发动新军起义,宣布脱离清廷独立。面对大好的革命形势,革命党人迫切要求建立一个全国统一的共和政府与奄奄一息的清王朝对抗。

中华民国

中华民国诞生

武昌起义后,全国出现了资产阶级革命高潮,新的斗争形势迫切要求有一个全国统一的领导中心,于是建立中央临时政府的议题提到日程上来。中央政权如何建立,革命派、原立宪派和旧官僚等各种政治势力,都在积极策划力图控制国家大权,这使得组建中央政权的斗争变得更为复杂。

武昌起义成功,最先建立共和地方政权,成为众人瞩目之地。武汉虽在北洋军进攻下失去汉口、汉阳二镇,但黎元洪与亲信势力仍想利用起义之名号令各省,执掌全国新生政权。11月9日,黎元洪发出通电,请已经宣布独立各省速派代表到武昌商议组织临时中央政府,得到一些省的响应。11月11日,汤寿潜、程德全联合陈其美通电独立各省,提出在上海召开"各省都督府代表联合会"。后来,武昌方面一再坚持,各省代表遂陆续抵达武汉。自11月30日始,会议在汉口英租界内连日举行。独立各省代表的成分不一,比较复杂。与会期间,北洋军的炮火猛击武昌,给革命派施加压力,英国驻汉口领事也假以中立者身份为袁世凯传情达意。代表会议通过两项议案:一是初步订立《临时政府组织法大纲》;二是如果袁世凯反对清朝,当公举为临时大总统。筹组民国政府的活动,从一开始就让立宪派和旧势力抢占了上风。

12月2日,江浙联军攻克南京,上海方面的代表们决议以南京为中央临时政府所在地,武汉方面已无力抗衡,会议迁往南京继续举行。各省都督府代表会议在成立中央政府选举临时大总统问题上,受到代表清政府的北方势力的牵制,又在推举正、副大元帅问题上发生纷争,临时政府仍处于难产状态。25日,孙中山自海外返抵上海,他为革命奔走海内外十几载,以其才识胆略和执着的奋斗精神,在革命党人和国民中享有崇高威望。他的到来,使革命派的气势为之一振。南方各派转而公推革命领袖孙中山组织临时政府。29日,17省代表开会选举孙中山为临时大总统,为履行前不久代表会议虚位以待袁世凯的承诺,孙中山致电袁世凯,表示本人"虽暂时承之,而虚位以待之心,终可大白于将来"。

1912年1月1日,孙中山在南京宣誓就任临时大总统,这一年定为民国元年。3日,代表会议续选黎元洪为副总统,通过了由孙中山、黄兴提出的9名国务员名单。其中陆军总长黄兴、外交总长王宠惠、教育总长蔡元培,皆是老同盟会员;交通总长汤寿潜、实业总长张謇是原立宪派的头面人物;司法总长伍廷芳曾任清政府官职,但他是开明人物,又被推为南方谈判代表;内务总长程德全是颇有影响的"和平独立"代表人物;财政总长陈锦涛在清政府中任过要职;海军总长黄钟英组织过海军舰长起义。可以看出,国务员人选的确定,是孙中山等人同原立宪派和旧官僚反复磋商分配权力的结果。孙中山、黄兴让出实业、交通、内政等席位,用意是借助立宪和旧派官僚的经济力量与社会影响,达成各派联合的局面。接着,孙中山以"部长取名,次长取实"的办法,在直接任命各部次长、局长和总统府秘书长时,全派革命党人充任,实际主持各部政务。

1月28日,立法机关临时参议院成立,43名参议员中,同盟会员33人,原立宪派分子8人,其他2人。以孙中山为首的革命派在筹组临时政府的斗争中取得了胜利。南京临时政府内革命党人居于主导地位,是一个资产阶级革命政权。南京临时政府的成立,标志着中国封建帝制的覆亡,资产阶级共和国——中华民国的诞生。

临时大总统孙中山在就职宣言中庄严申明,他领导的南京临时政府要实行新的建国宗旨,即"尽扫专制之流毒,确定共和,普利民生,以达革命之宗旨,完国民之志愿"。要将专制横行的封建中国改造为资产阶级共和国,为人民谋福祉。他还宣布临时政府的施政方针,对内要实行民族、领土、军政、内政、财政统一,要建立和平、民主、富强的民族国家。孙中山还阐述了坚持民族团结与祖国统一的思想,强调"国家之本,在于人民,合汉满蒙回藏诸地为一国",指出现在各省响应武昌起义的"所谓独立,对于清廷为脱离,对于各省为联合,蒙古、西藏意亦同此"。这对于团结全国各民族共同抵制帝国主义肢解中国边疆的阴谋,维护国家统一和领土完整具有重要意义。

孙中山的建国政治方针,与同盟会政治纲领和资产阶级革命思想一以贯之。临时政府成立后,颁布各项政策法令,除旧布新,推行资产阶级民主制度,保障资本主义的生产、生活走上正常轨道。主要有以下几方面:

保障人民的合法权利和平等地位。诸如禁止买卖人口、蓄奴,停止刑讯;保护华侨;给予女子参政的权利等;移风易俗,在全社会树立民主新风气。孙中山自称"公仆",实行不分官阶的低薪供给制。废止一切跪拜礼节,改行鞠躬礼;保护工商业,促进资本主义经济发展。实行鼓励兴办洋业的措施;奖励华侨在国内投资;提倡兴办垦殖业;废除清政府的一些苛捐杂税等;改革文化教育,实行资产阶级教育制度。提倡"自由平等友爱为纲"的公民道德,废除封建的忠君教育,改旧学堂为学校,教科书务必符合民国宗旨。

中华民国建立之初颁布的这些政策和法令,虽然只有一部分得到贯彻执行,但都体现了资产阶级的原则和利益,反映出资产阶级政权的民主性和革命宗旨。然而,临时政府也幻想帝国主义支持和帮助中国革命,没有出台保护农民利益的措施,独立各省的地方政权,大多数为立宪派所控制,这就难免留下后患。

袁世凯称帝

袁世凯是河南项城人,早年投靠淮军,在淮军与洋人合力镇压太平天国运动时表现得精明能干,深得李鸿章的赏识,并被荐为清驻朝鲜的全权代表。

甲午战争时,清廷为保卫京师筹建新军。袁世凯被任命在天津小站训练陆军。他在戊戌变法时出卖过维新派,又是血腥镇压义和团运动的罪魁祸首。他掌握着清廷北洋新建陆军的大权,人们称之为"北洋军阀"。

袁世凯的权力越来越大,已威胁到满族统治者的地位了,于是清廷解除了他的职务。武昌起义后,南方各省新军纷纷响应,而北洋新军清廷又轻易不能调动,只好请袁世凯出山。从此,在帝国主义的支持下,袁世凯掌握了清廷的军政大权,开始做起了他的皇帝梦。

说起袁世凯的皇帝梦,还有这样一个故事:传说袁世凯有一个精巧的玉杯,杯把上有一条盘旋的玉龙,每天早上他都要用这只玉杯喝上一杯龙井茶。

有一天,一个仆人照例将一杯茶送到袁世凯卧室,忽然看见在袁世凯的床上趴着一只大癞蛤蟆,仆人惊得目瞪口呆,一失手竟将玉龙杯摔在地上。仆人没敢声张,慌忙到庙里找一个老和尚求救,老和尚就给他出了个主意。

等到袁世凯醒来,不见了玉龙杯,就把那个仆人叫进来训斥。仆人说,在

注释

罪魁祸首:作恶犯罪的头目,也指灾祸的主要原因。

早上送茶时，忽然看到玉龙杯上的龙活了起来，飞到袁世凯的身上，变成一条大金龙，他一害怕，就把那玉杯给摔碎了。

袁世凯一听，大为喜悦，认为自己是真龙附体了，所以不但没责怪仆人，反而给了他许多钱。

其实这都是人们为讽刺袁世凯而编造的，但他想做皇帝是千真万确的，为了达到这个目的，首先就要镇压南方的革命势力。

袁世凯可是个狡猾的阴谋家，他一方面在帝国主义的支持下派北洋军阀攻打武昌等南方的革命政权，逼迫革命党人屈服于他；另一方面在英国公使朱尔典的策划下，假惺惺地要与革命政权和谈。

1912年2月12日，在袁世凯的威逼利诱下，清朝最后一位皇帝宣统宣布退位。这一下子使袁世凯身价增加百倍，许多人认为朝廷的倒台是袁世凯的功劳，袁世凯是赞成共和反对帝制的。孙中山为了稳固刚刚诞生的中华民国，也答应辞去临时大总统的职务。这样，在10月10日，袁世凯成了中华民国的正式大总统。

当大总统，并不是袁世凯的最终目的，他每天做的都是皇帝梦。所以，他当上大总统后，变本加厉地镇压革命。

1913年3月，袁世凯派人暗杀了国民党(1912年宋教仁等将同盟会改组成国民党，孙中山是理事长，黄兴、宋教仁等为理事)著名领袖宋教仁，下令逮捕黄兴和孙中山，镇压了黄兴、李烈钧领导的"二次革命"(把辛亥革命叫作"一次革命")，掀起血腥屠杀革命者的高潮，仅在湖北省，1913年一年中被袁世凯杀害的革命人士就有四千多人。

为了得到帝国主义的支持，袁世凯首先从俄、英、法、日、德五国手中借来九千万元，作为镇压革命的经费，不久又承认外蒙古自治，使我国失去领土的完整。最可恨的是，他为了做皇帝答应了日本帝国主义提出的"二十一条"，把中国的政治、经济、军事等方面的许多大权拱手让给了日本人。

为使自己做皇帝名正言顺，袁世凯还搜罗了一批反动文人，为自己歌功颂德。在这批反动文人中，最著名的是梁士诒和杨度。

梁士诒本来是革命党人，后来投靠了袁世凯。据说，一天，袁世凯问梁士诒："凭我现在的功绩，你说可以做皇帝了吗？"

"那当然，"梁士诒立即满脸堆笑，"大总统功德无量，早就应该是中国的皇帝了。"

"算你聪明。"梁士诒的一席话说得袁世凯心里甜滋滋的，"可就不知老百姓怎么看。"梁士诒一下子明白了主子的意思,慌忙上前说:"您不必担心,天下百姓其实早就盼望着有一个圣主明君,您老人家是真龙附体,做万岁是理所应当的。"梁士诒还嫌溜须得不够火候,又信口说,"为了宣传您的功德,我专门办了一张报纸,那上面……"

"快拿来给我看。"袁世凯一听大喜,急急地对梁士诒说。其实哪有什么报纸,是梁士诒为讨好袁世凯信口胡说的,可没想到袁世凯会要让马上拿来,这一下使梁士诒慌了神,连忙搪塞道:"现在天色已晚,明日给您送来吧。"

梁士诒一回到家就着了急,连忙请来他的朋友为他出谋划策。有个"精明"的家伙对他说:"你不如将计就计,办张报纸。不过你要知道,现在全国反袁大总统的声浪很高,我们办的这张报纸只能出版一张,而且只能给袁大总统一个人看,千万不要把反袁的消息写进去就行了。"

梁士诒一听拍手叫好,当即聚集一帮乌合之众,胡编滥造了一些吹捧袁世凯的文章,连夜找人编印了一下,第二天就给袁世凯送了去。袁世凯看完大喜,立即给梁士诒加官晋爵,他还真的以为全国的人都拥戴他做皇帝呢。

梁士诒得到袁世凯重用后,可急坏了袁世凯的另一个谋臣杨度。他非常忌妒梁士诒,挖空心思去吹捧袁世凯,希望能得到重用。他先后发表了许多"拥袁做皇帝势在必行"的文章,又与孙毓筠、严复、刘师培、李燮和、胡瑛组织了一个"筹安会",为袁世凯复辟帝制大吹大擂。

筹安会最主要的活动就是组织各种请愿团,什么"京师商会请愿团""人力车夫代表请愿团",还有什么"妇女请愿团""乞丐代表请愿团"等,他们拿着杨度等人起草的"请愿书",高呼着"袁世凯万岁"在北京游行,要求袁大总统"高升一步"。有一次,由流氓地痞组成的"乞丐代表请愿团"嫌筹安会给的赏钱太少,就在杨度回家途中将他痛打了一顿。

经过袁世凯的文臣武将的一番折腾,在北京拥戴袁世凯做皇帝的呼声表面看来还挺高。袁世凯看火候已到,就搜罗他的党羽进行所谓公民投票,其实选票都是事先填好了的。1915年12月12日,袁世凯做了"中华帝国"的皇帝,并下令将1916年改为"洪宪"元年,元旦正式登基。

袁世凯复辟帝制和卖国活动,激起了全国人民的愤怒,各地反袁斗争此起彼伏。孙中山在日本成立中华革命党,发表《讨袁檄文》,号召人民起来"杀此民贼,以救我国民",并联合广东陈炯明、广西陆荣廷的军队准备北伐。虽然北伐运动都因陈炯明等人的叛变而失败,但人民反袁的斗争越来越激烈,袁世凯的反动活动是注定要失败的。

1915年3月的一个晚上,在天津法租界的一个秘密小屋里,一老一少在油灯下热烈地讨论着什么。那老者就是著名的维新派人物梁启超。梁启超曾是袁世凯的追随者,也为袁世凯的复辟出了不少力,但终没有被重用,在全国反袁怒潮中,他也走到反对复辟的队伍中来了。坐在梁启超对面的,是一个英俊的年轻军官,他就是梁启超的学生、著名爱国将领蔡锷。这时就见蔡锷神情激昂,用力挥舞着手臂说:

　　"袁贼倒行逆施,全国人民都愤怒到了极点,我们可不能助纣为虐,成为千古罪人!"

　　"袁世凯可给了你高官厚禄呀。"梁启超试探着说。

　　"哼!"蔡锷一拳打在桌子上,"要不是这老贼把我骗来北京,我早就拉起我的队伍反袁了。"梁启超听罢脸上露出喜色。

　　"如果你真想灭这个国贼我倒有个好办法!"

　　"先生请讲。"

　　"我们来个文攻武斗:我发表文章,号召全国人民积极讨袁,这叫文攻;你秘密潜回云南,拉起队伍反袁,这叫武斗。如此行事,我想讨袁必成。"蔡锷拍手叫好,不久他就在梁启超等人的掩护下潜回云南。

　　1916年元旦,正当北京歌舞升平,袁世凯在新华宫登基坐殿,接受百官朝贺的时候,蔡锷、李烈钧等领导的讨袁"护国军"也宣布成立,并立即出兵四川和两广地区。

　　护国军在人民的支持下节节胜利,两广、贵州、陕西等省纷纷宣布独立,袁世凯派出镇压护国军的十万北洋军队,由于军心涣散,早已被打得溃不成军。这时,帝国主义看到袁世凯已到穷途末路,不再给他什么支持,就连心腹冯国璋、段祺瑞等人也走到了他的对立面。这样,袁世凯众叛亲离,终于在全国人民的唾弃中死去,这一天是1916年6月6日。

　　在反对袁世凯的斗争中,孙中山领导的革命党人起到了很大作用。与此同时,河南大地上一支农民军队纵横驰骋,也给了袁世凯以沉重打击。

五四爱国运动

　　早在19世纪,德国侵略者就用武力强占了中国的胶州湾,后来又逼迫清政府订立不平等条约，使山东成为他们的势力范围。1914年第一次世界大战爆发后，日本借口对德宣战，出兵控制了山东省，夺去德国在山东的各种权益。1915年又向北京政府提出灭亡中国的"二十一条"，几乎全被袁世凯接受。日本政府吞食中国的野心表现得越来越明显。

1918年11月欧战结束了。巴黎和会召开前，美国总统威尔逊发表了国会演说，提出一切殖民地的处置应顾全各殖民地居民的利益，而且大小国家都要互相保证政治自由和领土完整。这样，中国作为战胜国之一，就有权收回被德国占领的土地，因而对巴黎和会抱着很大的希望。但日本代表在会上却提出极其荒谬的无理要求：欧战结束前，德国在胶州、青岛的特权，包括铁路矿产海底电缆等一切动产和不动产以及筑路开矿权，均将无条件归日本所有。

日本之所以能提出这种无理的要求，是因段祺瑞上台后，仍充当日本走狗。1918年9月派驻日公使章宗祥和日本政府交换了"山东问题的秘密换文"，使得日本在山东占有的权利超越了德国。在和会上，日本代表就是以"山东问题的秘密换文"为借口，提出了无理要求。巴黎和会本是列强的分赃会，竟同意了日本的无理要求，而北洋政府也准备签字认账。这一卖国行径很快被留日学生披露，通电全国。

消息传到国内，举国震惊，郁积在人民心中的愤怒已不能容忍。4月下旬，北京、天津街头出现了欧美归国留学生组织的社会服务团，公开发起了"废除军阀""打倒列强"等救国宣传运动。

5月2日，济南3 000名工人集聚在北岗子举行演讲会，要求收回青岛。5月3日北京国民外交协会开会，决定在5月7日召开国民大会，通电全国各地各界共同行动，阻止北洋政府代表签约。5月3日晚，北京大学法科礼堂挤满了学生，除北大学生外，还有北京高师等校学生。北大学生代表邓中夏站到讲台上说："同学们，不能再等待，段祺瑞政府是个卖国政府，只会讨好日本主子。我们明天下午1点各校到天安门前集合，举行学界大示威，直接唤起民众，制止签约！"

1919年5月4日下午1点，北京大学、高师等13所大专院校3000多名爱国学生汇集到天安门城楼下，像潮水般地涌向外国使馆区东交民巷，他们高呼"还我山东！""保我主权！""外拿国权，内惩国贼""取消卖国的二十一条！""拒绝和约签字"等口号，开始了声势浩大的示威游行。当游行队伍被使馆区的警察拦阻时，学生立即转向赵家楼找曹汝霖算账。赵家楼曹公馆挤满了人，"诛卖国贼曹汝霖、章宗祥、陆宗舆"的怒吼声震天动地。正巧，曹汝霖和章宗祥两人刚从总统府饮宴回来不久,二贼吓得面无人色,体似筛糠,战战兢兢地溜到后院大墙下,企图越墙逃走。

曹汝霖在四个仆人的帮助下越墙逃走,章宗祥不敢翻墙,正急得团团转时,被冲进来的学生发现,一把揪住,痛打起来,打得章宗祥跪地求饶。学生痛打了章宗祥,但没有抓住曹汝霖,心头怒火难平,放火把曹宅烧了。爱国学生痛打章宗祥、火烧赵家楼,北京民众无不拍手称快。但北洋军阀段祺瑞竟下令逮捕闹事学生,抓走了30多名爱国学生,这更激起北京民众的抗议。

第二天,北京街头出现了《北京市民宣言》,支持学生的爱国行动,要求集会和言论自由。陈独秀、李大钊等亲自撰写声援学生的文章。北京大学开始罢课,并通电全国各界,请求声援。上海、天津、济南、南京、武汉等城市的民众先后集合,抗议政府,声援学生。上海工商界率先罢工罢市、抵制洋货。从6月5日起,上海工人自发举行声援学生的罢工,罢工工人有六七万人。

斗争如燎原之火蔓延全国,迅速发展到二十多个省区、一百多座城市。工厂工人罢工,汽车抛锚,铁路和码头瘫痪,并向全国各地扩大。五四爱国运动的中心由北京转到上海,运动主力由学生转成工人,全国性的反帝反封建运动迅速形成了。北京政府为形势所迫不得不免去曹汝霖、章宗祥、陆宗舆三人的职务,释放被捕的学生。6月27日,旅法华工、留学生、华侨数百人前往中国政府总代表陆征祥所住医院,要求拒签和约。第二天中国代表终于没有出席巴黎和约的签字仪式。这样,在全国人民支援下,五四运动取得了胜利,这是中国人民在反帝斗争中取得的第一次胜利。

五四运动是中国人民彻底的反对帝国主义、反对封建主义的爱国运动,由此掀开了中国历史的新篇章,中国无产阶级开始作为一个独立的阶级登上了历史舞台。同时,五四运动也使马克思主义在中国获得广泛传播,在政治上和组织上为中国共产党的建立做了准备,这标志着比中国资产阶级旧民主主义革命气势更为波澜壮阔的中国新民主主义革命开始了,中国革命从此进入了一个新的历史时期。

注释

战战兢兢:形容非常害怕而微微发抖的样子,也形容小心谨慎的样子。

真题阅读与训练

一、选择题

1.尧觉得舜品德好,又能干,把首领的位子让给舜,这种让位,历史上叫作( )。

　　A.礼让　　　　B.禅让　　　　C.谦让　　　　D.互让

2.我国历史上第一个奴隶制王朝是( )。

　　A.秦朝　　　　B.唐朝　　　　C.宋朝　　　　D.夏朝

3.赵孝成王派赵括和秦军交战,赵括谈论起兵法来头头是道,但不会临阵应变,结果四十万大军被他断送,这叫作( )。

　　A.远交近攻　　B.声东击西　　C.破釜沉舟　　D.纸上谈兵

4.赵国的平原君打算带二十名文武双全的人跟他一起去楚国,可挑来挑去只挑选了十九个,结果一个叫毛遂的门客自告奋勇推荐自己,这个成语叫作( )。

　　A.不请自到　　B.毛遂自荐　　C.狂妄自大　　D.自我推荐

5.( )拿走了魏王的兵符,指挥八万精兵,去救邯郸,结果打败秦军。

　　A.孟尝君　　　B.平原君　　　C.信陵君　　　D.高原君

6."负荆请罪"讲的是( )之间的故事。

　　A.孙膑和庞统　B.孟尝君和管辂　C.范蠡和文种　D.蔺相如和廉颇

7.燕国太子丹派( )刺杀秦王,结果失败了。

　　A.樊於期　　　B.荆轲　　　　C.王翦　　　　D.李斯

8.神话小说《封神演义》是根据( )的故事创作出来的。

　　A.楚汉相争　　B.武王伐纣　　C.吴越争霸　　D.秦灭六国

9.屈原死后,留下了一些优秀的诗歌,其中最有名的是( )。

　　A.《论语》　　B.《春秋》　　C.《尚书》　　D.《离骚》

10."退避三舍"的故事发生在( )之间。

　　A.秦国和燕国　B.宋国和卫国　C.楚国和狄国　D.晋国和楚国

11.中国古代的传说都非常推崇黄帝,后代的人都认为黄帝是( )的始祖,自己是皇帝的子孙。

　　A.汉族　　　　B.藏族　　　　C.华夏族

12.孟明视带领秦军渡黄河的时候,做了一件鼓舞士气的事情,是什么事?
（　　）

　　A.烧船　　　　B.架桥　　　　C.种田　　　　D.筑城

13.少康的儿子帝杼即位,发明了一种可以避箭的护身衣,叫(　　)。

　　A.衣　　　　　B.裳　　　　　C.衫　　　　　D.甲

14.(　　)帮助汤推翻了夏朝,建立了商朝。

　　A.蚩尤　　　　B.伊尹　　　　C.葛伯　　　　D.后羿

15.盘庚为了改变当时社会不安定的局面,将都城迁到了(　　)。

　　A.亳　　　　　B.燕　　　　　C.楚　　　　　D.殷

16.我国最早有文字记载的历史是从(　　)开始的。

　　A.商朝　　　　B.夏朝　　　　C.唐朝　　　　D.宋朝

17.(　　)是周文王的好帮手。

　　A.大禹　　　　B.伊尹　　　　C.少康　　　　D.姜尚

18.周武王灭了商朝,把国都从丰搬到了镐京,建立了(　　)。

　　A.夏王朝　　　B.商王朝　　　C.周王朝　　　D.秦王朝

19.(　　)辅助周成王执政七年,巩固了周王朝的统治,还制定了一套典章制度。

　　A.伊尹　　　　B.周公　　　　C.姜尚　　　　D.叔齐

20.从周成王到他的儿子康王两代,前后五十多年,是周朝强盛和统一的时期,历史上叫作(　　)。

　　A."少康中兴"　B."太平盛世"　C."康乾盛世"　D."成康之治"

21.周厉王逃走后,朝廷由召公虎和另一个大臣主持贵族会议,暂时代表周天子行使职权,历史上称为(　　)。

　　A."共和行政"　B."垂帘听政"　C."联合议政"　D."独裁专政"

22.公元前770年,周平王迁都洛邑。因为镐京在西边,洛邑在东边,所以把周朝在镐京做国都的时期,称为西周,迁都洛邑以后,称为(　　)。

　　A.东周　　　　B.南周　　　　C.北周　　　　D.中周

23."囚车"里的人才指的是(　　)。

　　A.鲍叔牙　　　B.管仲　　　　C.周公　　　　D.召公

24.公元前681年,齐桓公奉周釐王命令,通知诸侯到齐国边境上北杏开会,在这个会议上,大家推选( )当盟主,订立了盟约。

A.周宣王　　　B.周幽王　　　C.齐桓公　　　D.庄公

25.公元前684年,齐桓公派兵进攻鲁国,鲁庄公让( )一同作战,打败齐国。

A.管仲　　　B.鲍叔牙　　　C.召公虎　　　D.曹刿

26.元曲小令《秋思》是( )写的。

A.陶渊明　　　B.梁启超　　　C.马致远

27.司马冏是( )王。

A.鲁　　　B.赵　　　C.齐

28.沙皇俄国与( )签订了《尼布楚条约》。

A.康熙帝　　　B.汉武帝　　　C.汉昭帝

29.唐朝灭亡之后,我国中原时代出现的五个朝代是( )。

A.赵、汉、齐、梁、鲁　　　　　B.鲁、唐、晋、赵、周

C.梁、唐、晋、汉、周

30.《革命军》是( )写的。

A.章太炎　　　B.吴三桂　　　C.毛泽东

31.下列名字中,( )是"吴中三杰"中的一员。

A.柳永　　　B.祝允明　　　C.陆羽

32.石勒重视文化吗?( )

A.重视　　　B.不重视　　　C.书中没写

33.黄道婆重视文化吗?( )

A.重视　　　B.不重视　　　C.书中没写

34.齐国的田单利用( )打败了燕国的军队,夺回了失去的城池。

A.八卦阵　　　B.火牛阵　　　C.乱石阵　　　D.桃花阵

35.伟大的爱国主义诗人屈原因为受到小人迫害,被放逐湘南,最后跳( )而死。

A.长江　　　B.黄河　　　C.汨罗江　　　D.珠江

36.七擒七纵说的是诸葛亮和( )的事。

A.孟获　　　B.刘备　　　C.张飞　　　D.周瑜

37.蔺相如将和氏璧带到秦国,看出秦国没有诚意拿城换璧,于是蔺相如又将璧带回了赵国,这个故事叫( )。

A.完好无损　　　B.完璧归赵　　　C.一心一意　　　D.忠心报国

38.秦昭襄王拜( )为客卿,并且按照他的计划进行进攻。

A.乐毅　　　　　B.管仲　　　　　C.张仪　　　　　D.范雎

39.范雎采用(　　)的方法,打算帮助秦国统一中原。

A.近攻远交　　　B.声东击西　　　C.破釜沉舟　　　D.釜底抽薪

40.秦国的范雎采用(　　),使赵王换走了廉颇将军,换来了赵括。

A.反间计　　　　B.连环计　　　　C.苦肉计　　　　D.美人计

41.战国时期有许多学派,纷纷著书立说,历史上把这种情况称作(　　)。

A.百花齐放　　　B.百家争鸣　　　C.百鸟朝凤　　　D.百里挑一

42.秦王嬴政下了一道逐客令,(　　)离开咸阳时上了一道奏章给秦王,秦王觉得他说得有道理,就恢复了他的官职,还取消了逐客令。

A.李斯　　　　　B.韩非子　　　　C.荀况　　　　　D.尉缭

43.秦国在不到十年的时间里,灭掉了六国,建立了(　　)这个统一的多民族国家。

A.夏王朝　　　　B.商王朝　　　　C.周王朝　　　　D.秦王朝

44.绍兴"题扇桥"来源于(　　)。

A.李白　　　　　B.杜甫　　　　　C.王羲之　　　　D.王之涣

45."战国七雄"指的是(　　)。

A.韩、魏、赵、燕、楚、齐、秦　　　B.韩、魏、赵、燕、楚、齐、周

C.韩、魏、赵、燕、楚、齐、鲁

46.曹操的父亲是(　　)。

A.曹高　　　　　B.曹元　　　　　C.曹丕

47.中国第一个封建王朝是(　　)。

A.秦朝　　　　　B.汉朝　　　　　C.北宋

48.从殷墟发掘出的遗物中,有龟甲和(　　)十多万片,这些上面都刻着文字。

A.贝壳　　　　　B.玉石　　　　　C.兽骨

49.(　　)是儒家学派的创始人。

A.庄子　　　　　B.孔子　　　　　C.荀子

50.被称为世界最大的艺术宝库之一的是(　　)。

A.龙门石窟的佛像　　　　　　B.云冈石窟的佛像

C.莫高窟的壁画与塑像

51.春秋战国时期,秦国一个用五张羊皮换来的丞相是(　　)。

A.蹇叔　　　　　B.管仲　　　　　C.百里奚　　　　D.商鞅

52.被鲁迅称为"史家之绝唱,无韵之离骚"的《史记》的作者是(　　)。

A.司马迁　　　B.司马光　　　C.司马相如

53.清朝六下江南的皇帝是(　　)。

A.雍正　　　B.乾隆　　　C.康熙

54.在鸦片战争中,主持虎门销烟的爱国英雄是(　　)。

A.林则徐　　　B.曾国藩　　　C.左宗棠　　　D.刘铭传

55.战国时期,(　　)认为贵与贱,官与民,大与小,是与非,甚至生与死,都是一样"无"差别的。

A.墨子　　　B.孟子　　　C.老子　　　D.庄子

56.中国第一个黄帝是(　　)。

A.轩辕氏　　　B.神农氏　　　C.秦始皇

57.汉武帝时,有一位抗击匈奴的将军被称为"飞将军",他是(　　)。

A.李陵　　　B.卫青　　　C.霍去病　　　D.李广

58.被后人尊称为"医圣"的是(　　)。

A.华佗　　　B.扁鹊　　　C.张仲景　　　D.孙思邈

59.我国最早的临床医学百科全书,对我国医学的发展产生极其深远影响的巨著是"药王"孙思邈的(　　)。

A.《本草纲目》　B.《千金要方》　C.《新修本草》　D.《伤寒杂病论》

60."大江东去,浪淘尽,千古风流人物。故垒西边,人道是,三国周郎赤壁。乱石穿空,惊涛拍岸,卷起千堆雪。"这豪迈雄放的词句出自(　　)。

A.罗贯中的《三国演义》　　　B.苏轼的《念奴娇·赤壁怀古》
C.白居易的《长恨歌》　　　　D.欧阳修的《醉翁亭记》

61.下面人物中属于"唐宋八大家"又是唐代古文运动倡导者的是(　　)。

A.韩愈和柳宗元　B.李白和杜甫　C.王维和白居易　D.杜牧和李贺

62."高筑墙,广积粮,缓称王"是谋士朱升为(　　)统一中国而提出的战略方针。

A.李世民　　　B.刘邦　　　C.朱元璋　　　D.赵匡胤

63.被誉为"曲状元"的是元代的(　　)。

A 马致远　　　B.白朴　　　C.关汉卿　　　D.郑光祖

64."两袖清风"这个成语来源于(　　)的诗。

A.包拯　　　B.况钟　　　C.于谦　　　D.海瑞

65.世界上第一个提出"十二平均律"理论的伟大学者是(　　)。

A.朱载堉　　　B.汤显祖　　　C.徐光启　　　D.宋应星

66.在国际上被称为"中国人修造的文化长城"的巨著是(   )。

A.《四库全书》　　B.《永乐大典》　　C.《史记》　　　　D.《资治通鉴》

67.中国近代史上签订的第一个不平等条约是(   )。

A.《天津条约》　　B.《虎门条约》　　C.《北京条约》　　D.《南京条约》

68.我国最早的杰出的军事著作是(   )。

A.《孙膑兵法》　　B.《孙子兵法》　　C.《诸葛亮兵法》　D.《吕氏春秋》

69."卧薪尝胆"的故事讲的是(   )。

A.吴王阖闾　　　　B.越王勾践　　　　C.吴王夫差　　　　D.伍子胥

70.公元前663年,齐国和燕国的军队联合起来攻打山戎,却被敌人引进一个迷谷,管仲想出了一个主意,让几匹老马领路,结果领着人马出了迷谷。这个成语叫作(   )。

A.天马行空　　　　B.悬崖勒马　　　　C.马到成功　　　　D.老马识途

71.秦穆公派大将攻打郑国,结果在半路上上了一个牛贩子的当,请问这位聪明的牛贩子是(   )。

A.孟明视　　　　　B.弦高　　　　　　C.西乞术　　　　　D.白乙丙

72.岳飞受到人们尊敬的主要原因是(   )。

A.他对皇帝忠心耿耿　B.他遭奸臣谋害　　C.他骁勇善战,建功卓著

73.齐桓公在位时,曾多次会合诸侯,订立盟约,历史上称作(   )。

A.三合诸侯　　　　B.六合诸侯　　　　C.九合诸侯　　　　D.十合诸侯

74.鲁班是战国时期非常有名的工匠,他用了九套攻城的方法,但都被(   )一一破解。

A.孔子　　　　　　B.孙子　　　　　　C.范蠡　　　　　　D.墨子

75.蔡伦是(   )人。

A.桂阳　　　　　　B.河南　　　　　　C.衡阳

76.我国封建社会是(   )开始算起的。

A.夏朝　　　　　　B.商朝　　　　　　C.春秋时期　　　　D.战国时期

77.(   )是我国最早的文字。

A.甲骨文　　　　　B.藏文　　　　　　C.篆文

78.赵高指鹿为(   )。

A.骡　　　　　　　B.驴　　　　　　　C.马

79.(   )发明了造纸术。

A.蔡伦　　　　　　B.王充　　　　　　C.张衡

80.(　)运用空城计吓退了司马懿的军队。
A.张飞　　　　B.诸葛亮　　　C.马谡
81.(　)是我国历史上最著名的书法家,被称为"书圣"。
A.柳宗元　　　B.王羲之　　　C.顾恺之
82.《史记》是(　)的史书。
A.纪传体　　　B.国别体　　　C.编年体
83.关汉卿的代表作是(　)。
A.《汉宫秋》　B.《窦娥冤》　C.《西厢记》
84.黄帝以后,先后出了三个很有名的部落首领,他们分别是尧、舜和(　)。
A.丹朱　　　　B.象　　　　　C.禹
85.炎黄二帝大战(　)。
A.蚩尤　　　　B.燧人氏　　　C.有熊氏
86.姜太公钓鱼——愿者上钩,钓的是(　)。
A.周文王　　　B.周武王　　　C.周平王
87.烽火戏诸侯的是(　)。
A.周文王　　　B.周武王　　　C.周幽王
88.九合诸侯的是(　)。
A.晋献公　　　B.楚庄王　　　C.齐桓公
89.寒食节是为了纪念(　)。
A.屈原　　　　B.介子推　　　C.范仲淹
90.统一中国的是(　)。
A.齐桓公　　　B.晋文公　　　C.秦始皇
91.隋朝时,设计并主持建造赵州桥的是(　)。
A.僧一行　　　B.郭守敬　　　C.鲁班　　　　D.李春
92.重耳依靠(　)回到晋国,成为晋国的国君。
A.秦国　　　　B.宋国　　　　C.楚国　　　　D.卫国
93.火烧新野的主意是(　)出的。
A.刘备　　　　B.曹操　　　　C.关羽　　　　D.诸葛亮
94.猿人能够制造和使用的工具十分简单,有木棒和(　)。
A.石头　　　　B.刀　　　　　C.枪
95.播种五谷的是(　)。
A.神农氏　　　B.燧人氏　　　C.伏羲氏

二、填空题

1. 传说中_____开天辟地,被称为"天地始祖";_____造人,称为"人之祖"。
2. 写出下列名句的作者:
   人生自古谁无死,留取丹心照汗青。_____
   先天下之忧而忧,后天下之乐而乐。_____
   死去元知万事空,但悲不见九州同。_____
   醉里挑灯看剑,梦回吹角连营。_____
3. 因为_____和_____都是我国上古时期杰出的部落首领,他们虽然经过数次大战,但最终和睦相处,两个部落共同生存发展,形成了汉族的前身——_____,所以中国又被称为"华夏",中国人自称为"_____"。
4. "三过家门而不入"讲的是_____的事。
5. 启建立夏朝后把天下划分为"_____"。
6. 西晋时的司马伦篡位成功后滥封滥赏,以至官帽上的貂尾不够用,只能用狗尾代替,由此产生了成语_____,现在常用来比喻在好的文艺作品后面接续一个不如原作的结尾。
7. 楚庄王故意三年不理朝政,使矛盾暴露,洞悉忠奸,三年后上朝理政,对朝中情况了如指掌,做起事来得心应手。由此产生的成语叫"不鸣则已,_____"。
8. 蒲松龄曾写过一副对联:"有志者,事竟成,破釜沉舟,百二秦关终属楚;苦心人,天不负,卧薪尝胆,三千越甲可吞吴。"说的分别是_____和_____的故事(均填人名)。
9. 战国时期,为秦国实施变法,使秦国逐渐强大,后来却被五马分尸的是_____。
10. 汉武帝时数次出使西域,加强汉朝与西域各国的经济、文化交流,为开辟"丝绸之路"作出重大贡献的人叫_____。
11. 出使西域被匈奴扣留,北海牧羊十九载,旌节从不离手的人物叫_____。
12. 历史上第一位将圆周率推算到小数点后七位,创造出当时世界上最先进的历法——《大明历》的科学家叫_____。
13. _____一生荒淫无度,为了满足自己游玩江南的愿望,命人开凿了京杭大运河。这一工程也成了世界建筑史上的一大奇迹。
14. 唐太宗李世民曾说:"以铜为镜,可以正衣冠;以古为镜,可以知兴替;以人为镜,可以明得失。"他说的人物是_____。

15.中国历史上唯一的一位女皇帝是_____。

16.安禄山、史思明发动了一场八年之久的叛乱,使唐王朝由盛转衰,这一历史事件叫_____。

17.赶走荷兰殖民者,收复台湾的民族英雄叫_____。

18."煮酒论英雄"讲的是_____与_____的故事。

19."但使龙城飞将在,不教胡马度阴山。"中的"龙城飞将"指的是汉代的_____。

20.白居易的《长恨歌》说的是_____和_____之间的爱情故事。

21.北宋末年,奸臣当道,竟发生宋徽宗、宋钦宗两位皇帝同时被金兵掳走的事件,导致北宋灭亡。这一历史事件叫_____。

22.在南宋的抗金名将中,有"精忠报国"的英雄_____。

23.春秋五霸指_____、_____、_____、_____、_____。

24.被称为"一代天骄——成吉思汗"的蒙古族首领叫_____。

25.元朝有一位卓越的水利学家,杰出的天文学家,国际天文学会把月球背面的一座环形山以他的名字命名,他叫_____。

26.东晋时期生性恬淡,"不为五斗米折腰"的大诗人叫_____。

27.明朝曾七次下西洋,开辟"海上丝绸之路"的航海家叫_____。

28.受太监王振的唆使,明英宗御驾亲征,结果被瓦剌军队俘虏,这一历史事件叫_____。

29.被称为"闯王"的明末农民起义军领袖叫_____。

30.明朝"两袖清风",写下著名的《石灰吟》的大臣叫_____。

31.1911年的辛亥革命推翻了两千多年的封建统治,1912年元旦中华民国临时政府成立,出任临时大总统的是_____。

32.传说"冲冠一怒为红颜",打开山海关,投降清军的人是_____。

33.少年登基,智擒鳌拜,削三藩,创大清盛世的皇帝是_____。

34.为了纪念屈原,我们有了_____。

35.中国共产党成立于_____年。

36.小朋友喜欢看的《西游记》,其实历史上真的有_____,但没有孙悟空。而且真实的唐僧是一个坚定睿智的高僧、杰出的翻译家——_____法师。

37.唐代贞观十五年正月,唐太宗派礼部尚书护送_____公主,经过青海入吐蕃与松赞干布完婚。她对吐蕃经济、文化的发展和唐蕃关系的加强,起了很大的促进作用。

38.孔子在晚年整理的_____是我国最早的一部诗歌总集。

39.明嘉靖年间,我国东南沿海一带倭寇横行,有一位抗倭英雄,他的部队被称为"戚家军",他是_____。

40.分掉晋国的三家分别是_____、_____、_____。

41._____打败了商纣王。

42._____被称为西楚霸王。

43._____十二岁就当了上卿。

44.破釜沉舟与_____(人名)有关。

45.四面楚歌与_____(人名)有关。

46.一鼓作气与_____(人名)有关。

47.商鞅是在_____国变法的。

48.儒家的创始人是孔子,他主张_____。

49.道家的创始人是_____,著作是_____。

50.墨家的创始人是_____,主张_____。

51.战国时,_____主张连横,_____主张合纵。

52._____把韩信推荐给刘邦。

53.建立汉朝的是_____。

54.汉代还有两个大将,打得匈奴魂飞魄散,他们是_____和_____。

55.东汉张衡发明了_____。

56.三国分别指_____、_____、_____这三个国家。

57.桃园三结义的是_____、_____、_____。

58.刘备三顾茅庐请的是_____。

59._____统一了三国,建立了东晋。

60._____年10月1日,毛泽东庄严宣告"中华人民共和国中央人民政府今天成立了!"

61.贾思勰写出了_____。

62.被誉为天下第一行书的是_____,它的作者是_____。

63.建立唐朝的是_____。

64.敢于向唐太宗直谏的是_____。

65.杜甫的代表作,诗歌史上的名篇"三吏"是_____、_____、_____。

66.李白被称为_____。

67.单骑退敌兵的是_____。

68._____是北宋的开国皇帝。

69."先天下之忧而忧,后天下之乐而乐"出自_____的_____。

70.文天祥在牢中写下千古传诵的_____,为正义忠臣、义士正气的代表。

71.欧阳修说,写文章要有三多,分别是_____多,_____多,还要跟别人_____多。

72.朱熹创办的_____书院是和石鼓书院、应天书院、岳麓书院齐名的宋代四大书院。

73.1936年张学良、杨虎城捕获了蒋介石,史称_____。

74._____建立了元朝。

75._____建立了清朝。

76.明朝的汤显祖写过四部有关梦的戏剧,被称为"玉茗堂四梦"。其中最有名的是_____。

77.提出"天下兴亡,匹夫有责"的是_____。

78.第一次鸦片战争发生在_____年。

79.火烧圆明园的是_____。

80.第一条完全由我国工程技术人员修筑的铁路——京张铁路,是_____负责的。

81.辛亥革命的领导人是_____。

82.策动长沙起义的是_____。

83.辛亥革命发生在_____年。

84.按照道教的说法,太上老君就是_____。

85.中国四大爱情传奇是《牛郎织女》《梁山伯与祝英台》《白蛇传》和_____。

86.鸿门宴中_____想杀死刘邦。

87.北宋文坛"三苏"是指苏洵、苏辙和_____。

88.1368年,朱元璋在_____建立了大明政权。

89.被武则天称为"国老"的断案名臣是_____。

三、按要求填空

1.请列举三个古代科学家:
_____

2.请列举三个古代的书画家：
_____

3.请列举秦始皇的功绩：
_____

4.请列举三个古代明君：
_____

5.请列举三个爱国诗人：
_____

四、连线

1. 奉旨填词　　　　包拯
   铁面无私　　　　沈括
   《梦溪笔谈》　　柳永
   活字印刷　　　　司马光
   编写《通鉴》　　毕昇

2. 《清明上河图》　文与可
   胸有成竹　　　　李公麟
   白描大师　　　　张择端
   《富春山居图》　黄公望

3. 曲状元　　　　　关汉卿
   《倩女离魂》　　马致远
   《西厢记》　　　马可·波罗
   《东方见闻录》　郑光祖

4. 《永乐大典》　　郭守敬
   《授时历》　　　解缙
   《本草纲目》　　宋应星
   《天工开物》　　李时珍

5.《红楼梦》　　　　　蒲松龄
《聊斋志异》　　　　罗贯中
《三国演义》　　　　吴承恩
《西游记》　　　　　曹雪芹

6.陆游　　唐朝　　问君能有几多愁,恰似一江春水向东流。
李煜　　北宋　　朱门酒肉臭,路有冻死骨。
杜甫　　后唐　　王师北定中原日,家祭无忘告乃翁。
苏轼　　南宋　　欲把西湖比西子,淡妆浓抹总相宜。

7.左宗棠　　　　打败法军
刘铭传　　　　击退法舰
曾纪泽　　　　收复新疆
冯子材　　　　收回伊利

五、判断题

1.公元前211年,秦王政灭六国后把全国定名为秦国,定都洛阳。(　)
2.被人们称为飞将军的是李靖。(　)
3.刘备手下有两个重要谋士,一个是诸葛亮,一个是关羽。(　)
4.华佗是被曹操杀害的。(　)
5.曹植和曹丕是父子。(　)
6.一位叫作陈寿的史学家写了一本《三国志》。(　)
7. 历史上的狄仁杰一直被毒辣难缠的女皇武则天器重,到死都是宰相。(　)
8.武则天是封建社会中一位女政治家。(　)
9.赵孟頫、颜真卿、柳宗元和欧阳询并称为"楷书四大家"。(　)
10.明朝万里长城西起嘉峪关,全长12700多里。(　)
11."六艺"是指:礼节、音乐、射箭、驾车、书写、计算。(　)
12.晋楚之战后,周襄王当上了中原的霸主。(　)
13.神农氏有一颗博爱的心。为了救死扶伤,他亲自口尝百草,发现了五谷和草药,为后人留下了宝贵的财富。(　)
14.从共和元年,也就是公元前841年起,中国历史才有了确切的纪年。(　)

15.大禹死后,是伯益继承了大禹的位子。（　　）
16.我们伟大的祖国大约有400年的历史。（　　）
17.史上第一次大规模的农民起义是陈胜、吴广起义。（　　）
18.传说女娲是人首蛇身的女神,还有一位人首蛇身的女神,叫伏羲。（　　）
19.《三国演义》"三英战吕布"中的"三英"是指刘备、关羽、张飞。（　　）
20.李白——才华横溢的诗圣,杜甫——忧国忧民的诗仙。（　　）
21.连环计是《三十六计》中的第六计。（　　）
22.四大名著指的是《红楼梦》《三国演义》《水浒传》《聊斋志异》。（　　）
23.最初的文字是由绘画演变而来的,后人称为表形文字。（　　）

参考答案

一、选择题

1.B 2.D 3.D 4.B 5.C 6.D 7.B 8.B 9.D 10.D 11.C 12.A
13.D 14.B 15.D 16.A 17.D 18.C 19.B 20.D 21.A 22.A 23.B
24.C 25.D 26.C 27.C 28.A 29.C 30.A 31.D 32.A 33.C 34.B
35.C 36.A 37.B 38.D 39.A 40.A 41.B 42.A 43.D 44.C 45.A
46.A 47.C 48.C 49.B 50.C 51.C 52.A 53.B 54.A 55.D 56.C
57.D 58.C 59.B 60.B 61.A 62.C 63.B 64.C 65.A 66.A 67.D
68.B 69.B 70.D 71.A 72.A 73.C 74.D 75.A 76.D 77.A 78.C
79.A 80.B 81.B 82.B 83.B 84.C 85.A 86.A 87.C 88.C 89.B
90.C 91.D 92.C 93.D 94.A 95.A

二、填空题

1.盘古　女娲　2.文天祥　范仲淹　陆游　辛弃疾　3.黄帝　炎帝　华夏族　炎黄子孙　4.大禹治水　5.九州　6.狗尾续貂　7.一鸣惊人　8.项羽　勾践　9.商鞅　10.张骞　11.苏武　12.祖冲之　13.隋炀帝　14.魏征　15.武则天　16.安史之乱　17.郑成功　18.曹操　刘备　19.李广　20.唐玄宗　杨玉环　21.靖康之耻　22.岳飞　23.秦穆公　宋襄公　齐桓公　晋文公　楚庄王　24.铁木真　25.郭守敬　26.陶渊明　27.郑和　28.土木堡之变　29.李自成　30.于谦　31.孙中山　32.吴三桂　33.康熙　34.端午节　35.1921　36.唐僧　玄奘　37.文成　38.《诗经》　39.戚继光　40.赵国　魏国　韩国　41.周武王　42.项羽

43.甘罗　44.项羽　45.项羽　46.曹刿　47.秦　48."仁爱"　49.老子　《道德经》　50.墨子　兼爱、非攻　51.张仪　苏秦　52.萧何　53.刘邦　54.卫青　霍去病　55.地动仪　56.魏　蜀　吴　57.刘备　关羽　张飞　58.诸葛亮　59.司马睿　60.1949　61.《齐民要术》　62.《兰亭集序》　王羲之　63.李渊　64.魏征　65.《石壕吏》《新安吏》《潼关吏》　66.诗仙　67.郭子仪　68.赵匡胤　69.范仲淹　《岳阳楼记》　70.《正气歌》　71.看得　做得　商量得　72.白鹿洞　73.西安事变　74.忽必烈　75.皇太极　76.《牡丹亭》　77.顾炎武　78.1840　79.英法联军　80.詹天佑　81.孙中山　82.黄兴　83.1911　84.老子　85.《孟姜女哭长城》　86.项羽　87.苏轼　88.南京　89.狄仁杰

三、按要求填空

1.示例：张恒　贾思勰　宋应星　郭守敬　祖冲之　许衡
2.示例：文与可　顾恺之　黄公望　王羲之　张旭　颜真卿
3.示例：统一货币　统一文字　统一度量衡
4.示例：汉高祖刘邦　唐太宗李世民　宋太祖赵匡胤
5.示例：陆游　辛弃疾　屈原　文天祥　于谦

四、连线

1. 奉旨填词 —— 柳永
铁面无私 —— 包拯
《梦溪笔谈》 —— 沈括
活字印刷 —— 毕昇
编写《通鉴》 —— 司马光

2. 《清明上河图》 —— 张择端
胸有成竹 —— 文与可
白描大师 —— 李公麟
《富春山居图》 —— 黄公望

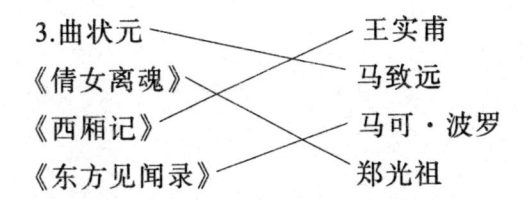

3. 曲状元 —— 马致远
《倩女离魂》 —— 郑光祖
《西厢记》 —— 王实甫
《东方见闻录》 —— 马可·波罗

4. 《永乐大典》———— 郭守敬
《授时历》———— 解缙
《本草纲目》———— 宋应星
《天工开物》———— 李时珍

5. 《红楼梦》———— 蒲松龄
《聊斋志异》———— 罗贯中
《三国演义》———— 吴承恩
《西游记》———— 曹雪芹

6. 陆游　　唐朝　　问君能有几多愁,恰似一江春水向东流。
李煜　　北宋　　朱门酒肉臭,路有冻死骨。
杜甫　　后唐　　王师北定中原日,家祭无忘告乃翁。
苏轼　　南宋　　欲把西湖比西子,淡妆浓抹总相宜。

7. 左宗棠　　　打败法军
刘铭传　　　击退法舰
曾纪泽　　　收复新疆
冯子材　　　收回伊利

五、判断题

1. ×　2. ×　3. ×　4. √　5. ×　6. √　7. √　8. √　9. ×　10. √　11. √　12. ×　13. √　14. √　15. ×　16. ×　17. √　18. ×　19. √　20. ×　21. ×　22. ×　23. ×